HISTOIRE

DU

CARDINAL DE RICHELIEU

HISTOIRE
DU
CARDINAL DE RICHELIEU

PAR

GABRIEL HANOTAUX LE DUC DE LA FORCE
DE L'ACADÉMIE FRANÇAISE DE L'ACADÉMIE FRANÇAISE

TOME V

LA LUTTE CONTRE LA MAISON D'AUTRICHE

L'ANNÉE DE CORBIE — PARIS MENACÉ ET DÉLIVRÉ
LE VŒU DE LOUIS XIII — LA NAISSANCE DU DAUPHIN

PARIS

SOCIÉTÉ DE | LIBRAIRIE PLON
L'HISTOIRE NATIONALE | LES PETITS-FILS DE PLON ET NOURRIT
8, rue Garancière - 6ᵉ

PRÉLIMINAIRE

LES DESSEINS DE RICHELIEU.

Dans les premiers jours de l'année 1633, le Roi Catholique s'attendait que Richelieu rompît avec lui au sujet des Flandres. Il voyait déjà les armées du Roi Très Chrétien s'opposant à la marche du cardinal infant, qui, à travers l'Allemagne, allait conduire à Bruxelles les secours de Naples et de Milan. Et, le 10 février, il donnait à don Christoval de Benavente, chargé de la correspondance avec les ministres en Allemagne, cette tâche difficile : *Penetrar los designios del Rey Christianissimo* (1).

Ces desseins du Roi Très Chrétien, Richelieu, lui-même, a pris soin de les exposer dans ses lettres et dans ses *Mémoires*, ainsi que les dangers qui menaçaient alors la France de toutes parts. Le cardinal désire que « le Roi n'entrât point en rupture avec l'Espagne, quelque avantage qu'on puisse proposer (2) »; mais il entend que son maître « ne perde pas l'occasion de faire continuer la guerre contre les Espagnols » qui se sont installés en Artois comme en Roussillon. Il craint de les avoir un jour « sur les bras et de tomber en d'aussi grands inconvénients pour se défendre d'eux, qu'il feroit en les attaquant maintenant (3) ». La capitale du Royaume est-elle en sûreté avec des voisins si dangereux et si proches?

Quoi de plus facile que d'entretenir MM. de Hollande en leur humeur batailleuse? L'argent est prêt. Ce que le cardinal ne veut pas donner, ce sont les six mille hommes et les cinq cents

---

(1) Archives nationales, Simancas K 1425, 1ᵉʳ cachet, 4ᵉ dossier.
(2) Ci-dessus, t. IV, p. 436.
(3) *Mémoires du Cardinal de Richelieu*, éd. Petitot, t. VII, p. 356.

chevaux qu'ils demandent pour attaquer par terre Dunkerque (1), tandis que, du côté de la mer, la ville sera canonnée par leur flotte. Point de soldats français dans l'armée hollandaise (leur présence serait, aux yeux de l'Espagne, un véritable *casus belli*), mais des marins français sur les vaisseaux de Hollande, comme le droit des gens alors le permettait.

Si la Hollande ne consent point à rompre le traité qu'elle a signé avec Philippe IV, Louis XIII, pour arrêter une entreprise espagnole, « n'a-t-il pas toujours trente mille hommes sur pied et trois mille cinq cents chevaux, qu'il peut porter au double en six semaines (2)? » En outre, les deux millions de livres qu'il tient en réserve pour les Hollandais, rien ne l'empêche de les employer à pourvoir les places importantes : Abbeville, Corbie, Doullens, Saint-Quentin, Péronne. Le principal est de fortifier toutes les frontières : « La connaissance qu'on aura que toutes les places sont en bon état est capable d'empêcher le dessein qu'on auroit de les attaquer (3). » Richelieu cependant croit toujours sérieusement que les États de Hollande ne tarderont pas à recommencer la guerre. Les yeux fixés sur les Indes occidentales, sur Pernambouc et autres lieux que les Hollandais ont enlevés à l'Espagne, il comprend que, si tant de conquêtes étaient restituées au Roi Catholique, les Espagnols, « demeurés paisibles possesseurs de leur moisson des Indes », verraient leur supériorité revenir avec leurs galions. Sans nulle peine, il pénètre les desseins des deux partis : « Les uns et les autres, songe-t-il, souhaitent la trêve, mais leurs mutuels intérêts répugnent à leur désir (4). »

Quand le cardinal promène ses regards sur la frontière de l'est, il aperçoit « le duc de Lorraine seul, courant et se précipitant en sa ruine, oubliant encore une fois tous ses traités avec le Roi » et « entreprenant, contre sa parole, de défendre par ses armes trop faibles la maison d'Autriche, qui n'est pas en bon état (5) ». Ce vassal rebelle, c'est « une épine » que le Roi doit s'ôter

---

(1) Alors possession espagnole.
(2) *Mémoires du Cardinal de Richelieu*, éd. Petitot, t. VII, p. 357-360.
(3) *Ibidem*, p. 361.
(4) *Ibidem*, p. 363.
(5) *Ibidem*, p. 370.

« promptement du pied (1) ». Le Roi doit être, dès le printemps 1634, à même de se tailler une part dans les dépouilles du colosse impérial, que ne peut même plus protéger le petit Lorrain.

Au sud de la « comté de Bourgogne », que le traité de neutralité rend inoffensive pour trois années encore, le cardinal cherche à se débarrasser d'un voisin bien plus dangereux, le duc de Savoie : il va lui proposer d'échanger son duché contre le Montferrat (2). « Tenant en bride » l'ambition du Savoyard, qui aspire au titre de roi de Haute-Ligurie, Richelieu permettra au Duc de ceindre la couronne royale, mais à condition qu'il cède toutes les vallées qui séparent le Piémont de la France, à laquelle la Savoie devra l'hommage. Le nouveau roi serait ainsi une sorte de vassal du Roi Très Chrétien. De plus, il abandonnerait ses droits sur le Royaume de Chypre, et Louis XIII les transférerait à la République de Venise, dont il gagnerait ainsi l'alliance.

Comme on le sait, le ministre cherche depuis longtemps à constituer les princes italiens en une ligue, qui « revendiqueroit contre les Espagnols la liberté de l'Italie ». Il compte sur le duc de Mantoue, sur le duc de Parme, sur le duc de Modène et même sur la République de Gênes. Et pour le cas où les confédérés ne pourraient empêcher les troupes hispano-italiennes de marcher vers les Pays-Bas espagnols par le chemin le plus court, il postera le duc de Rohan à la tête de douze mille hommes aux passages de la Valteline.

Les côtes méditerranéennes, les passages des Pyrénées, le littoral de l'océan demeurent exposés aux incursions de l'Espagne. Pour assurer la sécurité des rivages de la Manche, le cardinal se ménagera, par les bonnes grâces de Henriette-Marie, l'alliance de Charles Ier. Il va prochainement envoyer au roi d'Angleterre un ambassadeur chargé de s'aboucher avec la Reine et de reconnaître si Mme de Vantelet, première femme de chambre de celle-ci, « est capable de se remettre à bien servir », — servir moyennant

---

(1) *Mémoires du Cardinal de Richelieu*, t. VII, p. 414.
(2) Gabriel de Mun, *Richelieu et la maison de Savoie* p. 43.

pension, — c'est-à-dire parler à la Reine « et lui mettre peu à peu dans l'esprit la conduite qu'il est nécessaire qu'elle tienne pour être utile au Roi » son frère. L'ambassadeur négociera ensuite avec le grand trésorier Weston, « lequel a la confiance entière de son maître et toute la conduite de ses affaires entre les mains ». « Ils ont tous deux l'esprit timide, peu entreprenant, observe le cardinal, et le Roi ne songe qu'à vivre de son revenu, pour n'être pas obligé, s'il faisoit de grandes dépenses, à assembler son Parlement pour lui fournir de quoi les soutenir, ce qui choque tout à fait son autorité, pour ce que ledit Parlement la prétend tout entière et que toutes choses se passent en son nom. C'est aussi l'intérêt du grand trésorier qu'il ne soit pas assemblé, parce qu'en étant extrêmement haï, la première demande que ledit Parlement fait, c'est sa tête, prenant prétexte qu'il ne gouverne pas bien les affaires de son maître (1). »

Richelieu connaît l'envie que l'Angleterre a toujours portée à la France; il se méfie des facilités que Charles Ier peut accorder à son beau-frère Philippe IV, obligé d'expédier d'Espagne en Flandre de l'argent et des soldats. Méfiances trop justifiées. Si le cardinal pouvait lire le rapport présenté à Sa Majesté Catholique par le Conseil d'État espagnol le 24 mai 1633, il verrait que l'Espagne pensionne Weston et le baron Cottington (2), cet ambassadeur d'Angleterre à Madrid, qui en 1629 « avoit fait tout ce qu'il avoit pu contre la France (3). »

Que dirait le cardinal s'il avait sous les yeux le mémoire adressé au roi d'Espagne, en avril 1633, par MM. de Lingendes! L'un des auteurs de ce mémoire est Nicolas, ancien résident de France à Madrid, passé au service du duc d'Orléans, qui, réfugié aux Pays-Bas espagnols comme sa mère, intrigue à Bruxelles. Selon MM. de Lingendes, Gaston est sûr du maréchal de Toiras, « lequel, dès à présent, est maître de tout le Montferrat et peut le

---

(1) Avenel, *Lettres du Cardinal de Richelieu*, t. IV, p. 562.
(2) *En lo que toca Inglaterra se conforma con el conde duque en que sa imbie el dinaro a Juan de Necolaldo y facultad para que se den las pensiones al grand thessorero y a Cottington aunque este parece que no es aficianado al servicio de V. Majestad* (Archives nationales Simancas, K 1416-17, 1er cahier, dossier 19).
(3) Avenel, *Lettres du Cardinal de Richelieu*, t. III, p. 421.

devenir de la place de Pignerol (1) ». Gaston est prêt à se rendre à Turin pour attacher le duc de Savoie à ses intérêts. Il compte sur l'immense clientèle de la maison de Montmorency, qui « peut former une espèce de parti » ; il compte sur les grands à qui « le sang de Montmorency, répandu cruellement et mal à propos, a donné plus de haine du cardinal que de terreur ». Il imagine déjà le comte de Soissons et le duc de Longueville quittant la cause du cardinal pour la sienne. Le conseil d'Espagne se laisse prendre à ce mirage : nul doute que le duc de Guise ne livre Marseille et Toulon, que M. de Matignon et son fils, le comte de Thorigny, n'ouvrent les portes des places de Normandie et de Bretagne, que le maréchal de Toiras n'ait su conserver des intelligences à La Rochelle et dans cette île de Ré, si glorieusement défendue par lui quelques années plus tôt (2) ; nul doute enfin que le comte de La Rochefoucauld, gouverneur du Poitou, ne soulève les huguenots de sa province et ne donne la main aux prétendus affidés de Toiras (3). Le 13 juillet 1633, le Roi Catholique fait part de tant de belles espérances à sa sœur Isabelle, gouvernante des Pays-Bas, et il ajoute : « La surprise de Marseille seroit de grande importance (4). »

(1) Archives Nationales, Simancas, K 1423-24, 1ᵉʳ cahier, 8ᵉ dossier.
(2) *Histoire du Cardinal de Richelieu*, t. III, p. 111-123.
(3) *Los de la provincia de Potu y el governador della que es el conde de La Roxefocaut mal content mucho tiempo a podian hacer algun efecto por ser esta provincia de muchos uganotes y entre ellos mucha nobleza que se allan oy moy castigados y ofendidos de los malos tratamientos que han padecido los annos pasados y de este partido sa encargase el marechal Mos. de Toras podria hacer buenos efectos porque es mucho el credito que Mos. de Toras tiene en aquella parte por la comunicacion que tienen con los de La Rochella y isola de Res., donde governo el dicho Mos. de Toras* (Archives nationales Simancas K 1416-17, 1ᵉʳ cahier, dossier 23).
(4) *La surpressa de Marsella seria de grande importancia y siempre que el duque de Guissa la ubiere dispuesta se la dara squadra de galeras muy aventajada a la de Francia y 3000 infantes con maestro de campo y estos los pasaroyo todo el tiempo que sa continuaye esta faccion y el mantenimiento della y las galeras ni mas ni menos. El de Guissa podria ratar con el infante cardenal mi hermano o con el que gobernare a Milan o a Napoles de lo que sobre esto se la offreciere y pudiere se conveniente para encaminallo y a mi hermano y al duque de Feria se les avissa paraque esten prevenidos. Mons. de Toras (si se encaminare el partido de Monsieur) tendra galera en que passar secretamente a Barcelona y de alli por tierra al pusuje doxo galeones de Dunkerque a que se agregaran los mas baxeles que furen necessarios para lo que se hubiere de obrar con 30 infantes que ha de blevar esta armada, pagados de la misma manera, por todo el tiempo de la faccion, y ni mas ni menos la squadra de galeras* (Archives nationales. K 1423-24 1ᵉʳ cahier, 21 dossiers).

Tous ces complots qui se trament pour encercler la France tandis que les conjurés du dedans la frapperont au cœur, expliquent la réflexion sur laquelle s'ouvre le vingt-cinquième livre des *Mémoires* de Richelieu : « Il y a longtemps que les princes se servent du nom de paix et de guerre comme d'une monnaie qu'ils emploient selon qu'il leur vient plus à propos pour l'avantage de leurs affaires et ils sont beaucoup plus justes, quand ils se font la guerre ouvertement que lorsque artificieusement ils déguisent sous un feint nom de paix leur mauvaise volonté (1). » Et le cardinal ne craint pas d'envisager la guerre ouverte : « Qu'est-ce que les Espagnols ont fait autre chose, depuis le traité de Vervins, que de s'agrandir aux dépens de leurs faibles voisins et, comme un feu toujours allumé, à qui la matière plus proche sert de passage pour arriver à celle qui est la plus éloignée et la consumer, passer de province en province et se les assujétir l'une après l'autre, selon que chacune est plus voisine de la dernière occupée? Ils prétendent faire le même à tous les États de l'Europe et parvenir par ce moyen à la monarchie universelle, qui est la seule borne de leur devise... Y a-t-il prudence et justice qui permette d'attendre que les autres soient dévorés pour l'être les derniers (2)? »

Cette « guerre ouverte », qu'il est bien obligé de prévoir, le cardinal ne la fera qu'à son heure. Il veut auparavant renouveler son traité avec la Hollande; il veut négocier avec la Suède, qui depuis la mort de Gustave-Adolphe n'est plus une alliée aussi inquiétante; il veut envoyer un ambassadeur en Danemark, chez les princes et principicules d'Allemagne et jusqu'en Pologne, « ce boulevard de la chrétienté ». Deux longues années il se prépare minutieusement.

Le premier acte de cette préparation est la promenade militaire qu'il fit en Lorraine au début de l'automne 1633.

---

(1) *Mémoires du Cardinal de Richelieu*, éd. Petitot, t. VIII, p. 1.
(2) *Ibidem*, p. 213-214.

LIVRE PREMIER

LES PRODROMES DE LA GUERRE CONTRE LA MAISON D'AUTRICHE

LIVRE PREMIER

LES PRODROMES DE LA GUERRE CONTRE LA MAISON D'AUTRICHE

CHAPITRE PREMIER

LA TRAGI-COMÉDIE DE LORRAINE.

Louis XIII avait plus d'un grief contre le duc de Lorraine : celui-ci ne cessait d'enfreindre les traités de Vic et de Liverdun : il laissait l'Empereur et le Roi Catholique lever des hommes dans ses États; il entretenait des intelligences avec Monsieur, il promettait à Philippe IV de « se remuer (1) » à la première occasion; il refusait enfin de rendre hommage à la Couronne pour le duché de Bar. Le 31 août 1633, Louis XIII, à la tête de ses troupes, parut sous les murs de Nancy.

Il y avait plusieurs semaines que, sur un arrêt du Parlement, le duché de Bar avait été saisi et le nom du Duc remplacé dans les pièces publiques par celui du Roi; à présent une circonvallation, qui allait bientôt compter quatre lieues, se creusait pour envelopper la capitale du duché de Lorraine. Picardie, Tonneins, Castelmoron, Longjumeau, etc., etc., des régiments, d'autres régiments encore occupaient les alentours. De distance en distance, des forts sortaient de terre; on en comptait plus de vingt. Quelques-uns arboraient les noms des principaux chefs de guerre :

(1) Archives de Simancas, K. 1423-24, 8ᵉ dossier.

Fort de Richelieu près de la Malgrange, *Fort du maréchal de La Force* sur la lisière du bois de Saurupt, *Fort du marquis de La Force* sur le bord de la Meurthe, à quelque douze cents toises du village de Tomblaine (1). Une armée de terrassiers maniait le pic autour de ces ouvrages. Louis XIII lui-même avait porté le premier coup. Levé d'ordinaire avant le jour, il ne se lassait pas d'inspecter les travaux et ne rentrait qu'à la nuit. Rien ne l'arrêtait, pas même les mousquetades tombant soudain du haut des murailles pour écarter les gens qui voulaient voir Nancy de trop près.

Le 19 septembre, le cardinal se trouvait à onze lieues au sud de Nancy, dans la petite bourgade de Charmes. Il y reçut une lettre du Roi, tout heureux d'annoncer à son ministre qu'il avait choisi l'endroit le plus convenable pour construire une digue un peu en aval de Nancy et inonder la plaine jusqu'aux murailles de la ville. La vallée de la Meurthe, en cet endroit, se resserrait entre des collines. Afin de mieux « faire noyer » Nancy, comme dit en son *Journal*, le chroniqueur Jean Conrart, Louis XIII, résolu à fermer la vallée « d'une montagne à l'autre », expliquait à Richelieu que sa digue n'était pas une digue ordinaire : « Il y a aussi loin et plus qu'à celle de La Rochelle », écrivait le Roi. Puis, après avoir assuré le cardinal de son amitié et de ses prières, il ajoutait ce post-scriptum : « Je me réjouis de quoi M. de Lorraine a été si ponctuel au rendez-vous (2). »

Charles IV, en effet, venait ratifier un traité que son frère le cardinal de Lorraine avait signé avec Louis XIII le 6 septembre, et c'est, dans le dessein de conférer avec lui, que Richelieu avait quitté « le camp, devant Nancy » pour la bourgade de Charmes.

Les négociations avaient commencé alors que Louis XIII s'était mis en campagne, dès la première étape de Château-Thierry. Le duc de Lorraine, quelque temps auparavant, avait envoyé son armée surveiller les Suédois du côté de Saverne, à quatre journées de marche de sa capitale. Aussi M. de Saint-

---

(1) Ch. Pfister, *Histoire de Nancy*, p. 24-27.
(2) Comte de Beauchamp, *Louis XIII d'après sa correspondance avec le Cardinal de Richelieu*, p. 125-126.

Chamond, qui commandait les troupes françaises cantonnées outre-Rhin, avait-il reçu du Roi l'ordre de les conduire en Lorraine et de se porter à Saint-Nicolas-du-Port, à vingt-deux lieues de Saverne, à trois heures de Nancy. Saint-Chamond n'eut pas la peine de se battre avec les Lorrains. Selon l'expression du cardinal, c'eût été « défaire des gens défaits »; taillés en pièces à Pfaffenhofen le 11 août : catastrophe qui « donna une si grande épouvante à toute la Lorraine que tout fuyait (1) », écrit Richelieu. Le Duc était à Lunéville. Dès la première nouvelle du désastre, il était entré dans la chambre de sa femme en disant : « Tout est perdu, sauvez-vous vitement à Nancy. » Parti aussitôt avec la duchesse, il y était arrivé à dix heures du soir pour y trouver un gouverneur dont il était fort mécontent, le prince de Salm, et des mutins qui ne cachaient pas qu'ils voudraient être au Roi (2).

Le 18, le cardinal de Lorraine avait vu Louis XIII à Château-Thierry et s'était longuement entretenu avec Richelieu. Cette Éminence de vingt-deux ans, homme calme, ferme et doux, avait entendu, de la bouche du ministre, « la longue énumération des contraventions » reprochées à son frère. Le Lorrain avait offert diverses réparations. Richelieu les avait jugées insuffisantes : il voulait avoir Nancy, du moins en dépôt.

Vainement Louis XIII avançait toujours. A Saint-Dizier, le 22, le cardinal de Lorraine avait avoué le mariage de la princesse Marguerite avec Gaston. Cardinal laïc, il avait proposé de remettre Nancy entre les mains du Roi, si Richelieu lui accordait la main de Mme de Combalet, et il s'était attiré cette réponse : « J'ai toujours eu pour principal but les affaires de mon maître séparées de tous intérêts particuliers. » A Pont-à-Mousson, le 23, c'étaient les places de La Mothe, Saverne, Dachstein que le cardinal de Lorraine parlait de confier à Sa Majesté Très Chrétienne et il laissait entendre qu'il pourrait en être de même de la princesse. Richelieu n'avait accepté que la princesse, mais il avait exigé qu'on lui

(1) *Mémoires du Cardinal de Richelieu*, éd. Petitot, t. VII, p. 391.
(2) Comte d'Haussonville, *Histoire de la réunion de la Lorraine à la France*, t. I, p. 515-516 M. de Saint-Chamond au cardinal de Richelieu, 14 août 1633.

remit Nancy. Lorsque le Lorrain avait déclaré qu'il allait chercher la princesse et dit, en grande confidence, que le Duc lui abandonnerait volontiers ses États à lui cardinal de Lorraine, si le Roi l'avait pour agréable : « Rien ne peut assurer le Roi, avait répété Richelieu, que le dépôt de Nancy. » Le cardinal de Lorraine déçu avait regagné la capitale de son frère, muni d'un passeport du Roi qui lui permettait d'entrer et de sortir comme bon lui semblait avec son carrosse. Une lettre de Louis XIII l'avait précédé aux avant-postes français. Elle recommandait à M. de Saint-Chamond d'avoir l'œil ouvert chaque fois que la voiture cardinalice sortirait de la capitale lorraine : « Je vous fais cette lettre pour vous dire que vous preniez garde aux personnes qui seront dans le dit carrosse et que, si la princesse Marguerite y est, vous l'arrêtiez (1). »

Elle y était le dimanche 28 août 1633, vers quatre heures du matin, lorsque le cardinal de Lorraine, qui venait de quitter Nancy, atteignit les lignes françaises, mais les gentilshommes de M. de Saint-Chamond ne reconnurent pas le jeune seigneur, vêtu de noir, assis à côté de Son Éminence, le visage à demi caché par le rideau de la voiture. Cet adolescent n'était autre que la princesse Marguerite, déguisée par les soins de sa sœur, la princesse de Phalsbourg. Les cheveux dissimulés sous une perruque, le teint « bistré par un mélange de safran et de poudre à canon », portant haut-de-chausses et pourpoint de drap d'Espagne, épée au côté et plume au chapeau, elle avait l'air d'un cavalier parfait. Après force civilités, on laissa le carrosse continuer sa route. Le prince de l'Église méditait déjà la réponse qu'il ferait aux reproches de Louis XIII et de Richelieu : « On ne m'a rien prescrit dans le passeport. Le Roi m'a permis de mener avec moi un certain nombre de personnes. En ai-je jamais pris une de plus (2) ? »

Le pesant véhicule fit bientôt halte dans un bois, où attendaient trois gentilshommes avec des chevaux : l'un de ces gentils-

---

(1) Cité par le comte d'Haussonville, *Histoire de la réunion de la Lorraine à la France*, t. I, p. 365-366, note.
(2) Levassor, *Histoire de Louis XIII*, t. IV, p. 348.

hommes était un écuyer de Mme de Remiremont, tante de la princesse, l'autre appartenait à la princesse elle-même, le troisième au duc de Lorraine. Marguerite met pied à terre, monte en selle, dit adieu à son frère et s'éloigne avec ses trois compagnons (1). Elle va rejoindre Gaston de France.

Quelques jours de repos à Thionville et la princesse Marguerite, déguisée cette fois en femme de chambre, monte en carrosse avec le comte d'Emde, qui, de passage à Thionville, se rend à Bruxelles. Deux lettres l'y précèdent, l'une qu'elle a écrite à l'Infante pour lui demander asile, l'autre à Puylaurens, le favori de Gaston : « Monsieur, je me suis sauvée par la grâce de Dieu (2). »

Joie de Marie de Médicis, « la plus grande, dit la Reine, que j'aie reçue de ma vie » ; joie radieuse de Monsieur, qui publie partout que la princesse Marguerite est sa femme depuis près de deux ans, mais joie vite assombrie, lorsque d'Elbene démontre au léger Gaston qu'il va perdre à jamais les bonnes grâces du Roi et ses droits à la Couronne. Gaston devient songeur, il court demander l'avis du Père Suffren : le Roi a-t-il le pouvoir de l'exclure du trône, lui, Monsieur, l'héritier présomptif, le frère unique de Sa Majesté? Le Pape va-t-il l'excommunier, annuler son mariage? — Non, répond le Jésuite. » Rassuré, le prince va au-devant de sa femme.

Parti le samedi 3 septembre dans l'après-midi, il arrive vers minuit à Namur, où il apprend, nous explique le chroniqueur belge du *Mercure*, que la princesse « est demeurée au gîte de Marche-en-Famine, de crainte des Français qui courent le pays ». A la tête de deux cents chevaux, Monsieur vient « la dégager » le 4, « se met en son carrosse », va passer la nuit avec elle à Namur et, le 5, la devance à Bruxelles. Le 6, à quatre heures du soir, l'Infante vint à une lieue de Bruxelles attendre Marguerite de Lorraine. Elle la fit monter dans son carrosse, entra dans sa capitale au son du canon, au bruit des acclamations et la mena chez Marie de Médicis. La Reine reçoit sa belle-fille à la porte de son premier salon :

---

(1) *Relation de a sortie de la princesse Marguerite*, publiée par le comte d'Haussonville, *Histoire de la Réunion de la Lorraine à la France*, t. I, p. 525-527.
(2) Paul Henrard, *Marie de Médicis dans les Pays-Bas*, p. 340-348.

« Vous voilà, dit-elle, hé! vous voilà! » Marguerite de Lorraine s'incline jusqu'à la ceinture de sa belle-mère, qui la baise au moment où elle « se rehausse ». Lourdement la veuve de Henri IV se dirige vers sa chambre. Elle est à la droite de la gouvernante des Pays-Bas, qui tient toujours par la main la princesse. « Celle-ci, nous explique le chroniqueur belge, marchoit derrière, mais, à mesure que la Reine et l'Infante s'ouvroient et se séparoient un peu en marchant, elle paraissoit au milieu d'elles. » On s'assit dans la ruelle du lit. La Reine et l'Infante s'installèrent dans des chaises à bras, la princesse se mit sur un tabouret. Visite assez brève : Marie de Médicis ne tarda pas à appeler Monsieur et le pressa de choisir une dame d'honneur pour Madame. Bientôt l'Infante emmenait la jeune duchesse d'Orléans au Palais, la conduisait au quartier de Monsieur, l'ancien quartier de l'archiduc Albert, et la laissait dans l'appartement qu'elle lui avait fait préparer, une suite de chambres splendides, toutes tapissées de brocart d'or (1).

Cependant Richelieu avait pressé l'investissement de Nancy. Ce même 6 septembre, il conclut avec le cardinal de Lorraine un traité fort avantageux : le Duc, par la bouche de son frère, renonçait à toutes les alliances contraires à celles de la France ; il s'engageait à remettre, dans trois jours, Nancy entre les mains du Roi, qui ferait occuper la ville jusqu'à ce que « la bonne conduite » de Son Altesse ou « la pacification des troubles d'Allemagne » rendît cette précaution inutile. La garnison française n'occuperait que la ville neuve ; quand le Duc serait au palais, qui se trouvait dans la ville vieille, elle se contenterait « de tenir » les deux bastions et la porte qui séparaient les deux villes. Le mariage de Monsieur serait déclaré nul et non avenu ; la princesse Marguerite était confiée au Roi, qui lui permettrait de résider à Nancy. Le duché de Bar demeurerait saisi, tant que le Roi n'aurait pas reçu l'hommage que le Duc lui devait.

Le cardinal de Lorraine avait alors sollicité de Richelieu la permission d'aller à Épinal porter le traité à son frère. Le Roi,

---

(1) *Mercure françois*, t. XIX, Première partie, p. 279-282, et Henrard, *Marie de Médicis dans les Pays-Bas*, p. 340-342.

ayant appris que le Duc songerait à enlever le château de Bayon situé à quatre lieues de son quartier général, y envoie douze cornettes de cavalerie et trois cents mousquetaires. La bourgade de Charmes, qui est toute proche, leur fait bon accueil. Charles IV se retire à Remiremont et le cardinal rapporte le traité, avec la ratification, assure-t-il. Mais, lorsqu'on lui demande quel jour le Roi pourra entrer dans Nancy, il finit par avouer que son frère lui a donné contre-ordre. Le Duc a voulu seulement gagner du temps, pour que le duc de Féria, qui vient de Milan avec des renforts espagnols, puisse le secourir. Or, Féria ne s'est pas trouvé au rendez-vous. Louis XIII indigné a commandé au maréchal de La Force de marcher avec quinze cents chevaux, six mille hommes de pied et six pièces de canon, sur Épinal, qui ouvre ses portes dès la mise en batterie. Cependant le maréchal se tient prêt à protéger Montbéliard, le comté du duc de Wurtemberg, que le duc de Féria a l'ordre de saisir. Charles IV offre alors de venir à Saint-Nicolas-du-Port « conférer avec les commissaires qu'il plaira à Sa Majesté députer ».

Il comptait, à la faveur de ce voyage, se jeter dans sa capitale, pour s'y défendre jusqu'à la dernière extrémité. Sans avoir pénétré ce dessein, le Roi craint que le Duc ne profite de la proximité de Nancy pour gagner plus aisément les Pays-Bas d'où, lié aux Espagnols, il pouvait à tout jamais refuser de lui livrer sa capitale. Voilà pourquoi Louis XIII avait indiqué Charmes comme lieu de la conférence. Escorté de huit cents chevaux, accompagné du cardinal de La Valette, du nonce du Pape et d'une foule de seigneurs, Richelieu y était arrivé, le 18 septembre, à sept heures du soir; le cardinal s'est assis et il a dicté :

« M. Lejeune saura, pour dire au Roi, que j'ai pensé qu'il étoit plus à propos de retenir demain M. de Lorraine à coucher au quartier de Sa Majesté que de le laisser aller à Nancy. »

De Charmes, en cette journée du 20 septembre 1633, le cardinal adresse la lettre à Bouthillier, et c'est de fort belle humeur qu'il donne au fils de son correspondant le sobriquet de M. Lejeune. On comprend sa joie : Charles IV a tout signé, tout ratifié et Son Éminence va l'emmener au quartier général du Roi. Le cardinal se croit à la veille d'entrer dans Nancy en vainqueur. Souriant à sa fortune et aux ruses qu'il médite, il continue de dicter : « Pour cet effet, j'estime qu'il faut loger M. de Lorraine au logis de M. le Duc de La Valette. Si Sa Majesté a deux chambres, l'entrée de Nancy mérite bien qu'elle ait agréable de lui donner un de ses lits et une tapisserie. Si Sa Majesté n'approuve pas cette ouverture vous ferez détendre le lit qui est dans ma chambre et la tapisserie et la ferez tendre au logis de mondit sieur de La Valette pour ledit sieur Duc et ferez commander au sieur de Lannoy (premier maître d'hôtel du Roi) de lui préparer un bon souper ». Et, songeant à l'attitude que devra garder Louis XIII, plus importante encore que l'excellence du souper, Richelieu ajoute : « Il faudra que Sa Majesté témoigne de son propre mouvement qu'elle lui a fait préparer un logis, comme si je n'en savais rien, afin qu'il ne croie point que ce soit par concert qu'on le veut retenir au quartier du Roi, mais bien par la bonne volonté que Sa Majesté veut témoigner de nouveau telle qu'il a fait par le passé (1). » Le piège sous les fleurs.

Malgré tout, l'accord n'est pas facile. Grands compliments, politesses infinies mais infinies difficultés : « M. de Lorraine est tantôt en une humeur, tantôt en l'autre, écrivait, la veille encore, le cardinal au Roi. Je l'ai vu, en six heures d'une conférence non interrompue, en disposition de tout accorder, puis tout à coup il propose une condition qui annule tout (2). »

C'est le matin, au moment même où le cardinal prenait congé de lui, que M. de Lorraine mettait sa signature au bas du traité. Le Roi consent à lui rendre Nancy dans trois mois, s'il est satisfait de sa conduite. Et non seulement le Duc accepte qu'on démantèle sa capitale avant de la lui restituer, mais même il s'est laissé persuader d'aller trouver Louis XIII, dont ses respects, — le cardinal l'assure, — lui attireront la bienveillance. On partira demain.

(1) Avenel, *Lettres du Cardinal de Richelieu*, t. IV, p. 483-485.
(2) *Ibidem*, p. 483.

A l'heure dite, Richelieu monte en litière, puis, aux environs de Laneuveville, quartier général du Roi, il prend son petit carrosse, pour devancer M. de Lorraine, qui le suit dans le grand avec le cardinal de La Valette et le nonce du Pape. Voici Richelieu dans le cabinet du Roi : il est entouré de M. de Bullion, du marquis de Saint-Chamond, du comte de Brassac et de Bouthillier. Louis XIII, qui a entendu de sa bouche le récit des négociations, est allé dans la chambre voisine recevoir M. de Lorraine et il entre en compagnie du prince. Plus jeune de trois ans que son vainqueur, — il est né en 1604, — M. de Lorraine, avec sa taille de six pieds, son beau visage sarcastique, la vigueur et la souplesse qui se dégagent de toute sa personne, fait impression. A ce capitaine d'une valeur incontestable, à ce don Juan, à qui tout est bon, de l'abbesse à la fille de cuisine, à ce fourbe, dont l'impétuosité déchire inopinément les trames, le froid Louis XIII s'adresse non sans hauteur : « Je vous avouerai franchement que j'ai eu un peu de mauvaise opinion de vous et que, voyant que vous n'exécutiez point le traité fait par le cardinal votre frère et que vous aviez ratifié, j'ai dit que vous n'aviez ni foi, ni parole; mais à présent que je suis assuré de l'exécution de vos promesses, je change de sentiment et je vous témoignerai la volonté que j'ai de vous aimer ». — « Sire, dit alors Richelieu, je serais volontiers caution de l'affection qu'a M. de Lorraine à votre service et du désir qu'il a de vivre autrement que par le passé. Votre Majesté doit oublier tous les sujets de mécontentement qu'il vous a donnés et croire que sa conduite sera telle à l'avenir que vous en serez satisfait. Il faut même qu'il combatte sous vos enseignes à la tête de vos troupes (1). »

Paroles de complaisance, rien de plus!

A l'heure du souper, Louis XIII fait conduire M. de Lorraine par le premier écuyer au logis du duc de La Valette : maintenant M. de Lorraine ne cache plus ses véritables sentiments; il a l'imprudence de déclarer à divers gentilshommes « qu'il ne veut point dire s'il veut ou ne veut pas exécuter le traité, mais

(1) Père Griffet, *Histoire du Règne de Louis XIII*, t. II, p. 439-440.

qu'il voudroit bien n'être point venu trouver le Roi, et que s'il étoit sur les montagnes proches Nancy, on ne le tiendroit pas (1) ».

Le lendemain matin, mardi 22 septembre, Nancy n'avait pas ouvert ses portes et M. de Lorraine était toujours au camp du Roi, dans la chambre, où, suivant le désir du cardinal, Louis XIII avait fait tendre une de ses tapisseries et disposer un de ses lits de voyage. Il se sent comme pris au piège. Ah! l'insistance du Roi pour le retenir hier soir : « Mon Cousin, vous êtes bientôt las de nous voir, il n'est pas tard, il n'y a qu'une petite lieue d'ici à Nancy et il ne vous faut pas une heure pour y aller! » Et la précaution de faire apporter des flambeaux dès quatre heures de l'après-midi, sous prétexte que la salle est obscure qu'il ne peut lire des lettres qu'il vient de recevoir, en réalité pour qu'il ne remarque point le moment où la nuit va tomber. Et lorsque, vers sept heures, le Duc a voulu partir, ce refus de lui donner congé : « Mon Cousin, il est trop tard et, la garde étant posée, il faudrait tout troubler. Il vaut mieux que vous couchiez ici et vous partirez demain de grand matin (2) ».

Mais voici le Père Joseph et Bouthillier. Ils viennent pour régler un point de détail : que Son Altesse veuille bien fixer l'heure où les troupes du Roi pourront entrer dans Nancy. Le Duc ne paraît pas du tout résolu à livrer sa capitale. Deux heures durant, il discute avec l'*Éminence grise* et le secrétaire d'État, puis il demande à parler à Jeannin, secrétaire d'État de Lorraine, qui est à Nancy. Jeannin met trois heures à venir et reste trois nouvelles heures enfermé avec son maître. La journée entière s'est passée et le Duc ne se décide pas. Et cependant il a longuement causé avec le Roi, tandis qu'on allait chercher le secrétaire d'État de Lorraine.

Craignant fort que le Duc ne s'évade, Richelieu prend des précautions. La nuit, M. de Lorraine commande à Lenoncourt, l'un de ses gentilshommes, d'ouvrir la fenêtre; il se penche pour voir si une évasion est possible, mais des gardes accourent,

---

(1) *Mémoires du Cardinal de Richelieu*, éd. Petitot, t. VII, p. 442-443.
(2) *Mémoires du Sieur de Pontis*, t. II, p. 106-108.

des voix crient qu'on va tirer si la fenêtre n'est pas fermée aussitôt (1).

Charles IV, vers dix heures du matin, se prête au cérémonial du lever. Dès qu'il est debout, il voit entrer le cardinal. Richelieu lui apprend que son projet d'évasion a couru jusqu'au Roi. C'est une pensée que Son Altesse ne doit point avoir. Sa Majesté n'y a pas cru. Néanmoins elle renforce la garde, qui est des plus vigilantes et, la nuit, pourrait ne pas reconnaître M. de Lorraine. Le Roi ne voudrait pas que, par suite de quelque méprise, il arrivât malheur à Son Altesse; il ne voudrait pas qu'une tentative d'évasion pût donner à penser qu'il maltraite M. de Lorraine, il ne veut pas exciter les risées de toute l'Europe. Le cardinal sort de la chambre et le Duc se rend à la messe (2), puis de guerre lasse, fait porter à son cousin Henri de Lorraine, marquis de Moy, gouverneur de Nancy, l'ordre d'ouvrir les portes de la ville.

On apprend bientôt que le marquis de Moy refuse d'exécuter l'ordre. Un deuxième ordre est envoyé. Nouveau refus. Le cardinal, sans trop d'émotion, fait donner au marquis de Beauvau la permission de sortir de Nancy et de venir auprès de M. de Lorraine éclaircir le mystère.

Beauvau se rendit chez M. de Lorraine avec d'autant plus d'empressement que Moy se demandait si le Duc n'avait pas oublié de tracer dans ses lettres le signe sans lequel aucun ordre n'était valable. Ce signe devait se trouver sur les trois premières lettres du mot Lorraine; dans le premier ordre, il figurait sur L et dans le deuxième, sur L et sur O. Beauvau entra chez M. de Lorraine de fort bonne heure le 24 septembre, il trouva le prince couché, « extraordinairement travaillé d'esprit ». Charles IV ne le laisse point parler. Il se lamente « sur la perfidie dont on use envers lui ». Comment Beauvau a-t-il pu passer à travers tous les corps de garde? Apprenant que « l'on n'observe plus les gardes du camp si soigneusement », parce que la ville est considérée comme rendue et que les troupes du Roi sont sur « le bord du fossé »,

---

(1) Aubery, *Histoire du Cardinal Duc de Richelieu*, t. I, p. 204.
(2) *Mercure françois*, t. XIX, première partie, p. 165-167.

il dit qu'il veut s'échapper, gagner sa capitale, la défendre lui-même et en faire sauter tous les bastions avant de la rendre. Mais il est si malheureux, qu'il n'a pas même un bon cheval auquel il puisse fier sa vie et sa liberté. Beauvau réplique aussitôt qu'il vient d'en amener un que Son Altesse connaît. Mais à peine Charles IV s'est-il résolu à tout hasarder, à peine a-t-il commencé de s'habiller, qu'un valet de chambre annonce plusieurs des principaux seigneurs de la cour de France (1). Autant de gardes, songe le Lorrain : tout espoir de fuite s'est évanoui.

25 septembre 1633. Un soleil radieux brille sur Nancy pour l'entrée des triomphateurs. Il y a plus de vingt-quatre heures que, grâce au *Sésame, ouvre-toi,* enfin tracé de la main de Charles IV, la capitale du Duché est occupée par les troupes de Louis XIII. Tandis que le Duc, au fond d'une maison de la Malgrange, à deux portées de mousquet de Nancy, dévore sa douleur, le cardinal de Lorraine est assis auprès du Roi dans un carrosse doré, bondé de seigneurs fort parés, le cardinal de La Valette, le comte d'Harcourt, le duc de Bellegarde, M. de Brassac et le marquis de La Force. Devant le carrosse, les mousquetaires à cheval, puis la compagnie de chevau-légers de Sa Majesté, puis toute la noblesse, puis sept ou huit chevaliers du Saint-Esprit. Derrière le carrosse, les mousquetaires du Roi, une compagnie de gardes et la compagnie des gens d'armes armés de toutes pièces. Enfin parait le train de Mgr le Cardinal : trente gentilshommes ou domestiques, puis deux écuyers, puis deux des grands chevaux de Son Éminence, que mènent en main des palefreniers à pied, enfin sept chevaux de prix, que mènent en main des palefreniers montés (2). Richelieu ferme le cortège. On l'aperçoit vêtu de rouge, dans son carrosse, escorté de ses mousquetaires à cheval. Par l'esplanade qui sépare la ville neuve de la ville vieille, il se dirige vers un hôtel récemment bâti en

---

(1) *Mémoires du Marquis de Beauvau*, p. 43-44.
(2) Comte d'Haussonville, *Histoire de la Réunion de la Lorraine à la France, Documents*, t. I, p. 542.

face de l'hôpital Saint-Julien, le logis de M. d'Hédival (1). C'est là que vont descendre Louis XIII et son ministre. Hier le cardinal-duc regardait les troupes de Lorraine sortir par la porte Saint-Jean, il admirait l'équipement des hommes et les hommes eux-mêmes « fort bien faits et bien montés, capables de donner bien de la peine, s'ils eussent été en plus grand nombre ». Aujourd'hui il est encore sous l'impression des puissantes murailles, que la pénurie de défenseurs a rendues inutiles. Le *Mercure* est le reflet des pensées du cardinal, lorsqu'il constate : « Il n'y avoit que deux mille trois cent dix fantassins et deux cent trente chevaux pour la garde d'une si grande place, revêtue de tant de pièces de fortifications et même de dix-sept gros bastions réguliers, pour la défense desquels il eût été besoin de huit mille hommes (2) ». C'était du haut de ces superbes remparts que la princesse de Phalsbourg, sœur aînée de Charles IV (3), avait, quelques semaines plus tôt, fait tirer le canon sur l'armée du Roi. Elle eût voulu se défendre à outrance et périr ensevelie sous leur ruine. Le 26 septembre, son frère l'amena lui-même à Nancy et la présenta au Roi : Louis XIII lui fit l'accueil le plus gracieux, il ne la nommait plus que la *guerrière :* « Voilà, disait-il en la montrant aux seigneurs de la Cour, celle qui se vouloit si bien défendre et tuer tout. »

A Paris, les poètes du cardinal accordaient leurs lyres pour chanter la gloire du Roi et de son ministre, et *Cornelius Rothomagensis*, Corneille de Rouen, le Grand Corneille, comme émerveillé de voir un seul regard de Louis forcer une place qui aurait pu résister à l'effort de l'univers, écrivait dans la langue d'Ovide :

> Arx quoque, totius non impar viribus orbis.
> Nanceium, viso vix bene Rege, patet (4).

(1) Ch. Pfister, *Histoire de Nancy*, p. 42.
(2) *Mercure de France*, t. XIX, 1re partie, p. 167-168.
(3) Henriette de Lorraine-Vaudémont, veuve de Louis, prince de Phalsbourg, née en 1605.
(4) *Œuvres de Corneille*, éd. Marty-Laveau, t. X, p. 65.

La Reine et Monsieur.

Cependant le Roi et son ministre étaient loin de « goûter, comme dit le même Corneille, une parfaite allégresse ». Au début d'octobre le Roi était malade à Château-Thierry, le cardinal à Saint-Dizier. L'un se plaignait de ses « bouffements de ventre », l'autre d'un abcès « aux parties que vous savez ». Le chirurgien juif en qui Richelieu n'avait qu'une demi-confiance, traversant Château-Thierry pour aller prodiguer ses soins à Son Éminence, le Roi mandait à Bouthillier : « Si j'en eusse été averti, je lui eusse baillé des chevaux qui l'eussent mené plus diligemment que la poste (1). » De son côté, le cardinal pressait le Roi de ne pas demeurer davantage dans une ville dont le séjour ne convenait point à sa santé. Mais Louis XIII entendait ne pas quitter Château-Thierry, tant que Richelieu ne serait pas en état de reprendre la route.

Lorsque enfin les deux convalescents regagnent à petites étapes, l'un Saint-Germain, l'autre Rueil, de brefs billets du Roi viennent prouver au ministre que l'affection de son maître ne cesse de veiller sur lui; quel tendre intérêt dans ces quelques lignes datées du 26 octobre 1633 : « Mon Cousin, ne pouvant être en repos, si je n'ai souvent de vos nouvelles, j'envoie Montorgueil pour m'en apporter! Je prie le bon Dieu de tout mon cœur qu'elles soient telles que les désire la personne qui vous aime le plus et qui n'aura point de joie qu'il ne vous revoie en parfaite santé (2). » Richelieu, soulagé par un coup de lancette, écrit le 5 novembre : « Sire, l'honneur qu'il vous plaît me faire me sert beaucoup plus que tous les médecins du monde. Je pars aujourd'hui pour me mettre en chemin de vous aller trouver. Quand je ne serai plus qu'à une journée de Votre Majesté, il me semble que je serai tout à fait guéri (3). » Et voici un autre billet, dépêché de Versailles, le 28 janvier, où Louis XIII se montre

---

(1) Marius Topin, *Louis XIII et Richelieu*, p. 179.
(2) *Ibidem*, p. 180.
(3) Avenel, *Lettres du Cardinal de Richelieu*, t. IV, p. 495-496.

transporté du bonheur d'avoir recouvré son Richelieu : « Mon Cousin, comme le Jeune (le fils de Bouthillier) est arrivé, j'allois vous écrire pour vous témoigner encore la joie que je reçus hier en vous voyant et le contentement qui m'en est demeuré, lequel m'a redonné la santé parfaite. Je vous puis assurer que le feu de Versailles est plus enflammé que celui de Rueil et qu'il durera à jamais (1) ».

Comment, avec une si ardente passion, vivre sans angoisse ? La maladie peut accorder quelque trêve, mais les poignards et les balles des assassins ? « Je vous recommande d'avoir toujours soin de votre personne, principalement à Paris (2) », supplie le Roi le 23 mars 1634, — à Paris où Son Éminence est « plus en danger encore que dans les provinces ». Ce qui n'empêche pas « qu'un nommé Alfeston », fils du lieutenant criminel de Vitry-le-François, ait projeté de s'installer dans une hôtellerie de Châlons-sur-Marne en face du logis royal et de « giboyer » à l'Éminence, dès que celle-ci paraîtrait sur le seuil.

Louis XIII estime que c'est le Père de Chanteloube qui est l'instigateur du crime : comment la Reine mère peut-elle le garder dans son entourage ? Lorsque le Conseil se réunit le 18 décembre 1633 pour discuter s'il y a lieu de permettre à la Reine mère de rentrer en France, la conclusion suivante est adoptée : « Si la Reine veut témoigner être innocente des attentats qu'on a entrepris depuis peu », en livrant à la justice du Roi ceux qui en ont été les instigateurs, « Sa Majesté doit la recevoir en son Royaume, lui donner la jouissance de son bien et de toutes ses pensions, pour en vivre librement en quelqu'une de ses maisons éloignée de la Cour jusqu'à ce qu'on ait des preuves nettes de sa conduite (3) ». Conditions inacceptables, que Richelieu se hâte de rendre plus inacceptables encore : le 25 février 1634, Louis XIII, stylé par son ministre, prie sa mère de lui livrer non seulement le Père de Chanteloube, mais Mathieu de Morgues, le hardi sagittaire de Bruxelles. Richelieu, de son côté, remercie

---

(1) Marius Topin, *Louis XIII et Richelieu*, p. 182.
(2) *Ibidem*, p. 183.
(3) *Mémoires de Richelieu*, éd. Petitot, t. VII, p. 465.

la Reine des lettres fort obligeantes qu'elle vient de lui écrire et il ajoute : « Il est impossible qu'il ne reste beaucoup de sujets de méfiance qu'il est besoin de dissiper pour établir par après sur un fondement assuré une liaison à jamais indissoluble entre le Roi et Votre Majesté (1). » Le cardinal ne croyait guère à une pareille liaison, et, dans une lettre ironique, il s'efforçait de « désabuser la simplicité du Père Suffren », qui assurait que « le cœur de la Reine mère était dans ses paroles et qu'elle n'avait intention que d'obéir au Roi et bien vivre avec lui (2) » : « Comme je désire ce changement avec une passion indicible, répondait-il au Révérend Père, je vous confesse ingénûment que je n'ose me le promettre (3). » Il ne cachait pas qu'il était fâcheusement impressionné par les attentats, — inspirés de Bruxelles, — qui étaient dirigés contre sa personne. Tout récemment un certain René, valet d'Abraham du Pré, sieur des Bernardières, ancien maître des Requêtes, s'était rendu de Bruxelles à Paris et il avait posé à un Père Jacobin cette question étrange : *Étant vrai que le précepteur du fils de mon maître a charmé ledit fils, ne puis-je pas tuer ledit précepteur?* « Ce que, remarquait Son Éminence, il témoignoit ne demander pas par pure curiosité de savoir la résolution de cette question, en tant qu'il avoit une fort longue carabine au col (4). » Le Jacobin avait détourné d'un tel dessein cet homme scrupuleux et le cardinal ne devinait que trop qui étaient le maître, le fils et le précepteur.

Richelieu ne tenait nullement à voir rentrer Marie de Médicis. Il avait dit au Conseil, le 18 décembre 1633, que « la vie des serviteurs du Roi » serait en bien plus grands dangers, lorsque les ennemis de Sa Majesté auraient « un pied en France »; il avait rappelé quelle mauvaise foi la Reine avait montrée toute sa vie : « Étant à Blois elle avoit juré sur les Évangiles qu'elle ne pensoit point à en sortir et, au même temps, elle

---

(1) Avenel, *Lettres du Cardinal de Richelieu*, t. IV, p. 533.
(2) *Mémoires de Richelieu*, éd. Petitot, t. VIII, p. 36.
(3) Avenel, *Lettres du Cardinal de Richelieu*, t. IV, p. 535.
(4) *Ibidem*, p. 538.

préparoit son évasion. » Et il ne disait pas tout ce qu'il avait appris par les voies les plus sûres : « La Reine ayant mandé en Espagne qu'elle se vouloit accommoder pour deux raisons, l'une pour tâcher de remettre les deux Couronnes bien ensemble, l'autre pour faire restituer la Lorraine » à son Duc, le cardinal avait osé dire que « de son retour, on ne pouvoit retirer que du mal » ; si elle ne revenait pas, le retour de Monsieur serait plus certain, car Puylaurens, qu'elle haïssait et qui redoutait les effets de sa haine, inciterait Monsieur à revenir pour fuir les lieux qu'elle habitait (1) ».

Ainsi le cardinal voyait sans déplaisir « les mécontentements que la Reine avoit de Monsieur se renouveler et augmenter de jour à autre ». Le Père de Chanteloube ne manquait jamais d'insinuer à la Reine mère, dont il prétendait être le surintendant, que « Monsieur ne se devoit conduire que par ses avis ». Puylaurens, de son côté, principal conseiller de Monsieur, disait et répétait que le Père de Chanteloube « étoit un pauvre prêtre à qui les douleurs de la goutte avoient estropié l'esprit aussi bien que le corps (2) ». La « tête rompue de leurs querelles », le marquis d'Aytona, — gouverneur des Pays-Bas espagnols depuis la mort de l'infante Isabelle, survenue le 1er décembre 1633, — assurait que les gens de la Reine et de Monsieur lui donnaient plus de peine qu'il n'en avait à gouverner tous les sujets du Roi son maître en Flandre (3). Le duc pouvait penser que ces querelles se prolongeant lui permettraient de se tirer d'affaire. Marie de Médicis était une charge pour son gendre Philippe IV. Au mois d'octobre 1633, Louis de Mortemart, comte de Maure, lui avait présenté le « mémoire des personnes auxquelles la Reine se croyait obligée de donner chaque mois.

Mme la Duchesse d'Ognano et M. le Duc d'Ognano, son fils.	800 florins
Le Père de Chanteloube	800 —
Le comte de Maure	500 —
M. Le Sec, secrétaire	500 —

(1) *Mémoires du Cardinal de Richelieu*, éd. Petitot, t. VII, p. 463, et t. VIII, p. 50.
(2) *Mémoires de Gaston, duc d'Orléans*, p. 600.
(3) Henrard, *Marie de Médicis dans les Pays-Bas*.

M. de Biscarras (Jacques de Rotondis, lieutenant du maréchal de Marillac).	300	florins
Le chevalier de La Rochette	300	—
M. de Belot	150	—
M. de Besançon	150	—
M. de Benardière	150	—
M. de Brasseuse	150	—
M. de Hurtaut	150	—
M. de Jacquinot	150	—
M. de La Roche	100	—
M. de Jacquelot	100	—
M. de Bagneux	100	—
M. de La Combe	100	—
	4.000	florins

Sans y comprendre le comte de Maure, ce mémoire montait donc à quatre mille florins par mois (1) ».

Le gendre trouvait qu'il coûtait cher l'asile de la belle-mère. Cependant, écrivant à sa fille la duchesse de Savoie, la Reine affectait le calme d'une âme forte, en butte aux injures du destin : « Les nouvelles ne sauroient être meilleures pour ce qui est de ma santé, lui avait-elle mandé le 26 décembre 1633; je souffre le reste avec la résolution qui est nécessaire pour une telle rencontre (2). »

Le cardinal jugeait le moment propice; il allait pouvoir brouiller définitivement la Reine et Monsieur, laisser l'une aux Pays-Bas, démarier l'autre et acheter son retour, — ce retour si nécessaire en cas de rupture avec la maison d'Autriche. Il travaillait à ce grand ouvrage et c'est un peu plus tard qu'il fit donner à Puylaurens un conseil des plus sages : « La princesse de Phalsbourg est sortie de Nancy, écrivit Bouthillier le 13 mars 1634 à l'abbé d'Elbène, l'un des courtisans de Monsieur; elle se fait croire qu'allant en vos quartiers elle pourra beaucoup avec Chanteloube pour empêcher les bons desseins de Monsieur, employant vers M. de Puylaurens tous ses artifices pour le perdre ou le regagner. C'est à lui de prendre garde (3). »

(1) Archives Nationales, Simancas, K 1416-17, 2e cahier, dossier 61.
(2) Archives de Turin, *Francia*, mezzo.
(3) Archives des Affaires étrangères, France 810, F° 106.

Quelque trois mois plus tard, le 3 mai 1634, Puylaurens montait le grand escalier du palais royal de Bruxelles, en compagnie d'une dizaine de gentilshommes, lorsqu'une arquebusade de vingt-cinq balles fut déchargée à courte distance par un inconnu qui disparut. Atteint d'un projectile à la joue, Puylaurens entendit Monsieur s'écrier : « C'est une *Chanteloubade* », et il ajouta lui-même : « J'ai de l'obligation à la princesse de Phalsbourg de ce qu'elle n'a pas voulu me faire saluer d'une balle seule. »

Il est probable que le comte duc d'Olivarès n'était pas complètement étranger à cette arquebusade (1). Le ministre espagnol n'ignorait pas que Monsieur ne cessait de négocier avec le cardinal son retour en France et il avait des raisons de croire que Puylaurens servait d'intermédiaire. Juste en mai 1634, où Gaston était sur le point de resserrer les engagements qui le liaient à Madrid, les négociations entamées avec Richelieu étaient bien avancées. Or, trois mois ne s'étaient pas écoulés depuis que Louis XIII avait tenu un lit de justice où il avait été question de Monsieur. Le 28 janvier au Palais, le Roi s'était assis à l'un des angles de la Chambre dorée, sur le coussin traditionnel : « Je viens en mon Parlement, avait-il dit, témoigner par effet mon affection envers mon frère et mon amour envers mon pauvre peuple. » Puis le cardinal avait prononcé un panégyrique du Roi, qui était son propre panégyrique, puisque la politique de son maître était la sienne. Otant son bonnet, chaque fois qu'il nommait le Roi, il avait parlé « avec dignité, assurance et facilité, une grâce non pareille (2) ». Après le discours de Richelieu, le Parlement avait entendu, de la bouche d'un lecteur, la déclaration royale, qui insistait sur la misère où se trouvait le peuple : « Nous avons résolu, disait Louis XIII, supprimer dès à présent plusieurs impositions dont il est foulé, le décharger d'un quartier des tailles et lui faciliter le paiement du reste en révoquant les privilèges de très grand nombre de personnes, qui, étant les plus riches des paroisses, sont cause, par les exemptions dont

---

(1) Voir la lettre écrite au comte-duc par le sieur de Clauzel, le 15 juin 1633, Henrard, *Marie de Médicis dans les Pays-Bas*, 430-431.
(2) *Mémoires de Mathieu Molé*, t. II, p. 198-199

elles jouissent, de la surcharge des plus pauvres (1). » Il entendait faire « tenir les grands jours » dans les provinces, « pour châtier les crimes et rendre les lois redoutables ». Il entendait « continuer à abolir le luxe qui ruinoit tant de familles et dont le merveilleux excès passoit si avant que les plus riches de sa noblesse et les plus grands de son Royaume en ressentoient l'incommodité ». Il « introduiroit l'abondance dans ses États par l'établissement d'un grand commerce fortifié d'un puissant nombre de vaisseaux de guerre ». Observons que ce programme fut toujours celui du cardinal. Quand une fois la lecture de ce beau programme fut terminée, on entendit l'exposé des conditions offertes à Monsieur. Les voici : jamais le Roi ne pourrait consentir au « prétendu mariage » lorrain, qui était « contraire aux lois fondamentales de son État, à la dignité de sa Couronne », ayant été contracté sans sa permission. Mais si Monsieur avait recours à sa bonté, s'il le venait trouver « ou envoyoit vers lui » pour se remettre entièrement en son devoir, il le recevrait en sa grâce et le rétablirait en tous ses « biens, apanages, gouvernements, pensions et appointements et lui feroit un si favorable traitement qu'il auroit tout sujet de s'en louer ». Bien plus, le Roi abolissait le crime de tous ceux qui avaient suivi Monsieur ; il leur rendait leurs biens, à condition qu'ils revinssent avec lui. Toutefois il exceptait de cette grâce Le Coigneux, La Vieuville, Montsigot et « les ecclésiastiques auxquels les commissaires députés par Notre Saint-Père le Pape faisoient le procès (2) ».

La décision de Louis XIII et de Richelieu semblait irrévocable. Dès le 4 janvier, les gens du Roi avaient présenté au Parlement de Paris une requête ; ils demandaient permission d'informer du « rapt commis par le duc de Lorraine » sur la personne de Monsieur, dont le mariage, d'ailleurs, était clandestin. Rapt d'un fils de France, c'était l'expression même dont usait Louis XIII en écrivant au Parlement de Paris. Monsieur la jugeait ridicule. Le 30 mars 1634, il avait dépêché au Roi M. d'Elbène avec une lettre pleine de dignité, de repentir, mais non de ferme propos, car il con-

(1) *Mercure françois*, t. XX, première partie, p. 34.
(2) *Ibidem*, p. 34-38.

jurait son frère de ne pas faire procéder contre son mariage.

Monsieur objectait que le rapt dont on le plaignait d'avoir été victime était « une chose peu vraisemblable en l'âge (trente-deux ans) et la condition où il étoit ». Il ajoutait que « la justice et la bonté du Roi ne voudroient pas consentir qu'une telle déclaration servît aux siècles à venir d'un témoignage de tant d'amour envers ses sujets et d'indignation envers lui et une princesse qui lui étoit plus chère que sa propre vie et qu'il aimoit par préférence à toutes les choses du monde ». Une princesse « petite-fille de France » (par sa mère Claude de France, fille de Henri II) : « Il étoit de la gloire du Roi qu'un sang si illustre ne reçût pas la moindre tache ». Cette petite-fille de France n'avait « pas même eu la pensée de déplaire à Sa Majesté ». Quant à lui, Monsieur, « il ne cherchoit pas à pallier sa faute », il en demandait pardon et il n'aurait « jamais de désir plus passionné que de s'acquitter envers le Roi du service et de l'obéissance et de la fidélité » à quoi l'obligeraient toujours sa naissance et beaucoup plus son inclination (1).

Gaston avait écrit aussi à Richelieu. Il n'oubliait pas « les favorables offices » que le cardinal lui avait rendus ; « il conjuroit Son Éminence de l'assister encore dans cette affaire de son mariage ; il lui seroit reconnaissant » tout le reste de ses jours « de lui avoir donné » le repos de sa conscience et tout le bonheur qu'il pouvoit avoir en la vie ». Richelieu avait répondu avec réserve. Il avait d'abord rédigé (le 21 avril) la lettre du Roi, l'avait faite affectueuse, digne et peu compromettante. Le 23 avril, écrivant en son propre nom, le cardinal avait montré une déférence de convention en se maintenant dans de prudentes généralités : il parlait de « la tendre affection que le Roi avoit pour Son Altesse; si le Roi avoit un fils, il lui seroit impossible de l'aimer davantage. En mon particulier, Monseigneur, ajoutait Son Éminence, je vous supplie de croire que je n'estimerai jamais la prospérité de Sa Majesté complète que lorsque la vôtre y sera conjointe ; ce que

---

(1) Archives des affaires étrangères, copie dans les *Actes, Mémoires et Avis touchant la validité ou invalidité du mariage contracté par M. le Duc d'Orléans*, recueil manuscrit appartenant à M. Gabriel Hanotaux.

je désire avec une passion indicible (1) ». Belles protestations sans plus. Monsieur devait bien sentir que l'on était toujours résolu à poursuivre l'annulation de son mariage.

Le prince, s'il persévérait, allait tomber dans une sorte de trahison. Puylaurens songeait, non sans inquiétude, au peu de scrupule des Espagnols en matière d'assassinat et Mme du Fargis « lui faisoit appréhender un second arquebusier qui fût plus adroit que le précédent (2) ». Cependant, par calcul, il poussait Monsieur vers le piège tendu sous ses pas. « Lorsque, le 23 mai, d'Elbène, de retour à Bruxelles, aborde Puylaurens avec un témoignage extraordinaire de joie (3), il trouve un homme qui « cherche des difficultés où il n'y en a point (4) ». C'est que Gaston vient de signer, le 12, avec le marquis d'Aytona un traité qui doit être ratifié par le roi d'Espagne le 25 juin. Ne pas s'accommoder avec son frère sans le consentement de l'Espagne, « quelque changement qui puisse arriver en France par la ruine du cardinal; si la guerre éclate entre le Roi catholique et le Roi Très Chrétien, prendre le parti de la très auguste maison d'Autriche »; céder à l'Espagne quelques-unes des villes qu'il aura conquises en France, telles sont les conditions que Monsieur se voit imposer, et qu'il accepte; par contre : fournir douze mille hommes, moitié espagnols, moitié français, plus trois mille chevaux, et cela dès le mois de septembre, qui est le moment choisi par l'Espagne pour envahir la France au nord et au midi; payer soixante-dix mille francs pour la levée des troupes et quarante-cinq mille écus chaque mois pour leur entretien jusqu'à ce qu'elles puissent vivre sur le pays ennemi; verser mensuellement quinze mille écus pour les dépenses de Monsieur et de Madame, telles sont les conditions qu'accepte Philippe IV. Il ne manque pas de ratifier le traité au jour convenu et de le remettre à un courrier, qui s'embarque à Saint-Sébastien pour Dunkerque (alors possession d'Espagne).

---

(1) Avenel, *Lettres du Cardinal de Richelieu*, t. IV, p. 548-549.
(2) *Mémoires de Gaston, duc d'Orléans*, p. 602.
(3) *Mémoires du Cardinal de Richelieu*, éd. Petitot, t. VIII, p. 21.
(4) *Ibidem*, p. 12.

Mais, dans la Manche, un vaisseau hollandais donne la chasse à l'Espagnol, le contraint de se jeter à la côte. Le courrier est arrêté, conduit au sergent-major de Calais. Pressé de questions, il s'embarrasse dans ses réponses... On le fouille. Le traité, un pouvoir permettant au marquis d'Aytona de déclarer la guerre à qui bon lui semblera, sont saisis, expédiés à la Cour : « L'original de la ratification d'Espagne, dit le cardinal, est tombé entre les mains de Sa Majesté comme par miracle (1) ».

Cet événement si grave ne l'était pas moins que celui qui avait eu Lunéville pour théâtre deux mois plus tôt et dont le héros avait été le frère du duc Charles IV.

Noces de cardinal.

Le 16 février 1634, à sept heures du soir, au château de Lunéville, le cardinal de Lorraine était en conversation secrète avec deux prêtres. C'étaient deux théologiens gradués qu'il venait de faire quérir à l'abbaye des chanoines réguliers de Saint-Rémy. Le prince-cardinal expliquait à ses interlocuteurs la nécessité où il se trouvait d'épouser sur-le-champ la princesse Claude de Lorraine : il peut se marier, étant célibataire et laïque; mais il désire savoir s'il doit attendre la dispense du Pape, la princesse Claude, fille du duc Henri II, étant sa cousine germaine. Les deux chanoines répondent qu'ils vont retourner à l'abbaye toute proche et revenir avec le fameux ouvrage du théologien Sanchez, *Disputationes de sancto matrimonii sacramento*.

A cette heure Lunéville est investie : on attend d'une minute à l'autre l'entrée des troupes du maréchal de La Force, dont le quartier général est à un demi-quart de lieue. C'est même en prévision de cette entrée que le cardinal se montre si pressé de convoler en justes noces. Il craint que les Français ne s'emparent de la princesse Claude, héritière du Duché. Le duc Charles IV vient, en effet, d'abdiquer le 18 janvier et de transmettre la couronne à son frère le cardinal.

---

(1) *Mémoires du Cardinal de Richelieu*, éd. Petitot, t. VIII, p. 24.

Mais, comme la loi salique n'a jamais été reconnue en Lorraine, comme Charles IV n'a été duc de Lorraine que par suite de son mariage avec la duchesse Nicole, fille aînée du duc Henri II, le cardinal légitime ses droits par son mariage avec la cadette, héritière de l'aînée. L'idée de se marier lui est, d'ailleurs, venue même avant l'abdication de Charles IV : dès la fin de l'année 1633, il s'est offert à Richelieu pour épouser Mme de Combalet, dont le Barrois eût pu être la dot. Richelieu s'est contenté de dire : « Ma nièce vous est fort obligée de l'honneur que vous lui faites. Nous saurons dans un mois si elle veut enfin quitter la fantaisie de se retirer dans un couvent. Dès qu'elle se sera déclarée, vous en aurez la première nouvelle. Laissons cela, s'il vous plaît; vous savez que, suivant le traité de Charmes, la princesse Marguerite, votre sœur, doit être remise dans trois mois : les voilà expirés, Sa Majesté veut que le mariage soit incessamment déclaré nul. Il faut que Monsieur votre frère et les personnes de votre maison trouvent bon qu'on les cite au Parlement. »

Le cardinal de Lorraine s'est récrié, protestant que le duc de Lorraine n'est pas justiciable du Parlement; le ministre réplique sévèrement : « Comme duc de Bar, M. de Lorraine est vassal de Sa Majesté. J'appréhende qu'il ne se fasse une mauvaise affaire, s'il prétend décliner la juridiction des pairs de France. »

Un peu plus tard, lorsque le cardinal de Lorraine, devenu le duc François, a notifié à Richelieu son avènement, de quel air le ministre a répondu à M. de Contrisson, qui lui avait apporté la lettre du nouveau souverain ! « Duc de Lorraine ! a-t-il dit en regardant le titre inscrit sur le papier : Duc de Lorraine ! Cette qualité se prend pour tromper le Roi; mais on ne donnera pas dans le panneau... Jusqu'à présent, j'ai fait profession d'être serviteur de M. le Cardinal, mais puisqu'il veut suivre les mauvais exemples de son frère, je serai obligé de me déclarer son ennemi. »

Richelieu comptait sans les adresses de ces princes lorrains et sans l'affection passionnée de Nicole pour Claude qu'elle a le dessein formel de marier au cardinal de Lorraine. Le cardinal a commandé au maréchal de La Force et à M. de Brassac, gouverneur de Nancy, de s'emparer de Lunéville, d'y surprendre le cardinal de Lorraine et ses deux cousines. Quel bonheur que cette mission n'ait été du goût ni du maréchal ni de M. de Brassac! Leur zèle n'a pas été excessif. Cependant M. Gobelin, qui est intendant de justice de l'armée ennemie, est venu avec un sieur Carnet, le matin même, vendredi 17 février, qui était assigné; il a signifié que le maréchal désirait entrer dans Lunéville. En vain le cardinal de Lorraine, dit-il, se plaint du procédé : « Il n'était point nécessaire d'investir Lunéville; à la moindre lettre je l'eusse rendue et toutes les places que le Roi désire; je demande seulement à M. le Maréchal de La Force de donner jusqu'au lendemain (1). »

Impossible, l'ordre est précis : c'est pour ce soir.

Le cardinal de Lorraine avait expliqué ses intentions à sa cousine; elles étaient conformes au désir exprimé par le duc Charles avant son départ, plus conformes encore à celui de la princesse et du cardinal, qui ne se haïssaient point.

Mais voici nos deux casuistes avec la réponse du *Disputationes* : pas de doute pour la dispense des bans. Le cardinal est évêque de Toul il peut se l'accorder ou donner à quelqu'un le pouvoir de la lui accorder. Pour la dispense *in secundo gradu,* le Pape se la réserve. Toutefois des évêques l'ont accordée en cas de pressante nécessité. Quelle nécessité plus pressante? conclut le cardinal de vingt-cinq ans. Il s'accorde sur-le-champ les dispenses, épouse la princesse devant l'un des chanoines et consommerait le mariage la nuit même, si la jeune fille ne se faisait quelque scrupule d'une noce vraiment un peu précipitée. La nouvelle du mariage vole de bouche en bouche. Le maréchal de La Force commande aussitôt que chacun des mariés soit gardé dans son appartement. La princesse alors se sent guérie de son scrupule, elle trompe la surveillance de ses gardiens et rejoint le cardinal de Lorraine.

(1) *Mémoires envoyés par M. Gobelin, tiré des archives des Affaires étrangères* et cité par le comte d'Haussonville, *Histoire de la Réunion de la Lorraine à la France,* t. I, p. 557-558.

Celui-ci alla le lendemain au-devant du maréchal, et l'accompagna, tandis qu'il faisait son entrée dans Lunéville. Puis accompagné à son tour (l'espace d'un quart de lieue) par La Force, qui lui donna quelques gardes, il partit pour Saint-Nicolas-du-Port avec sa femme et sa belle-sœur. Il comptait y passer la nuit et gagner Mirecourt. Mais M. de Brassac, averti par Gobelin, parut tout à coup avec une nombreuse escorte « et s'empara fort adroitement des princesses. Vingt-quatre heures plus tard, la duchesse Nicole et la duchesse régnante étaient prisonnières au palais ducal de Nancy (1) ». Le cardinal de Lorraine se hâta de les rejoindre ; il ne voulait pas séparer ce que Dieu venait d'unir. Puis il chargea le sieur de Lenoncourt de faire part de son mariage à Richelieu et de lui remettre une lettre signée : *François, duc de Lorraine*.

« La conscience du Roi ne permettait pas à Sa Majesté de supporter que le duc François demeurât davantage avec la princesse Claude sans la dispense du Pape (2). » M. de Brassac avait des ordres formels ; les princesses Claude et Nicole devaient être menées à Paris : « Si la princesse Claude est grosse, observait le ministre, il lui faudra trouver une litière, afin qu'elle n'ait pas sujet de dire que l'on n'a pas d'elle le soin qui se doit, étant en cet état (3). » Lorsque le gouverneur de Nancy « allégua le manque de dispense », le duc François lui présenta l' « original de cette dispense arrivée la veille de Rome ». Heureuse circonstance qui venait de lui permettre de se remarier avec la princesse Claude, ce lundi 20 mars, à trois heures, devant le curé de Saint-Evre. Tel un père de comédie, M. de Brassac, fou de rage, « en jeta sa perruque par terre (4) ».

Revenu chez lui, il songeait avec angoisse au moyen d'empêcher la fuite des princesses : comme le dit M. de Carnet, agent du cardinal, elles peuvent « sortir déguisées vu la grandeur de la ville, le grand nombre de villageois qui entrent céans à cause

---

(1) Comte d'Haussonville, *Histoire de la Réunion de la Lorraine à la France*, t. I, p. 393-408.
(2) Affaires étrangères, *Corr. polit. lorraine*, 4, f° 213.
(3) *Mémoires de M. de Brassac*, p. 78.
(4) Abbé Hugo, *Vie manuscrite de Charles IV*.

du marché (1) ». Il y a quelques semaines, la princesse de Phalsbourg s'est enfuie par la route de Franche-Comté, tandis que M. de Brassac la faisait poursuivre sur la route de Luxembourg. Le pauvre homme ne se sent pas ridicule à demi. Il n'a pas oublié l'insolent billet qu'il a reçu de la fugitive : « Monsieur, si ma santé m'avoit pu permettre d'écrire incontinent mon arrivée à Besançon, je n'aurois pas différé quelques jours d'envoyer vers M. le Cardinal de Richelieu sur le sujet de l'ordre que vous reçûtes du Roi de m'ôter la liberté de sortir de Nancy, et sur ma prompte sortie aussi, qui ne me put permettre de vous dire adieu. Je témoigne quelque ressentiment à M. le Cardinal de Richelieu de ce que le Roi a douté de la parole que je vous donnai, Monsieur, il y a quelque temps, comme je n'irois point à Bruxelles, puisque vous me témoigniez que le Roi ne l'avoit agréable; et en passant je vous dirai que j'ai à me plaindre de vous, Monsieur, que nonobstant cela, vous ayez fait courre après moi sur le chemin de Flandres. Je vous supplie de croire que, bien que je ne sois qu'une femme, j'ai le cœur et les sentiments du plus généreux homme du monde, et par conséquent que j'aimerois mieux mourir de dix mille morts que de manquer à ma parole. C'est ce que j'ai à vous dire, Monsieur, et à vous assurer que je suis votre très affectionnée à vous rendre service. Henriette de Lorraine (2). »

A ce cuisant souvenir, M. de Brassac jurait de ne pas se laisser berner par Claude comme par Henriette. Et dans les dépêches qu'il envoyait au cardinal, il paraissait fort content de lui-même.

Quand on avait franchi la « porterie » du palais ducal de Nancy, le vestibule voûté, on débouchait dans la vaste cour rectangulaire, en face des élégantes arcades, qui rappelaient celles du château de Blois. Comme à Blois, mais dans un angle de la cour, on trouvait, à droite des arcades, un escalier, vraie

(1) Comte d'Haussonville, *Histoire de la Réunion de la Lorraine à la France*, t. I, p. 411.
(2) Cité par Pfister, *Histoire de Nancy*, p. 66.

dentelle de pierres, qui desservait l'appartement de Leurs Altesses, situé juste au-dessus. C'était le fameux « rond », que devait détruire, au xviii° siècle, le duc Léopold. Tout en haut, il aboutissait à un galetas. Au bout de ce galetas, un escalier de service, depuis longtemps abandonné, descendait jusqu'à un palier qui n'avait d'autre issue qu'une porte condamnée depuis non moins longtemps. Il y avait, de l'autre côté de cette porte, la chambre du duc et de la duchesse de Lorraine; mais, dans la chambre, rien ne décelait cette porte, dissimulée par une tapisserie, contre laquelle était placé un coffre.

Le 31 mars 1634, entre neuf et dix heures du soir, deux valets venaient de pousser le coffre et d'écarter la tapisserie; ils ouvrirent la porte, prirent l'escalier dérobé, parvinrent au galetas. Les voilà descendant les marches du « rond »; l'un d'eux est un valet véritable, l'autre est un seigneur déguisé, le cardinal de Lorraine, qui a sacrifié sa belle chevelure pour se rendre méconnaissable, c'est le duc François en personne. Comment la sentinelle qui est au bas de l'escalier les distinguerait-elle ? Il passe tant de valets qui s'en vont à cette heure tardive ! Le soldat se fie à la vigilance du poste qui garde l'entrée des appartements de Leurs Altesses. D'ailleurs M. de Beauvau (un cousin du marquis) ne couche-t-il pas en travers de leur porte ? A la porte qui donne sur la rue, on n'est pas plus méfiant qu'à la porte qui donne sur la cour : le Duc franchit le vestibule voûté; il est libre et s'éloigne avec son compagnon.

Environ à la même heure et par la même voie, la princesse Claude, en costume de page, un flambeau à la main, précédait M. de Beaulieu, gentilhomme qui lui était dévoué corps et âme. Le page, plus mort que vif, le gentilhomme feignant d'être en colère contre le page, jurant qu'il lui apprendrait, à grand renfort de coups de pied, la manière de tenir un flambeau, ils « passèrent » devant les gardes de la « porterie », sans éveiller aucun soupçon, et disparurent au bout de quelques minutes dans un logis situé au coin de la rue Saint-Michel et de la rue Saint-Evre. C'était la maison connue aujourd'hui sous le nom de maison des Sirènes (1). Elle appartenait alors à M. de Bornet, gentilhomme du duc François. La princesse y retrouva son époux. Le jour à peine levé, ils repartent, ils ont hâte de sortir de Nancy, occupée tout entière par les troupes du Roi, la ville vieille comme la ville neuve en dépit du traité de Charmes. Ce portefaix et cette femme en haillons, courbée sous une hotte de fumier, qui avancent péniblement au milieu de la foule et se dirigent vers la porte de la Craffe, ce sont le duc et la duchesse de Lorraine. « Le Duc et la Duchesse », songe une paysanne, qui le dit à un soldat, qui le redit à son officier, qui n'en croit pas un mot. Le couple a franchi la porte de la Craffe ; à quelque distance, il aperçoit le carrosse à six chevaux préparé par M. de Beaulieu. Les jeunes mariés se redressent, jettent leur hotte, s'embrassent et s'élancent dans la voiture, qui démarre aussitôt.

Ce n'est que vers midi, — leur lever avait lieu à onze heures, — que M. de Brassac, averti du silence extraordinaire qui régnait dans leurs appartements, vint lui-même se rendre compte : le lit était vide (2).

A deux ou trois jours de là, Bouthillier montrait à Richelieu la lettre de M. d'Arpajon, le gentilhomme qui devait conduire les princesses à Paris : « M. le Cardinal de Lorraine et la princesse Claude, disait la lettre, sont allés d'une telle vitesse jusqu'à Mirecourt, que quelle diligence que fît Orderon, que M. de Brassac envoya soudain après les poursuivre, ils ont gardé l'avance de trois heures qu'ils avoient (3). » Tandis que le Roi et le cardinal apprenaient cette évasion, qui « étoit, disaient-ils, un pur malheur et non un manque de soin », M. de Brassac lisait une lettre que Richelieu lui avait fait écrire par Chavigny, le 2 avril, alors qu'il n'en était pas encore informé : « Le Roi pense, expliquait Chavigny, qu'on pourroit trouver étrange qu'on séparât le cardinal de Lorraine de sa femme ;

---

(1) Pfister, *Histoire de Nancy*, p. 69.
(2) *Mémoires du Marquis de Beauvau*, p. 50, et Pfister, *Histoire de Nancy*, p. 70.
(3) Cité par le comte d'Haussonville, *Histoire de la Réunion de la Lorraine à la France*, t. I, p. 560.

il faut les laisser à Nancy encore quelque temps, pour laisser amortir un peu cette fameuse passion qu'ils ont l'un pour l'autre. Vous continuerez toujours à garder la princesse, pour qu'elle ne s'échappe pas (1). » Les amoureux avaient atteint, le 1er avril au soir, les environs de Vesoul. Ils étaient descendus chez M. de Montrichier, au château de Menoux, à vingt-trois lieues de Nancy. Bien qu'en territoire espagnol, ils ne se sentaient pas hors de tout danger. Ils s'apprêtaient, lorsque la princesse Claude serait remise des fatigues de cette randonnée, à gagner Florence, où les attendait leur tante Christine de Lorraine, grande-duchesse de Toscane (2).

Il ne restait plus dans le duché de Lorraine que la duchesse Nicole. M. d'Arpajon la conduisit à Paris avec quatre cents chevaux. Reçue, au bout du parc du Bois de Vincennes, par le comte d'Alais, qui la salua au nom du Roi, elle fut installée, rue Pavée, au coin de la rue du Roi-de-Sicile, à l'hôtel de Lorraine, que le Roi avait fait meubler pour elle : « La duchesse d'Elbeuf, sa cousine, la prit par la main, raconte le *Mercure*, et entrèrent toutes deux en la ruelle de son lit. Son Altesse avoit le visage fort triste et ses habits encore plus, car ils n'étoient que de laine. »

Le 7 mai, à Fontainebleau, elle fut reçue par le Roi et la Reine, qui étaient allés l'attendre à une lieue du château. Après « les compliments de part et d'autre » et « l'eau bénite de cour », on vit passer, dans le carrosse de la Reine, le Roi et la Duchesse à une portière, Anne d'Autriche « au-devant avec Mlle de Rohan, les duchesses de Rohan et de Chaulnes à l'autre portière et, « au derrière », Mmes de Sénecé et de La Flotte, cahotées ensemble à travers la forêt. Étrange carrossée réunissant le conquérant et la dépossédée, que la courtoisie et l'étiquette contraignaient de se faire bon visage. Le *Mercure* ne signale pas la présence de Richelieu. Le cardinal se soignait alors au château de Fleury et, comme il le disait, « le meilleur maître du monde »

---

(1) Comte d'Haussonville, *Histoire de la Réunion de la Lorraine à la France*, t. I, p. 413, et Avenel : *Lettres du Cardinal de Richelieu*, t. VII, p. 717.

(2) Pfister, *Histoire de Nancy*, p. 70.

l'avait dispensé du voyage de Fontainebleau (1) », — un voyage de trois lieues. Son Éminence était, avec raison, fort inquiète d'elle-même : « Il n'y a plus moyen de celer, mandait-elle à Bouthillier, que je suis en grande appréhension d'un nouveau mal comme les passés. Je me fis saigner hier (18 mai) abondamment, ce qui n'empêche pas que je n'aie du feu aux parties que vous savez : ou c'est un feu d'hémorroïdes internes que l'on ne voit pas, ou c'est un nouveau commencement de ce que je crains. Un des plus grands déplaisirs que j'aie est de ne pouvoir être auprès du Roi, comme je le désirerois, et pour le servir et pour ma consolation. Ce que je vous disois hier étant très vrai, n'en trouvant point d'égale à celle qui me vient de toutes les considérations qui le touchent. L'apprehension que j'ai de ne pouvoir gagner Paris qu'en brancard, si mon mal s'augmente, fait que j'estime jeu forcé de partir aujourd'hui. Cependant, je ne le ferai pas que je n'aie la permission du Roi, que j'attends par ce porteur. Mon dessein est de gagner Paris pour être proche de toute assistance, si j'en ai besoin. Je vous prie de montrer cette lettre au Roi, par laquelle je le conjure de ne se point mettre en peine, vu que ce ne peut être rien de périlleux et que peut-être même ce ne sera que les hémorroïdes internes qui me causent ce feu. Mon plus grand déplaisir est de n'être pas auprès de Sa Majesté (2). »

Au milieu de si mortels déplaisirs, le cardinal ne savait pas qu'un succès de la plus haute importance allait récompenser en Lorraine les efforts de l'armée du Roi, et selon son expression favorite, « lui rendre la vie ».

Le siège de La Mothe.

La Mothe l'imprenable couronnait une montagne de quinz cents pieds d'altitude entre Bourbonne et Domrémy, à soixante-cinq pieds au-dessus de l'étroite vallée du Mouzon; la forteresse, campée sur son roc, semblait défier les assauts du

---

(1) Avenel, *Lettres du Cardinal de Richelieu*, t. IV, p. 555.
(2) Avenel, *Ibidem*, t. IV, p. 556-557.

Roi (1). De la porte de Nancy au nord à la porte de France au midi, une centaine de maisons se serraient le long des ruelles. Le château du gouverneur se dressait, flanqué de ses quatre tours féodales. Vigie puissante et haute, il explorait le pays, de Contréxéville à Langres, surveillait au loin trente-quatre villages disséminés dans les plaines, sur les collines, jusqu'à l'extrême horizon. Les ducs de Lorraine avaient mis soixante ans à le bâtir. En ces premiers mois de l'année 1634, les pentes de la montagne s'étaient hérissées de barrières, de talus, de palissades, de demi-lunes ; des redoutes étaient sorties de terre. Des contrescarpes maçonnées se dressaient sur les fossés qui se creusaient au pied des murailles énormes, rehaussées, de distance en distance, des guérites de pierres, des tourelles et des tours ; la courtine avait soixante pieds de hauteur ; elle reliait huit bastions formidables. La ville était close. Quatre cents hommes y tenaient garnison : une centaine de soldats, quelques gentilshommes, venus s'enfermer dans ses murs pour la défendre, des miliciens, des bourgeois. Tous ces braves, dans la main d'Antoine de Choiseul, marquis d'Iche, gouverneur de la ville, tous d'une volonté inébranlable : « A l'égard de la France, a dit l'un d'entre eux, M. de Riocour, nos cœurs participoient de la dureté de nos rochers (2). » Le duc François, il est vrai, avait envoyé, le

(1) La Mothe n'existe plus aujourd'hui : prise pour la seconde fois, sous le cardinal Mazarin, par le futur maréchal de Villeroy, elle fut détruite. Bastions, tours, murailles sautèrent à la mine. L'église, les maisons disparurent et la pioche acheva ce que la poudre avait dédaigné. Près de trois cents ans, La Mothe fut abandonnée ; toute une forêt, voilà peu à peu la désolation de sa montagne. Rasée, ruinée, ensevelie, elle trouva des amis qui travaillèrent à son exhumation. Il se forma un *Comité des Amis de La Mothe*. Le 20 août 1927, ce comité, présidé par M. Jacquot, le distingué conservateur des Eaux et Forêts, la Société philanthropique la *Haute-Marne*, présidée par M. Boussat, l'éminent avocat à la Cour, conduisirent leurs invités à La Mothe. Le duc de La Force était au nombre des élus. Entré par la porte de France, dont il ne reste que deux pans de murs, on a foulé le pavé défoncé de la grande rue, qui serpente aujourd'hui à travers un bois, et le décor est vraiment shakespearien, car, de même qu'au xvie siècle, dans les drames de Shakespeare, il est indiqué par des écriteaux. On les aperçoit à droite et à gauche cloués sur les troncs d'arbres. Et l'imagination aussitôt travaille, recréant en un clin d'œil ici l'église paroissiale, là le couvent des Récollets, plus loin celui des Augustines, plus loin encore le château et, au flanc de la montagne, coupé de la ville par un fossé profond, le jardin du gouverneur (L. F.).

(2) Du Boiys de Riocour, *Relation des sièges et du blocus de La Mothe*, p. 103-104.

LE MARÉCHAL DE LA FORCE EN FACE DE LA MOTHE
d'après une gravure d'Abraham Bosse.

5 mars, trois semaines avant son évasion, le billet suivant à M. d'Iche : « Le Roi m'ayant fait demander ma ville de La Mothe, je vous ai envoyé le sieur de Villars, un exempt de mes gardes, pour vous faire commandement de ma part de vous disposer d'en sortir au premier ordre que je vous enverrai (1). » Cet ordre n'était jamais venu ; pas davantage le billet suivant qui fut intercepté par les coureurs français et déchiffré par le secrétaire de M. de Brassac : « Quelque ordre que l'on vous fasse voir de la part de Son Altesse, n'y ayez aucun égard (2). » La Lorraine ne voulait rien entendre. Il s'ensuivit ce qui devait s'ensuivre.

Le 9 mars, les habitants avaient constaté que leur ville était investie par les troupes du Roi. Des flammes s'élevaient des villages voisins, les bourgs pleins de provisions où ils espéraient se ravitailler flambaient. La place n'est qu'investie, car le maréchal de La Force estime qu' « enclavée dans un pays qui est en l'obéissance du Roi on l'aura toujours avec le temps (3) ». Il vaque même à d'autres affaires et s'en est allé assiéger Bitche, « assise sur une haute montagne qui est en précipice de tous côtés, une couronne de rochers tout à l'entour (4) ». Il prend, le 18 mai, la montagne et la ville ; sur l'ordre du Roi, il revient attaquer La Mothe.

Devant La Mothe, il a rassemblé vingt mille hommes et quatre mille chevaux. De Metz, de Verdun, de Châlons, de Chaumont, de Langres, de Paris, de Lyon, de Roanne lui arrivent, beaucoup trop lentement à son gré, des canons et des munitions. La tranchée s'ouvre, cheminant vers la place. Alors commence le lent travail de taupe qui, sous les remparts, poussera des galeries, afin de « déraciner la muraille et la tour ». Les assiégés contre-attaquent. « Ceux de dedans, qui étoient fort bien munis, a raconté le maréchal de La Force, n'épargnoient guère les canonnades et les coups de mousquet ; ils en tuoient

---

(1) Du Boiys de Riocour, *Relation des sièges et du blocus de La Mothe*, p. 104.
(2) Ch. Pfister, *Mémoires du Comte de Brassac*, p. 14 ; voir aussi A. Cagnat, *Le premier siège de La Mothe*, p. 41.
(3) *Mémoires du Duc de La Force, Maréchal de France*, t. III, p. 78.
(4) *Ibidem*, p. 75.

toujours quelques-uns, comme il est impossible que cela n'arrive en ce métier. »

Une gravure d'Abraham Bosse nous montre le maréchal en armure et à cheval, sur une hauteur, en face de La Mothe. Il porte la fraise et le grand chapeau noir à larges bords, paraissant encore jeune, malgré ses soixante-seize ans. Il a dit lui-même, dans ses *Mémoires,* qu'il avait auprès de lui devant la ville « trois de ses enfants ayant charge (les marquis de La Force, de Tonneins et de Castelmoron) et deux de ses petits-enfants (les marquis de Boisse et de Cugnac, fils de son puîné le marquis de Castelnau », sans « omettre que Mme la Maréchale de La Force, qui étoit à Metz, l'avoit suivi en l'armée, ensemble la marquise de la Force et la femme de son petit-fils de Boisse, qui n'y furent pas inutiles, car elles prenoient un grand soin des blessés et visitoient souvent les hôpitaux pour les faire tenir en bon état ». Malgré les difficultés du siège qu'il a entrepris, son visage énergique, plein de bonté et de finesse, paraît fort satisfait : « Voilà, songe-t-il, trois mines que l'on entreprend de pousser fort avant dans la ville; les faire passer au-dessous des fossés et au-dessous même des bastions (1). » De longues aiguilles de fer s'enfoncent dans le rocher. Les assiégeants bourrent de poudre les trous qu'ils ont creusés, mettent le feu à la poudre. Les assiégés, percevant ces explosions souterraines, croient avoir entendu le canon du duc Charles de Lorraine, qui vient pour débloquer la place.

En fait de canons, il n'y a autour de La Mothe que ceux de l'armée du Roi, trente et une pièces tirant six cents coups par jour, démolissant les parapets, les terrasses, faisant trembler les bastions sur leurs bases que sape le mineur, emportant, le 21 juin, le gouverneur M. d'Iche sur le pont de bois qui monte du retranchement à la courtine. Maintenant que les Français ont établi une ligne de circonvallation à cinq cents pas de la ville, les mortiers, arme nouvelle qui avait déjà terrifié les habitants de Bitche, jettent par delà les remparts, sur les toits des maisons,

---

(1) *Mémoires du Duc de la Force, Maréchal de France,* t. III, p. 80, 81; 85.

qu'ils crèvent, leurs bombes de deux ou trois cents livres, remplies de poudre et de goudron. Riocour a noté le bruit sourd avec lequel les bombes s'échappaient des mortiers, « le bourdonnement qui les accompagnoit », tandis qu' « elles se guindoient assez lentement dans le ciel », leur « tournoiement en l'air et les bluettes de feu qui sortoient de la mèche » fixée à leur lumière, puis le fracas de leur « chute précipitée », la fuite éperdue, souvent inutile, des bourgeois épouvantés (1).

Le duc Charles de Lorraine écrivait aux assiégés dans une lettre que saisit le maréchal de la Force : « Je pars aujourd'hui pour aller à Constance commander une armée que j'amènerai à votre secours. Cependant je vous prie de conserver la gloire que vous avez acquise et de m'aimer toujours (2). » Comment le duc Charles eût-il perdu toute espérance de conserver La Mothe, quand les princes allemands assemblés à Francfort refusaient d'admettre le cheminement rapide et sûr de l'armée assiégeante? « Cette place est ici en si grande estime, mandait Feuquières à La Force le 3 juillet, que, quand je leur dis qu'en sept jours vous avez été jusqu'à la contrescarpe et que vous travaillez déjà à la percer, ils ont de la peine à le croire. Pour moi, Monseigneur, j'avoue que, la connaissant comme je fais, j'ai peine à le croire moi-même, et encore plus à douter que vous y soyez fourni de toutes les choses nécessaires pour la presser selon votre désir (3). » Le maréchal avait mandé lui-même à Richelieu le 24 juin : « Leur contrescarpe est si droite et si sablonneuse, que nos mineurs se trouvent bien empêchés au travail qu'il leur faut faire. (4) »

Par malheur les batteries consommaient tant de munitions, qu'elles risquaient d'en manquer : « Je n'en ai pu tirer de Nancy, avouait le maréchal, sur les difficultés que M. le Comte de Brassac a représentées, comme j'ai écrit ci-devant; pour Verdun, j'avois demandé seulement mille boulets à M. du Fossé. Il m'a mandé qu'il n'en pouvoit fournir que sept cents. Par ma dernière dépêche,

---

(1) Riocour, *Relation des sièges et du blocus de La Mothe*, p. 201, 205.
(2) Lieutenant Cagnat, *Le premier siège de La Mothe*, p. 91.
(3) *Mémoires du Duc de La Force, Maréchal de France*, t. III, p. 404.
(4) *Ibidem*, p. 403.

je donne avis de ce que j'ai envoyé chercher à Châlons et Verdun. Cela sera un peu long. Nous avons trois de nos canons éventés, qui est un grand déplaisir, et un autre où il se trouve un boulet enfoncé dedans par force, sans poudre (1). »

Cependant, le 15 juillet, La Force pouvait écrire au cardinal : « Me donnerai cette liberté de dire que je voudrois qu'il m'eût coûté bon et que Votre Éminence pût être portée ici pour huit jours, pour voir possible un aussi beau siège et d'aussi belles attaques qu'il s'en soit vu il y a longtemps, et m'assure que Sa Majesté y prendroit bien du plaisir (2). »

Le 2 août, Richelieu, certain du succès et tout bouillant d'impatience, griffonnait fébrilement ce billet : « Monsieur, vous me donnez la vie, quand vous vous résolvez de pousser vertement l'attaque du bastion, qui prendra la citadelle assurément ; je vous supplie d'y faire l'impossible, car de là dépend le tout, et avançant ce travail extraordinairement, je ne suis pas sans espérance que nous puissions avoir la place dans votre semaine au plus tard ; je vous assure que j'en voudrois avoir donné beaucoup et pour l'amour de vous et du service du Roi. Je vous envoie trois cents outils et m'en vais à La Péjousse ; M. le Marquis de La Force aura soin, s'il vous plaît, de la garde que la cavalerie doit faire au camp, car M. d'Auriac vient à La Péjousse avec moi. Je vous prie que je sache ce soir le travail que vous pensez faire cette nuit et quand vous serez attaché au bastion, car cela me console (3). »

A l'heure où le cardinal signait cette lettre si passionnée, La Mothe était prise depuis cinq jours. Le marquis de La Force avait fait sauter un bastion dès le 25 juillet ; le marquis de Tonneins, son frère, s'était logé sur la brèche, avec ses hommes ; le 26, la ville capitulait, et, dès le 28, le nouveau gouverneur, M. de Germainvilliers, les capitaines, officiers et soldats qui s'étaient si vaillamment défendus en sortaient vies et bagues sauves, tambours battants, mèches allumées, enseignes déployées.

---

(1) *Mémoires du Duc de La Force, Maréchal de France*, p. 403.
(2) Archives de Chantilly.
(3) *Mémoires du Duc de La Force, Maréchal de France*, t. III, p. 406-407.

Le 9 août, La Force reçut les félicitations du cardinal : « Monsieur, il m'est impossible de vous représenter le contentement que le Roi a reçu de la prise de La Mothe ; il est d'autant plus grand que cette place n'est pas, comme vous pouvez juger, de petite considération entre ses mains, ni peu utile au bien et avantage de ses affaires, et que Sa Majesté avoit besoin, pour faire réussir une entreprise pareille à celle-là, d'une prudence et d'une conduite comme la vôtre. Elle vous témoigne si particulièrement, par la lettre qu'elle vous écrit sur ce sujet, le gré qu'elle vous en sait et la satisfaction qu'elle a du soin et de la diligence que vous y avez apportés, qu'il seroit inutile d'y ajouter aucune chose ; aussi ne prends-je la plume à cette fin, mais bien pour vous faire connaître en mon particulier, ainsi que je fais par ces lignes, la joie que je ressens de cet heureux succès et de la gloire que vous avez acquise en cette occasion (1). »

Le cardinal se trouvait alors à l'abbaye de Royaumont, près de Chantilly. Tout, en Lorraine, était en l'obéissance de Sa Majesté, hormis La Mothe, Bitche et Wildenstein : La Mothe auprès de Langres, Bitche avancée vers Strasbourg, Wildenstein sur les frontières de la haute Alsace, — les deux premières estimées peu prenables (2). Le maréchal de La Force les avait prises cependant les 18 mai et 26 juillet et, le 5 août, il s'emparait de la troisième. A présent le Roi est maître absolu de cette Lorraine que Henri IV rêvait de réunir au Royaume par le mariage de ses deux fils avec la duchesse Nicole et la princesse Claude. Que Louis XIII garde le Duché ou que, plus tard, il le rende, il a les mains libres pour intervenir en Allemagne. Il n'a plus à craindre la trahison d'un duc de Lorraine, et de Bar, si inféodé à l'Empire, qu'un poète allemand, au bas d'un portrait, le cite en exemple aux princes de l'Empire :

> Heureux si notre Reich compte plus d'un duc Charles,
> Dont le glaive en faveur de nos libertés parle
> Si, chez d'autres héros, la valeur a fleuri,
> Que les yeux de ce Duc nous font paraitre ici.

(1) *Mémoires du Maréchal de La Force*, t. III, p. 408.
(2) *Ibidem*, p. 408.

Justement, le maréchal de La Force avait reçu des avis certains de la marche de don Fernand, cardinal-infant, frère du roi d'Espagne. Don Fernand avait été choisi par Philippe IV pour remplacer l'infante Isabelle, sa tante, au gouvernement des Pays-Bas; il venait de la Valteline et du Tyrol avec une armée de quinze mille hommes et prétendait, en passant, débloquer La Mothe. Cette espérance est déçue.

Il n'en faut pas avoir l'œil moins ouvert sur les affaires d'Allemagne. Tout en écrivant à La Force de mettre son armée dans les places de Lorraine pour la « rafraîchir », Richelieu lui recommande d'être toujours à même de la rassembler en cas d'alerte. Elle n'est pas au repos depuis dix jours, qu'il ordonne au maréchal de « l'avancer à deux ou trois petites journées du Rhin au lieu qu'il jugera le plus commode pour la faire subsister, entre Brisach et Coblentz ». La Force devra « s'approcher de l'une ou de l'autre ville selon les avis qui lui viendront de la route que prendra l'armée du cardinal-infant, dont il aura soin d'être bien informé et mandera souvent des nouvelles (1) ». La manœuvre peut parer à tout événement : « elle est pour donner chaleur aux alliés et jalousie aux Impériaux ».

Vers le même temps, les armées des Suédois et des princes protestants d'Allemagne, celles du comte de Horn, maréchal de Suède, celle du duc Bernard de Saxe-Weimar se réunissent pour attaquer les Impériaux, qui assiègent la ville de Nordlingen (en Bavière). Ils se croient sûrs de la victoire. Mais, dans ses retranchements, l'armée impériale est forte de cinquante mille hommes; le cardinal-infant est venu la grossir de sa « redoutable infanterie d'Espagne » et le duc Charles de Lorraine lui apporter l'appui des troupes de la Ligue catholique, dont le duc de Bavière, son beau-frère, lui a confié le commandement. Le 5 septembre, le duc de Weimar, après un premier combat heureux, décide le comte de Horn à livrer bataille (2).

Le 8 septembre 1634, Monsieur faisait une promenade dans

---

(1) *Mémoires du Duc de La Force, Maréchal de France*, t. III, p. 87 et 408-410.
(2) Charvériat, *Histoire de la Guerre de Trente ans*.

le vaste estuaire de l'Escaut. La ville d'Anvers a mis une galère à sa disposition et, tout en goûtant le plaisir de la navigation, il joue aux cartes avec ses gentilshommes. A Bruxelles, il a dit au marquis d'Aytona « qu'il s'en alloit donner ordre à son armement »; mais, bien qu'il ait dépêché M. du Coudray-Montpensier à l'Empereur, « il se moque en lui-même » des projets de la maison d'Autriche. Une barque vient d'accoster : un messager en descend, s'approche de Monsieur. Le prince écoute, ses cartes à la main... De quel geste irrité, il jette tout à coup dans le fleuve et les cartes et l'argent, qu'il a devant lui! Il a appris que les Suédois et les princes protestants d'Allemagne avaient été taillés en pièces à Nordlingen, le 6 septembre. La galère à présent se dirige sur le port. A Anvers, les détails qui affluent n'apaisent pas Gaston : huit mille protestants laissés pour morts, quatre mille prisonniers, le comte de Horn tombé aux mains du vainqueur, trois cents étendards enlevés par les Impériaux. Il en sera de même, le 4 mai 1792, alors que le frère de Louis XVI écrira de Coblentz : « Quand j'ai vu dans la relation : *Les Français ont été battus*, je n'ai pu me défendre d'un petit mouvement de tristesse. » En 1634, Monsieur, frère de Louis XIII, ne peut supporter de voir la France atteinte par l'humiliation de ses alliés. Il revient à Bruxelles; il reçoit sans plaisir les drapeaux que le baron de Clinchamp lui offre de la part de son beau-frère le duc Charles de Lorraine, qui s'est couvert de gloire à la bataille de Nordlingen; il ne cache sa peine ni à Marie de Médicis, ni au Père Suffren : inutile de lever pour lui des soldats, il ne tirera pas un coup de pistolet contre la France. Paroles généreuses, mais imprudentes, que la Florentine ne tarde pas à rapporter et qui le privent des vingt mille écus convenus au traité du 12 mai (1). *Su Alteza quiere scapar*, aurait dit au comte de Salazar le marquis d'Aytona. Oui, Son Altesse peut s'enfuir : le marquis ne croit guère à cette fuite, mais le cardinal la considère comme prochaine et il a ses raisons pour cela.

---

(1) Henrard, *Marie de Médicis dans les Pays-Bas*, p. 473-474.

Monsieur vient à résipiscence.

Si au mois de février 1634, Monsieur avait eu soin de faire confirmer par l'archevêque de Malines son union avec la princesse Marguerite de Lorraine, Richelieu n'était pas demeuré inactif. Le Parlement avait décrété de prise de corps dom Albin Thellier, le religieux qui avait béni le mariage à Nancy ; il avait « assigné pour être ouïe » la princesse Marguerite, il avait « ajourné personnellement » le duc Charles de Lorraine, l'ex-cardinal son frère et la princesse de Phalsbourg : « paroles de neige et pistolets de paille », puisque les personnages qu'il visait se trouvaient hors de ses atteintes. Ce qui était plus sérieux, c'était l'arrêt que le Parlement venait de rendre le 5 septembre. Gaston avait pu lire quelques jours plus tard, aux Pays-Bas, que « le prétendu mariage de Monsieur le duc d'Orléans, fils de France et frère unique du Roi, avec la princesse Marguerite de Lorraine n'était pas valablement contracté » et que « tous les biens féodaux qui appartenoient à Charles, Nicolas-François et Henriette de Lorraine, tenus de la couronne de France médiatement ou immédiatement, étoient déclarés retournés, réunis et incorporés à icelle et tous et un chacun leurs autres biens étant en France, tant meubles qu'immeubles, acquis et confisqués au Roi (1) ».

Loin de s'indigner comme la Reine mère, comme Madame, comme la princesse de Phalsbourg, comme le duc d'Elbeuf, comme le prince Thomas de Savoie, Monsieur refusait de signer la protestation que lui tendaient tous ces princes. Il « rentroit en soi-même et reconnaissoit la faute qu'il faisoit de se tenir éloigné des bonnes grâces du Roi » qui valaient mieux que les promesses illusoires des Espagnols. Quant à Puylaurens, il était déjà las peut-être de Mlle de Chimay (2), sa nouvelle maîtresse ; plus las encore des reproches de l'ancienne, Mme de Phalsbourg. Celle-ci ne lui pardonnait point d'avoir quitté la marque de

---

(1) *Mercure françois*, t. XX, 2ᵉ partie, p. 866-867.
(2) Fille d'Alexandre d'Arenberg, prince de Chimay.

TURENNE ENFANT
d'après une gravure de R. Nanteuil.
Agé en 1634 de vingt-trois ans, il servait devant La Mothe en qualité de mestre de camp.

chevalerie qu'elle lui avait remise naguère à Nancy, « un nœud bleu, traversé par le milieu d'une petite épée, avec cette inscription : *Fidelité au bleu mourant* (1) ». L'infidèle commençait à regarder du côté de la France. « Ne voyant rien de prêt du côté d'Espagne, sinon le péril de sa vie, à laquelle ils avoient déjà attenté, il cessoit de s'opposer aux bons mouvements de Monsieur (2). »

Richelieu, qui « faisoit dépense en espions », n'ignorait pas cet état d'esprit du prince et du confident. Le 12 mars 1634, Bouthillier avait écrit à l'abbé d'Elbène : « Ce que j'ai à vous dire maintenant est que l'on juge à propos que, pour la dernière fois, vous sachiez au vrai les intentions certaines de Monsieur et de M. de Puylaurens sur les points suivants : c'est à savoir si Monsieur veut se tenir au dessein de rompre toutes les intelligences avec les étrangers et avec qui que ce soit, au préjudice du service du Roi; s'il veut, pour son mariage, se remettre au jugement de ceux que le Pape nommera, qui seront gens de bien. Il est à propos pareillement que Monsieur amène la princesse Marguerite, à laquelle le Roi donnera toute sûreté et bon traitement (3) ». Vers le milieu de septembre, l'abbé d'Elbène se présenta devant le Roi. Sachant que Puylaurens ne désespérait pas « d'obtenir de Sa Majesté toutes choses déraisonnables », — qu'il était cependant raisonnable de lui accorder, tant était nécessaire au bien du Royaume le retour de Monsieur, — le cardinal dit à d'Elbène que Puylaurens pourrait être fait duc et pair. Ce discours, transmis à Bruxelles, ne déplut pas à Puylaurens; mais rien ne pouvait le tirer de la crainte où il était que le cardinal ne mît le nouveau duc à la Bastille. Il lui fallait une assurance contre les rancunes du ministre tout-puissant. Richelieu offrit la main de Mlle de Pontchâteau, sa cousine. Puylaurens alors n'hésita plus et, le 1er octobre, à Écouen, Louis XIII signait deux traités. Par le premier de ces traités, « le Roi et Monsieur promettoient de se rendre sans délai, pour

---

(1) *Mémoires de Gaston, duc d'Orléans*, p. 599.
(2) *Mémoires du Cardinal de Richelieu*, éd. Petitot, t. VIII, p. 77.
(3) *Affaires étrangères, France* 810, f° 106.

la validité ou nullité du mariage, au jugement qui interviendroit en la manière que les autres sujets du Roi avoient accoutumé d'être jugés en tels cas, selon les lois du Royaume. En cas que le mariage vînt à être dissous, comme Monsieur promettoit de ne se remarier qu'avec le consentement de Sa Majesté et à personne qui lui fût agréable, Sa Majesté promettoit aussi à Monsieur de ne le contraindre à se remarier contre sa volonté ». Autre promesse non moins importante : « Monsieur se conduiroit en vrai frère et bon sujet, sans avoir, par lui ou par les siens, aucune intelligence qui pût déplaire à Sa Majesté, soit au dehors, soit au dedans du Royaume ». La générosité du Roi s'efforçait de compenser les sacrifices que faisait Monsieur. Sa Majesté « remettoit à Monsieur toutes les fautes qu'il avoit commises depuis qu'il étoit sorti du Royaume dès la première fois jusques à maintenant, lui accordoit abolition générale pour tous ceux qui l'avoient suivi et servi depuis sa première sortie, de quelque condition et qualité qu'ils fussent »; elle ferait expédier et délivrer à Monsieur cette abolition « en bonne et due forme, huit jours après qu'il seroit entré en France. Ceux qui étoient en Flandres reviendroient dans le Royaume trois semaines après que Monsieur y seroit entré, et les autres qui étoient en pays plus éloignés, six semaines après, tous pour vivre comme bons sujets devoient faire ».

La petite cour de Monsieur pouvait se rassurer, « excepté toutefois La Vieuville, Le Coigneux, Monsigot et les évêques qui avoient été jugés ou à qui on faisoit présentement le procès, lesquels Sa Majesté ne vouloit être compris dans l'abolition ci-dessus mentionnée, non plus que Vieuxpont ».

« Rétabli en tous ses biens, pensions et apanages pour en jouir du premier jour de cette année 1634 », Monsieur recevait quatre cent mille livres pour acquitter ses dettes tant à Bruxelles qu'ailleurs, et cent mille écus, quinze jours après, pour se remettre en équipage ». Le gouvernement d'Auvergne lui était donné au lieu de celui d'Orléans et Blaisois; quelques autres avantages relatifs à ses compagnies de gendarmes s'ajoutaient à tout cela. Quinze jours lui étaient accordés pour accepter le traité, trois semaines pour rentrer en France, afin que, « si Monsieur ne rentroit pas dans ledit temps, ainsi que, de sa part, on le faisoit espérer au Roi, Sa Majesté pût pourvoir à la sûreté de ses affaires et de son État, comme elle s'y trouvoit obligée (1) ».

Par le second traité, Puylaurens s'engageait à ne plus entretenir aucune intelligence avec les cours étrangères. Vivant « en bon et fidèle sujet », il n'aurait connaissance d'aucune intrigue contraire au bien de l'État sans avertir le Roi aussitôt. Huit jours après le retour de Monsieur, il serait créé duc et pair et marié à Mlle de Pontchâteau, la cadette. Il ne manquerait pas d'obtenir avant deux mois que Monsieur consentît à la dissolution de son mariage (2). Tout en comblant de grâces le favori de Monsieur, Son Éminence était toujours prête à ouvrir l'abîme sous ses pas, s'il ne se conduisait « ainsi que tout bon et fidèle sujet doit faire (3) ».

Le groupe de seigneurs à cheval que l'on apercevait à quinze lieues de Bruxelles le dimanche 2 octobre 1634, sur les cinq heures du soir, et qui se hâtait vers La Capelle, la forteresse française « postée tout au bord du Royaume », paraissait harassé de fatigue. Par Nivelles, Bains, Bavay, il venait de la capitale des Pays-Bas espagnols et déjà il n'était plus au complet. Après l'avoir croisé, les passants qui parcouraient en sens contraire la plaine longue et plate rencontraient plusieurs domestiques démontés qui en avaient fait partie : les uns, ayant abandonné leurs chevaux crevés, continuaient leur route à pied, les autres reposaient dans les hôtelleries avec leurs bêtes qui n'en valaient guère mieux, d'autres enfin étaient arrêtés par les paysans. Une dizaine de cavaliers suivaient encore leurs maîtres, tenant des chevaux de main. La petite troupe venait d'atteindre la dix-septième lieue, lorsque celui qui semblait en être le chef sentit sa monture crouler tout à coup. Monsieur, car c'était lui, changea son cheval mort contre le cheval relativement frais qu'on lui présen-

---

(1) Aubery, *Mémoires pour l'Histoire du Cardinal Duc de Richelieu*, t. II p. 429.
(2) Père Griffet, *Histoire du règne de Louis XIII*, t. II, p. 487.
(3) Avenel, *Lettres du Cardinal de Richelieu*, t. I, p. 624, note 2.

tait et reprit au plus vite sa course vers la France. Mais à Pont-sur-Sambre il fallut se munir d'un guide et peu à peu ralentir l'allure « parce que la nuit s'approchoit (1) ».

Quelle aventure que ce départ! Le traité d'Écouen signé, ratifié de part et d'autre, Monsieur recevant copie de l'ordre royal qui enjoint aux gouverneurs des villes de Picardie d'ouvrir au frère unique du Roi! Et, le matin même, à huit heures, sans prendre congé de la Reine mère ni de Madame, tandis que Rooses, chef du Conseil d'Espagne, et le marquis d'Aytona se trouvaient au château de Tervueren, à deux lieues de Bruxelles, en conférence avec le duc de Neubourg, s'échapper! Ce prétexte de chasse au renard imaginé la veille au soir, cette précaution de demander aux Cordeliers une messe tardive dans la chapelle de la forêt de Sorgues pour le retour des chasseurs, comme c'est ingénieux! Ingénieuse aussi la ruse de Puylaurens (2) : le favori, qui n'accompagnait jamais son maître à la chasse, allant en carrosse soi-disant rendre visite à Rooses, qui n'était pas chez lui. Il avait poussé jusqu'au faubourg, sous couleur de rejoindre le chef du Conseil d'Espagne au château de Tervueren. Dans le faubourg il avait quitté son carrosse, monté à cheval et c'était Monsieur qu'il avait rejoint.

Il est plus de neuf heures du soir, la frontière est franchie depuis quelque temps. Monsieur et ses compagnons distinguent, à la lueur de la lune, les remparts de La Capelle. Les voici sur la contrescarpe. Au piétinement des chevaux et à la vue de cette troupe de cavaliers, les sentinelles donnent l'alarme. Les « Qui va par là? se succèdent de proche en proche. — « C'est Monsieur frère du Roi! » Cette réponse laisse incrédule le baron du Bec, gouverneur de la place, qui vient d'arriver sur le bastion : il commande de tirer sur ces gens assez hardis pour tenter quelque entreprise sur la forteresse. Mais Gaston a reconnu la voix du gouverneur, qui est le fils de feu M. de Tardes : « Baron du Bec, commande-t-il à son tour, empêchez qu'on ne tire sur nous. Je viens avec les bonnes grâces du Roi et sa permission. »

(1) *Mémoires de Montrésor*, p. 195.
(2) Henrard, *Marie de Médicis dans les Pays-Bas*, p. 484.

Le baron obéit : « J'ai ici des ordres de Sa Majesté pour vous, continue Monsieur ; faites sortir quelqu'un à qui je les puisse montrer. » Le pont-levis ne tarda point à s'abaisser : M. de Nerville parut avec de l'infanterie. Puis M. de Longchamp, capitaine au régiment de Piémont, un neveu du gouverneur qui était venu la veille rendre visite à son oncle, s'approcha du prince et retourna dans la ville avec l'ordre du Roi. Quelques instants plus tard, le baron du Bec recevait Monsieur et ses compagnons, MM. de Puylaurens, du Fargis, d'Elbène, de Briançon, du Coudray-Montpensier et de Senantes : « Donnez-nous à souper, dit Gaston, il y a dix-huit heures que nous n'avons ni bu ni mangé (1) ! »

Le 10 octobre 1634, Louis XIII se trouvait au château de Sainte-Geneviève-des-Bois, non loin de Montlhéry. Huit heures allaient sonner et le Roi se mettre à table pour souper. Sa Majesté semblait fort préoccupée ; elle était encore sous l'impression d'un billet qu'elle avait écrit au cardinal, installé au château de Chilly, près de Longjumeau : « Mon Cousin, déclaraient ces quelques lignes, si révélatrices du caractère de Louis XIII, je vous renvoie votre lettre, que j'avois tenue secrète, mais revenant de la chasse, j'ai trouvé un gentilhomme appelé La Forêt, qui est borgne, qui venoit de Chilly et disoit à tout le monde que mon frère s'étoit sauvé de Bruxelles et s'étoit retiré lui quatrième à La Capelle. Je vous mande ceci, afin que vous sachiez que tout ce que vous me mandez, je n'en parle à personne sans savoir devant qui et s'il le faut ou non. Je demeurerai encore ici demain pour être plus proche de vous. Sur cette nouvelle, je finirai celle-ci en vous assurant que je vous tiendrai ce que je vous ai souvent promis de tout mon cœur, et prieroi le bon Dieu qu'il vous tienne en sa sainte garde. »

Et aussitôt après avoir signé, Louis XIII avait trahi son impatience en griffonnant ce post-scriptum : « Je vous prie que s'il vient d'autres nouvelles, je les sache au plus tôt (2). »

(1) *Gazette*, 1634, p. 442.
(2) Comte de Beauchamp, *Louis XIII d'après sa correspondance avec le Cardinal de Richelieu*, p. 156.

L'impatience du Roi n'a pas diminué, lorsque à huit heures les viandes sont avancées. Le souper commence, — un souper de fort peu d'apparat sans doute, comme ceux dont Son Éminence s'est indignée dans son *Testament politique*, parce qu'ils étaient « servis par de sales marmitons ». Mais voici M. de Longchamp qui arrive de La Capelle : à la « bonne nouvelle » qu'il apporte, Louis XIII témoigne « une joie extraordinaire ». Il veut envoyer Bouthillier le jeune « avec cinquante mille écus, pour assurer son frère de sa tendre affection ». C'est lui-même un peu plus tard qui usa de ces expressions dans l'article qu'il fit pour la *Gazette* et qui parut dans le numéro du 14 octobre 1634.

Pour le moment, sa joie est telle, qu'il veut la faire goûter immédiatement au cardinal et, sur son ordre, M. de Longchamp se remet en route, arrive bientôt devant les grosses tours de Chilly. Là encore « grande joie », nous dit Louis XIII journaliste, qui ne varie pas beaucoup ses expressions. Nul doute que M. de Longchamp n'ait conté à Richelieu les moindres détails du voyage, nul doute qu'il ne lui ait dépeint l'état d'âme de Monsieur. Mais que pensa le cardinal, si M. de Longchamp fut assez bien informé pour lui apprendre que, ce même 10 octobre, Monsieur, tout en chargeant M. de Saint-Quentin d'aller à Bruxelles exposer au marquis d'Aytona les raisons de son départ précipité, avait chargé ce gentilhomme du plus tendre message pour Madame : « Monsieur conservoit toujours pour elle l'affection qu'il lui devoit et qu'il lui avoit promise; il la prioit de le croire et il ne la changeroit jamais, quelque condition qu'on lui pût représenter (1). »

Monsieur, traité magnifiquement à La Fère durant six jours par le duc de Chaulnes, reçu triomphalement par Bautru et Chavigny, parut devoir se conduire comme le sujet le plus soumis. Les cinquante mille écus apportés par Chavigny l'avaient mis de si belle humeur, qu'il avait gratifié de six mille pistoles le capitaine d'un pareil galion et qu'il restait des dix heures par jour à jouer à prime avec lui et Bautru. Aussi, le 17 octobre,

---

(1) *Mémoires de Montrésor*, p. 195.

Chavigny se hâtait-il de faire part des excellentes dispositions du prince à Bouthillier, son père. La lettre, à peine arrivée à Paris, est envoyée par le secrétaire d'État au Palais Cardinal, où Richelieu se trouve depuis le 14 ou le 15, et voici ce que lit Son Éminence : « Monsieur sera très aise de voir des religieux et docteurs en théologie, pour l'éclaircir sur le fait de son mariage; entre lesquels j'ai proposé, suivant vos ordres, le Père Rabarteau et les sieurs Lescot et Isambert. Le Père Gondren (confesseur de Gaston) y sera si vous l'avez agréable et je crois que, si vous êtes assuré que M. de Nantes prenne les bons sentiments, Monsieur auroit satisfaction particulière qu'il fût du nombre. M. de Puylaurens, avec l'aide de ces doctes et savants personnages, se promet de donner la dernière main à ce que vous désirez; il m'a protesté vouloir être votre serviteur et dépendre absolument de vous; il m'a fait connaître par diverses fois que tous les biens que vous lui avez procurés auprès du Roi ne le touchent pas à l'égal de votre alliance, en laquelle vous avez eu agréable qu'il entrât. Monsieur m'a protesté qu'il désiroit votre amitié et qu'il suivroit les bons conseils que vous lui donneriez en tout et partout. Ce que j'ai reconnu en lui, c'est qu'il a beaucoup de bonté et point du tout de malice. Il part demain pour aller coucher à Nanteuil, où il m'a commandé de l'accompagner. Il est résolu d'aller voir le Roi et vous aussi, en la plus petite compagnie que sa qualité lui pourra permettre, pour vous donner sujet de croire qu'il a entièrement confiance en vous et que vous la devez aussi avoir en lui (1). »

Dans son cabinet, château de Saint-Germain, le samedi 21 octobre 1634, vers une heure de l'après-midi, Louis XIII attend Monsieur, qui vient d'Écouen. Saint-Simon, gouverneur du château, est sur pied dans la première cour, ce qui n'est pas agréable, car le vent souffle en tempête. Sa Majesté est tellement persuadée que son frère n'a pu se mettre en route par un temps aussi affreux, qu'elle a dîné sans lui. Mais le voilà; il descend de car-

---

(1) Avenel, *Lettres du Cardinal de Richelieu*, t. IV, p. 633, note.

rosse. Le Roi aussitôt passe dans la chambre à coucher. uelle ruée de tous ceux qu'entraînent à sa suite leurs charges ou la curiosité! Le comte de Soissons, les ducs de Longueville, de Montbazon et de Chaulnes, les maréchaux de Châtillon, d'Estrées et de Brézé, le garde des Sceaux, le grand maître de l'artillerie, le surintendant des finances, le capitaine des gardes, et des officiers et des seigneurs et des gentilshommes. Toute la Cour prétend assister à l'entrevue des deux frères, au retour de l'enfant prodigue. Jamais la chambre, « toute spacieuse qu'elle est », ne pourra contenir tant de monde. Les huissiers n'y veulent admettre que ceux qu'ils ne peuvent refuser. Dans l'escalier, c'est une marée de spectateurs. Gaston est porté par elle plutôt qu'il ne la traverse. Il lui faut un quart d'heure pour parvenir jusqu'à la chambre du Roi. Il entre, s'incline fort bas et dit : « Monsieur, je ne sais si c'est la crainte ou la joie qui m'interdit la parole; mais il ne m'en reste à présent que pour vous demander pardon de tout le passé. » Le Roi l'embrasse avec force : « Mon Frère, lui dit-il, je vous ai pardonné, ne parlons plus du passé, mais de la joie que je ressens très grande de vous revoir ici. »

Joie si grande et si universelle, que les embrassades redoublent et que les assistants en pleurent. Puylaurens lui même est embrassé par le Roi, qui le remercie de la dextérité dont il s'est servi pour ramener Monsieur. Toujours entouré de la foule, que ce spectacle passionne, Louis XIII retourne dans son cabinet.

Et le cardinal? Le voici, qui arrive à l'instant, venant de Rueil. Admis près du Roi, il salue Monsieur, qui le serre dans ses bras, tandis que Louis XIII a l'air de bénir ces tendres effusions : « Mon Frère, dit-il, je vous prie d'aimer M. le Cardinal. — Monsieur, je l'aimerai comme moi-même, répond le léger Gaston, et suis résolu de suivre ses conseils. » Puis il fait appeler par l'huissier tous les seigneurs de sa suite. Les révérences succèdent aux révérences. Monsieur en oublie de dîner. Et lorsqu'on lui rappelle qu'il est temps de se mettre à table, Son Altesse a cette répartie heureuse : « — Il y a quatre ans que je dîne tous les jours sans voir le Roi, je ne puis moins faire que de préférer ce bien à mon dîner. » Il n'en dîne pas moins dans la chambre voisine. Une foule compacte l'environne. Soudain la porte, poussée de plus en plus fort par ceux des spectateurs qui n'ont pu entrer, sort de ses gonds avec fracas, fait irruption dans la pièce, oscille dangeureusement et, miracle d'équilibre, reste debout au milieu des têtes et des épaules (1).

Le lendemain, c'est chez le cardinal, au château de Rueil, que Monsieur fut traité avec une magnificence digne du ministre tout-puissant. L'humeur des trois partenaires n'allait pas tarder à s'assombrir. Le Roi est impatient de voir rompre le mariage de Monsieur; le cardinal, qui ne l'est pas moins, se sent fort embarrassé, car Monsieur se montre intraitable. Retenu par la goutte à Orléans, Gaston voit arriver une escouade de théologiens conduite par le Père Joseph. Il tient bon, tandis que Puylaurens, qui n'a pas reçu les satisfactions promises, semble l'encourager à la résistance.

Trois heures durant, Monsieur s'entendit prouver que son mariage n'était point valide. Les règles et la pratique de l'Église le voulaient ainsi. Les lois et les coutumes du Royaume le voulaient plus encore : le Roi étant père et tuteur de son frère, le bien et le repos de l'État se trouvaient incompatibles avec un mariage contesté « qui rendoit incertaine la succession à la Couronne (2) ».

Chacun fut de l'avis de M. le Doyen « ou plutôt de M. le Cardinal ». Mais que disait le mari? Tranquille et attentif, tandis que parlaient tous ces théologiens, il prit enfin la parole. Il dit qu'il n'avait point étudié les lois et ne pouvait répondre à tant de textes, mais qu'il savait bien ceci : il n'y avait dans l'affaire de son mariage ni rapt, ni violence, ni séduction. Lorsqu'il avait demandé la princesse Marguerite, elle était destinée au cloître; elle avait agi, du consentement de la maison de Lorraine, avec autant de liberté que lui-même. Il ne cesserait de la regarder

---

(1) *Gazette*, p. 455.
(2) *Actes touchant la validité du mariage contracté par M. le Duc d'Orléans* t. I I, p. 64, note ancienne (Archives de M. G. Hanotaux, et Père Griffet, *Histoire du Règne de Louis XIII*, t. II, p. 495.

comme sa femme légitime que lorsqu'un jugement canonique de l'Église aurait déclaré qu'elle ne l'était pas.

Chavigny et ses théologiens y perdirent leur peine : Monsieur faisait toujours la même réponse. L'honnête Puylaurens insista sur les scrupules de son maître; il ne conseillerait jamais à Son Altesse d'agir contre sa conscience. Sur quoi le secrétaire d'État et les docteurs s'en furent à la Cour (1). Le 11 novembre, Puylaurens, embarqué avec Monsieur dès huit heures du matin, descendait le cours paresseux de la Loire « avec tant de diligence », qu'il arrivait à Blois vers quatre heures de l'après-midi (2). Inébranlable quand on voulait le contraindre à laisser rompre son mariage, Gaston s'abandonnait à l'extrême joie de son heureux retour en France : « Il faut, écrivait-il le 26 novembre à sa sœur la duchesse de Savoie, que je l'augmente encore, vous assurant que je reçois tous les jours tant d'effets de la bonté du Roi, mon seigneur, que le seul bien auquel j'aspire en ce monde est de me rendre digne, par mes services et une fidélité parfaite, de l'honneur de ses bonnes grâces (3). »

Le cardinal a fini par céder : le 7 décembre, « la seigneurie d'Aiguillon, achetée six cent mille livres de la princesse Marie de Gonzague, va être érigée en duché-pairie sous le nom de Puylaurens. Depuis le 28 novembre 1634, le favori de Monsieur est marié à la seconde fille de Charles du Cambout, baron de Pontchâteau; il est l'un des conjoints du triple mariage que vient de bénir le curé de Saint-Sulpice dans la chapelle du Petit Luxembourg et qui unit deux autres cousines de Son Éminence à deux grands seigneurs : Mlle de Pontchâteau l'aînée au duc de La Valette, et Mlle du Plessis de Chivray au comte de Gramont (4).

Noces magnifiques à l'Arsenal, chez le maréchal de La Meilleraye, grand maître de l'artillerie (5), lui aussi cousin de

---

(1) Père Griffet, *Histoire du Règne de Louis XIII*, t. II, p. 496.
(2) *Mercure françois*, t. II, 2ᵉ partie, p. 876.
(3) Archives de Turin.
(4) *Gazette*, p. 323.
(5) *Gazette*, p. 525.

Richelieu : feu d'artifice, musique et comédie. Assis à la troisième table, non loin du cardinal de La Valette, le cardinal-duc promène son regard sur cette multitude où se cache, qui sait? quelque conspirateur. Nul regard, nulle parole qui soient perdus pour lui. Ses agents veillent.

Dans les premiers jours de l'année 1635, par les yeux de Bautru, comte de Nogent, il voit Monsieur, à Blois, se préoccuper uniquement de son château et de ses plaisirs :
« Monseigneur, lui écrit Nogent le 16 janvier 1635, je me suis bien aperçu en ce voyage du cas que l'on fait de ceux qui ont l'honneur d'être à Votre Éminence. Monseigneur, frère du Roi, m'a fait mille honneurs et mille caresses en cette considération; il était dans sa cour lorsque j'arrivai; il vint trente pas au-devant de moi; toute sa cour témoigna une joie indicible à mon arrivée. Il me demanda des nouvelles du Roi et puis de celles de Votre Éminence, où il me fit l'honneur de me dire mille biens. Il a une grande passion pour son bâtiment, il y est huit heures le jour à faire démolir en sa présence. Je l'ai fort entretenu, comme de moi-même, sur son démariage. J'en rendrai compte à Votre Éminence vendredi, Dieu aidant. Il reçut hier une nouvelle qui l'affligea fort, qui fut la mort de Mlle Simon. M. de Bautru (le comte de Serrant) la fera connaître à Votre Éminence. Il disait tout haut : *Il vaudroit bien mieux que quatre généraux d'ordres fussent morts pour le bien de tout le peuple;* et hier au soir, en soupant, il en fit ses regrets et dit encore : *Il n'y a plus de sûreté pour moi en semblables lieux; tout son défaut étoit qu'elle étoit un peu chère; je ne crois pas qu'il y ait jamais eu son semblable.* Il sait cent chansons à boire et les plus étranges; bref, pour le dépeindre, c'est le plus débauché et le meilleur prince du monde (1). »

Comme Richelieu excelle à faire bavarder cet excellent prince à tort et à travers! Comme il s'entend à semer la défiance entre lui et Marie de Médicis, son ancienne alliée! Le 21 janvier 1635, à Rueil, Gaston, « continuant à parler des occasions

---

(1) *Archives des Affaires étrangères*, France, 813, F° 80.

passées, « demande à Son Éminence de qui la Reine mère avoit plus de soupçon et plus de jalousie ». Richelieu répond qu'elle en avait de la confiance que le Roi témoignait au cardinal; « enfin de tout le monde »; et il conclut : « Après tout, c'est une des plus vertueuses princesses, qui a beaucoup de bonnes qualités, mais ses soupçons et la jalousie qu'elle a d'un chacun et la mémoire qu'elle ne perd jamais des injures qu'elle seule se fait, sont cause que ceux à qui elle les impute ont à prendre garde (1). »

Monsieur, passant à Royaumont le 22 février 1635, ne résiste pas au plaisir d'entrer dans l'abbaye et de rendre visite à son cher cardinal : ce sont, au bout de quelques minutes, en présence du cardinal de La Valette et de Chavigny, des confidences à compromettre toute la Cour, « et de telle sorte, nous dit Richelieu, qu'il n'y a personne qui pût croire qu'il y eût de la dissimulation en son esprit. Entre autres choses, il reconnut qu'il étoit vrai que M. de Bellegarde avoit longtemps porté, pendues au col sur la chemise, deux promesses que la Reine et lui Monsieur s'étoient faites, elle de ruiner le cardinal auprès du Roi et lui de n'épouser point la princesse Marie (de Gonzague) ».

Mais comment Monsieur, tout écervelé qu'il est, peut-il se découvrir aussi imprudemment? Il ne se découvre pas, c'est le cardinal qui en le reconduisant lui demande : *Monsieur, n'est-il pas vrai qu'on vous disoit telle ou telle chose?* Monsieur l'avoue ingénument. Quoi? même en ce 22 février 1635, après ce que le cardinal lui a fait huit jours plus tôt!

Huit jours plus tôt, Richelieu avait dîné chez Séguier, qui habitait à quelques pas du Louvre, rue de Grenelle-Saint-Honoré, l'ancien hôtel de Ferrières. Du Fargis et du Coudray-Montpensier étaient parmi les convives du garde des Sceaux. Le cardinal quitte l'assemblée. Du Fargis ayant dit qu'il allait au Louvre, Son Éminence dit qu'elle y allait aussi et l'avait

---

(1) Avenel, *Lettres du Cardinal de Richelieu*, t. IV, p. 656.

emmené dans son carrosse. Mais à peine les deux visiteurs s'étaient-ils quittés dans l'appartement du Roi, que du Fargis était arrêté par le comte de Charost, l'un des capitaines des gardes, qui le faisait enfermer dans une chambre. Richelieu avait commandé ensuite que l'on arrêtât du Coudray-Montpensier, resté chez le garde des Sceaux. Il n'était guère que deux heures de l'après-midi. Le cardinal était entré dans le cabinet du Roi et, comme il l'avait prévu, Puylaurens n'avait pas tardé à l'y rejoindre. Il arrivait de Blois avec Monsieur pour assister à la répétition d'un ballet dont on lui avait dit merveille. Tandis que Monsieur s'entretenait avec le Roi, qui était dans sa chambre, Puylaurens était en conversation avec le cardinal dans le cabinet. C'était surtout Richelieu qui parlait; il semblait d'humeur malicieuse et Puylaurens se montrait aussi froid que de coutume. Tout à coup Son Éminence dit à son nouveau cousin : « — Quand se fondront vos glaces, Monsieur ? » Et il entre dans la chambre du Roi : Puylaurens reste seul... fort peu de temps, la porte brusquement s'ouvre : voici M. de Gordes, autre capitaine des gardes : il a ordre d'arrêter Puylaurens. Le favori de Monsieur se préoccupe avant tout du sort de son maître. Apprenant que Monsieur est libre, il dit simplement : « M. le Cardinal ne m'a pas donné le loisir de faire ce que je désirois pour lui. S'il eût différé davantage de porter les choses à cette extrémité, le temps m'eût fourni les moyens et les occasions de le contenter (1). » Et, drapé dans son attitude de victime, il suit M. de Gordes, qui l'emmène hors de l'appartement royal.

Dans la chambre voisine, au même moment, le Roi venait d'annoncer à Gaston l'arrestation de Puylaurens; il développait les raisons qui l'avaient contraint à cette mesure de rigueur. Pourquoi Puylaurens n'avait-il pas tenu ses engagements? Pourquoi, depuis son retour, avait-il dépêché à Bruxelles vingt-deux courriers? Sans doute en avait-il dépêché bien d'autres, qui n'avaient pas été interceptés. Que dire de ses lettres à Mme de Phalsbourg, lettres chiffrées qui avaient fini par laisser

(1) *Mémoires du Comte de Montrésor*, p. 197.

deviner leur secret, à savoir les étranges nouvelles que le nouveau duc, le nouveau cousin du cardinal donnait à la princesse : la santé du Roi était fort mauvaise; Sa Majesté paraissait dégoûtée du cardinal; Puylaurens serait bientôt le successeur de Son Éminence; si Monsieur et ses amis n'obtenaient pas toutes les satisfactions qu'ils désiraient, quoi de plus facile que de persuader à Son Altesse de se retirer en Italie?

Louis XIII mettait toutes ces intrigues sous les yeux de son frère; il n'oubliait pas l'injure qui lui avait été le plus sensible : M. de Vieuxpont, qui à Bruxelles accolait toujours au nom du Roi quelque épithète méprisante, avait eu le front de suivre Monsieur à La Fère, à Écouen, à Blois, à Orléans, à Paris. Et Puylaurens avait osé le cacher dans son appartement, lui ménager des entrevues avec du Coudray-Montpensier : car il craignait Vieuxpont, qui connaissait trop sa vie, qui savait le « fond du pot » : Puylaurens désirait la mort du Roi, c'était certain.

Monsieur ne s'embarrassa point pour si peu. Accoutumé comme sa mère à dissimuler ses sentiments, il repartit avec calme que si Puylaurens « avoit été assez malheureux pour manquer à ce qu'il devoit au Roi, il seroit le premier à le condamner ». Il parut s'attendrir lorsque Louis XIII lui rappela que deux frères n'avaient nul intérêt à se séparer, que leurs causes étaient pareilles. « Il donnerait toujours à Monsieur des preuves de son affection; ils devaient tous deux agir de concert pour les intérêts de la Couronne et le gouvernement de l'État. » Paroles vraiment royales, auxquelles Gaston répondait par la promesse d'être inviolablement attaché au Roi et de « ne sortir du Royaume que par son ordre ».

Cependant le cardinal venait d'entrer dans la chambre, Louis XIII chez la Reine. Richelieu engagea Monsieur à rendre ses volontés conformes à celles du Roi, dont la bonté lui accorderait tout ce qu'il pouvait désirer, pourvu qu'il prit toujours le parti du respect et de l'obéissance. Il aurait toujours en son particulier le zèle le plus vif pour les intérêts de Son Altesse.

Le prince ne cache pas l'inquiétude où il était quelques instants plus tôt; il avait craint d'être arrêté, lui aussi; mais il s'était rassuré en voyant Son Éminence, sachant bien qu'elle avait assez de grandeur d'âme pour ne permettre pas qu'un prince « fût maltraité » devant elle. A cette heure, il veut savoir s'il peut aller souper à l'hôtel de Guise, où il loge : le cardinal lui répond qu'il peut aller où bon lui semblera. Après souper, Gaston revint au Louvre et jusques à minuit il s'entretint avec Louis XIII, qu'il trouva couché.

Dans la *Gazette* paraît, au sujet de la disgrâce de Puylaurens, un article inspiré par Richelieu. On y chantait ainsi les louanges du Roi, du prince et du ministre : « Trois choses ont été remarquées en cette occasion : la tendresse du Roi envers Monsieur, qu'il aime non seulement comme son frère mais comme s'il étoit son propre fils, la sagesse de Monsieur, qui se conduisit avec tant de prudence en cette rencontre, qu'il montra que les sentiments du sang et de la raison pouvoient plus sur lui que toute autre considération, et le zèle de Son Éminence au service du Roi, qui lui est plus cher que ses alliances. » Le cardinal s'applaudissait « de sa grande prudence d'avoir exécuté cette action en présence de Monsieur, qui ne pouvoit qu'approuver de près un conseil qu'il eût de loin appréhendé pour lui-même, si l'expérience ne lui eût fait connaître que ce n'étoit pas à lui qu'on en vouloit ». Il s'applaudissait également de « sa grande hardiesse à laisser à Monsieur autant de liberté qu'auparavant sur ce seul fondement que, ne s'étant mal conduit que par de mauvais conseils, l'effet cesseroit quand la cause seroit cessée ». Et Son Éminence concluait sans doute en revenant dans sa pensée à cette maxime d'État reprise dans son *Testament politique* : « Il faut, en certaines rencontres où il s'agit du salut de l'État, une vertu mâle qui passe quelquefois par-dessus les règles de la prudence ordinaire, et il est quelquefois impossible de se garantir de certains maux, si l'on ne commet quelque chose à la fortune ou pour mieux dire à la Providence de Dieu, qui ne refuse guère son secours, lorsque notre sagesse épuisée ne peut nous en donner aucun (1). »

---

(1) Voir Père Griffet, *Histoire du Règne de Louis XIII*, t. II, p. 549-554.

L'événement avait prouvé la justesse de cette pensée. Les conseillers de Monsieur étant à la Bastille, Puylaurens au Bois de Vincennes (*au Bois de vie saine,* selon la plaisanterie favorite du cardinal), Monsieur s'était soumis : M. de Goulas, secrétaire de ses commandements; l'abbé d'Elbène, son négociateur de Bruxelles; l'abbé de La Rivière, son aumônier, « trio d'infidèles domestiques », étaient prêts à faire tout ce que leur commanderait Richelieu. Il fallait voir Goulas et La Rivière montant le petit escalier du Louvre, le 14 février 1635, pour se rendre auprès du cardinal qui les avait mandés : « Leur extérieur faisoit connaître qu'ils ressentoient avec joie le malheur de Puylaurens et étoient fort peu touchés de la honte que Monsieur en pouvoit recevoir (1). » Ils avaient accepté de conduire le prince dans les voies où Richelieu désirait le voir marcher désormais. Si dociles, que jugés incapables de gouverner Son Altesse, ils l'avaient priée de prendre Chavigny pour chancelier et projetaient même de lui imposer pour femme, après son démariage, Mme de Combalet. Monsieur serait devenu le neveu du cardinal. Mais au moment où ils croyaient s'emparer de son esprit, l'insaisissable Gaston se dérobait, « il se confioit » au comte de Montrésor qui, appréhendant le sort de son prédécesseur, avoit autant de soin et de retenue pour celer cette confiance », que les gens de cour « qui s'avancent aux bonnes grâces des princes (2) », en ont d'ordinaire « pour étaler leurs faveurs à tous les yeux ».

Ainsi, malgré la catastrophe de Puylaurens, Monsieur était aux petits soins pour Son Éminence, qui, d'ailleurs, continuait à le surveiller d'un œil inquiet. Chavigny écrit à Richelieu que Gaston pourrait bien avoir reçu à Blois un envoyé du duc Charles de Lorraine et Richelieu lui-même répond à Chavigny : « On découvre ici que des ennemis de Sa Majesté ont intelligence avec Monsieur, qui aboutit à faire tuer M. le Cardinal par l'autorité de Monsieur et, sous son nom, ou à le faire retirer de France. Il faut

---

(1) *Mémoires de Montrésor*, p. 192.
(2) *Ibidem*, p. 199.

découvrir ceux qui, près de Monsieur, sont de cette cabale (1) ». Le 4 mai, le cardinal n'en donne pas moins un *satisfecit* à Gaston : « M. Bouthillier (Chavigny) vous dira comme vous faites bien parler de vous. Vos serviteurs seront toujours caution des bonnes intentions de Votre Altesse. Je m'assure que votre conduite sera telle qu'ils ne seront point en peine de payer (2) ». Formules aimables qui cachent une inquiétude mortelle. Et tous ces détails sont nécessaires pour faire comprendre par quels étroits chemins devaient passer les grands desseins du Cardinal!

Monsieur s'est embarqué sur la Loire. Toute la Cour se demande où il va. Serait-il déjà à Londres, près de son beau-frère Charles Ier? Chavigny arrête des bateaux à Orléans pour le suivre, il va partir avec Goulas et La Rivière, qui ne peuvent croire qu'il se soit enfui en Angleterre : « S'il l'a fait, opinent-ils tous les deux, c'est la plus dissimulée créature qui ait jamais été.» Et Chavigny pour rassurer le cardinal : « Les petits messieurs qui sont auprès de Son Altesse n'ont pas assez de force pour lui persuader un tel dessein, ni assez de tête pour ménager les moyens de le faire réussir. Pour moi je m'imagine toujours que nous n'aurons combattu que les *simères* de M. Hébron (3) » (le colonel Hepburne, qui prononçait notre langue à la manière écossaise).

Mais Son Éminence voit déjà Gaston dans l'estuaire de la Loire et fuyant sur la mer avec Chavigny prisonnier : « L'affection que je vous porte, écrit-il dans sa lettre du 6 mai, me fait vous dépêcher ce courrier exprès pour vous dire que, si vous apprenez que Monsieur soit au delà de Nantes, en un lieu où il puisse être le plus fort pour vous emmener, je ne suis nullement d'avis que vous y alliez, mais seulement que vous lui mandiez que vous l'allez trouver pour l'avertir que son voyage donne beaucoup à discourir et qu'il est de son service d'en ôter le sujet (4). » Le cardinal a rassemblé à l'île de Batz six vais-

(1) Avenel, *Lettres du cardinal de Richelieu*, t. IV, p. 673-674-701-702.
(2) *Ibidem*, p. 752.
(3) *Ibidem*, t. IV, p. 752 notes.
(4) *Ibidem*, t. IV, p. 753-754.

seaux venus de Brest, d'autres venus du Havre, d'autres encore de Brouage, qui devront empêcher un nouvel enlèvement de Monsieur. Précaution inutile : le 8 mai, sous les fenêtres de la feue dame de Montsoreau, dont le château dresse, au bord de la Loire, son élégante façade Renaissance, Chavigny aperçoit « Monsieur qui remonte en son bateau pour retourner à Saumur ».

Au lieu de fuir en Angleterre, extravagance à laquelle il n'a jamais songé, Monsieur s'en va visiter Loudun (neuf lieues de Saumur), et le cardinal de plaisanter en se conformant au caractère de Monsieur : « Je suis ravi que les diables de Loudun aient converti Votre Altesse (1). » Le cardinal est d'une humeur d'autant plus heureuse que Monsieur est allé voir sa maison de Richelieu encore inachevée; le prince y a vu des statues si belles que les siennes « lui font mal aux yeux » et il vient d'accepter celles des Césars que Son Éminence a commandé qu'on lui offrît (2). Rien à désirer en apparence aux relations du prince et du ministre. Monsieur se montre de plus en plus docile. Puylaurens meurt de chagrin au Bois de Vincennes dans la nuit du 30 juin au 1er juillet 1634 : « Bonne fortune, disent sinistrement les *Mémoires,* qui le déroba à l'infamie d'une mort honteuse qu'il ne pouvait éviter (3) ». Gaston témoigne beaucoup de déplaisir et de patience (4) et, avant de faire sa visite de condoléance à Mme de Puylaurens, veut savoir si « le Roi et le cardinal ne le trouveront pas mauvais (5) ».

Quelques semaines encore et la docilité de Monsieur sera mise à bien plus rude épreuve. Le 10 août 1635, il y avait près de deux mois que l'assemblée du Clergé de France, convoquée au couvent des Grands-Augustins, étudiait une question que MM. de Léon et Aubry lui avaient proposée de la part du Roi : « Les mariages des princes du sang qui peuvent prétendre à la succession à la Couronne peuvent-ils être valables et légitimes, s'ils sont faits non seulement sans le consentement de celui qui

---

(1) Avenel, *Lettres du Cardinal de Richelieu,* t. IV, p. 754.
(2) *Ibidem,* t. V, p. 14, note 2.
(3) *Mémoires du Cardinal de Richelieu,* éd. Petitot, t. V, p. 217.
(4) Avenel, *Lettres du Cardinal de Richelieu,* t. V, p. 84, note 1.
(5) *Ibidem.*

possède la Couronne, mais encore contre sa volonté? » Depuis près de deux mois, les évêques de Montpellier, de Sées, de Chartres, de Saint-Malo et de Nîmes, réunis en commission, examinaient la question sous toutes les faces. Plongés dans la vénérable *Histoire de Reims* de Flodoart, dans les poudreux in-folios de Bacon et de Polydore Vergile, les dignes prélats ressassaient les trois seuls exemples qu'ils eussent rencontrés au cours des siècles : Baudouin, grand forestier de Flandre, ravisseur de Judith, fille de l'empereur Charles le Chauve et veuve d'Ethelwoolf, roi d'Angleterre; Louis le Bègue, frère de Judith, épousant Ausgard malgré l'Empereur son père; Anne, duchesse de Bretagne, mariée par procuration à Maximilien, empereur d'Allemagne, bien que le roi Charles VIII eût refusé son consentement (1).

Les cinq évêques, délégués par l'assemblée du Clergé de France, demandèrent les lumières des plus fameux docteurs de la Faculté de Paris et celles des théologiens des principaux ordres religieux. Jacobins de la rue Saint-Jacques, Augustins du grand couvent, Carmes de la place Maubert, Cordeliers du grand couvent, Capucins du faubourg Saint-Honoré, Jacobins du faubourg Saint-Germain, Carmes des Billettes, Carmes déchaussés, Feuillants, religieux de Picpus, Minimes du couvent de Nigeon-lès-Paris donnèrent, en termes différents le même avis que les docteurs Isambert, Froissart, Lescot, Habert, Cornet, Duval et Raconis : les mariages sur lesquels les envoyés du Roi consultaient l'assemblée du Clergé de France ne leur paraissaient ni légitimes ni valablement contractés. Le 6 juillet, l'évêque de Montpellier fit un discours « de deux heures et plus, riche en ses recherches, judicieux en son ourdissure, puissant en éloquence (2) ». Sa conclusion fut des plus nettes : en France l'usage et la coutume établissaient « comme une loi fondamentale des empêchements dirimants et dissolvants les mariages des princes

---

(1) *Abrégé des raisons que l'on peut alléguer de part et d'autre pour la validation ou invalidation des mariages des princes du sang*, etc., par M. de Marca, dans *Actes et Mémoires touchant la validité du mariage contracté par M. le Duc d'Orléans*, t. I, p. 242 (Recueil manuscrit appartenant à M. G. Hanotaux).

(2) *Mercure françois*, t. XX, 2° partie, p. 1008.

du sang et présomptifs héritiers de la Couronne faits au préjudice de la volonté et contre la défense du Roi (1) ». Quatre jours plus tard, l'assemblée, éclairée par ce discours et la lecture des avis de tous les docteurs et théologiens, décida que cette coutume de France était « raisonnable, ancienne, affermie par une légitime prescription et autorisée de l'Église (2) ». Tous les députés signèrent la décision et, le 15 juillet, les cinq évêques commissaires s'en furent la porter à Saint-Germain, chez le Roi, puis à Rueil, chez le cardinal.

Mais ni Louis XIII ni Richelieu n'étaient encore satisfaits. Pour entraîner la confirmation du Pape, qui était nécessaire, il fallait le consentement et le témoignage de Gaston. C'est pourquoi fut présentée à Monsieur, le 16 août 1634, l'attestation suivante : « Nous Gaston, fils de France, frère unique du Roi, duc d'Orléans, de Chartres, de Valois et comte de Blois, ayant vu l'avis donné au Roi par les prélats assemblés en la ville de Paris, représentant le Clergé de France sur le sujet des mariages des princes du sang et des héritiers présomptifs de la Couronne, par lequel ils affirment en leur conscience lesdits mariages être nuls, lorsqu'ils sont faits sans le consentement du Roi; ayant vu, en outre, le grand nombre de docteurs et religieux insérés dans le procès-verbal desdits sieurs du Clergé, qui sont tous du même avis. Et, de plus, considéré que ledit avis est fondé sur la coutume du Royaume Nous avons cru être en conscience d'y aquiescer, reconnaissant nul le mariage fait entre nous et la princesse Marguerite de Lorraine et déclarer, comme nous faisons, que nous ne tiendrons jamais à l'avenir ladite dame Marguerite de Lorraine pour notre épouse et ne ferons aucune action ni acte contraire à la présente déclaration, que nous faisons volontairement, mû par les véritables sentiments de notre conscience. Ensuite nous supplions le Roi de nous laisser marier à notre liberté, pourvu que nous ne prenions aucune alliance par mariage qui lui soit suspecte (3). »

(1) *Mercure françois*, p. 88, 2e partie.
(2) *Ibidem*, p. 1030.
(3) Père Griffet, *Histoire du Règne de Louis XIII*, t. II, p. 654.

Gaston signa, M. de Goulas contresigna ce papier démenti d'avance. Le prince avait, depuis longtemps, supplié le Pape de considérer comme nul et non avenu tout document de ce genre qui serait revêtu de sa signature. Le cardinal, d'ailleurs, était renseigné sur la sincérité de Monsieur.

Cependant, des Pays-Bas espagnols, Marguerite de Lorraine, épouse discutée, écrivait à son beau-frère le duc de Savoie : « Je sais que vous êtes si généreux et si bon parent, que vous me ferez le bien de m'assister en la plainte que je fais au Saint-Père pour les entreprises qu'on fait en France contre l'honneur de mon mariage. Le voyage que mon frère a fait à Rome a apporté une si bonne disposition dans l'esprit du Saint-Père, qu'il me fit espérer la protection du Saint-Siège. Votre assistance me sera très avantageuse pour maintenir Sa Sainteté dans cette bonne résolution (1) ». Richelieu, de son côté, dépêchait auprès du Pape l'évêque de Montpellier, pour justifier ces « entreprises » de France qui mettaient la princesse au désespoir.

En attendant, il se félicite d'avoir dénoué la tragi-comédie de Lorraine, qui s'achève sur un « démariage » en perspective. Les États du duc Charles, occupés par les armées du Roi, ne serviront plus de poste avancé contre la France; l'héritier présomptif de la Couronne n'est plus entre les mains de l'Espagne. La maison de Lorraine est dispersée. Sans appui, Monsieur n'envahira point le Royaume, à la tête d'une armée étrangère. Le cardinal est d'autant plus satisfait d'un tel succès que la guerre contre la maison d'Autriche est commencée depuis le mois d'avril 1635. Avant de raconter les épisodes hautement historiques de cette lutte, il nous faut remonter de quelques mois en arrière et suivre Son Éminence dans les ingénieux détours de son cheminement diplomatique.

(1) Archives de Turin.

CHAPITRE DEUXIÈME

LA GRANDE AFFAIRE DE LA MAISON D'AUTRICHE

La politique de Richelieu se poursuivait lentement, mais sûrement par les soins des ambassadeurs. L'un des plus habiles était le marquis de Feuquières. Nous avons vu ce cousin du Père Joseph, sous les murs de La Rochelle investie, rendre à Louis XIII les plus réels services ; nous le retrouvons, en 1633, négociant au nom de son maître avec les princes allemands ; son cheminement diplomatique est tout marqué de succès. Dès le 13 avril, Feuquières ménage entre la Suède et les cercles supérieurs d'Allemagne, le traité d'Heilbron, qui laissait au chancelier Oxenstiern la direction des affaires suédoises. Il est vrai que Feuquières se présente dans les petites cours allemandes, les poches pleines de lettres dont les adresses sont en blanc. Ces lettres paraissent fort ambiguës, mais ne tardent pas à l'être moins :

De l'argent qu'on reçoit, d'abord, c'est toujours clair.

Lisons ces lignes signées *Louis* et plus bas *Bouthillier :* « Je vous convie d'avoir entière créance en ledit sieur de Feuquières sur les assurances de ma bonne volonté en votre endroit, que j'auroi contentement à vous faire paroître aux occasions qui s'en offriront et sur toutes autres choses qu'il vous fera entendre de ma part (1) ». Formule magique. C'est Feuquières, en effet, qui fixe le taux des pensions et qui choisit les pensionnés : « Le son des pistoles que Monsieur votre Père et M. de Bullion

---

(1) E. Gallois, *Lettres inédites des Feuquières*, t. I, p. 9-10.

mettent à l'épargne, écrit-il à Chavigny, résonne si haut jusques ici, qu'il ne tiendra qu'au Roi qu'il n'y mette force argent à rente : la ville de Nuremberg, le marquis de Brandebourg-Anspach et le marquis de Bade m'ont prié avec tant d'instance de pressentir si le Roi leur voudroit prêter, au premier dix mille écus, au second vingt mille pistoles et au troisième deux cent mille francs, que je n'ai pu m'exempter de vous en parler (1). » Il n'est personne qui demeure insensible au concert des écus et des rixedales. « Cette musique a des douceurs divines. »

Si en ce mois d'avril 1633, le duc Bernard de Saxe-Weimar s'en trouve incommodé, c'est qu'il ne la juge pas assez nourrie. Il refuse, avec très grande civilité et ressentiment de l'honneur que le Roi lui fait, « d'une pension qui lui semble trop petite » : « Je pense qu'il faudra aller jusqu'aux dix mille écus (2) », observe avec philosophie M. de Feuquières. Plus d'un conseiller vertueux, plus d'un loyal capitaine ne veulent rien entendre aux pistoles, — d'ailleurs souvent légères et diminuées de moitié (3), — mais ils ne se feront jamais scrupule d'accepter une chaîne ou une épée d'or (4).

Ces clients affamés du Roi, cette république de princes, est la carcasse vermoulue d'un Empire qui « n'est ni saint, ni romain, ni germanique ». Feuquières nous en a laissé maint croquis dans ses lettres.

Voici Guillaume-Louis, comte de Nassau-Sarrbrück, un luthérien « d'esprit assez bas, gouverné plus particulièrement par un nommé Pissport, gouverneur dudit Sarrbrück » « Porté aux intérêts communs de l'Allemagne, auxquels il s'attache non seulement par la crainte du duc de Lorraine, avec lequel il a plusieurs différends touchant les comtés de Staverden et Bouquenon, mais aussi à cause de l'établissement du parlement de Metz, sous le ressort duquel une grande partie de ses terres se

(1) *Lettres et Négociations du Marquis de Feuquières*, t. I, p. 96-97.
(2) *Ibidem*, p. 96.
(3) *Ibidem*, p. 175.
(4) Charveriat, *Histoire de la Guerre de Trente Ans*, t. II, p. 229.

doit trouver », « il n'a de place considérable en ses États que le château de Hombourg ».

Voici le comte Palatin, duc de Deux-Ponts, un « calviniste d'esprit excellent, très bien intentionné, agissant néanmoins timidement, parce que ses États sont petits et sans aucune place forte ». Son cadet le comte Louis, prince de Simmeren, « esprit médiocre, gouverné par les domestiques », est « engagé aux intérêts de l'Électeur de Brandebourg, qui a épousé sa sœur ». Le Rhingrave, gouverneur de Mayence pour la couronne de Suède, n'est pas non plus une lumière. Ivrogne et glorieux, il est « assez estimé des gens de guerre, pour sa valeur et la grande dépense qu'il fait, quoique peu riche, ce qui l'oblige à prendre l'argent où il peut ». C'est ainsi que, Feuquières lui ayant remis de la part du Roi deux brevets de pension de six mille livres avec le paiement d'une année, il a gardé le tout pour soi (1).

Le 27 avril 1633, Feuquières arrive à Erfurt, capitale de la Thuringe, où réside, comme gouverneur pour la Suède, le duc Guillaume de Saxe-Weimar, généralissime des armées de cette couronne en Allemagne. C'est un généralissime qui n'est pas un grand général : il n'a pas les talents de son frère, le duc Bernard; il se plaint de n'avoir qu'une bien mince autorité sur les armées suédoises. Feuquières le trouve « fort courtois, quoique d'humeur fort mélancolique et chagrin ». Regardant d'un œil inquiet l'union de la France et de la Suède, le prince dit à l'envoyé du cardinal : « Il vaut mieux mettre la Couronne impériale sur la tête du Roi que de songer à démembrer l'Empire (2). » Et Feuquières de remontrer que la France saura sauvegarder les intérêts de ses alliés. Elle les invite tous à entrer dans l'alliance qu'elle vient de renouveler avec la Suède; elle veut en conclure une autre avec les Électeurs de Saxe et de Brandebourg, ainsi qu'avec tous les princes qui voudront se joindre à elle. « Le Roi souhaite, avec plus de passion que pas

(1) *Relation du voyage que le Sieur de Feuquières a fait en Allemagne.* Aubery, *Histoire du Cardinal Duc de Richelieu*, t. II, p. 322.
(2) *Lettres et négociations du Marquis de Feuquières*, t. II, p. 164.

un d'eux, la paix et le repos de l'Allemagne, mais toute proposition de paix venant des ennemis doit être tenue pour suspecte ». Quant « aux bons désirs que Son Altesse dit avoir pour le Roi de lui souhaiter la Couronne impériale » — cette couronne sur laquelle nos Rois jetaient parfois les yeux sans en parler amais, — Feuquières estime que « c'est chose à laquelle Sa Majesté n'a aucune pensée »; il ne manquera pourtant point de « témoigner à Sa Majesté les bons intérêts que Son Altesse témoigne pour elle (1) ». Et les deux interlocuteurs se séparèrent très satisfaits l'un de l'autre.

Feuquières se présente, le 20 mai 1633, au château de Dresde, devant l'Électeur. Ébloui des « dignités et prérogatives de l'Empire », M. de Saxe tenait « toute puissance étrangère pour suspecte dans les affaires d'Allemagne ». Voisin de la maison d'Autriche, en guerre même avec elle, il cherchait à se rendre nécessaire à l'Empereur, car, avant tout, il détestait la maison palatine à cause de sa prééminence, la maison de Brandebourg à cause de son affectation de supériorité, la maison de Weimar « à cause des droits qu'elle avoit sur son Électorat ».

L'envoyé du Roi fut reçu avec tout le cérémonial en usage pour les envoyés impériaux, — honneurs qui étaient refusés à l'ambassadeur du roi d'Angleterre, — et il se trouva en présence d'un « passionné luthérien, superbe et glorieux ». Il remet, dès ce premier jour, les propositions qu'il avait apportées de la part du Roi : l'Électeur était invité à approuver les résolutions prises à Heilbron. On le pressait « d'entrer dans l'alliance renouvelée entre le Roi et la couronne de Suède » ou d'en faire une particulière « conjointement avec l'Électeur de Brandebourg ». L'Électeur devait s'interdire toute paix séparée avec l'Empereur et accepter la médiation du Roi.

Feuquières offrit mille écus annuels au conseiller Timæus, une pension de trois mille livres au prédicateur de la Cour; il s'entendit demander, pour l'Électeur, par Timæus, cent mille rixdales (environ sept cent mille écus de France) et il se sentit

---

(1) Aubery, *Mémoires pour servir à l'Histoire du Cardinal Duc de Richelieu*, t. II, p. 405.

« charmé de cette ouverture ». Il n'en quitta pas moins la cour de Dresde sans avoir rien obtenu; il sut même prévoir qu'elle ne tarderait pas à s'accommoder avec celle de Vienne.

Le 30 juin, il arrivait dans la capitale de l'Électorat de Brandebourg. Georges-Guillaume de Hohenzollern, marquis de Brandebourg, qui régnait alors à Berlin, « étoit calviniste, quoique tous ses États fussent luthériens », « d'esprit médiocrement bon, extrêmement civil, libéral et magnifique », cet Électeur « se piquoit d'être homme de foi et de parole (1) ». Feuquières, après avoir passé à Dessau, petite ville où régnait la maison d'Anhalt, qui l'assura qu'elle suivrait l'exemple de Berlin, reparut à Dresde, où allait arriver un ambassadeur de Georges-Guillaume.

L'Électeur de Saxe n'ignorait pas que celui de Brandebourg avait promis d'accepter tout ce qu'il était, lui, résolu de refuser. Outré de colère, il se garda bien de loger Feuquières au château. L'ambassadeur ne trouva d'abri que dans les faubourgs, parce que l'Électeur lui avait fermé les portes de toutes les maisons de la ville, bien stylé par son maître. L'on n'en trouvait, singulier hasard, que dans des « maisons pestiférées, où les morts et les malades étoient encore (2) ». Lorsque l'ambassadeur de Brandebourg, qui avait été logé au château, en sortit avec l'Électeur de Saxe, « il était, constate Feuquières, plus chargé de papier et de vin que de satisfaction ». L'ambassadeur du Roi quitta Dresde, où il n'avait eu qu'une audience des plus froides qui n'avait duré qu'un quart d'heure. Il reçut meilleur accueil, en chemin, auprès des divers principicules et arriva, le 29 août 1633, à Francfort, où se trouvait réunie l'Assemblée des États de l'Empire.

Deux mois auparavant, le 17 juin 1633, Louis XIII avait écrit à Richelieu : « Mon Cousin, j'ai reçu votre lettre et la dépêche de Charnacé (ambassadeur du Roi auprès des États de Hollande),

---

(1) Aubery, *Mémoires pour servir à l'Histoire du Cardinal Duc de Richelieu*, t. II, p. 405.

(2) *Lettres et négociations du Marquis de Feuquières*, t. II, p. 44-45.

par laquelle je vois qu'il n'y a encore rien de certain pour la trêve ou pour la guerre; ces longueurs sont bien fâcheuses. Si la nouvelle de La Grange aux Ormes (envoyé du Roi près de certains princes allemands et des villes libres) est vraie, cela les doit bien échauffer pour la guerre, car ils n'auront jamais si beau, ni nous aussi, contre la *croce* (la croix de Lorraine); car, Waldstein mort, je tiens les affaires de l'Empereur perdues en Allemagne (1). » Louis XIII était alors aux eaux de Forges, entre Rouen et Dieppe (dont les sources ont gardé de son séjour les noms de la *Royale*, la *Reinette*, la *Cardinale*). Plein d'admiration pour l'excellence de ces eaux, dont toute la Cour buvait avec lui, il composait en leur honneur un article pour la *Gazette* (2).

Installé non loin du logis de son maître, Richelieu venait de faire dresser un théâtre dans la cour du logis de la Reine (3). Mais tout cédait devant l'événement qui semblait devoir bouleverser l'Allemagne. Louis XIII en était si occupé que, dès le 19, craignant que La Grange aux Ormes n'eût été mal informé, il ajoutait, dans une deuxième lettre au cardinal cet éloquent post-scriptum : « Je vous prie de me mander si la nouvelle du Waldstein continue (4). »

Non, la nouvelle du Waldstein « ne continuait pas ». Ce n'était pas Waldstein, duc de Friedland qui était mort, mais son neveu, chambellan de la cour de Vienne.

L'illustre condottiere, qui avait refait son armée en Bohême, après la bataille de Lutzen, menaçait la Silésie et la Lusace, rêvait de pousser jusqu'aux rivages mêmes de la Baltique.

Mais on pouvait se réjouir d'apprendre qu'il était encore vivant : sa vie pouvait être plus utile que sa mort aux ennemis de la maison d'Autriche. C'est pourquoi le cardinal, négociateur patient, s'évertuait à le détacher du service de l'Empereur. Déjà deux ans plus tôt à Ratisbonne, Waldstein « s'étoit

---

(1) Comte de Beauchamp, *Louis XIII d'après sa correspondance avec le Cardinal de Richelieu*, p. 119.
(2) *Gazette*, année 1633, p. 260.
(3) Avenel, *Lettres du Cardinal de Richelieu*, t. IV, p. 471, note.
(4) Comte de Beauchamp, *Louis XIII d'après sa correspondance avec le Cardinal de Richelieu*, p. 119.

découvert » à l'*Éminence grise* « touchant les grands desseins qu'il avoit de se rendre puissant dans l'Allemagne, puis de faire la guerre au Turc : de quoi il avoit une passion extrême, qui fut augmentée par celle que lui témoigna le Père (1) ».

Grands desseins avant-coureurs, peut-être aussi, de grandes trahisons. Aujourd'hui, à cette heure même où Feuquières se trouvait à Dresde, le duc de Friedland signait une courte trêve avec le général Arnheim, qui commandait les troupes de Saxe ; il correspondait avec Feuquières par l'intermédiaire du comte Kinski, un seigneur exilé de Bohême, beau-frère de Terzka, le confident de Waldstein. Feuquières, à vrai dire, n'était que le continuateur du baron du Hamel, qui s'était rendu à Prague, auprès du duc de Friedland, pour commencer la négociation (2).

Kinski parla d'abord de l'accommodement de Waldstein « avec les princes et États de l'Union (3) ». Feuquières, devinant que son interlocuteur était un agent du généralissime, lui dicta un mémoire de toutes les injures dont Waldstein avait eu à se plaindre de la part de l'Empereur, de tous les dangers qu'il avait à redouter de la part de la Cour Impériale. De quelque côté que tournent les affaires, sa perte est infaillible ; vaincu, il se perd avec la maison d'Autriche ; vainqueur, il meurt par elle, car l'Empereur ne saurait souffrir un triomphateur que, par jalousie, il a déjà tant humilié. Ce n'est point le commandement de ses armées qu'il lui enlèvera cette fois, c'est la vie. Le duc de Friedland a eu la générosité de reprendre les affaires ; qu'il ne commette pas la folie de soutenir une puissance qui est à la veille de sa ruine : qu'il ne s'obstine pas dans une guerre que les ennemis de la maison d'Autriche ont les moyens de rendre perpétuelle. Ces ennemis savent que la grande armée du duc de Friedland n'est composée que de troupes nouvelles ; les soldats, « assez mauvais hommes, sont peu affectionnés à leur parti » ; les officiers ont peu de capacité ; le généralissime n'a ni les fonds

---

(1) Lepré-Balain, *La vie du R. P. Joseph, de Paris, Capucin*, ch. xx.
(2) *Lettres et négociations du Marquis de Feuquières*, t. I, p. 268.
(3) Aubery, *Mémoires pour servir à l'Histoire du Cardinal Duc de Richelieu*, t. II, p. 399.

ni les vivres nécessaires pour lui permettre de subsister. « Ce peu de pays » où il l'a levée est « tout ruiné ». Vivra-t-elle sur cette désolation ? Si elle vit sur l'Autriche, que de plaintes à la cour de Vienne, quelles haines contre celui qui l'y aura conduite !

Comment le duc de Friedland, qui a failli s'accommoder avec un prince aussi ambitieux et altier que le feu roi de Suède, laissera-t-il perdre la « belle occasion qu'il a aujourd'hui en main » ? Il peut, « avec sûreté et honneur, non seulement assurer sa fortune et se maintenir dans l'autorité, rangs et dignités qu'il possède, mais s'élever à une couronne, dont la possession lui seroit assurée par l'appui de si puissants amis, qu'il auroit plutôt lieu d'espérer de passer plus avant que de craindre d'en déchoir (1) ».

Feuquières avait lâché le : *Tu seras roi.* Quelque temps après, tout en protestant qu'il n'avait reçu aucune réponse, Kinski remit à Feuquières une lettre rédigée en italien comme son mémoire (2). L'ambassadeur extraordinaire y lut ces six questions : 1° De quelle manière pouvait-on être assuré de la protection de Sa Majesté Très Chrétienne contre d'aussi puissants ennemis que l'Empereur et la maison d'Autriche ? 2° Quel acte de déclaration Sa Majesté Très Chrétienne prétendait-elle exiger du duc de Friedland ? 3° L'armée du duc marcherait-elle ? en quel endroit ? et contre qui ? ou demeurerait-elle immobile pour mieux servir ses desseins ? 4° Comment le Roi désirait-il que l'on traitât le duc de Bavière en cette conjoncture ? (Se venger du Bavarois était « la plus forte passion » de Waldstein, qui savait bien que personne ne s'opposerait à sa vengeance, si ce n'était le Roi (3). 5° Était-ce l'intention du Roi que l'affaire fût communiquée aux Électeurs de Saxe et de Brandebourg et au chancelier Oxenstiern ? 6° Après la conclusion de l'accord, le duc de Friedland aurait-il seul le commandement général de toutes les troupes, quand elles se joindraient en un seul corps, ou chacun des confédérés commanderait-il les siennes (4) ?

(1) Aubery, *Mémoires pour servir à l'Histoire du Cardinal Duc de Richelieu*, t. II, p. 400-401.
(2) *Lettres et négociations du Marquis de Feuquières*, t. I, p. 265.
(3) *Ibidem*, t. I, p. 265.
(4) Père Griffet, *Histoire du Règne de Louis XIII*, t. II, p. 417-419.

Feuquières répondit à Friedland et il le fit point par point. Des suretés contre l'Empereur et la maison d'Autriche? « C'est au duc à proposer s'il en sait de plus grandes que « la promesse et la protection de tout le corps de l'Union protestante », de plus hautes que « la parole et l'autorité du Roi ». Des actes et des déclarations? Nulle déclaration; mais deux actes plus éloquents mille fois que tous les discours : « Son Altesse s'emparera de la Bohême et marchera sur Vienne. » La manière de se comporter à l'égard du duc de Bavière? Celle dont on use à l'égard d'un allié que Sa Majesté Très Chrétienne n'abandonne pas complètement; mais, lorsque l'Empereur sera chassé de Vienne, celle dont on use à l'égard d'un ami ingrat qui mérite de souffrir, — sans toutefois que la religion catholique souffre avec lui. Feuquières en arrivait enfin à la cinquième et à la sixième questions : il ne fallait confier le secret de la négociation qu'aux Électeurs de Saxe et de Brandebourg et seulement lorsque le duc de Friedland aurait fait son accommodement avec la France : « Son Altesse, concluait l'ambassadeur de Louis XIII, peut assez considérer si, après avoir fait une action si importante, le Roi Très Chrétien pourroit ou devroit souhaiter la puissance des armes en une autre main que celle de Son Altesse, qui a toutes les conditions que Sa Majesté pourroit désirer tant pour la capacité, générosité et religion qu'à cause de son extrême crédit et de l'assurance qu'elle prendroit en lui, en voyant qu'il se seroit rendu irréconciliable avec la maison d'Autriche (1). »

Loin de croire, comme Oxenstiern, — avec qui Waldstein négociait par le comte de La Tour, — que le duc de Friedland n'était pas sincère, Richelieu approuva Feuquières et lui envoya de nouvelles instructions fort précises : elles autorisaient l'ambassadeur à offrir à Waldstein cent mille écus et même cinq cent mille francs. Si le duc de Friedland s'engageait à entretenir trente mille hommes de pied et quatre ou cinq mille chevaux pour s'opposer aux desseins de la maison d'Autriche (1) », c'est un million de livres qu'il recevrait chaque année. En vain il avait rompu la trêve

---

(1) Aubery, *Histoire du Cardinal Duc de Richelieu*, t. II, p. 401.

avec l'Électeur de Saxe et campé à six lieues de Dresde; en vain le jeune fils de l'Électeur de Brandebourg, qui ne semblait plus en sûreté à Custrin, avait été conduit hâtivement à Stettin; Richelieu continuait à jouer de loin son rôle de tentateur. Il savait bien que le généralissime ne pouvait exécuter sa volte-face avant d'avoir inquiété peu à peu ses troupes, qui lui devaient tout ce qu'elles possédaient et tout ce qu'elles rêvaient de posséder. Il voulait lui laisser le temps de leur montrer, après de longues alarmes, sa démission toute prête, comme un abîme soudain dévoilé où sombrerait leur fortune. Catastrophe rendue inévitable par la haine du parti espagnol prépondérant à la Cour impériale et le désir qui poignait l'Empereur de mettre son fils Ferdinand, roi de Hongrie, à la tête de l'armée. « *An expediat*, se demandaient en beau latin les conseillers de Vienne, *Dominum Generalissimum Ducem Friedlandiæ ab officio revocare?*... Convient-il de révoquer M. le Généralissime Duc de Friedland et de préposer à la conduite des opérations de guerre le Roi Ferdinand III? Et les conseillers se répondaient à eux-mêmes, en un latin qui n'était ni moins beau ni moins clair : ils affirmaient que si l'Empereur voulait conserver l'Empire, rétablir la paix, voir l'Église florissante pour la plus grande gloire de Dieu, il fallait dépouiller de tous ses biens le duc de Friedland et le remplacer par ce roi si passionnément désiré : « *Si Imperator velit Imperium conservatum, pacem restitutam, Ecclesiam florentem ad Dei gloriam, avocet ducem Friedlandiæ exosum omnibus bonis et præficiat bellis suis exoptatissimum filium Ferdinandum Regem* (1) ».

Le 12 janvier 1634, le duc de Friedland avait si bien endoctriné ses lieutenants, que, dans la maison d'Ilov, un de ses plus dévoués partisans, au cours d'un banquet, quarante-deux colonels italiens mirent leurs quarante-deux noms au bas d'un serment fort significatif, celui de ne point quitter Son Altesse et de ne point permettre qu'on s'en séparât en aucune manière (2) ». Serments

(1) Schebeck, *Wallenstein*, Frage, p. 578.
(2) *Mercure françois*, 1ʳᵉ partie, p. 489-490. Vittorio Siri. *Memorie recondite*, t. III, p. 46-47.

d'ivrognes, car les convives avaient vidé beaucoup de pots. Cependant quelques officiers, moins gris que les autres, observaient que les droits de l'Empereur n'étaient pas réservés dans cette déclaration comme dans celle dont ils avaient eu connaissance peu de temps auparavant. Leurs observations furent couvertes par les plaintes qu'Ilov répandit contre l'Empereur, les fureurs de Terzka menaçant, l'épée à la main, de dépêcher tous les ennemis du généralissime, l'enthousiasme que manifestèrent les autres convives en brisant chaises, tables et fenêtres (1).

Tous les souscripteurs n'étaient pas sûrs, car l'un d'eux, Piccojomini, courut à Pilsen avertir les princes François et Mathias de Médicis, neveux de l'Empereur, qui prévinrent leur oncle. Le Conseil impérial fut aussitôt réuni (2).

Cependant Waldstein, de plus en plus suspect à la cour de Vienne, de plus en plus tenté par les offres de Richelieu, était à la veille de franchir le Rubicon. Le cardinal connaissait, par une lettre que Kinski avait écrite à Feuquières le 1er janvier, « les bonnes dispositions du duc de Friedland ». De nouvelles instructions, datées du 1er février, confirmaient à peu près celles du 16 juillet 1633 et elles promettaient toujours une subvention d'un million de livres, si le duc se déclarait contre la maison d'Autriche et entretenait une armée de quinze mille hommes. Au cas où il croirait ne pouvoir se déclarer, on se contenterait de lui verser trois cent mille livres, dès qu'il se serait engagé par écrit à procurer la paix de l'Allemagne par la médiation du Roi Très Chrétien.

Savait-il exactement ce qu'il voulait faire ? Les historiens modernes n'ont pu le dire encore. Feuquières envoya bientôt vers lui M. de La Boderie avec une lettre de créance du Roi et peut-être un traité (3). Bientôt les officiers de l'Empereur se retirèrent en emportant la couronne de Bohême : « Ils ne peuvent faire le semblable du Royaume, dit en riant le généralissime, et j'ai assez d'or et de pierreries pour pouvoir en faire une pareille (4). »

---

(1) E. Denis, *La Bohême depuis la Montagne blanche*, 1re partie, p. 166.
(2) *Lettres et négociations du Marquis de Feuquières* t. I, p. 80.
(3) Fagniez, *Le Père Joseph et Richelieu*, t. II, p. 163.
(4) *Lettres et négociations du Marquis de Feuquières*, t. II, p. 215.

Le 24 février 1634, il est à Egra sur la frontière de la Bohême, à vingt-deux lieues à l'ouest de Prague. La place forte est sûre, commandée par deux Écossais protestants, le lieutenant colonel Gordon et le major Leslie. Et, d'ailleurs, le colonel Butler, dont la bravoure inspire confiance à Son Altesse, n'est-il point dans les faubourgs avec ses dragons? D'Egra, choisie à dessein, le généralissime peut aisément communiquer avec Saxons et Suédois. Communication d'autant plus nécessaire que, par une première patente le 24 janvier, une seconde le 18 février, l'Empereur vient de le destituer, déliant ses sujets de leur serment de fidélité. Waldstein a lu de ses yeux ce nouveau document impérial et il l'a montré à Gordon.

Huit heures du soir : tandis qu'installé dans la plus belle maison de la ville, le prince consulte son astrologue Senio, que fait Gordon par cette sombre nuit d'hiver? Là-haut, dans la citadelle, le lieutenant-colonel écossais donne à souper aux principaux partisans de Son Altesse, Ilov, Terzka, Kinski, Neumann. Il y a deux heures que dure le festin, les valets se sont déjà retirés et les cinq convives attablés avec Butler et Leslie boivent toujours à la santé du duc de Friedland, qui sera bientôt roi de Bohême.

Soudain, les portes de la salle s'ouvrent : d'un côté entrent le major Géraldino avec huit ou neuf soldats, de l'autre le capitaine Devereux avec une douzaine d'Irlandais. Tous armés d'épées et de poignards; ils crient : « Vive l'Empereur Ferdinand et la maison d'Autriche! » « Vive l'Empereur Ferdinand! » répètent comme un écho Butler, Gordon et Leslie, qui se lèvent, saisissent les flambeaux du festin et en éclairent les assassins. En un clin d'œil, la table est renversée, Kinski transpercé avant d'avoir pu porter la main à son épée; Terzka, dont le collet de buffle protège la poitrine, jeté à terre, tué à coups de poignards dans la face et dans le ventre. Mais Ilov, debout avant d'avoir pu être joint, s'est adossé au mur, d'où il provoque Gordon, lui reproche sa perfidie, tue deux soldats, blesse mortellement un capitaine et tombe accablé sous le nombre. Quant à Neumann, il est parvenu à se glisser hors de la salle. Il ne va pas loin. Sur la place du château, il est reconnu par des soldats et massacré comme les autres. Les quatre soutiens du conspirateur sont abattus. Ni Butler ni Gordon ni Leslie n'ont pu supporter la pensée d'être infidèle à Sa Majesté Très Sacrée : leur loyalisme a fait leur trahison.

Dans sa belle maison de la ville, le duc de Friedland n'a rien entendu, pas même les coups de mousquet tirés sur Gordon par le poste du château, qui, le voyant sortir après la tuerie, le prenait pour un évadé. Il est vrai que l'orage grondait alors et que la pluie crépitait sur le pavé. Drame romantique en vérité :

> Une tempête au ciel, un meurtre sur la terre.

Dix heures, le généralissime vient de prendre son bain; il s'apprête à se coucher. Mais quel est ce vacarme, ces pas précipités dans l'escalier? Déjà, quelques minutes plus tôt, il a perçu des cris de femmes sur la place : les lamentations de Mme Terzka et de la comtesse Kinski, instruites par un page du meurtre de leurs époux (1). Le quinquagénaire de grande taille, « maigre et décharné (2) », le demi-roux aux cheveux courts, au « teint olivâtre et pourtant toujours enflammé » qui va se mettre au lit, ne sait rien. Il regarde, de ses yeux vifs et brillants, la porte qui s'ébranle. Il court en chemise à la fenêtre, — seul espoir de salut, — pour appeler la garde ou s'élancer dans le vide... Trop haut et trop tard. En fait de garde, il n'y a plus, au bas de sa maison, que la troupe des assassins. Un valet de chambre, qui a répondu aux questions des soldats que Son Altesse reposait et qu'il ne fallait point troubler son sommeil, est étendu mort d'un coup de pertuisane; les autres sont en fuite. La porte vole en éclats. Les soldats sont dans la chambre. « Fripon et traître! » crie le capitaine Devereux, qui les commande. Waldstein s'appuie à une table, il essaye de proférer quelques mots; ses mains tentent d'écarter la pertuisane qui menace sa poitrine, il ne réussit qu'à s'enferrer : il est mort.

Dès l'aube, Gallas, général de l'Empereur, pénétrait dans la ville avec ses troupes : les officiers du défunt se déclaraient fidèles à la maison d'Autriche; les autorités de la ville et les

---

(1) Saint-Léger, Historiographe, *Remarques sur l'Histoire*, p. 690.
(2) *Mercure françois*, t. XX, p. 519.

bourgeois acquiesçaient à tout; également les places fortes échelonnées sur la frontière. Puis un trompette de François-Albert de Saxe, duc de Lauenbourg, arrive devant Égra, demandant si son maître peut, en toute sûreté, entrer dans la ville. On tue le trompette et l'on envoie au maître un homme revêtu de la livrée de Waldstein, qui donne toutes les assurances. Le duc de Lauenbourg ne tarde point à paraître devant Egra. Il venait annoncer que le duc Bernard de Saxe-Weimar, répondant enfin à l'appel du duc de Friedland, approchait à la tête de ses troupes. Entouré soudain d'une nuée de cavaliers sur une place de la ville, à demi assommé sous les yeux de sa suite éperdue, Lauenbourg fut contraint d'écrire un billet pressant Bernard de hâter sa marche pour conférer avec Waldstein de la ruine imminente de l'Empereur. Le billet fut porté; mais le prince n'alla pas plus avant que Weiden sur le Nab, à dix lieues d'Egra. Il dépêcha en reconnaissance une partie des trois mille chevaux qu'il commandait : près de Durschenreith, le détachement tomba sur les Croates du colonel Corpus, les tailla en pièces, ramena « cent cinquante prisonniers, tout le bagage, six cents chevaux harnachés et neuf cornettes. « Ce fut où le duc Bernard apprit la tragédie qui s'était faite dans Egra, écrit avec un semblant d'ironie le *Mercure françois*, et où l'on croyait aussi lui faire représenter son personnage (1). »

« Le Roi pourroit bien se dispenser de déclarer si librement ses pensées. » Le cardinal, en cette journée du début de mars 1634, est à Rueil dans la maison qu'il affectionne, et c'est lui qui vient de prononcer ces mots d'un ton chagrin. Il a appris, depuis peu, que le Waldstein, sur qui sa diplomatie croyait s'appuyer, est tombé sous le fer des assassins et il vient d'apprendre à l'instant que Louis XIII approuve cet assassinat : « J'espère, a dit Sa Majesté, que tous les traîtres à leurs souverains auront le même sort (2). » Une des créatures du cardinal

---

(1) *Mercure françois*, t. XX, p. 527-528.
(2) Vittorio Siri, *Memorie recondite*, t. VIII, p. 60. — Levassor, *Histoire de Louis XIII*, t. IV, p. 487. — Père Griffet, *Histoire du Règne de Louis XIII*, t. II, p. 470.

est accourue de Saint-Germain rapporter à Son Éminence cette courte oraison funèbre.

Richelieu a peu de goût pour les rois qui font ou laissent assassiner leurs serviteurs. Ce Waldstein, duc de Mecklembourg et de Friedland, prince de l'Empire, il lui est sympathique, ne serait-ce que par ses succès et son faste. Cet homme de « bon jugement », songe-t-il, « eut l'honneur de remettre les affaires désespérées de son maître en tel état, que l'on commença à en concevoir bonne espérance et à faire croire que l'effort de l'ennemi, qui avoit été jusqu'alors invincible, pouvoit être soutenu ou surmonté. Enfin il donna la mort en bataille rangée à l'ennemi de son maître, et pour récompense reçoit la mort, de la part de son maître, dans sa maison, par la main de ses serviteurs (1) ». Avec quelle amertume le cardinal observe : « C'est une chose bien étrange et qui montre la faiblesse et l'indignité des hommes que, de tant d'hommes qu'il avait obligés, il n'y en eut un seul dans la ville qui s'émût pour venger sa mort, chacun d'eux cherchant des prétextes imaginaires de son ingratitude ou de sa crainte (2). »

Ce n'est plus la cour de Vienne, l'Empereur, Waldstein et la ville d'Egra qui hantent à présent l'imagination de Richelieu, c'est le Roi, c'est la cour de France. Douloureuse méditation, retour sur soi-même : « Si un maître a peine de trouver un serviteur à qui il se doive confier entièrement, un bon serviteur en a d'autant davantage de se fier totalement en son maître, qu'il a près de lui mille envieux de sa gloire et autant d'ennemis qu'il a faits pour son service. » Ces ennemis, le cardinal les connaît bien : « par mille flatteries », ils l'accusent. Un prince a l'esprit « jaloux, méfiant et crédule » ; un prince « a toute-puissance d'exercer impunément sa mauvaise volonté » « contre ses serviteurs ». « Pour lui plaire, chacun lui déguise du nom de justice les actions de sa cruauté ou de son injuste jalousie. » D'ailleurs si la tête du serviteur est menacée, la tête du maître l'est aussi. Les rapports diplomatiques ne sont pas rassurants :

(1) *Mémoires du Cardinal de Richelieu*, éd. Petitot, t. VIII, p. 104.
(2) *Ibidem*, t. VIII, p. 101-102.

« En Espagne, la résolution est prise de faire l'impossible pour faire mourir le Roi et le cardinal. Castagnède, ambassadeur d'Espagne auprès de l'Empereur, a été si imprudent que d'écrire récemment : *plaise à Dieu qu'il vienne bientôt un Ravaillac* (1). »

Richelieu est bientôt près de Louis XIII : il lui remontre que rien n'est plus dangereux que de louer des assassins : par des louanges aussi odieuses, un prince se donne la réputation d'être cruel, tandis qu' « il ne doit aspirer qu'à la gloire d'être juste (3). » C'est à la justice qu'il faut avoir recours, non aux poignards. Louis XIII écoute, il change de sentiment, — au moins en apparence. — Le lendemain — peut-être pense-t-il à Concini — les courtisans, qui y pensent, en tout cas, ne l'entendent plus que blâmer ce qu'il approuvait la veille (3). Et les témoignages d'amitié, les billets affectueux, que depuis longtemps il prodiguait à son ministre, atteignent au paroxysme de la tendresse : « Je vous conjure de prendre plus garde à vous que jamais, tant pour l'amour de vous que pour l'amour de moi, qui aimerais mieux être mort qu'il vous fût arrivé le moindre accident (4). »

Le 12 juin 1634, Richelieu montait en carrosse et sortait de la cour du Palais-Cardinal. Escorté de ses gardes à cheval, dont le Roi avait trouvé bon qu'il augmentât le nombre, il tournait à droite, prenait la rue Saint-Honoré et s'engageait bientôt sous la nouvelle porte du même nom, qui érigeait à l'orée de la campagne, entre notre rue Saint-Florentin et notre rue Royale, sa façade à la dernière mode. Il s'en allait à sa maison de Rueil. Par les mantelets ouverts, on apercevait, près de lui, un de nos meilleurs agents diplomatiques, M. de Charnacé. La voiture venait de dépasser le village du Roule, lorsque le cocher arrêta ses chevaux. Son Éminence, fatiguée du rude véhicule, s'installa confortablement dans sa litière. A peine Richelieu se fut-il éloigné, que

---

(1) Avenel, *Lettres du Cardinal de Richelieu*, t. VIII, p. 270, note 3.
(2) Père Griffet, *Histoire du Règne de Louis XIII*, t. II, p. 470.
(3) *Mémoires du Comte de Brienne*, p. 63.
(4) Comte de Beauchamp, *Louis XIII d'après sa correspondance avec le Cardinal de Richelieu*, p. 140.

Charnacé revint en carrosse au Palais-Cardinal et se rendit à la chambre du Père Joseph. Tout pénétré des dernières pensées du ministre, il allait rédiger, avec le Capucin, les instructions que le comte d'Avaux emporterait en Danemark, Suède et Pologne, où le Roi l'envoyait à titre d'ambassadeur extraordinaire (1).

D'Avaux était chargé d'empêcher que le roi de Danemark et l'Électeur de Saxe ne fissent une paix séparée avec l'Empereur. Il devait presser discrètement le Danois de joindre ou plutôt de subordonner sa médiation à celle du Roi Très Chrétien. A Stockholm, il fallait inquiéter Oxenstiern en négociant directement avec le Sénat de Suède; à Varsovie, il fallait aller au-devant de ses désirs en ménageant le renouvellement de la trêve entre la Suède et la Pologne, condition indispensable pour que les Suédois eussent les mains libres en Allemagne (2).

Ces manœuvres diplomatiques si compliquées étaient d'autant plus nécessaires, que la mort de Waldstein enlevait à Richelieu, sur l'échiquier germanique, une « grosse pièce ». Cette mort l'obligeait à compter avec Oxenstiern, toujours prêt à élever la voix, bien qu'il parlât moins haut, quand il pensait qu'on avait moins besoin de lui. Feuquières se trouvait à Francfort, où se tenait la diète des princes allemands. C'est de là qu'il avait annoncé à Bouthillier, le 16 mars, la catastrophe d'Egra; c'est là que le cardinal lui avait adressé, le 26, de nouvelles instructions.

Oxenstiern, comme directeur de l'Union d'Heilbronn, n'avait jamais voulu remettre Philippsbourg à l'Électeur de Trèves, à qui le Roi avait promis de restituer cette clef du Palatinat. Le chancelier de Suède pouvait, s'il y tenait tant, garder cette ville en dépôt jusqu'à la paix générale; mais on exigeait qu'il remît en gage au Roi Colmar, Schelestadt, et Benfeld, villes que les Suédois occupaient en haute Alsace et qui étaient beaucoup plus avantageuses pour la France que Philippsbourg. Feuquières avait

(1) *Journal de Charnacé*, cité par Fagniez, *Le Père Joseph et Richelieu*, t. II, p. 178, note 3.
(2) Fagniez, *Le Père Joseph et Richelieu*, t. II, p. 167.

ordre « de rendre Oxenstiern à la raison ou d'en mettre un autre à sa place ». De peur de ne pas trouver un chef doué de ses qualités, ce fut le premier parti que choisit Richelieu.

Cette « mise à la raison » n'était point aisée : « Si nous voulons gagner le chancelier par persuasion, répondait Feuquières, son humeur méfiante, couverte et insolente nous ôte tout moyen de nous ajuster avec lui ; et si d'autre côté nous le voulons combattre, la mauvaise disposition de tous les esprits est telle contre lui, qu'il nous seroit difficile de l'ébranler sans le faire tomber ; et par ainsi ne voyant personne à pouvoir prendre sa place sans extrême péril de renverser toutes choses, nous nous conduirons le plus adroitement qu'il nous sera possible entre ces deux considérations (1). » C'est à quoi la mission du comte d'Avaux ne fut pas inutile.

Cependant Feuquières était chargé d'agir sur les Électeurs de Saxe et de Brandebourg. Il devait faire en sorte qu'ils devinssent directeurs de deux ligues qui seraient affiliées à celle de Heilbronn : l'une comprenait les cercles de basse Saxe et de Brandebourg, l'autre le cercle de haute Saxe. Comment l'Électeur de Saxe pouvait-il pencher vers l'Empereur, lui, un protestant : ne voyait-il pas que l'influence espagnole prévalait au Conseil impérial, puisque, sur les suggestions d'Espagne, l'Empereur avait laissé égorger le meilleur de ses généraux? Voilà ce qu'il fallait représenter à l'Électeur.

Il faut aussi que le parti catholique ne cesse pas d'être neutre. Mais cette neutralité, ni le duc de Bavière n'y tient beaucoup, ni l'Électeur de Cologne, ni l'Électeur de Hesse, à qui plusieurs villes de celui de Cologne conviendraient parfaitement. Elle est nécessaire, cette neutralité, pour apaiser les scrupules du cardinal et l'opinion publique en France. C'est en se préoccupant de l'opinion française et allemande que Richelieu, qui sait la paix générale impossible pour le moment, se dit prêt à signer une trêve de dix ou vingt années. Il n'ignore pas que l'Empereur ne l'acceptera point ; il envoie d'ailleurs à Feuquières des articles

(1) *Lettres et négociations du Marquis de Feuquières*, t. II, p. 277.

inacceptables : la Bohême et la Hongrie données à la Saxe, qui a soutenu la rébellion de Bohême, Ratisbonne ou Erfurt devenant un État dont Bernard de Saxe-Weimar et les princes de sa branche seront souverains, la Franconie restituée aux évêques de Wurtzbourg et de Bamberg. Dans cette redistribution de l'Allemagne, le duc de Bavière n'est pas oublié : on lui rend tout ce qu'on lui a pris. Revêtu du bonnet électoral dont l'Empereur l'avait dépouillé, il restera Électeur jusqu'à sa mort. Ses successeurs et les comtes Palatins le seront alternativement. Aux Suédois, des îles et des ports de la Baltique : Rugen, Usedom, Stralsund, Wismar, Rostock; aux Électeurs de Brandebourg, de Cologne et de Mayence, tous les biens qu'ils ont perdus. Le Palatin aura une petite « formalité » à remplir avant d'être reconnu dans le bas Palatinat et rétabli dans le Palatinat supérieur : il lui faudra rembourser au duc de Bavière la moitié des dépenses que le prince aura faites pour recouvrer la Bohême. C'est l'Empereur qui paiera l'autre moitié. Est-il besoin d'énumérer les autres articles, qui maintiennent les privilèges des villes impériales, restaurent la vieille constitution de l'Empire, obligent les Français à évacuer Haguenau, Saverne, les villes de l'Électorat de Trèves, attribuent pour toujours à la France les Trois Évêchés, lui laissent le duché de Lorraine, jusqu'à ce que le Duc dépossédé ait réparé les fautes qui ont amené sa dépossession?

Pourquoi ne pas rappeler que Feuquières est autorisé à proposer une sorte de liberté de conscience, qui remplacera le fameux *Cujus regio hujus religio?* Il devra essayer d'obtenir des deux branches de la maison d'Autriche un règlement avantageux des questions de la Valteline et de Pignerol. Ces propositions sont essentiellement variables; Richelieu sait que l'Empereur est fort loin de vouloir céder : on va vers une guerre démesurément élargie, mettant aux prises la France et l'Espagne-Autriche.

Les instructions du cardinal, en ce qui concerne Oxenstiern, n'étaient pas pour déplaire à Feuquières, très désireux d'abaisser l'humeur du Suédois, « tous les jours plus altière et insolente (1) ». « Le chancelier, écrivait Feuquières au Père Joseph, le 20 mars, était déjà entré dans une telle alarme de l'union des Électeurs de Saxe et de Brandebourg avec Friedland joint à Sa Majesté, que, quelque bonne mine qu'il ait faite, il y a longtemps qu'il n'a reçu une nouvelle qui lui ait plu davantage que celle de sa mort (2). » Oxenstiern redoutait la bonne intelligence de l'Électeur de Hesse-Cassel avec Feuquières. Celui-ci continuait à penser qu'il valait mieux s'adresser à la bourse des princes allemands qu'à leur raison. Il écrivait au Père Joseph « qu'un peu d'argent comptant serviroit plus que toutes les persuasions (3). »

Feuquières va essayer de gagner Oxenstiern à sa politique en lui laissant espérer qu'il ne lui refusera pas son concours, lorsqu'il réclamera pour lui-même l'Électorat de Mayence. Au début de juin, le chancelier est conquis (4). Mais il ne s'exécute pas vite. Il est vrai que l'Électeur de Saxe voit d'un mauvais œil cette cession d'une ville de l'Empire. L'assemblée de Francfort, influencée par lui, a prié le Roi de ne pas demander ce qu'elle ne veut pas consentir. Le 17 août il n'y a rien de fait et M. de Villeblavin, gentilhomme de la maison de M. de Feuquières, écrit de Paris à M. du Fresne, secrétaire de son maître : « Je m'étonne grandement de ce que le chancelier Oxenstiern ne se hâte davantage de remettre Philippsbourg entre les mains du Roi. La prise de La Mothe et la perte de Ratisbonne (5) pourront faire donner quelque bonne résolution à leurs pesantes délibérations (6) ». M. de Villeblavin a raison. Mais tout va changer. Déjà inquiets, le chancelier et les députés prennent le mors aux dents, lorsqu'ils apprennent que dix mille Impériaux ont envahi la haute Souabe et que Donauwerth vient de capituler le 16 août. Le 26, la convention qui livre Philippsbourg à la France est signée : « Le duc de Wurtemberg, explique Richelieu à

---

(1) *Lettres et négociations du Marquis de Feuquières*, t. II, p. 268.
(2) *Ibidem*, p. 259.
(3) *Lettres et négociations du Marquis de Feuquières*, t. I, p. CXLIII.
(4) Fagniez, *Le Père Joseph et Richelieu*, t. II, p. 177-178.
(5) Qui avait ouvert ses portes le 24 juillet au roi de Hongrie.
(6) F. Gallois, *Lettres inédites des Feuquières*, t. I, p. 36.

Louis XIII, sera reconnu pour gouverneur général et fera serment au Roi et à l'Union. Celui qui demeurera dans la place, avec titre de gouverneur particulier, sera français, et de mille hommes qu'on y mettra en garnison, il y en aura sept cents Français et trois cents Allemands choisis par Sa Majesté (1) ».

Oxenstiern, craignant de ne pouvoir conserver les postes que les troupes suédoises occupent entre le Rhin et l'Elbe, propose, dans le plus grand secret, à Feuquières de les livrer au Roi. Les troupes suédoises franchiront l'Elbe, dont elles défendront la rive droite. Assisté des Hollandais et du landgrave de Hesse, le Roi occupera tout ce qu'elles auront abandonné. Il versera à la Suède un subside annuel d'un million de livres; il lui permettra de se dédommager aux dépens de la Saxe et lui procurera quelque bon accommodement avec la Pologne. Proposition avantageuse pour la France, plus encore pour la Suède, qui opérera dans une région moins lointaine, où les conquêtes seront plus vite à sa convenance que dans la vallée du Rhin.

Richelieu ne se hâte point d'accepter. Le Suédois trop empressé le rend exigeant. D'ailleurs le cardinal ne veut pas rompre avec la maison d'Autriche avant le terme qu'il s'est fixé; il ne veut pas que son maître perde, aux yeux des princes allemands, son prestige de protecteur désintéressé des libertés germaniques. Feuquières est chargé de faire connaître au chancelier les vues de Son Éminence : la Suède ne s'opposera point aux agrandissements de certains princes de l'Empire; ni le landgrave de Hesse, ni le margrave de Bade, ni le Palatin, ni d'autres clients de la France ne devront être empêchés de s'arrondir. Les Électeurs de Saxe et de Brandebourg seront ménagés; la religion catholique sera maintenue à Cologne et à Neubourg, dont on respectera la neutralité. Les Provinces-Unies entreront dans l'alliance. Brisach sera assiégée, prise et confiée au Roi. Aucun des alliés enfin n'aura le droit de conclure une paix séparée.

Si ces conditions ne sont pas remplies, nul espoir que le Roi consente à attaquer les Pays-Bas espagnols au mois de mai de

---

(1) Avenel, *Lettres du Cardinal de Richelieu*, t. IV, p. 597.

l'année prochaine. La sécurité du Royaume est à ce prix. Elle semble menacée, de fort loin il est vrai, par la victoire que les troupes impériales viennent de remporter à Nordlingen, le 6 septembre 1634. Par où va passer l'un des vainqueurs, don Fernand d'Espagne, ce cardinal infant qui s'achemine vers Bruxelles? Marchera-t-il conjointement avec le roi de Hongrie? Franchira-t-il le Rhin à Cologne, à la tête de son armée? Sous les murs de Saverne, le maréchal de La Force l'attend de pied ferme, à la tête de la sienne. Il ne peut être question de s'éloigner de l'Alsace, « où l'on fait courre le bruit que l'infant cardinal veut prendre son passage et qu'il s'en vient à Brisach » : « Je m'assure que, s'il l'entreprend, écrit le maréchal à Feuquières, le 19, je lui donnerai bien de la peine (1). »

Les Suédois et les principicules d'Allemagne, qui formaient comme autant d'avant-postes, n'avaient pas cette assurance. Épouvantés, ils réclamèrent à grands cris l'intervention du Roi. (2).

« La façon de traiter de M. le Chancelier Oxenstiern est un peu gothique et beaucoup finnoise » (pour ne pas dire finaude), mandait Richelieu à Chavigny le 30 avril 1635. « Cependant il en faut sortir, s'il se veut mettre à la raison (3). »

Le cardinal se trouvait alors au château de Mouchy, Louis XIII à Compiègne, à quelques lieues de son ministre. Le 27, le Roi puis la Reine avaient donné audience au chancelier de Suède. Le cardinal avait reçu Oxenstiern à son tour. Trois heures durant, les deux interlocuteurs étaient demeurés ensemble, échangeant en latin, devant les assistants ébahis, des « propos joyeux » et de chaleureux compliments, des *non dubitat, credo, Eminentia vestra quin hoc mihi sit in præcipuis votis ut detur tandem aliquando optata vestra præsentia vestroque alloquio frui ; Rex gratissimam semper habebit per curiam suam profectionem vestram* (4). Mais, le 29, toujours dans la langue de Cicéron, les

(1) Archives de La Force.
(2) Fagniez, *Le Père Joseph et Richelieu*, t. II, p. 199.
(3) Avenel, *Lettres du Cardinal de Richelieu*, t. IV, p. 735.
(4) Ce sont les propres phrases que Richelieu avait écrites le 29 mars, au chance-

deux ministres avaient conféré sans témoins. Ils s'apprêtaient à signer un traité. Depuis la bataille de Nordlingen, c'était le deuxième. Le premier, signé à Paris, le 1ᵉʳ novembre 1634, par Loefler, envoyé de Suède, et Streiff, envoyé des confédérés, n'avait pas fixé la date à laquelle la France romprait avec la maison d'Autriche ; il avait seulement stipulé que le Roi, en cas de rupture, entretiendrait une puissante armée sur la rive gauche du Rhin et, sur la rive droite, un corps d'armée de douze mille hommes. Si les Électeurs de Saxe et de Brandebourg s'accommodaient avec l'Empereur, le Roi n'était pas obligé d'entrer en guerre. Comme compensation de cette rupture, il ne paierait plus le subside d'un million de livres, pourrait prendre quelque influence dans le conseil de guerre, aurait dans le conseil de direction voix égale à celle de la Suède. De plus, l'Alsace lui était confiée, le passage sur le pont de Strasbourg ouvert, Brisach livrée. Les alliés enfin s'engageaient à ne conclure aucune paix séparée. Ils promettaient de rétablir la religion catholique en l'état où elle se trouvait avant l'année 1618.

La diète, transportée à Worms, car Francfort n'était plus sûre, avait ratifié le 12 novembre, mais Oxenstiern qui regrettait le subside d'un million de livres, avait refusé la ratification. Le savant Grotius, Hollandais, fort peu souple, venu à Paris en qualité d'ambassadeur de Suède, avait échoué dans sa mission. Oxenstiern semblait devoir être plus heureux. En cette journée du 30 avril 1635, Richelieu était décidé à signer un traité, même insignifiant, pour montrer aux ennemis éventuels de la France que le Roi était d'accord avec ses alliés : « Quand on ne devroit passer autre chose qu'un article de ne faire point la paix l'un sans l'autre, expliquait le cardinal à Chavigny, il le faut faire s'il se peut. »

La marche des Impériaux, en effet, devenait des plus menaçante. Philippsbourg surprise dans la nuit du 23 au 24 janvier, Sierk sur la Moselle capitulant quelques semaines plus tard,

---

lier se rendant en France et dont voici la traduction : « Votre Excellence ne doute pas, je pense, que l'un de mes vœux les plus chers ne soit de jouir enfin de sa présence si désirée et de son entretien : le Roi tiendra toujours à faveur son passage par sa cour. » (Avenel, *Lettres du Cardinal de Richelieu*, t. IV, p. 694-695).

Trèves et son Électeur enlevés par les Espagnols le 26 mars, ne rendaient que trop clair l'hostilité de l'Empereur. Aussi Richelieu s'en tenait à des conditions acceptables : « Si le chancelier ne vouloit aucune de toutes ces conditions, ajoutait Son Éminence, *seria endemoniado* (il faudroit qu'il fût possédé du diable), auquel cas on ne sauroit avoir recours qu'aux exorcismes de Loudun, et envoyer traiter en Suède, mais votre jeunesse est trop heureuse pour en venir à cette extrémité. Quoi qu'il arrive, il est nécessaire de se séparer en bonne intelligence avec lui. » Le cardinal estimait qu'il fallait envoyer un ambassadeur à Oxenstiern, mais que le chancelier devait « donner promptement ordre à Banner et autres chefs des confédérés de faire avancer les troupes pour le dessein commun vers Gemund ». Et il concluait ainsi : « Le Père Joseph, à l'heure que je parle, répond des affaires d'Allemagne, pourvu que je fasse ce que ses pensées enthousiastiques lui diront (1). »

La pensée du cardinal était de ménager à la fois le chancelier de Suède et l'Empereur : « Sur l'assurance, expliquait-il à Bouthillier, que M. le Chancelier désire touchant Mayence et autres places de cette nature, il faut faire tout ce qui se pourra pour qu'il se contente de la parole du Roi. S'il ne le veut pas, à toute extrémité on peut mettre, en général, que Sa Majesté, avec ses troupes destinées pour la conservation de ses alliés en Allemagne, fera ce qu'elle pourra pour la conservation des places que la couronne de Suède tient sur le Rhin et aux environs en général, sans exprimer Mayence. Comme aussi les armées de la couronne de Suède, qui sont les plus proches du Rhin, seront réciproquement obligées de contribuer ce qu'elles pourront à la conservation des places que Sa Majesté tient sur le Rhin et proche d'icelui. Le Roi consent qu'à la fin du traité il soit dit que, s'il reste entre les deux Couronnes des difficultés procédant des traités précédents, elles se videront à loisir entre les dites deux Couronnes; nonobstant quoi les articles qui seront présentement signés demeureront inviolables. Sa Majesté consent aussi qu'il soit dit

---

(1) Avenel, *Lettres du Cardinal de Richelieu*, t. IV, p. 737.

dans le présent traité que tous les articles qui y seront compris auront lieu présupposant la rupture, *in casu rupturae*. S'il se peut, il ne faut pas dire *in casu rupturæ contra Imperatorem* mais *contra Austriacos* simplement. Si M. le Chancelier en veut davantage, on pourra mettre *contra Austriacos Germaniæ*. A toute extrémité, vous pourrez dire *contra Imperatorem*, mais vous l'éviterez, s'il est possible (1) ». Même à la veille de rompre, Richelieu, fidèle à sa maxime favorite, négociait encore avec la cour de Vienne et lui faisait savoir que le Roi renoncerait à ses alliances protestantes, si l'Empereur consentait à lui céder l'Alsace. L'Empereur refusa.

Le cardinal était plus heureux en Hollande, où, deux années auparavant, il avait craint de voir une trêve se conclure entre les Provinces-Unies et l'Espagne. Le 15 avril 1634, pour encourager les Hollandais à continuer la guerre, il avait consenti à leur verser un subside annuel de deux millions trois cent mille livres. Ce subside pouvait être réduit à un million, si la France entrait dans la guerre et les *casus belli* étaient énumérés. Cette année même, le 8 février 1635, la France et la Hollande s'étaient engagées à jeter, l'une et l'autre, dans les Pays-Bas espagnols, une armée de vingt-cinq mille hommes et de cinq mille chevaux « avec l'attirail et le canon nécessaires à un tel corps ». Le Roi et les États s'étaient engagés également à « mettre en mer chacun quinze vaisseaux de guerre pour nettoyer la mer Océane et le canal et tenir les côtes libres… Moyennant quoi, Sa Majesté seroit déchargée des deux millions qu'elle leur avoit accordés tous les ans par le traité de l'année précédente (2) ». Les alliés comptaient sur une révolte des Pays-Bas espagnols, où avait éclaté un complot, d'ailleurs vite déjoué. Suivant leur conduite, les Pays-Bas espagnols deviendraient un État indépendant ou seraient partagés entre la Hollande et la France.

Vers le même temps, le cardinal avait envoyé M. de Senneterre à Londres en qualité d'ambassadeur extraordinaire auprès de Charles Ier. Il ne prétendait demander au roi d'Angleterre « ni

---
(1) Avenel, *Lettres du Cardinal de Richelieu*, p. 735-736.
(2) *Mémoires du Cardinal de Richelieu*, éd. Petitot, t. VIII, p. 258.

hommes ni argent », mais seulement « le réduire à la neutralité » et « lui faire comprendre le dessein qu'avoient les Espagnols de l'engager à la guerre contre la France et la Hollande, ce qui le jetteroit dans des frais insupportables et dans une totale rupture du commerce » britannique (1). Il n'y eut aucune peine. Désireux d'entretenir Charles dans les dispositions les plus favorables, il rappelait à Henriette-Marie « ce qui s'était fait, dès sa plus tendre jeunesse, pour lui faire posséder une couronne digne d'elle ».

Le cardinal s'était « assuré aussi des Suisses » ; il avait essayé d'apaiser « les différends qui commençoient à naître parmi eux sous le prétexte de la religion ». Résolu de tenir tous les cantons unis dans sa main, Richelieu avait promis aux catholiques de leur payer leurs pensions avec toute l'exactitude « qu'ils pouvoient désirer (2) ». Malheureusement ces cantons venaient de s'engager vis-à-vis de l'Espagne à défendre non seulement le duché de Milan, mais encore le « comté de Bourgogne », c'està-dire la Franche-Comté. Son Éminence, indignée, leur avait déclaré que « s'ils demeuroient dans les termes de leur nouvelle alliance » avec la cour de Madrid, ils ne pouvoient « prétendre participer aux bienfaits du Roi (3) ».

Cantons catholiques et cantons protestants rendirent bientôt à la France, — presque sans y penser, — un signalé service. Richelieu projetait d'attaquer au premier jour le duché de Milan. Le duc de Rohan, — exilé à Venise en 1629, rappelé dès 1631 et mis en 1635 à la tête d'une des armées d'Alsace, — avait reçu l'ordre de conduire en Valteline douze mille hommes de pied et quinze cents chevaux. Précédé de M. du Landé (4) qui était resté avec quelques troupes au « pays des Grisons », il avait mission de fermer les défilés par lesquels l'Empereur aurait pu introduire des secours dans le Milanais. Rohan qui, pour se rendre en Valteline, était forcé de traverser la Suisse, avait ordre

---

(1) *Memoires du Cardinal de Richelieu*, éd. Petitot, t. VIII, p. 262.
(2) Avenel, *Lettres du Cardinal de Richelieu*, t. V, p. 18.
(3) *Mémoires du Cardinal de Richelieu*, éd. Petitot, t. VIII, p. 270.
(4) Joab de Séqueville, maréchal de camp en 1635.

de passer coûte que coûte, en évitant toutefois d'offenser l'honneur helvétique : « Il prit si bien son temps, expliquent ses *Mémoires*, qu'il étoit déjà entré en Suisse avant qu'il en parût aucun soupçon (1). » Les dispositions de Zurich étaient excellentes; Berne se sentait « porté de particulière affection envers ledit Rohan, tant pour la conformité de religion que pour l'estime qu'il faisoit de sa vertu (2) »; le bailli de Bade, qui dépendait alors des huit anciens cantons, se montrait fort empressé; la petite ville de Saint-Gall, dont l'abbé était l'allié de la Suisse, attendait les Français comme s'ils venaient la secourir. Par Bâle, Liechstal, Oltingen, Bruck-sur-l'Aar, Winterthür, Eleck près Zurich, Reichenbach, Saint-Gall, Alstetten, Sax, Ragatz et Coire, le duc de Rohan traversa la Suisse en « douze traites »; le 24 avril 1635, il était en Valteline à la tête de son armée.

Sa présence était faite pour encourager les princes italiens, que Richelieu voulait confédérer contre la maison d'Autriche. Le prétexte de la ligue était la liberté de l'Italie, opprimée par le gouverneur de Milan et le vice-roi de Naples. Le cardinal avait à réconcilier le duc de Savoie, qui se disait roi de Chypre, avec la République de Venise, souveraine nominale de la même île; la République de Venise avec le Saint-Siège, qui mécontentait les Vénitiens en agrandissant le port de Gorro, près de Ferrare.

C'est au Saint-Père que Richelieu destinait la présidence de la Confédération, mais Urbain VIII se récusa : les Impériaux ne l'inquiétaient plus; il avait besoin d'eux contre les réformés en Allemagne. Satisfait de n'être plus « le chapelain du roi d'Espagne », il ne tenait pas à devenir le chapelain du roi de France : que Richelieu prétendît faire annuler le mariage de Monsieur et de Marguerite de Lorraine, être promu lui-même à la coadjutorerie de l'archevêché de Trèves, ou voir l'*Éminence grise* muée en *Éminence rouge,* Sa Sainteté se faisait prier.

Cette présidence, refusée par le Pape, Richelieu l'offrait au duc de Savoie. Victor-Amédée finit par l'accepter ainsi que le duché

---

(1) *Mémoires du Duc de Rohan*, éd. Michaud et Poujoulat, p. 633.
(2) *Ibidem.*

de Milan, — qui était à conquérir. M. de Saint Maurice, ambassadeur de Savoie près la cour de France, n'était point surpris d'un pareil présent : « Entre deux mûres, expliquait-il à son maître, M. le Cardinal en donne toujours une verte et, quand il a affaire à quelqu'un qui ne sait pas sa façon de négocier, il s'en prévaut et, sur la fin du discours, il adoucit toujours ce qu'il a dit d'aigre. Quand l'on est bien instruit de sa coutume et que l'on a la connaissance des affaires, qu'avec respect l'on lui dit de bonnes raisons, on le ramène (1) ». Le 11 juillet 1635, un traité fut signé à Rivoli, aux termes duquel le Savoyard s'engageait à fournir six mille hommes et douze cents chevaux, les ducs de Mantoue et de Modène chacun trois mille fantassins et trois cents cavaliers. La part des confédérés devait être proportionnelle à l'effort qu'ils auraient fourni ou au dommage qui leur aurait été infligé.

Le duc de Modène était peu sûr. Le duc de Mantoue ne l'était guère davantage; aussi le cardinal songeait-il à lui donner pour gendre et pour héritier Monsieur, frère du Roi. Le traité de Rivoli prévoyait l'accession d'autres États italiens; mais il ne fut possible d'y comprendre ni Venise, qui gardait un amer souvenir des traités de Monçon et de Ratisbonne, ni Gênes, l'opulente banquière de l'Espagne, ni le grand-duc de Florence, neveu de l'Empereur. Adhésion qui n'était pas à dédaigner, Honoré Grimaldi, prince de Monaco, jusque-là protégé du Roi Catholique s'apprêtait à se mettre sous la protection du Roi Très Chrétien et recevait des garnisons françaises dans ses villes de Monaco, Roquebrune et Menton (2).

De Rome à Londres, en passant par Turin, l'Allemagne et les Provinces-Unies, il n'était pas un État grand ou petit, pas un prince, pas un principicule dont Richelieu, à la veille de rompre avec la maison d'Autriche, n'eût tenté de se concilier les bonnes grâces ou n'eût acheté le concours.

---

(1) Cité en note par Fagniez, *Richelieu et le Père Joseph*, t. II, p. 222.

(2) G. Fagniez, *Le Père Joseph et Richelieu*, t. II, p. 211-220. Le traité de Péronne, conclu entre le roi de France et le prince de Monaco, remit à la France Monaco, Roquebrune et Menton. Il fut signé à Péronne, le 14 septembre 1641. On en trouvera le texte, publié par Ardorno, dans les *Petites Annales de Monaco*, etc., Lyon, 1926, p. 201 et suivantes.

Cependant, en Alsace et sur le Rhin, les troupes royales alliées aux Suédois continuaient de guerroyer contre les Impériaux, sans que le Roi fût en guerre avec l'Empereur. Gallas et Jean de Werth, généraux de Ferdinand II, s'emparèrent de Spire, où ils laissèrent une garnison, et le duc Charles de Lorraine faisait de brèves incursions dans son Duché : ses cavaliers paraissaient à l'improviste dans quelque ville épouvantée, — juste le temps de pendre certains qui s'étaient compromis avec les Français. Mais, avant de gagner la Valteline, le duc de Rohan refoula deux fois le duc Charles sur la rive droite du Rhin; les maréchaux de La Force et de Brézé, le duc Bernard de Saxe-Weimar emportèrent la ville de Spire et, suivant l'usage, « s'en partagèrent les défenseurs qui pouvaient payer les plus fortes rançons (1) » : La Force eut le baron de Metternich, Brézé le baron de Hardenberg et Bernard M. de Gold (de la maison de Papenheim). Assez misérables dépouilles, car les Impériaux étaient peu disposés à faire dépense pour des gens à qui ils imputaient la perte de leur ville, et Metternich, prisonnier dans Metz, se disait : « un pauvre cavalier destitué de tous ses biens et revenus, comme aussi de tout subside des siens (2) ».

C'est peu de semaines après cette revanche éclatante que le cardinal rappela Brézé. La résolution d'attaquer l'Espagne s'affermissait en lui chaque jour. Son Éminence défendait âprement le trésor, nerf de la guerre prochaine, et protégeait les biens des particuliers contre les prodigalités de leurs possesseurs.

Depuis l'année 1634, il était interdit de se ruiner en toiles d'or ou d'argent, broderies de diamants ou de perles, pages, laquais, cochers vêtus de soie, carrosses ou litières dorés. A partir du 29 janvier 1635, les brelans ou jeux publics cessèrent d'être permis et les tenanciers furent passibles d'une amende de dix mille livres (3). Son Éminence écartait de tous les hauts postes de l'État les seigneurs peu sûrs. Non content de mettre à la place

---

(1) Père Griffet, *Histoire du Règne de Louis XIII*, t. II, p. 566.
(2) Henri de Metternich à La Force (Archives de La Force).
(3) *Mercure françois*, t. XX, p. 702-709, et Père Griffet, *Histoire du Règne de Louis XIII*, t. II, p. 367.

du duc de Retz, général des galères, son neveu François de Wignerod, marquis de Pontcourlay, à la place du vieux duc de Sully, grand maître de l'artillerie, dédommagé par le bâton de maréchal, son cousin le marquis de La Meilleraye, à la place du maréchal de Bassompierre, colonel général des Suisses, toujours à la Bastille, un autre de ses parents, le marquis de Coislin, Richelieu mit son beau-frère Brézé auprès du maréchal de Châtillon, à la tête de l'armée qui devait, pensait-il, conquérir brillamment les Pays-Bas espagnols (1).

Ce n'était pas seulement pour ménager de brillants succès à son beau-frère, c'était pour parer à l'inconvénient des « bêtes d'attelage » qu'il avait transporté de l'armée d'Alsace à celle des Pays-Bas ce Brézé bizarre et de caractère intraitable. « Les maréchaux de La Force et de Brézé, nous confient les *Mémoires* de La Force, avoient demeuré près de trois mois ensemble, et, en apparence, vivoient en assez bonne union. Néanmoins l'on reconnaissoit bien que l'intelligence n'y étoit pas telle qu'il eût été à désirer ; aussi est-il malaisé entre deux chefs que la bonne correspondance y puisse toujours demeurer, ce qui décida peut-être Sa Majesté à y apporter la séparation (2). »

La Force resta donc seul à commander l'armée qui devait opérer en Alsace et en Lorraine. Le cardinal de La Valette, avec dix-huit mille hommes de pied et six mille chevaux, devait pénétrer en Palatinat, où, du côté de Frankenthal, le marquis de La Force était chargé d'amener douze mille fantassins à Bernard de Saxe-Weimar. Tandis que le maréchal de Créqui (3), au delà des Alpes, commandait dix mille hommes de pied et

(1) Père Griffet, *Histoire du Règne de Louis XIII*, t. II, p. 563.
(2) *Mémoires du Duc de La Force*, t. III, p. 113. Brézé n'eût pas manqué de souscrire à ce jugement impartial, car, le 17 avril 1635, revenu à Paris, il mandait à la Force avec une humilité hautaine : « Monsieur, encore que je n'aie pas rencontré une correspondance de votre part telle que je crois mériter par le désir que j'ai toujours eu de vous rendre service, néanmoins comme votre mérite, qui étoit une des principales causes de mon affection, ne cesse point et que rien n'est si contraire à mon humeur que de changer une résolution lorsque je l'ai prise, j'ai cru vous devoir rendre par mes soins, étant ici, des témoignages que j'ai toujours celle-là d'être toute ma vie, Monsieur, votre très humble et obéissant serviteur. » (Archives de La Force.)
(3) Charles de Blancheflort, marquis de Créqui, duc de Lesdiguières, pair (1626) et maréchal de France (1601-1656).

deux mille chevaux, le maréchal de Vitry (1) gardait les côtes de la Provence, le duc d'Halluin (2) celles de son gouvernement de Languedoc.

« La côte de Bretagne est assez mal gardée, observait Richelieu dans une note destinée à passer sous les yeux du Roi. Il faut donner ordre à M. de Brissac (3) de tenir garnison forte et complète à Blavet et demeurer lui-même sur le lieu. « Faut faire savoir à Monsieur le Prince qu'il est à propos qu'il demeure en Bourgogne, ce qu'il fera volontiers... M. de Chaulnes (4) doit demeurer à Amiens et ès environs, allant et venant en tous les lieux. M. de Soyecourt (5) à Corbie... Comesnil (6) ne partira point de Rue; le baron du Bec (7) de la Capelle; Le Buisson (8) de Ham; Saint-Léger (9) du Catelet; Neufchelles (10) de Guise; le marquis de Nesles (11) de La Fère; le comte de Lannoy (12) de Montreuil, le père ou le fils des Hocquincourt (13) de Monthulin ».

En tête de cette note, figurait cet ordre sévère : « Chaque gouverneur de province ou de place ira ou reviendra en son gouvernement sur peine de crime de lèse-majesté. Et afin qu'ils ne prétendent cause d'ignorance, MM. les Secrétaires d'État écriront à tous et leur prescriront de leur faire réponse pour acte de la réception dudit ordre. » Au bas du document, on peut lire

(1) Nicolas de l'Hôpital, marquis, puis duc de Vitry (1644) et maréchal de France (1627) † 1644.

(2) Charles de Schomberg, duc d'Halluin, pair (1620) et maréchal de France, sous le nom de Schomberg (1637) † 1656.

(3) François de Cossé, duc de Brissac, pair de France (1621), lieutenant général au gouvernement de Bretagne (1638) † 1651.

(4) Honoré d'Albert, sieur de Cadenet, gouverneur de Picardie (1633), duc de Chaulnes, pair (1621) et maréchal de France (1619) † 1649.

(5) Maximilien de Belleforière, sieur de Sauçourt ou Soyecourt, maréchal de camp (1634) † 1649.

(6) Le sieur de Comesnil.

(7) René du Bec-Crespin, marquis de Vardes.

(8) Le sieur du Buisson.

(9) Étienne de Rouvroy Saint-Simon, baron de Saint-Léger † 1636.

(10) Le Cirier, comte de Neufchelles.

(11) Louis-Charles de Mailly, marquis de Nesles.

(12) Charles, comte de Lannoy, premier maître d'hôtel du Roi.

(13) Charles de Monchy, marquis d'Hocquincourt, maréchal de France (1655) † 1658, et son fils Georges, lieutenant général (1655), † 1689.

encore, tracée au crayon rouge, l'approbation du Roi : « Je trouve tout ce que dessus très à propos (1). »

Le 25 avril 1635, le cardinal écrivit au maréchal de Brézé : « Mon Frère, je vous dis encore une fois adieu, vous assurant de mon entière affection et me promettant que votre voyage ne me causera pas peu de contentement par l'avantage qu'en recevra le service du Roi et par la réputation que vous acquerrez. Je vous recommande toutes choses dignes de recommandation comme au prône (2). »

Le Père Joseph, de son côté, expliquait à d'Avaux le 8 mai : « La vraie intention du Roi est de faire, le plus tôt qu'il se pourra, une paix générale avec garantie mutuelle pour l'avenir, ce qui serait un siècle d'or et comme le temps d'Auguste (3). »

Belles formules qui ne se réalisent que par le courage et la conscience dans la modération. Tel était l'esprit du Cardinal!

Ni Louis XIII, ni Richelieu, ni l'*Éminence grise* ne pouvaient prévoir que la guerre qui allait commencer contre l'Espagne onze jours plus tard devait se prolonger jusqu'en 1660 et que le temps d'Auguste se ferait attendre un quart de siècle.

(1) Avenel, *Lettres du Cardinal de Richelieu*, t. IV, p. 678, 681.
(2) *Ibidem*, p. 733.
(3) Cité par G. Fagniez, *Le Père Joseph et Richelieu*, t. II, p. 224.

LIVRE DEUXIÈME
LE ROYAUME EN GRAND PÉRIL

LIVRE DEUXIÈME
LE ROYAUME EN GRAND PÉRIL

CHAPITRE PREMIER

D'ABORD, SOURIRES DE LA FORTUNE

Cette guerre était la suite des griefs accumulés depuis le lointain des âges. Le cardinal les avait fait relever et publier par le sieur Balthasard et, depuis 1626, chacun pouvait se procurer chez Claude Morel, imprimeur ordinaire du Roi, rue Saint-Jacques, — à la Fontaine, — le *Traité des Usurpations des Rois d'Espagne sur la Couronne de France depuis Charles VIII*. Ce vade-mecum de cent trois pages commençait par un éloge lyrique de la paix, « bien incomparable, lien de la société humaine », « délices de la nature », « nourrice des lois, de l'ordre et de la police ». Mais, dès la sixième ligne, le porte-parole de Richelieu se tournait vers la guerre qui, « avec toutes ses calamités, est beaucoup plus désirable aux âmes généreuses qu'une paix mendiée avec désavantage ».

Ce sont les idées qu'un homme d'épée, le poète tragique Schelandre, avait exprimées en ces vers où, dans la harangue du vieux Tielbaze, l'on sent déjà quelque chose du génie de Corneille :

> Moi qui suis né guerrier, nourri le fer au poing,
> Toujours la gloire au cœur et en l'esprit le soin
> Qui or me fait chômer, faut-il qu'une vieillesse
> En une oisive paix languissante m'oppresse !
> . . . .
> . . . .

> La guerre est ici-bas de noblesse la mère;
> Indigne de régner qui n'en fait ordinaire;
> La guerre est un beau jeu dont l'honneur est le prix,
> Qui endurcit les corps, aiguise les esprits... (1).

Le cardinal, s'adressant au Roi lui-même, déplorait que « les descendants de Charles le Grand » n'eussent pas réglé plus tôt leurs affaires avec l'Espagne. « S'ils l'eussent fait, l'Italie, l'Allemagne, la Pologne, la Slavonie, la Hongrie et toutes les Gaules, autrefois tributaires de votre Couronne, Sire, viendroient encore rendre aux pieds de Votre Majesté les hommages de leur servitude. Et cette grandeur superbe de l'Espagne, qui combat aujourd'hui pour le sceptre de toute l'Europe, combattroit seulement avec les autres provinces de votre Empire pour l'honneur de l'obéissance. »

Rien n'embarrassait l'ingénieux Balthasard, quand il s'agissait de démonter les plus belles pièces de la maison d'Autriche-Espagne : usurpation, les royaumes de Sicile et de Naples, « longtemps disputés entre les maisons d'Anjou et d'Aragon, auxquelles celles de France et de Castille avoient succédé »; usurpation, « ce beau duché de Milan, qui valoit un grand royaume et qui auroit dû revenir aux hoirs de Valentine, femme de Louis, duc d'Orléans, fils de Charles V »; usurpation, le comté de Flandre, composé du Brabant et de l'Artois et, durant sept cents ans, rangé sous la suzeraineté des rois de France. Et que dire du Roussillon, « engagé par le roi d'Aragon au roi Louis XI pour la somme de trois cent mille écus » et inconsidérément rendu par le roi Charles VIII, impatient de conquérir le royaume de Naples, en échange d'une promesse de neutralité, qui ne fut pas tenue! Que dire de la Navarre dont le pape Jules II avait disposé sans droit en faveur de l'Espagne! « Considérez, Sire, s'il vous plaît, disait en finissant le sieur Balthasard, quel progrès ont fait les Espagnols sur vos alliés, pendant votre bas-âge, qu'ils devoient respecter. Y a-t-il prince en Allemagne qui ne gémisse sous leur oppression? Y a-t-il aucune province où ils

---

(1) Jean de Schelandre, *Tyr et Didon*. Acte I, Ed. Harahgdi, p. 43.

n'aient empiété quelque place d'importance? N'ont-ils pas occupé en cinq ou six ans les duchés de Berg et de Juliers, le comté de La Marck, la plupart du duché de Clèves, du landgraviat de Hessen, des Ligues Grises, le haut et le bas Palatinat, — avec la Valteline, le sujet des armes qui brillent par toute l'Europe? — A quoi tendent tant d'intelligences, de menées, de pratiques, d'armées en campagne, de sièges de villes, sinon pour avancer le dessein, qu'ils ont conçu de longue date, d'engloutir votre Couronne (1)? »

En un *Discours sur le commencement, progrès et destin de l'ancienne Monarchie française,* l'auteur des *Usurpations d'Espagne* rappelait à Louis XIII que Charlemagne « seigneurioit toute l'Europe » et que, par là, ses successeurs les rois de France avaient des « droits sur l'Empire » : « Par là, Sire, vous voyez que l'Empire vous appartient privativement à tous autres princes et que, la Couronne Impériale ayant été unie à celle de France du consentement des Romains et de toute l'Italie, de laquelle le nom d'Empire a tiré son origine, elle n'en a pu être séparée et moins transférée en Germanie, qui n'avoit rien de commun avec l'Empire. »

Mais le vrai grief instant était le comté de Bourgogne, qui, sous Charles le Chauve, avait été partie de « la duché » et qui, depuis l'empereur Henri III, constituait un fief impérial; c'était Cambrai, dont Hugues Capet avait reçu l'hommage et qui, « avec ses appartenances étoit retourné plusieurs fois à ses anciens seigneurs », sous Philippe de Valois, Louis XI et Henri III. Le Hainaut était aussi de droit royal, « car il ne se trouvoit point de traité par lequel nos Rois eussent renoncé à cette province ». Le duché de Luxembourg appartenait « avec plus juste titre à la maison de France qu'à celle d'Espagne », ne fût-ce que par l'acquisition qu'en avait faite le duc d'Orléans, du temps de Charles VI. Quant à Gênes, Pierre Frégose, en 1498, en avait, au nom de la Seigneurie qui « craignoit de tomber en la sujétion des ducs de Milan », cédé la souveraineté au roi de France et à ses succes-

---

(1) *Traité des Usurpations des Rois d'Espagne sur la Couronne de France,* p. 1-55.

seurs sous la seule condition de maintenir ladite Seigneurie « en ses privilèges et franchises (1) ».

C'était, au fond, une question de prépondérance en Europe qui se posait entre les deux Couronnes, au lendemain du règne de ce sombre Philippe II que l'on avait vu, de l'Escurial, manier à son gré les cours et les peuples (2), cependant que les mines d'Amérique le ravitaillaient en or, comme elles le firent pour ses successeurs (48.733.824 pesos de 1631 à 1635). Les trésors des Andes, ayant franchi les mers, étaient enfouis à Séville, à la *Casa de Contratacion* dans l'*Arca verde* (l'*Arche verte*), le coffre aux serrures savantes dont le *contador*, le *factor* et le *tesaurero* détenaient chacun une clef (3).

Heureusement pour Louis XIII et Richelieu, Philippe IV n'avait ni l'intelligence ni la force de travail de Philippe II. En 1626, cinq ans avant le début de la guerre, le comte-duc l'avait supplié de diriger lui-même les affaires d'État. Cette supplique se terminait ainsi : « Le mal est grand : nous avons perdu la considération ; le trésor a été entièrement épuisé ; les ministres, à qui on a appris à ne se point préoccuper de l'application des lois ou à les appliquer sans rigueur, sont tombés dans la vénalité et l'indolence ; c'est là une des grandes causes des maux qui affligent le pays et qui portent atteinte à la justice. Je vous en prie, Sire, prenez l'œuvre en vos propres mains ; faites disparaître jusqu'au nom même de favori (*privado*). Pour moi, je continuerai de presser Votre Majesté de prendre sur ses épaules le fardeau que Dieu même vous a imposé, de le porter et de travailler, si vous le voulez bien, sans vous épuiser, mais non pas sans peine (4) ».

A ce mémoire du 4 septembre 1626, qui n'avait ni la finesse psychologique, ni la profondeur de l'examen de conscience impitoyablement détaillé que Richelieu devait présenter à Louis XIII,

---

(1) Balthasard, *Discours sur le commencement, progrès et déclin de l'ancienne monarchie française, droits et prétentions des Rois Très Chrétiens sur l'Empire*, p. 56-103.
(2) Hauser, *La Prépondérance espagnole (1559-1560)*, p. 109.
(3) Earl J. Hamilton, *American Treasure and the price Revolution in Spain*, 1501-1650, p. 17-23.
Le peso valait, selon M. Hamilton, 450 maravedis (table I, p. 34).
(4) Martin Hume, *La Cour de Philippe IV et la décadence de l'Espagne*, p. 167-169, traduction Condamin et Bonnet.

le 13 janvier 1629 (1), Philippe IV avait répondu par quelques lignes d'une bonne volonté touchante et Olivarès avait lu au verso du document, que lui rendait son maître : « Comte, j'ai résolu, pour Dieu, pour moi-même et pour vous de faire ce que vous me demandez. Connaissant, comme je les connais, votre zèle et votre affection, il ne peut y avoir de vous à moi aucune hardiesse. Je le ferai donc, Comte ; et je vous renvoie ce papier, avec cette réponse, pour que vous le conserviez comme un héritage de famille, que vos descendants apprennent comment on parle aux rois quand il s'agit de leur gloire, et qu'ils sachent quel ancêtre ils avaient en vous. J'aimerais à le laisser dans mes archives pour apprendre à mes enfants, si Dieu m'en accorde, et aux rois comment ils doivent se soumettre à ce qui est juste et sage (2). »

Les bonnes intentions de Philippe IV n'étaient pas demeurées complètement impuissantes. Il remédiait comme il pouvait à la crise du *vellon*, monnaie d'argent alimentée par les mines du Potosi et additionnée d'un alliage de cuivre. Avant lui, Philippe II avait résisté à la tentation d'augmenter la proportion du cuivre, qu' « il combattait, dit M. J. Earl Hamilton, avec une aussi infatigable ardeur que la religion de Luther ou de Mahomet (3) ». Mais sous Philippe III, le vellon avait tourné au cuivre tout court.

Philippe IV, avec l'aide des banquiers italiens, qui avaient plus d'une fois tiré les Habsbourg de l'abîme des difficultés financières, prit, à partir de 1627, d'énergiques mesures de déflation (4). Elles n'étaient pas loin de battre leur plein, au moment où la France s'apprêtait à déclarer la guerre à l'Espagne. Par malheur, depuis quelques années, l'apport des galions s'était sensiblement ralenti (5). Et il fallait entretenir des armées sur

---

(1) Voir notre tome III, p. 200-203, et notre tome IV, p. 42-46.
(2) Martin Hume, p. 169-170.
(3) M. J. Earl Hamilton, *American Treasure and the price Revolution in Spain*, 1501-1650 (Harvard University press, 1934), p. 73.
(4) *Ibidem*, p. 81 et suivantes.
(5) Voir les tables publiées par M. Hamilton à la page 42 de son livre. Durant la période 1621-1630 les importations d'argent se montèrent à 2.145.339.043 grammes d'argent et 3.889.760 grammes d'or ; durant la période 1631-1640 l'Espagne n'importa plus que 1.396.759.594 grammes d'argent et 1.240.400 grammes d'or.

les théâtres de guerre dispersés aux quatre coins de l'Europe ! On était obligé de se mettre sur le pied de guerre.

Le 19 mai 1635, don Fernand d'Autriche, archevêque de Tolède, était dans son palais de Bruxelles. Cardinal laïque, le vainqueur de Nordlingen avait endossé le sévère costume de cour de son pays et il avait imposé cette même tenue à son entourage (1). Maître dans les Belgiques au nom de son frère Philippe IV, il étalait une fierté sans bornes.

Mais voilà que soudain, une vive perplexité se lit sur le visage du Habsbourg, dans ces grands yeux à fleur de tête que sépare un nez long et gros. Le jeune cardinal vient d'apprendre l'arrivée d'un Français, en costume du moyen âge : Jean Gratiolet, héraut d'armes de France sous le titre d'Alençon, a paru devant la porte de Hal, vers neuf heures du matin. Revêtu de sa cotte violette aux armes de France et de Navarre, coiffé d'une toque, tenant à la main son bâton de héraut et précédé de Jean Elissavide, trompette ordinaire du Roi, il demande audience. Les douze coups de midi sonnent aux horloges de la ville et don Fernand vient seulement d'envoyer la réponse. Elle est portée par le sergent-major de Bruxelles, accompagné de Toison d'or, roi des hérauts des Pays-Bas : Jean Gratiolet est invité à se rendre chez le sergent-major, qui loge place du Sablon et à quitter son costume de héraut avant de franchir la porte de Bruxelles.

Le cardinal infant réunit en hâte son conseil : que faire ? Doit-il accorder l'audience ? S'il ne veut point écouter la déclaration de guerre qu'il prévoit, il paraîtra pusillanime. François Ier, un siècle plus tôt, n'a pas manqué de recevoir le héraut que lui envoyait Charles-Quint. Refuser un cartel, n'est-ce pas s'avouer vaincu d'avance ? Ainsi parlaient une partie des conseillers. Les autres objectaient que l'audience avait plus d'inconvénients que d'avantages : la déclaration pouvait être semée de termes offensants auxquels il serait malaisé, sans doute, d'improviser une noble réponse (2).

(1) Gossart, *L'Auberge des Princes*, p. 50 et suivantes.
(2) Père Griffet, *Histoire du Règne de Louis XIII*, t. II, p. 575.

Le prince fut de l'avis des conseillers prudents et, à sept heures du soir, Jean Gratiolet, à qui l'on avait envoyé deux autres hérauts d'armes, Hainaut et Gueldres, se morfondait au logis de la place du Sablon. Mais ayant vu soudain le sergent-major, enfin revenu du palais, s'enfuir aussitôt qu'il avait tiré sa déclaration de sa pochette pour lui en donner lecture, il monte à cheval, ainsi que les deux autres hérauts. Devant le logis du sergent-major, sur cette place du Sablon où la foule s'amasse, il prend la parole : « Le papier que je tiens en mes mains, dit-il, est la déclaration que je devois faire de la part du Roi, mon maître, au cardinal infant d'Espagne. » Et il la jette aux pieds des trois hérauts : « Que personne ne touche à ce papier », commandent au peuple les hérauts Toison d'Or, Hainaut et Gueldre.

Si le peuple l'avait ramassé voici ce qu'il aurait pu lire : « Le héraut d'armes de France au titre d'Alençon, soussigné, certifie à tous qu'il appartiendra, être venu au Pays-Bas pour trouver le cardinal infant d'Espagne de la part du Roi son maître, son unique et souverain seigneur, pour lui dire que, puisqu'il n'a pas voulu rendre la liberté à Monsieur l'Archevêque de Trèves, Électeur de l'Empire, qui s'étoit mis sous sa protection, lorsqu'il ne la pouvoit recevoir de l'Empereur ni d'aucun prince, que contre la dignité de l'Empire et le droit des gens, vous retenez prisonnier un prince souverain qui n'avoit point de guerre contre vous, Sa Majesté vous déclare qu'elle est résolue de tirer raison par les armes de cette offense, qui intéresse tous les princes de la chrétienté (1). »

Mais déjà, éperonnant son cheval, Gratiolet a fendu la foule. Il va quitter la place du Sablon et s'engager dans la Grande Rue, lorsque, se retournant, il aperçoit un carrosse plein de dames qui débouche sur la place. Portant sur son costume, par devant et par derrière, les armes de France et de Navarre, tenant d'une main ses rênes et de l'autre le bâton fleurdelysé surmonté de la couronne fermée, il salue de la tête le carrosse, d'où partent de

---

(1) *Mercure françois*, t. XX, 2ᵉ partie, n. 931.

joyeux éclats de voix : ce sont Marie de Médicis et ses filles d'honneur qui ne peuvent s'empêcher de rire en voyant la gravité avec laquelle il remplit sa mission (1).

Gratiolet l'acheva le surlendemain, au village de Rouilly, fort près de la frontière de France. A cent pas de l'église, sur le grand chemin d'Avesnes à La Capelle, du côté d'Estreux-le-Cauchy, il planta un poteau, puis y attacha cette déclaration que personne ne voulait recevoir. Il appela ensuite un paysan qui sortait de l'église et il lui expliqua ce qu'il venait de faire. Le paysan, à sa demande, s'en fut chercher le mayeur, qui écouta l'explication à son tour et s'achemina vers le poteau, tandis qu'Ellissavide soufflait dans sa trompette et qu'il constatait, lui Jean Gratiolet, héraut d'armes de France sous le titre d'Alençon, que tout s'était passé selon les règles.

Le 25 mai suivant, Richelieu écrit au Roi :

« Il plaira au Roi commander, cette après-dîner, de faire une dépêche à Paris et à toutes les autres villes du Royaume, pour chanter le *Te Deum* de la bataille en laquelle il a plu à Dieu lui donner la victoire. »

De Château-Thierry où se trouve le Roi, le cardinal est venu passer dans la petite ville de Condé ce 27 mai, jour de la Pentecôte. Il ajoute les détails : cinq mille morts, quinze cents blessés dans l'armée ennemie, six cents prisonniers, seize pièces de canon; dans l'armée du Roi, cent morts ou blessés.

« Je crois que Sa Majesté doit, dès après dîner, faire chanter le *Te Deum* aux Cordeliers de Château-Thierry. Pour moi, je remets à rendre ce devoir à Dieu après demain, ayant été contraint de me faire saigner du pied à minuit, ajoute-t-il (2). »

L'affaire dont le cardinal rendait compte ainsi à Bouthillier en une note qui allait être portée à Château-Thierry (trois lieues de Condé), c'était la bataille d'Avein gagnée au pays de Liége, le 22 mai 1635, par les maréchaux de Châtillon et de Brézé sur le prince Thomas de Savoie. Les lecteurs de la *Gazette*

(1) Gossart, *L'Auberge des Princes.*
(2) Avenel, *Lettres du Cardinal de Richelieu*, t. V, p. 30-32.

en avaient trouvé, dans le numéro du 26, un bref récit envoyé par le Père Joseph. « De mémoire d'homme, disait le gazetier, l'épouvante ne s'est point vue si grande par toutes les contrées du Pays-Bas de la domination d'Espagne (1). »

Il y avait de quoi, la jonction de l'armée royale et de l'armée du prince d'Orange était désormais possible, elle eut lieu le 30 mai, entre Maestricht et Vanloo. Le cardinal infant avait rassemblé quelques troupes inférieures en nombre à celles des ennemis et il attendait, incertain, derrière la Nethe. « Jamais le Roi et M. le Cardinal ne l'auront plus belle », mandait Riolan, médecin de la Reine mère ; et il brossait un petit tableau des angoisses de l'infortunée princesse, qui ne manqua point de divertir Son Éminence. Il la montrait dînant en particulier le vendredi 25 mai, avant-veille de la Pentecôte, servie par ses filles d'honneur, dont l'une, Mlle de Maintenon, crut devoir représenter à sa maîtresse, qui se lamentait : « Ceux de Bruxelles ont grand-peur que Votre Majesté sorte hors la ville pour aller ailleurs : sa présence pourroit conserver la ville. — Ils ne la respecteront », répondit la Reine. Le médecin prit alors la parole : « — Ils en useront, dit-il, comme à la défense des Ponts-de-Cé. — On me prendra prisonnière, s'écria avec colère la Florentine, pour me mener en triomphe en France et m'enfermer dans un château (2) ».

Ce n'était point à quoi songeait le cardinal. Il écrivait à Charnacé, son porte-parole auprès de Châtillon et de Brézé : « Je vous prie de recommander à MM. les Maréchaux d'avoir tant de soin, que l'on ne puisse pas dire que l'on se gouverne à la française, c'est-à-dire dans une entière négligence. » La bonne harmonie entre les maréchaux, — dont le plus jeune avait traité le plus vieux avec quelque désinvolture le jour de la bataille d'Avein, — lui tenait à cœur : « Je crains un peu, avouait-il, que cette affaire soit le commencement de quelque division

---

(1) Avenel, *Lettres du Cardinal de Richelieu*, Notes, et *Gazette* de 1635, p. 289 et suivantes.

(2) Archives des Affaires étrangères, *France* 814, f°s 101 et suivants. Quelques phrases publiées par Avenel, *Lettres du Cardinal de Richelieu*, t. V, p. 32, notes.

et jalousie entre les personnes que je désire grandement qui demeurent unies. Il faut prendre garde à éviter ce mal, qui en causerait beaucoup d'autres. Il faut aussi éviter, ajoutait-il, que nos gens ne se gouvernent un peu moins modestement, après cette victoire, qu'il n'est à désirer avec l'armée de MM. les États (1). »

Une semaine était à peine écoulée et Richelieu apprenait, par des lettres interceptées, que la mésintelligence de Châtillon et de Brézé réjouissait fort les ennemis qui « n'en n'espéraient pas peu d'avantage (2) ». Il n'en demeurait pas moins optimiste et ne cachoit pas ses sentiments à Charnacé : « Je prie Dieu tous les jours, déclarait-il, que vos prédictions, qui portoient que les progrès de la Flandre iroient plus vite que je ne pouvois penser, soient plus véritables que les miennes, qui vont un peu plus lentement (3). »

Il lui fallait, avant la fin de l'été, un succès décisif, assurant les communications avec la Hollande, rendant aisé le ravitaillement des troupes et la conquête de la Flandre, qui terminerait la guerre.

« Une juste guerre », disait la déclaration que, sur l'ordre du Roi le Parlement avait enregistrée le 18 juin. Avant de se plaindre que « l'Espagne eût destiné de tout temps la Flandre pour sa place d'armes », afin de tenir la France « en perpétuelle jalousie » et d'être « avec des troupes aguerries », toujours à même de la surprendre si elle se reposait sur la sûreté publique, ou de la consommer pendant la paix « en des dépenses égales à celles de la guerre », le Roi développait la longue suite de ses griefs. Il rappelait « tous les efforts inutiles que les Espagnols avoient faits pour démembrer sa Couronne », « les desseins qu'ils avoient formés pour l'attaquer à force ouverte ». Il « ne pouvoit sans défaillir à son État et à lui-même différer davantage de les prévenir chez eux plutôt que de les attendre dans son Royaume ». Ni l'alliance de sa sœur Élisabeth avec le roi Philippe IV, ni les bons offices maintes fois prodigués n'avaient

(1) Avenel, *Lettres du Cardinal de Richelieu*, t. V, p. 35-36.
(2) *Ibidem*, p. 48.
(3) *Ibidem*, p. 73.

pu apaiser l'Espagne, « arrêter le cours de son ambition démesurée, les effets de sa mauvaise volonté » : la Valteline envahie, les Grisons, clients de la France, attaqués en pleine paix; le traité de Monçon demeuré lettre morte; le duc de Savoie victime des entreprises espagnoles tandis qu'il était l'allié du Roi; le duc de Mantoue « opprimé parce qu'il était né Français » et que son État convenait miraculeusement pour « agrandir celui de Milan »; le duc de Lorraine « cinq fois armé contre la France » à l'instigation de l'Espagne. Le Roi n'oubliait ni les traités conclus « avec les religionnaires de son Royaume pour y former un corps perpétuel de rébellion, ni les continuelles pratiques pour semer des divisions jusque dans la famille royale », ni le dessein d'armer la France contre elle-même par un traité « dont l'original, signé des ambassadeurs espagnols, était heureusement tombé entre ses mains ».

Aussi, concluait Louis XIII : « Nous croirions être en quelque façon complices des maux que nos peuples en pourroient souffrir, si, par une juste prévoyance, nous n'employions de bonne heure les plus puissants remèdes qui soient en notre pouvoir pour les en garantir et si même nous n'exposions (comme nous avons déjà fait tant de fois et sommes encore résolu de faire de bon cœur) notre propre personne pour les défendre (1). »

A cette déclaration, au manifeste qui suivit et qui était de la façon de Servien, les Espagnols ne manquèrent pas de répondre par un *Manifeste pour la Maison d'Autriche*. Ils proclamaient notamment avec une mordante ironie : « Vous verrez que nous aurons rendu le cardinal de Richelieu insolent, ingrat et violent envers la Reine, sa bienfaitrice. Ces trois crimes lui ont fait perdre les bonnes grâces de cette grande princesse, qu'il devoit préférer à sa propre vie, s'il eût été vertueux et s'il estimoit moins la fortune que l'honneur... Si le Roi Catholique a reçu la Reine sa belle-mère, qui cherchoit la liberté qu'on lui avoit ôtée, s'il lui rendit l'honneur et l'assistance dus à son rang et à leur alliance, si Monsieur le Duc d'Orléans, ne pouvant plus être

---

(1) *Mercure françois*, t. XX, 2ᵉ partie, p. 933-939.

traité en Lorraine avec sûreté, est contraint à demander la protection du Roi Catholique, si la même grâce est accordée à Madame la Duchesse d'Orléans pour sa personne et pour son mariage, peut-on accuser un grand monarque de semer et de fomenter la division dans la maison royale de France, parce qu'il ne veut pas livrer à un serviteur furieux des personnes si proches et qui doivent être extrêmement chères à Sa Majesté Très Chrétienne? »

Non contents de dépeindre Richelieu comme un perturbateur de la maison royale, les Espagnols l'accusaient d'être un mauvais serviteur de l'Église : « Le roi de France, disaient-ils, est louable d'avoir ôté aux huguenots leurs villes de sûreté et les moyens de se révolter contre lui. Mais, dans toutes les déclarations publiées durant le pouvoir absolu d'un cardinal, on proteste que Sa Majesté n'en veut point à la religion protestante. Aussi n'y a-t-on pas touché. Si l'Église recouvre sa liberté dans quelques villes de France, elle l'a perdue en plus de vingt mille paroisses d'Allemagne et des Pays-Bas par les intrigues et l'assistance du cardinal de Richelieu. Le prêche ne s'était jamais fait à Verdun, à Nancy, à Pont-à-Mousson et en plusieurs endroits de la Lorraine, les ministres y montent maintenant en chaire. Quelle instance le cardinal a-t-il faite à ses bons amis les Hollandais pour conserver seulement une église aux catholiques de Bois-le-Duc et pour maintenir le traité de Maestricht? Les calvinistes y occupent une église l'une après l'autre, les processions y sont défendues et le Saint-Sacrement ne s'y porte qu'en secret contre les articles de la capitulation (1). »

A ces perfides accusations, Richelieu fit une réponse immédiate : *Les Vérités françoises opposées aux calomnies espagnoles ou réfutation des impostures contenues en la Déclaration imprimée à Bruxelles sous le nom du Cardinal Infant. Par un gentilhomme de Picardie.* Ce gentilhomme, qui se nommait Charles-Barthélémy de Beinville, disculpait ainsi le cardinal : « Comme le Roi donne sa principale confidence au cardinal duc de Richelieu, c'est aussi

---

(1) Levassor, *Histoire de Louis XIII*, t. IV, p. 719-721.

sur lui que s'épand plus largement la fureur de nos ennemis et des âmes espagnolisées. Qui ne s'étonnera d'une si injuste passion? Ne devroient-ils pas se contenter de l'avoir autrefois appelé le cardinal de la Rochelle? d'avoir fait tous leurs efforts pour donner de mauvaises impressions de lui au dernier légat que Paris a vu? N'est-ce pas assez d'avoir irrité les plus modérés dans toutes les provinces par l'appréhension que l'on leur donnoit de voir dans peu de mois un patriarche au lieu d'un archevêque à Paris ou à Lyon et un schisme dans tout le Royaume? Peu de gens ignorent ce que je dis, Rome même s'en est émue et a cru que les Gaulois se disposoient à repasser les monts pour aller fouler aux pieds la dignité du Saint-Siège et la gloire de son nouvel Empire... Je sais bien ce qui entretient les émissaires d'Espagne dans leur humeur sombre et ce qui les fait regarder d'un œil de jalousie les meilleures actions du grand cardinal de Richelieu : les affaires du Roi prospèrent tout autrement qu'elles n'ont fait sous les gouvernements passés, sa réputation est plus générale et son autorité appuyée sur de plus solides fondements; ce n'est pas ce que désirent les pensionnaires de nos ennemis; le Conseil de conscience ne le peut souffrir; la maison d'Autriche court fortune dans ce changement (1). »

Tandis que se poursuivait cette guerre de plume, le prince d'Orange et les maréchaux venaient de s'emparer de Tirlemont, que leurs soldats malgré les ordres contraires mirent à sac. Les atrocités de Tirlemont firent plus pour maintenir les Belges dans l'obéissance de l'Espagne que tous les manifestes espagnols. La jalousie des chefs, les difficultés du ravitaillement paralysaient l'armée française. Elle parut à une lieue et demie de Bruxelles, que défendait le cardinal infant, retranché derrière le canal longeant la route d'Anvers; elle ne réussit qu'à épouvanter les Bruxellois. Voyant que les Espagnols se refusaient à sortir de leurs lignes, les maréchaux n'osèrent demeurer en un poste où ils craignaient de ne pouvoir nourrir leurs troupes : ils obtinrent

(1) *Les Vérités françoises opposées aux calomnies espagnoles*, t. I, p. 21-26.

que le prince d'Orange s'en allât avec eux assiéger Louvain.

Arrivés sous les murs de Louvain, le 25 juin, ils n'y trouvèrent pas plus de vivres que sous les murs de Bruxelles. Les Impériaux de Piccolomini accourus arrêtaient tous les convois : il fallut lever le siège.

Un mois plus tard, le 3 août, des soldats espagnols, portés dans huit cents barques, abordaient nuitamment à une île du Waal, escaladaient les murailles croulantes du fort de Scheinck, en massacraient la garnison hollandaise. Ce fort couvrait les Pays-Bas. Le prince d'Orange ne pensa plus qu'à les défendre. Cependant, Châtillon, brouillé avec Brézé, était rappelé par le cardinal : Richelieu l'envoyait en Picardie auprès du maréchal de Chaulnes, pour s'opposer aux incursions des ennemis. Quant à Brézé, il soupçonnait le prince d'Orange de négocier séparément avec l'Espagne. On était loin du succès qu'on avait espéré en Flandre. Le 16 octobre, Brézé reçut des instructions commençant ainsi : « Le Roi a déjà fait savoir à Monsieur le Maréchal de Brézé, par sa dépêche du 18ᵉ du mois passé, combien il importe de résoudre de bonne heure, avec Monsieur le Prince d'Orange, les desseins que l'on peut faire l'année prochaine, puisque celle-ci s'est passée entièrement sans rien faire (1) ».

Les autres armées avaient-elles fait davantage? L'armée d'Allemagne était commandée par le cardinal de La Valette, ayant sous lui le marquis de Feuquières, maréchal de camp, et à ses côtés le duc Bernard de Saxe-Weimar avec ses Suédois et ses Allemands.

L'armée de Lorraine était commandée par le duc d'Angoulême et le maréchal de La Force, ayant sous eux notamment, outre « quantité de belle noblesse volontaire (2) », le marquis de Sourdis et le duc de Saint-Simon.

L'armée d'Italie était commandée par le duc de Créqui, secondé par les ducs de Savoie et de Parme.

L'armée de la Valteline avait à sa tête le duc de Rohan qu'appuyaient les Grisons et les Vénitiens.

(1) Avenel, *Lettres du Cardinal de Richelieu*, t. V, p. 309.
(2) *Mercure françois*, t. XXI, p. 22.

Dès le 5 juillet 1635, apprenant que « les régiments de Saint-Farjeu et Vineuil et quelque cavalerie » venaient d'être « enlevés dans leurs quartiers », le ministre avait écrit à Bouthillier : « Les nouvelles d'Allemagne sont très mauvaises (1) ».

Ce qui était plus grave, c'était le traité que l'Empereur et l'Électeur de Saxe avaient signé à Prague, cinq semaines auparavant. Ce traité autorisait la religion protestante dans l'Empire, sauf dans les États héréditaires de la maison d'Autriche. L'Électeur conservait pendant cinquante ans la jouissance des biens enlevés à l'Église romaine ; au bout de ce demi-siècle une décision judiciaire interviendrait. Il gardait trois places dans l'archevêché de Magdebourg et pouvait en confier l'administration à son fils. L'Empire offrait une compensation à la Suède, si elle souscrivait au traité. Quant aux autres princes, catholiques ou protestants, ils recouvraient tous leurs biens.

Si les Suédois avaient été indignés d'une telle palinodie, l'Électeur de Brandebourg, alléché par l'offre de la Poméranie, avait signé comme celui de Saxe ; puis Guillaume de Saxe-Weimar, frère de Bernard, puis les princes d'Anhalt, puis Georges, duc de Lunebourg, puis Francfort-sur-le-Mein, puis Nuremberg, puis Ulm, puis les princes de l'Empire et les villes impériales, excepté le landgrave de Hesse et quelques autres principautés qui surent résister à la tentation. Les Suédois et les débris de la Ligue protestante ne pouvaient plus compter que sur l'armée du cardinal de La Valette (dix-huit mille hommes de pied et six mille chevaux), dans les rangs de laquelle Turenne servait en qualité de maréchal de camp et que devaient grossir les troupes du duc de Weimar. L'Éminence française et l'Altesse luthérienne se joignirent à Fesme sur la rive gauche du Rhin. Le prince ne refusa nul honneur au cardinal, qui lui laissa la part la plus importante dans le commandement et le plaisir de rêver à la belle principauté qu'il allait sans doute se tailler en Allemagne avec l'aide de la France.

Les deux chefs allèrent de succès en succès. Le 28 juillet, c'est

---

(1) Avenel, *Lettres du Cardinal de Richelieu*, t. V, p. 92.

la ville de Deux-Ponts, assiégée depuis le 22 par le comte de Gallas et délivrée par eux quelques heures avant le moment fixé pour la capitulation; le 13 août, c'est Bingen, au bord du Rhin, qui capitule entre leurs mains. Le comte de Mansfeld, qui pressait Mayence, s'enfuit à leur approche. Les deux généraux traversent le fleuve, entrent dans la ville, où la disette commençait à se faire sentir, et mille sacs de blé fournis par Bingen ravitaillent Mayence. Bonheur que le Père Joseph, dans sa chambre de Rueil, comparait à celui du cardinal infant et qui lui faisait écrire, le 14 août, au cardinal de La Valette : « Je ne puis dire autre chose sinon qu'il semble que les cardinaux ont, cette année, quelque bonheur fatal pour arrêter les progrès des grands capitaines (1). »

Mais de Worms, Gallas, pour affamer les envahisseurs, ravage les dernières oasis d'un pays déjà tant de fois ravagé. Bientôt la cavalerie en est réduite aux feuilles d'arbres et de vignes, les hommes ne mangent plus de pain que tous les quatre jours, et ce pain coûte un écu la livre. Nourries de choux, de raves et autres racines qu'elles vont ramasser dans les champs et les villages déserts, les troupes françaises, — moins résistantes que les suédoises, — semblent prêtes à la révolte. Turenne vend sa vaisselle d'argent pour leur procurer de la nourriture; rien ne les apaise.

On dut battre en retraite devant Gallas, qui suivait à la tête de trente mille hommes. Le Rhin fut repassé les 15 et 16 septembre, sur un pont de bateaux, « en très bon ordre, les bagages ayant marché devant et la cavalerie ensuite, l'infanterie demeurant cependant en bataille dans un grand retranchement où toutes les troupes de l'Empereur ne les eussent pu forcer (2) ». Impossible de revenir par Mayence, où le duc Bernard « avoit des blés et des farines » : Gallas venait de s'en emparer. Impossible de gagner Hambourg, Deux-Ponts, Sarrebruck et Saint-Avold, où le cardinal et le prince avaient entassé les vivres. Sept jours durant, l'armée

---

(1) E. Charavay, *Collection et lettres autographes et documents historiques sur le règne de Louis XIII*, p. 86.

(2) *Mémoires du Cardinal de Richelieu* (éd. Petitot), t. VIII, p. 380.

défila dans une région montagneuse, ne mangeant guère que les poires, les pommes qu'elle rencontrait sur le chemin, souvent les racines et l'herbe même, dormant à peine, de peur d'être surprise par l'ennemi. Il fallut brûler le bagage, enterrer presque tout le canon, qui retardait la marche. Enfin l'on atteignit Vaudrevange ; le 26 l'on n'était plus qu'à une journée de Metz et l'on venait de passer la Sarre, lorsque parurent quinze régiments dépêchés par Gallas. Ils fondirent sur l'arrière-garde, mais furent mis en déroute ; cinq cents Croates restèrent sur le terrain et sept étendards furent ramenés par l'armée victorieuse.

Le 28, La Valette et Bernard s'en allèrent camper aux environs de Metz, l'un à Vic, l'autre à Pont-à-Mousson, où les troupes, remarquent les *Mémoires,* « n'eurent plus à souffrir pour l'abondance des vivres que le cardinal avoit eu soin d'y faire porter ». La Valette put y méditer certain mémoire que Richelieu lui avait envoyé, lorsqu'il s'apprêtait à marcher sur Mayence : « Ce qui donne le plus de peine, c'est de savoir comment les troupes vivront au delà du Rhin, en cas qu'elles le passent... Il est bien difficile de porter de Metz tous les blés dont le sieur Cardinal peut avoir besoin : on manque de charrettes et il n'y a pas moyen de lui en envoyer autant qu'il souhaiteroit. Les blés ne pouvant même être conduits que jusques à Sarrebruck, c'est au sieur Cardinal d'engager le duc Weimar à trouver une invention de les venir prendre là ou de voir s'il est possible d'en acheter aux environs du Rhin ; l'argent ne manquera pas (1). »

Richelieu n'en voulait point au cardinal de La Valette, qui n'avait pas tiré de cette expédition tous les fruits qu'on en pouvait espérer. Il se réjouissait « d'avoir fait connaître à Gallas le courage de nos soldats, l'ayant battu en toutes les rencontres et l'étant allé chercher jusqu'aux portes de Francfort (2) ». Le général de l'Empereur ne disait-il pas : « qu'il n'eût jamais pu croire véritable la miraculeuse retraite qui avait terminé la campagne s'il en n'eût été témoin (3) ».

(1) Père Griffet, *Histoire du Règne de Louis XIII*, t. II, p. 605.
(2) *Mémoires du Cardinal de Richelieu*, éd. Petitot, t. VIII, p. 386.
(3) *Mémoires du Marquis de Montglat*, t. I, p. 92.

En Lorraine comme en Flandre, la guerre avait débuté par des succès. Le marquis de Sourdis, qui commandait sept mille hommes de pied et huit cents chevaux, avait emporté sans artillerie, dès les premiers jours du mois de juin 1635, la place de Châtillon-sur-Saône (deux lieues à l'est de Bourbonne) et, suivant les lois atroces de la guerre d'alors, pendu plus de deux cents Lorrains, les deux tiers de la garnison. Cette victoire comblait d'aise le cardinal : « La *Gazette*, s'empressa-t-il d'écrire au vainqueur, fera son devoir ou Renaudot sera privé des pensions dont il a joui jusqu'à présent (1). »

Tandis que M. de Sourdis remettait si cruellement dans l'obéissance du Roi Châtillon-sur-Saône, M. du Hallier s'emparait de Bruyères et de Wissenbach, rendant libre la route de Nancy à Colmar, et M. de Bellefonds enlevait les places de Darney, Fontenoy, Veuilly, Monthureux, La Marche, Châtenoy, assurant les communications entre Chaumont et la région de Montjoye, près de Montbéliard. Le maréchal de La Force, en ce même Montjoye et dans le même temps, battait les troupes du duc Charles. Le Duc « sans Lorraine », comme eût dit Henri IV, laissa plusieurs centaines de prisonniers entre les mains du vainqueur et repassa le Rhin précipitamment. Déjà quelques jours plus tôt, à Melisey, non loin de Lure, le maréchal avait eu l'avantage sur le prince qui, étant parti des environs de Belfort avec toute son armée, prenait le chemin de Champagney et tirait sur Luxeuil, comme s'il eût voulu lui gagner le derrière et se jeter entre lui et la Lorraine, et Richelieu avait stimulé ainsi le zèle du vieux guerrier : « Si vous êtes assez heureux pour les chasser au delà du Rhin ou les battre encore, on ne sauroit rien ajouter à votre gloire (2). » Le cardinal ne cachait pas sa joie à Bouthillier : « J'ai été bien aise de voir, lui écrivait-il de Bois-le-Vicomte, le 10 juin 1635, l'étonnement du comte d'Olivarès. Il sera bien plus grand quand il saura la bataille de Flandre, la retraite du duc Charles, non sans déroute, et la perte de l'armée navale de Provence, que les

---

(1) Avenel, *Lettres du Cardinal de Richelieu*, t. V, p. 51.
(2) *Mémoires du Duc de La Force*, t. III, p. 122, 425, 426, 427.

lettres que vous m'avez envoyées du sieur de Sabran disent bien autre que ne le portoit le premier avis (1). »

Mais bientôt un incident vient troubler cette joie. Le cardinal apprend, le 15 juin, par des lettres de Chavigny, que ses gendarmes ont commis une faute dont le Roi se montre offensé. La fâcheuse affaire! Aussitôt il use de l'arme qu'il tient toujours prête et dont l'effet est sûr, la menace de sa démission. Tout en écrivant au Roi qu'il s'en remet à lui « sur le fait de ses gendarmes pour en faire tout ce qu'il lui plaira », il ne cache pas que son « mal de Bordeaux lui est revenu pour la troisième fois (2) », et lui occasionne de cruelles souffrances. Sous sa dictée, Chavigny écrit au Roi : « Jusques à cette heure, les chirurgiens ont défendu de rien dire à Monseigneur le Cardinal, qui lui pût donner peine à l'esprit. Il n'y a rien qui puisse plus servir à sa guérison que de savoir que Votre Majesté est en bonne santé et qu'elle se divertit (3) ».

Se divertir? Quelque dix jours plus tôt, de Château-Thierry, le Roi avait mandé à Richelieu : « Ne pouvant plus compatir avec Saint-Simon et étant en perpétuelle picoterie avec lui, je lui ai conseillé d'aller à l'armée pour passer sa mauvaise humeur contre mes ennemis et se rendre capable de me servir à la guerre; il vous va trouver pour vous dire adieu. Je vous prie de ne le point détourner de ce dessein et de le laisser aller à ce voyage. Pour moi, je vous avoue que je suis dans un tel ennui, que les jours me durent des mois; je fais ce que je puis pour me divertir, mais je n'en puis venir à bout (4). »

Et si Louis XIII est plus heureux à Monceaux, il ne le sera pas longtemps. Il n'y a pas vingt-quatre heures que Chavigny a expédié au Roi le bulletin de santé qui doit le rassurer et déjà Richelieu, par politique et peut-être par rancune, ne se refuse pas le malin plaisir d'inquiéter son maître : « Je supplie très humblement Votre Majesté, lui écrit-il le 16 juin,

---

(1) Avenel, *Lettres du Cardinal de Richelieu*, t. V, p. 51, 52.
(2) *Ibidem*, p. 58.
(3) Avenel, *Lettres du Cardinal de Richelieu*, t. V, p. 56 et notes.
(4) Affaires étrangères, Collection Baret.

de croire que je ne tiendrai jamais ma vie chère que pour l'employer pour son service. Mais je crois qu'elle lui sera dorénavant fort inutile, parce que, pour ne lui dissimuler pas, les voyages, même en litière, seront au delà de ma portée, l'expérience de trois maladies m'ayant fait connaître que le débordement de mon sang vient des travaux de mon malheureux esprit et de l'ébranlement du plus faible et plus délicat corps qui soit au monde. Si j'ai passé jusques à présent pour un bon diamant, je me considère maintenant comme un diamant d'Alençon, qui (à proprement parler), n'est pas plus fort que du verre (1). »

Richelieu a su aiguillonner le Roi, il a su retourner le fer dans la plaie et Louis XIII ne tient plus en place, il « ne peut durer plus longtemps sans voir son cousin le cardinal ». L'égarement de son esprit l'oblige à changer le dessein qu'il avait « d'aller droit à Fontainebleau », le contraint de prendre le chemin de Rueil. Le 18 juin, il annonce à Chavigny : « Je serai demain à midi au port de Neuilly, où vous me renvoierez ce porteur, afin que je sache si la santé de mondit cousin sera en état que je le puisse voir sans lui donner incommodité (2) ». Et il annonce à Richelieu lui-même : « Étant en impatience de vous voir, j'ai pris résolution d'aller demain à Rueil, où je serai à deux heures après-midi pour vous témoigner la joie que j'ai de votre meilleure disposition et vous assurer toujours de la continuation de mon affection qui durera jusques à la mort (3). »

Mais nouvelles humeurs du Roi! A Fontainebleau, le 3 juillet au soir, il revient de la chasse « son ventre bouffe ». Par bonheur, après le lavement, une lettre le soulage, — une lettre que le cardinal a écrite de Rueil. Émerveillé de l'effet produit par ce remède magique, Bouthillier invite Richelieu dès le lendemain à écrire encore : « Je crois, explique-t-il, qu'un gentilhomme envoyé exprès, avec trois lignes d'une des mains ordinaires, sera fort à propos, comme vous les saurez trop mieux dire. »

(1) Avenel, *Lettres du Cardinal de Richelieu*, t. VI, p. 54-55.
(2) *Ibidem*, t. V, p. 59, notes.
(3) *Ibidem*, p. 59, notes et p. 93.

Louis XIII, ce même jour, quitte Fontainebleau pour aller à Fleury « en la meilleure humeur du monde et avec plus de tendresse pour vous, affirme Chavigny à Richelieu qu'il n'en a jamais eu (1) ». Quinze jours plus tard, à Saint-Germain, Louis XIII n'est pas moins bien disposé pour le cardinal, qui peut constater lui-même les attentions de son maître : « J'attends mon frère à dîner, lui mande le Roi le 17 juillet; je lui ai fait préparer son logement à votre appartement, parce que les peintres sont dans celui de la Reine et le mien. Je ne l'eusse pas fait sans que vous me dites l'autre jour que vous le trouviez bon (2). »

Telles sont les sautes d'humeur qui flagellent le grand ministre au travail sur son lit de douleur.

Et puis, nouvelles fatigues quand il faut « se divertir ». Le 23 août 1635, à six lieues à l'est du Bois de Vincennes, le château de Noisy (3) était en fête. Le comte de Nogent venait d'y traiter splendidement le Roi, le cardinal et tous les ministres. Le Conseil d'État s'était tenu après le dîner. Une collation magnifique avait suivi le Conseil. Elle s'achevait. Voici le départ : « Son Éminence prend congé de Sa Majesté, qui lui témoigne, par de très grandes caresses et embrassades réitérées, combien sa personne et ses services lui sont agréables (4). » Puis ils se mettent en route l'un et l'autre : le Roi va s'acheminer vers Lagny pour se rendre à Monceaux, d'où il compte se rendre en Champagne et en Lorraine; le ministre, empêché par ses infirmités de suivre son maître, va gagner Conflans et de là sa maison de Rueil.

Richelieu n'avait pas à se plaindre. Louis XIII lui donnait le pouvoir de « commander en son absence, en la ville de Paris, Ile-de-France, Picardie et Normandie et pays voisins ». Le cardinal pouvait notamment commander aux lieutenants généraux, assembler le Conseil, y appeler ceux qu'il jugerait à propos. Les conseillers et secrétaires d'État devaient lui obéir tant en ce qui regardait

---

(1) Avenel, *Lettres du Cardinal de Richelieu*, t. V, p. 85-86, notes.
(2) Affaires étrangères, Louis XIII à Richelieu.
(3) Noisy-le-Grand, à quatre lieues au sud de Noisy-le-Sec.
(4) *Gazette* de 1635, p. 48.

les finances « qu'en toutes autres rencontres » et Louis XIII « promettait, en foi et parole de Roi », de « confirmer et approuver tout ce qui par sondit cousin aurait été ainsi fait et arrêté (1) ». Malgré tout, Richelieu était loin d'être content. Il ne se consolait pas d'être obligé de laisser le Roi s'en aller sans lui en Lorraine. A quoi lui servirait ce papier, si quelque favori glissait d'odieux propos à l'oreille du maître? Il se sentait toujours à la merci d'une calomnie ingénieuse.

Ce voyage militaire, comme il l'avait combattu! C'était parce que les affaires n'allaient pas à son gré en Lorraine que Louis XIII voulait stimuler par sa présence le zèle des chefs et des soldats. Il voyait les incursions du duc Charles recommencer dans le Duché, une partie de la Lorraine payait encore contribution au souverain dépossédé, bien que le prince, après le combat de Melisey, eût repassé le Rhin. La Force ne l'avait pas poursuivi longtemps « pour l'impossibilité qu'il y a, expliquait-il, de faire subsister l'armée de deçà, ce qui nous contraindra de nous rapprocher de Remiremont (2) ». La Force campait entre Lunéville et Épinal : « J'appréhende fort l'âge de M. de La Force (3) » (soixante-dix-sept ans), avait dit le cardinal au Roi six semaines plus tôt. Et il est certain que le maréchal était accablé par la perte de sa femme, Charlotte de Biron, qui venait de mourir à Metz, où elle l'avait suivi de loin malgré ses soixante-quatorze ans : « Le pauvre mari, jugez sa douleur, écrira La Force dans ses *Mémoires*, et quel regret il devoit avoir de cette séparation après avoir demeuré cinquante-huit ans ensemble. » Mais le cardinal ne pouvait se passer de lui en Lorraine et, au lieu de lui accorder le congé qu'il demandait, il s'était contenté d'envoyer le duc d'Angoulême « pour le soulager et commander son armée conjointement avec lui (4) ».

Si la présence du prince de Condé, qui, depuis quelque temps,

---

(1) Avenel, *Lettres du Cardinal de Richelieu*, t. V, p. 150-154.
(2) *Relations envoyées par M. le Maréchal de La Force de ce qui se passa entre l'armée du Rhin et celle de M. de Lorraine, le 24 mai* 1635. Archives des Affaires étrangères. Mémoires et documents, *France* 814, folios 89 et suivants.
(3) Avenel, *Lettres du Cardinal de Richelieu*, t. V, p. 92.
(4) *Mémoires du Duc de la Force, Maréchal de France*, t. III, p. 138 et 148.

PIQUE ENTRE LE ROI ET LE CARDINAL

tenait dans le Duché la place du Roi, avait été jugée nécessaire, combien serait plus efficace la présence du Roi lui-même. Mais Richelieu avait tout d'abord trouvé mille objections; à Rueil, il « avait fait souvenir le Roi de sa santé, de son humeur et de tout le reste (1) » et Louis XIII ne reconnaissait plus son cardinal, qui, en 1628, l'avait obligé à se morfondre sous les murailles de La Rochelle. Devinant les raisons secrètes du ministre, il avait déclaré que rien ne le détournerait d'aller commander son armée. Et Richelieu avait cédé, voilà pourquoi les adieux de Noisy avaient été si tendres, l'un avait à se faire pardonner sa mauvaise humeur, l'autre sa ferme insistance.

Le 27 août, Louis XIII réclame les cartes de Lorraine et de Franche-Comté : « Pour celle du cours du Rhin, écrit-il à Richelieu, j'en ai une très bonne que vous m'avez donnée il y a trois ans (2). » Le cardinal apprend bientôt que le maître s'impatiente, parce que cent chevaux qui doivent traîner l'artillerie ne sont pas encore à Châlons, parce qu'on « lui retarde » son voyage, parce qu'on le lui « tourne à honte et à déplaisir (3) ». Et le samedi 1ᵉʳ septembre, à trois heures de l'après-midi, Bouthillier se hâte d'avertir Richelieu : « Je crois qu'il est bon que Votre Éminence sache tout. Si elle me permet de lui dire mon sentiment de ceci, j'estime qu'il y entre de la peine que peut avoir le Roi que vous ne soyez pas près de lui, car, du reste, je ne vois que même affection et plus grande, s'il se pouvoit, que jamais (4). »

Mais une saute d'humeur est toujours à craindre. Elle se produit le jour même : Louis XIII écrit au cardinal deux lettres quelque peu blessantes (5). Heureusement le ministre sait comment s'y prendre avec son maître. Son calme, son bon sens, sa souplesse, la hauteur d'âme que laisse paraître sa réponse, apaisent le prince qui lui fait porter un billet de raccommodement. « Je suis au désespoir de la promptitude que j'ai eue à vous écrire le

---

(1) Bouthillier à Richelieu, 1ᵉʳ septembre 1635, Archives des Affaires étrangères, *France* 815, folio 150.
(2) Lettres de Louis XIII au cardinal de Richelieu, Archives des affaires étrangères,
(3 et 4) Avenel, *Lettres du Cardinal de Richelieu*, t. V, p. 156, et Affaires étrangères, *France* 815, folio 137.
(5) Voir ce qu'en dit Chavigny. Affaires étrangères, *France* 815, folio 157.

billet sur le sujet de mon voyage, je vous prie de le vouloir brûler et oublier en même ce temps qu'il contenoit (1). » Et Richelieu de remercier : « Si Sa Majesté m'avait offensé, ce qu'elle ne fit jamais par sa bonté, les termes de sa lettre sont si obligeants, que la satisfaction, si on peut user de ce mot en parlant d'un grand Roi, surpassent de beaucoup l'offense (2). »

Le 6 septembre au matin, avant que Louis XIII ait dit un seul mot, Bouthillier a lu sur son visage le mécontentement que lui cause la proposition faite par le cardinal de donner le pouvoir de général d'armée, depuis Rocroi et la Champagne jusqu'à Toul, au comte de Soissons. Avoir Monsieur le Comte pour lieutenant, c'est ce que le Roi a toujours appréhendé. Son Éminence le sait bien, c'est se moquer vraiment. « M. le Cardinal, conclut-il, n'a approuvé mon voyage en aucun temps et il veut me réduire à ne faire pas... Mais le Roi change de visage, « une chaleur brûlante » envahit tout son corps, son esprit s'agite, les larmes jaillissent et il se plaint, il se plaint. Le cardinal n'ignore pas combien il l'aime, « pourquoi ne lui a-t-il pas dit franchement son sentiment » sur ce malheureux voyage : « Je l'eusse suivi religieusement, gémit-il, comme j'ai toujours fait, ayant perpétuellement dit à tout le monde, lorsque je faisois quelque chose de bien, que je suivois ses bons conseils (3). »

Il faut reconnaître que Louis XIII s'irritait avec raison du dénuement des troupes et du désordre qui était partout. Le Roi ne se disait point que Richelieu avait trouvé le même désordre, cinq ans plus tôt, dans l'armée qu'il commandait en Italie, défaut d'une administration naissante qui n'avait que des organes rudimentaires, incapables d'exécuter ponctuellement les ordres que donnait et redonnait le ministre (4). Il préférait soupçonner la mauvaise volonté du cardinal, qui, appréhendant que le Roi ne s'irritât d'un tel spectacle, avait blâmé son voyage.

Le 9 septembre 1625, au moment où Louis XIII quittait enfin

(1) Père Griffet, *Histoire du Règne de Louis XIII*, t. II, p. 611-612.
(2) *Ibidem*, p. 614.
(3) Archives des Affaires étrangères, *France* 168, folios 168 et suivants. Quelques passages ont été publiés par Avenel, t. V, p. 159-160.
(4) Avenel, *Lettres du Cardinal de Richelieu*, t. V, p. 16.

Monceaux, théâtre de scènes si pénibles, Richelieu lut sans
plaisir ce billet royal d'une sécheresse trop éloquente : « Je suis
très fâché de vous écrire qu'il n'y a, à Saint-Dizier, ni trésorier
ni munitionnaire et que toutes les troupes sont sur le point de
se débander. Pour moi, sans cela, je n'y oserois aller à cause
des crieries et des plaintes que j'aurois de tous côtés, à quoi je
ne pourrois remédier (1). » Le Roi n'était pas plus satisfait le 15
à Châlons : « Le courrier qui vous portera cette dépêche a la langue
bonne. Si vous voulez l'écouter il vous dira force nouvelles (2). » Le
Roi, en effet, « n'avait trouvé ni argent, ni troupes, ni vivres (3) ».
Richelieu, qui prenait alors le bon air sur les hauteurs de
Charonne, s'excuse ainsi le 16 septembre : « Sa Majesté est trop
bonne et trop juste pour me rendre responsable des défauts
d'autrui, et a trop d'expérience pour ne considérer pas que jamais
aux grandes affaires les effets ne répondent à point nommé à
tous les ordres qui ont été donnés; il n'y a que Dieu qui le puisse
faire. Encore sa bonté est-elle telle que, laissant agir les hommes
selon leurs infirmités, il souffre la différence qu'il y a entre leurs
exécutions et leurs volontés. Le Roi sait bien que je me suis toujours
inquiété des retardements des trésoriers et munitionnaires et
que j'ai dit plusieurs fois publiquement dans ses conseils que ce
n'étoit rien de mettre des armées sur pied, si on ne donnoit
ordre de les faire payer à temps et si on ne pourvoyoit sérieusement
aux vivres (4). »

Deux jours auparavant, le cardinal avait rédigé un mémoire
des plus clairs pour M. de Chavigny, « allant au voyage du Roi » :
« La première fin de ce voyage, expliquait le mémoire, doit être
de faire défaire ou chasser M. de Lorraine et faire conduire
quantité de blés à Nancy. La seconde est de faire châtier avec
grand exemple tous ceux qui sont révoltés dans les méchantes
places de la Lorraine et ensuite raser les lieux où ils se retirent
maintenant. Pendant que MM. d'Angoulême et de La Force vont

(1) Avenel, *Lettres du Cardinal de Richelieu*, t. V, p. 161, note.
(2 et 3) Comte de Beauchamp, *Louis XIII d'après sa correspondance avec le Cardinal de Richelieu*, p. 199.
(4) Avenel, *Lettres du Cardinal de Richelieu*, t. V, p. 231.

au duc Charles, il faut faire passer à Nancy le plus de blés qu'on pourra, et Vaubecourt doit travailler à réduire Saint-Mihiel et autres lieux, s'il n'est point nécessaire à MM. d'Angoulême et de La Force, comme on ne le croit pas, tant sur le rapport du sieur de Castelnau (deuxième fils de La Force) que parce que tant de troupes auroient peine à vivre ensemble. Le Roi doit aller maintenant droit à Saint-Dizier. Y étant, ou le duc Charles sera défait ou chassé ou il subsistera comme il est. S'il n'est point défait ou chassé, Sa Majesté apprendra sur les lieux ce qu'il pourra faire pour donner plus de moyens à MM. d'Angoulême et de La Force de venir à leurs fins. Si le duc Charles est défait ou lâche pied et que Saint-Mihiel ne soit point encore rendu, Sa Majesté pourra s'avancer jusque-là et faire pendre sans rémission les chefs qui seront dedans et enchaîner tous les soldats pour les galères. Saint-Mihiel rendu, soit par la présence du Roi ou auparavant, Sa Majesté doit laisser des troupes à M. de Vaubecourt pour raser le reste des petits châteaux et châtier les Lorrains soulevés de ce côté-là sous le nom de Leymont (1). »

Détacher Vaubecourt, ne laisser auprès du Roi, avec les troupes d'infanterie, que douze ou quinze cents chevaux! Louis XIII déclare qu'il ne pourra rien entreprendre, lui le Roi, « contre quatre mille chevaux qui sont dans la Lorraine (2) ». Vaubecourt, à peine parti, mande qu'il revient et la joie du Roi éclate. Aussitôt, écrit Chavigny au cardinal, « on a fait vingt fois les gestes des bras et des jambes que sait Votre Éminence (3) ».

La présence de ce loyal Vaubecourt n'expose pas Louis XIII aux mêmes dangers que celle d'un autre gentilhomme, Adrien de Montluc, comte de Cramail, fort lié avec le comte de Soissons. C'est pourquoi Richelieu écrit à Chavigny, dont un mémoire vient de le mettre en garde contre Cramail : « Si Monsieur le Comte et M. le

---

(1) Avenel, *Lettres du Cardinal de Richelieu*, t. V, p. 213-214. François de Savigny, sieur de Leymont, beau-frère de Vaubecourt, était demeuré fidèle au duc Charles : « Ayant tout le pays à sa dévotion », il avait assemblé douze cents Lorrains, qu'il avait jetés dans Saint-Mihiel, tandis que lui-même s'avançait en Luxembourg avec la cavalerie. *Mémoires du Duc de La Force, Maréchal de France*, t. III, p. 149.
(2) Avenel, *Lettres du Cardinal de Richelieu*, t. V, p. 215-216.
(3) *Ibidem*, p. 161.

Comte de Cramail sont capables de donner de mauvais conseils au Roi, on les peut laisser en Champagne tous deux pour s'opposer à Leymont avec les troupes destinées pour Monsieur le Cardinal de La Valette, et les Suisses de plus. Le Roi auroit avec lui Vaubecourt, Le Hallier et la Meilleraye (1). »

Cramail est, en fait, un homme dangereux. Il donne des conseils dont le Roi ne tient aucun compte et qu'il dénonce au cardinal (2). Richelieu ne songe qu'à envoyer le conseiller sur un autre théâtre de guerre : « Si le Roi veut s'en défaire, il a beau prétexte, maintenant que la Provence est attaquée, où l'on peut l'envoyer pour assister M. de Vitry. Et en vérité, insistait Richelieu, je l'estimerais très à propos et nécessaire pour lui ôter le moyen de gâter l'esprit de Monsieur le Comte, qui, étant jeune, retiendroit ses impressions sa vie durant, au lieu que maintenant on peut penser qu'il est en état d'en faire quelque chose de bon (3) ». Proposition qui « plaît extrêmement au Roi », davantage encore, n'en doutons pas, à Chavigny. Celui-ci écrit au cardinal le 29 septembre : « Il est certain que le personnage est artificieux... Il est capable de tourner l'esprit de Monsieur le Comte comme il veut et de le porter à ce qui lui plaira (4). » On comprend, en lisant une telle lettre, que Chavigny ait demandé, le 21 septembre, à Richelieu la permission de mettre une grande S sur les lettres où il lui manderait quelque chose de secret et que Son Éminence ait répondu le 23 : « Quand vous mettrez une S sur vos lettres, personne ne les lira. Quand je mettrai une croix sur les miennes, vous en ferez de même (5). »

Ce Louis de Bourbon, comte de Soissons, qui était le cousin issu de germains de Louis XIII, craignait d'être éclipsé par la gloire naissante du Roi. Tandis que le maréchal de La Force contenait le duc Charles, qui était retranché dans son camp de Ramber-

---

(1) Archives des Affaires étrangères, *France* 815, folios 246 et suivants. Publié en partie par Avenel, t. V, p. 252.
(2) *Ibidem.*
(3) Avenel, *Lettres du Cardinal de Richelieu*, t. V, p. 260-261.
(4) Archives des Affaires étrangères, *France* 815, folios 274 et suivants. Lettre publiée en partie par Avenel, t. V, p. 253, note.
(5) Avenel, *Lettres du Cardinal de Richelieu*, t. V, p. 255.

villers, le comte de Soissons « fit (le 28 septembre) les approches de Saint-Mihiel et reconnut que « la place n'étoit pas fortifiée comme on disoit ». Avec quinze cents chevaux et douze cents mousquetaires, il s'en alla à la rencontre de M. de Leymont, qui guettait le canon arrivant de Verdun (neuf lieues au nord de Saint-Mihiel), mais il ne trouva point l'ennemi. M. de Leymont et les troupes se tenaient à onze lieues des assiégeants, ils campaient dans les bois, sur la frontière du Luxembourg.

Comme cette expédition avait inquiété Louis XIII! De Bar-le-Duc, Bouthillier mandait au cardinal le 28 septembre : « Le Roi a si grande peur, si Monsieur le Comte fait quelque effet contre Leymont, qu'il en ait seul la gloire, que Sa Majesté m'a commandé d'écrire à Votre Éminence qu'il n'a entrepris le voyage qu'il fait que sur ce qu'elle lui manda qu'il prît garde à la sûreté du canon qu'on amenoit de Verdun, et que Leymont pourroit bien entreprendre sur le convoi qui le conduisoit, de sorte que, s'il fait quelque chose, Votre Éminence louera, s'il lui plaît, la prévoyance du Roi, qui, je crois, lui en écrit (1). » Son Éminence fut également avisée que « deux des valets de pied du Roi avaient attaqué seuls quinze ou vingt des ennemis, qui étaient embusqués derrière une haie, leur avaient tiré chacun un coup de fusil et, s'étant mêlés parmi eux l'épée à la main, les avaient chassés jusque dans Saint-Mihiel » : « C'est une nouvelle, disait Bouthillier au cardinal, que le Roi m'a recommandé expressément de faire savoir à Monseigneur. Elle allait permettre au cardinal d'être agréable au Roi (1).

Cependant le convoi de Verdun avait atteint le camp de Saint-Mihiel. Deux batteries furent dressées entre la porte du pont et la porte de Toul. M. de la Meilleraye, grand maître de l'artillerie, les commandait. A trois cents pas de là, du côté du faubourg, une autre batterie était commandée par le comte de

---

(1) Affaires étrangères, *France* 815, folios 262 et suivants. Voir dans Comte de Beauchamp, *Louis XIII d'après sa correspondance avec le Cardinal de Richelieu*, p. 203, la lettre du Roi sur Cramail, descendant de Montluc. Sur la conduite du comte de Soissons, qui devait mourir en combattant contre le cardinal à la Marfée, voir t. IV, p. 449 et 464.

Cramail, que l'on avait renoncé à envoyer en Provence (1). » Le 28 septembre Louis XIII vint coucher au village de Kœurs, situé au bord de la Meuse, à deux lieues environ de Saint-Mihiel. Les trois batteries ouvrirent le feu le 29. Le mardi 2 octobre, deux brèches s'élargissaient dans les remparts et les troupes étaient sur le point de monter à l'assaut.

Le cardinal avait réglé lui-même les moindres détails de cet hallali : « On ne dit rien des murailles, écrivait-il, parce qu'on sait bien que le Roi les a déjà condamnées. Les affaires présentes requièrent un exemple du tout extraordinaire, autrement les rébellions de la Lorraine seront si fréquentes qu'on n'en verra jamais la fin, et le Roi n'aura pas sitôt le dos tourné, qu'elles recommenceront. M. le Garde des Sceaux et vous êtes priés de tenir la main à ce qu'une fausse générosité des grands seigneurs, qui les pourroit porter à se rendre intercesseurs auprès du Roi, ne prévale auprès de Sa Majesté aux considérations si importantes à son service, comme sont celles qui requièrent la rigueur (2) ».

Les habitants avaient sans doute deviné les intentions du cardinal; car, fort peu de temps avant l'heure marquée pour l'assaut, ils envoyèrent au Roi trois députés, qui lui dirent que la ville « offroit de se rendre à composition ». C'est à discrétion que la vouloit avoir le Roi : officiers et soldats seraient prisonniers de guerre; quant aux habitants, ils ne perdraient ni la vie ni leurs biens, sauf quinze notables que « Sa Majesté se réservoit pour en faire ce qu'il lui plairoit ». Elle se réservait également dix soldats. Il était bien entendu que les habitants auraient à se racheter au moyen d'une « somme arbitrée par le Roi, pour laquelle ils donneroient des otages qui demeureroient entre ses mains. Si ces conditions n'étoient point acceptées, Sa Majesté désiroit que l'on fît sortir les religieuses et les religieux par la porte du port, et ce dans deux heures, afin d'éviter la furie des soldats (3) ».

(1) Archives des Affaires étrangères, *France* 815, folios 274 et suivants.
(2) Père Griffet, *Histoire du Règne de Louis XIII*, t. II, p. 618.
(3) Avenel, *Lettres du Cardinal de Richelieu*, t. V, p. 273 note.

La demi-mansuétude du Roi avait ses raisons : la marche de Gallas, qui approchait de Metz; aux environs de cette ville s'était retiré le cardinal de La Valette, que Louis XIII voulait renforcer de six mille hommes et de douze cents chevaux; on avait le désir de conserver les blés et les chariots accumulés dans Saint-Mihiel, et qui, si la ville était prise d'assaut, disparaîtraient au milieu du pillage et de l'incendie; de plus, la moitié de l'artillerie amenée de Verdun à grand peine, venait d'éclater : « Des quatre canons que nous avions, mande Louis XIII à Richelieu, il s'en est éventré deux dès les premiers quarante coups, ce qui a été cause que je n'ai osé m'opiniâtrer à avoir tous les habitants à discrétion (1). »

Mais Séguier, garde des sceaux, et les deux Bouthillier songeaient avec angoisse aux ordres du cardinal; ils crurent devoir insinuer à Louis XIII que la capitulation ne serait point violée si l'on envoyait aux galères tous ces misérables.

Déjà l'on expédiait l'ordonnance, lorsque M. de La Ville-aux-Clers entra dans le cabinet du Roi : « A Dieu ne plaise que je sois de votre avis, déclara-t-il, car c'est là une injustice qui crie vengeance devant Dieu et devant les hommes. » A l'autre bout de la chambre, Louis XIII a entendu ces paroles. Il proteste avec colère : « Vous blâmez volontiers ce que les autres font et cela me paroît surprenant en ce que j'ai suivi l'avis de tous ceux de mon Conseil. — Sire, répond La Ville-aux-Clercs, ce sont là les avis de ceux qui portent la robe et qui savent bien qu'ils ne peuvent être exposés à une pareille disgrâce; mais s'il plaisoit à Votre Majesté de me permettre d'aller prendre les voix de ceux de son Conseil qui sont d'épée, je suis assuré qu'ils condamneroient tout ce qui a été arrêté, et vous feroient de très humbles supplications pour la révocation d'un tel ordre. Les pauvres malheureux qui sont prisonniers peuvent être échangés contre d'autres et gardés tant et aussi longtemps qu'il plaira à Votre Majesté, mais ils ne doivent être soumis à aucune

---

(1) Bouthillier à Richelieu. Archives des Affaires étrangères, *France* 815, folios 300 et suivants.

peine afflictive, ni même être maltraités, puisqu'ils se sont rendus prisonniers de guerre (1). »

Que pouvait l'éloquence de La Ville-aux-Clercs ? Les conseillers de Richelieu étaient implacables. Louis XIII, fort de leur avis, continua de faire expédier son ordonnance, qu'il dicta lui-même (2). L'intervention du sous-secrétaire d'État ne fut cependant pas complètement inutile. Le Roi n'osa point aller contre l'opinion de « tous messieurs les Chefs qui étoient près de lui et représentèrent, expliqua Bouthillier au cardinal, que si on en faisoit mourir, il ne falloit plus espérer que les ennemis fissent un autre traitement aux nôtres (3) ».

Le 6 octobre 1635, Chavigny s'excusait en ces termes auprès du cardinal : « Ces Messieurs les chefs qui sont acquis au Roi ont tant crié aux oreilles de Sa Majesté, que nous n'avons pu empêcher qu'elle n'ait donné la vie aux dix de la garnison qu'elle s'étoit réservé. Ils sont été si malicieux que de dire que c'est manquer à la capitulation que d'envoyer les soldats aux galères. Néanmoins on ne lairra pas de les faire conduire jusqu'à Châlons et de les mettre sur l'eau pour les mener à Paris (4). »
Louis XIII s'excusait comme Chavigny : « Tous nos grands seigneurs, avait-il écrit le 2 octobre au cardinal, en lui annonçant la prise de Saint-Mihiel, ont bien crié contre moi de quoi je les traitois si durement (5). » Et quelques jours plus tard, il avait ajouté : « Il seroit à propos qu'on fît savoir des nouvelles à Renaudot, pour l'empêcher de dire quelque sottise (6). »

Le Roi eut la satisfaction d'être approuvé par son ministre. Richelieu répondit aussitôt : « Ce qu'il a plu à Votre Majesté accorder par la capitulation est très judicieux, puisqu'il ne l'empêche point de retenir tous les chefs de guerre prisonniers et d'envoyer tous les soldats aux galères, de faire

---

(1) Père Griffet, *Histoire du Règne de Louis XIII*, t. II, p. 616.
(2) Bouthillier à Chavigny, 8 octobre 1635. Archives des Affaires étrangères *France* 815, folios 300 et suivants.
(3) Affaires étrangères, *France* 815, folios 300 et suivants.
(4) *Ibidem*, folios 303 et suivants.
(5) Comte de Beauchamp, *Louis XIII d'après sa correspondance avec le Cardinal de Richelieu*, p. 204.
(6) *Ibidem*, p. 204.

châtier quelques habitants des plus factieux, faire payer cent mille écus à tous les autres et entretenir deux cents chariots six mois durant, selon que le gentilhomme de Votre Majesté nous a rapporté. Je la supplie au nom de Dieu de ne se relâcher point de ce premier dessein, qui est nécessaire à sa réputation et au bien de ses affaires, que, sans cette douce rigueur, on sera toujours à recommencer. J'ai envoyé un petit mémoire à Renaudot; je veux croire qu'il ne m'aura pas prévenu. Connaissant comme je fais Votre Majesté, je me représente vivement l'impatience dans laquelle elle est déjà de faire un coup de maître, auprès du duc Charles. Je prie Dieu de tout mon cœur qu'il réussisse, afin que Votre Majesté puisse en revenir avec autant de gloire et de contentement que lui en souhaite, etc. (1). »

Coup de maître, il s'agissait bien de cela. Louis XIII venait de se résoudre à regagner Saint-Dizier : « Je ne sais, écrivait-il à Richelieu, le 4 octobre 1635, avec quel visage j'aborderoi Paris, ayant fait si peu de chose ; je cherche consolation partout, mais je ne la peux trouver qu'en Dieu et, après, en vous (2). » Dans une autre lettre, il laisse percer la crainte d'être desservi auprès de son ministre et il ajoute : « Monsieur le Comte s'en va à Paris, qui nous doit tailler en pièces auprès de vous, M. de Bouthillier, Saint-Simon et moi, et ce sans aucun sujet, je vous prie de ne les vouloir croire et garder une oreille pour les absents (3). »

Louis XIII n'avait pas tort de s'inquiéter, car, le même jour, Richelieu mandait à Chavigny : « Je vous avoue que le dégoût qu'a pris Monsieur le Comte de n'avoir pas été appelé au Conseil où MM. le Cardinal de La Valette et de La Meilleraye, — qui ne sont pas de celui des affaires, — ont assisté, n'est pas sans fondement. J'estime que cela mérite quelque petite réparation, que le Roi peut faire par simples caresses, et vous en lui parlant de l'affaire comme étant arrivée par méprise (4). »

(1) Père Griffet, *Histoire du Règne de Louis XIII*, t. II, p. 619.
(2) Comte de Beauchamp, *Louis XIII d'après sa correspondance avec le Cardinal de Richelieu*, p. 206. Sur les ennuis causés au Roi par la noblesse de l'arrière-ban et les bourgeois possesseurs de fiefs, voir notre t. IV, p. 386.
(3) *Ibidem*, p. 208.
(4) Voir la lettre de Chavigny aux Archives des Affaires étrangères, *France* 815,

Une des raisons qui motivaient la retraite du Roi était le mouvement que venait de faire l'armée du duc d'Angoulême et du maréchal de La Force. Durant de longs jours, les deux généraux étaient restés en observation dans leur poste de Baccarat, surveillant le duc Charles, qui était retranché dans Rambervilliers (1); mais apprenant que la cavalerie de Gallas s'était avancée jusqu'aux environs de Metz et craignant, qu'appuyée de celle du duc Charles, elle ne réussit à les empêcher de joindre l'armée du Roi et « ne leur coupât les vivres (2) », Angoulême et La Force avaient jugé raisonnable de se rapprocher de Lunéville et de Sa Majesté. Manœuvre qui leur avait attiré, de la part du cardinal, cette verte semonce : « Étant votre ami et votre serviteur comme je suis, je ne puis que je ne vous témoigne le déplaisir que j'ai de la résolution que vous avez prise de vous retirer du poste de Baccarat, laquelle est trouvée si étrange par tout le monde, qu'il m'est impossible de la défendre, vu qu'elle est capable de porter un grand préjudice au service du Roi, qui, au même temps de votre retraite, vous envoyoit le renfort que vous aviez désiré, pour, serrant le duc Charles de l'autre côté, lui ôter tout à fait les vivres et le contraindre de quitter son camp (3) ».

A présent que Gallas et les Impériaux se rapprochaient, eux aussi, de l'armée royale, Chavigny estimait qu'on ne pouvait retenir davantage au camp de Kœurs le Roi, désespéré de cette marche de l'ennemi. Il ne manquait pas de gens pour dire à Louis XIII combien « on s'étonnoit que Sa Majesté se fût avancée si légèrement (4) ». De tels discours visaient indirectement le cardinal : Chavigny s'efforçait de combattre leur influence en répétant. « C'est Votre Majesté seule qui a voulu entreprendre ce voyage ; Son Éminence n'y a consenti que pour ne pas passer dans son esprit pour personne qui voulût l'empêcher d'acquérir de la

---

folios 308 et suivants, et la réponse du ministre dans les *Lettres du Cardinal de Richelieu*, t. V, p. 285 et les notes.

(1) La Force au Roi, 24 septembre 1636 (Archives de La Force).
(2) *Ibidem*, 2 octobre 1635. Lettre datée de Lunéville.
(3) Avenel, *Lettres du Cardinal de Richelieu*, t. V, p. 946.
(4) Archives des Affaires étrangères, *France* 813, folios 332 et suivants.

gloire (1). » Le Roi partit pour Saint-Dizier ; il devint bientôt difficile de l'y retenir. Selon l'énergique expression du même Chavigny, le débandement des troupes de l'arrière-ban « le mettoit en cervelle (2) ». Le 8 octobre 1635, malgré l'avis du cardinal (3) il quittait Saint-Dizier. Chavigny écrivait à Son Éminence : « La mélancolie a été la plus forte et Sa Majesté prend résolution d'aller à Vitry. Il y a à souffrir beaucoup de peine avec une humeur comme celle du Roi, je suis au désespoir de voir ses mélancolies et de ce qu'on n'y peut remédier, parce qu'aussitôt qu'il les a, ses bouffements de ventre le prennent et son visage change tout à coup. Il veut faire connaître devant le monde qu'il a du courage et qu'il veut aller contre les ennemis; mais c'est d'une façon qu'il n'y a personne qui ne connaisse ce qu'il en est (4). »

Quelques jours plus tard, une « lettre de consolation », sollicitée de Richelieu par Chavigny, tenta de « donner la vie à Louis XIII » : « Je conjure Votre Majesté au nom de Dieu, écrivit le cardinal, le 10 octobre, de ne s'affliger point et s'assurer que, quand elle reviendra deçà, elle sera vue de Paris et de tout le monde, ainsi qu'elle l'a été par le passé, comme le meilleur maître qui puisse être. Nous avons déjà pensé à ce qu'il faut dire et écrire dans le Royaume et dans les pays étrangers sur votre retour : savoir est que Votre Majesté, s'étant avancée pour calmer la sédition de la Lorraine et pour amasser une puissante armée et par après en renforcer le cardinal de La Valette et MM. d'Angoulême et de La Force, a jugé à propos, pour le bien de son service, de revenir au centre de ses affaires, pour envoyer les ordres nécessaires en tous les autres endroits et préparer de nouvelles forces pour le printemps. Votre Majesté ne se mettra donc point en peine (5). »

Lorsque ces lignes sédatives parvinrent à Saint-Dizier, Louis XIII s'y trouvait encore. On eût pu croire qu'il consentait à

---

(1) Archives des Affaires étrangères, *France* 813, folios 332 et suivants.
(2) Chavigny à Richelieu, 9 octobre 1635. Archives des Affaires étrangères, *France* 315, folios 324 et suivants.
(3) Avenel, *Lettres du Cardinal de Richelieu*, t. V, p. 283.
(4) Avenel, *Lettres du Cardinal de Richelieu*, t. V, p. 283, note 1.
(5) Père Griffet, *Histoire du Règne de Louis XIII*, t. II, p. 622.

y demeurer; mais sa résolution apparente ne trompait nullement le regard exercé de Chavigny : « Quelque mine que fasse le Roi, mandait le sous-secrétaire d'État au cardinal le 13 octobre, il a grande envie d'être auprès de Monseigneur, mais je ne fais pas semblant de le connoître, parce qu'il n'en parle pas ouvertement à cette heure. Néanmoins il m'a commandé ce matin d'écrire à Son Éminence pour savoir ce qu'il fera des troupes qu'il a et qui lui viennent encore, quand il s'en ira (1). » En dépit de deux médecines ordonnées par Bouvard, Louis XIII continuait d'éprouver, dès la moindre contrariété, les malaises physiques les plus pénibles.

Le marquis de Lenoncourt, les sieurs de Vigneul, Salins et Mauclerc, que le Roi avait envoyés à la Bastille, y arrivèrent sans encombre; mais sur les mille soldats lorrains destinés aux galères de Toulon, qui manquaient de rameurs, sept cent cinquante s'évadèrent. Les soldats des gardes, qui veillaient sur eux, réprouvaient le châtiment cruel qui leur était infligé; d'ailleurs il n'y avait de chaînes que pour cent cinquante et les gardes n'étaient pas insensibles à l'argent que pouvaient avoir conservé les futurs galériens : « Le déplaisir qu'eut le Roi de ceux qui se sauvèrent, écrivit Chavigny à Richelieu, lui a donné une colique bilieuse cette nuit (2). »

Le lendemain 14 octobre, Louis XIII s'en allait à Vitry-le-François avec ses gardes, ses Suisses, gendarmes, chevau-légers et mousquetaires et, le 15, Chavigny se hâtait d'annoncer au cardinal qu'il s'y « croyoit à présent inutile » et « qu'il faisoit état de s'en aller droit à Saint-Germain ». « Néanmoins, ajoutait Chavigny, si vous estimez qu'il soit nécessaire qu'il séjourne quelque temps à Châlons ou à Château-Thierry il le fera. Mais il n'y a eu moyen de le faire attendre que jusqu'à ce que la réponse de Votre Éminence arrive. C'est à Monseigneur, plus prudent que tous les hommes du monde, à la faire telle qu'il lui plaira, mais surtout il aura agréable que ce soit promptement, car il connoît

---

(1) Chavigny à Richelieu, 13 octobre 1635. Archives des Affaires étrangères, *France* 813, folios 332 et suivants.
(2) Archives des Affaires étrangères. *France* 813, folios 332 et suivants.

les impatiences qui succèdent d'ordinaire aux mélancolies (1). »

Le plus prudent de tous les hommes ne voulut pas s'y exposer même de loin; il donna sur-le-champ *l'exeat :* « Si Dieu, écrivit-il le 17 octobre, m'avoit donné autant de force comme j'ai de volonté de servir Votre Majesté, je m'offrirois à aller la servir en Champagne en son absence. Mais expérimentant tous les jours qu'un chemin de quatre lieues, quoique en litière, et un travail de quatre heures de suite me changent en un instant en quelque bonne disposition que je sois, je ne saurois lui offrir que ma bonne volonté (2). »

Le 22 octobre 1635, vers une heure de l'après-midi, le cardinal, dans sa maison de Rueil, attendait le Roi. Louis XIII, qui avait séjourné à Châlons le 18 (pour prendre médecine), couché à Baye chez M. de Lorme (3) le 19, à La Ferté-sous-Jouarre le 20, à Livry le 21, achevait alors de dîner au pont de Neuilly. Richelieu savait qu'il allait arriver dans quelques moments, s'arrêter à Rueil, avant de rentrer à Saint-Germain. Dans quelques moments, le Roi et le ministre allaient agiter les questions les plus graves, causer de la jonction du duc Charles de Lorraine et de Gallas, qui était un fait accompli. Il y avait aussi l'affaire de Cramail (4), l'un de ces éternels intrigants qui, le pied dans les deux camps, donnaient tant de mal au cardinal. Pour celui-ci comme pour Bassompierre, un séjour salutaire serait la Bastille.

Voici Sa Majesté. On juge si Cramail fut épargné dans l'entretien qui suivit et dans ceux du lendemain et du surlendemain : « Si, déclarait Richelieu, le prince dans l'État duquel il se trouve des esprits assez hardis pour médire de sa conduite, murmurer de son gouvernement, déchirer ceux qu'il emploie dans l'administration de ses affaires, ralentir ses desseins par telles procédures, ne les châtie sévèrement, il fait mal selon Dieu et, ôtant le moyen à ceux qui le servent fidèlement de le faire utilement, il s'expose à se perdre soi-même. Il faut, en telles occasions, pratiquer

---

(1) Avenel, *Lettres du Cardinal de Richelieu*, t. V, p. 325, note 2.
(2) *Ibidem*, p. 323-326.
(3) Père de Marion de Lorme.
(4) Voir Duc de La Force, *Histoire et Portraits*, deuxième série, p. 107-117.

vertement ce que les préceptes de la politique font connaître être du tout nécessaire et ce que les maximes de la théologie enseignent être permis. »

Au Conseil, le 24 octobre, le cardinal avait si bien endoctriné tout le monde, que Monsieur lui-même, assis non loin de Sa Majesté, criait haro sur le baudet : « Il y a, expliquait l'incorrigible rebelle, ce bavard et léger Gaston, beaucoup de gens qui pensent avoir tout fait quand ils exposent leur vie pour Leurs Majestés et qui, servant de leur épée comme on le peut désirer, usent de leur langue à leur mode en pestant et décriant les affaires qu'ils soutiennent au péril de leur vie (1). »

Richelieu approuvait Monsieur.

Cramail était à la Bastille depuis quelque vingt-quatre heures. Comme Bassompierre, il allait y rester jusqu'à la mort de Richelieu. On gagnait ainsi la paix, bonne pour le ministre, bonne pour le Roi.

Cependant le cardinal de La Valette, le duc de Saxe-Weimar, le duc d'Angoulême et le maréchal de La Force, tenant conseil à Nancy, avaient résolu de joindre leurs armes pour s'opposer à celles de Gallas et du duc Charles de Lorraine. Ces deux armées ennemies étaient campées non loin de Metz, « entre le grand étang de Lindres et celui de La Garde, en un lieu éminent, fort avantageux, où elles avoient fait de grands retranchements, ayant leurs quartiers derrière au bourg de Maizières, fort proche de là (2) ». Impossible de les forcer dans leurs lignes bastionnées, que défendaient de distance en distance des forts garnis de canons. Trois jours durant, les généraux du Roi offrirent la bataille; ils allèrent même jusqu'à les contraindre de quitter l'un de leurs logements, qui fut incendié. Inférieurs en nombre, Impériaux et Lorrains n'osèrent sortir de leurs lignes et se mesurer avec les quarante mille hommes qui les bravaient. Ceux-ci durent bientôt se rapprocher de Vic et Moyenvic pour trouver du pain.

Le 12 novembre, le duc d'Angoulême fut rappelé par le Roi.

(1) Avenel, *Lettres du Cardinal de Richelieu*, t. V, p. 330-336.
(2) *Mémoires du Duc de La Force, Maréchal de France*, t. III, p. 159.

Trois jours plus tard, le cardinal de La Valette avertit La Force que Gallas, affamé dans ses retranchements, avait décampé. Les ennemis épuisés s'emparèrent cependant des villes de Deux-Ponts et de Saverne et ils passèrent le Rhin sans qu'il fût possible de les poursuivre. Le duc Charles, de son côté, « se retira au long des montagnes pour s'en aller vers la Franche-Comté ».

Le maréchal de La Force passa la Moselle « pour couper chemin au Duc, s'il prenoit sa marche vers Remiremont, comme le bruit en étoit ». Aidé de Jean de Gassion, alors colonel, qui s'empara de Charmes et fit capituler Neufchâteau, il contraignit de se rendre Vézelize et, à la frontière du comté de Bourgogne, Vaudemont qui, « sur sa montagne de rocher », se croyait imprenable. « Après ce coup-là, disent les *Mémoires* du vieux guerrier, tout le pays se trouva délivré jusqu'aux montagnes de l'Alsace, n'y restant plus de places ni troupes ennemies (1). »

Seules y demeurèrent dans les limites de la Franche-Comté, à Toul et sur la Moselle, les troupes du maréchal de La Force, du cardinal de La Valette et du duc de Weimar, installées dans leurs quartiers d'hiver.

A Rueil, Richelieu, bien qu'on eût libéré la Lorraine, restait déçu tout comme Louis XIII à Saint-Germain. Ses *Mémoires* le disent : « Ces deux grandes armées du Roi qui étoient capables de ruiner les Impériaux et les chasser honteusement au delà du Rhin ne firent autre chose que se tenir sur la défensive et les empêcher d'entrer dans la France ; la jalousie des chefs, fatale à la France, en fut une des principales causes. Le maréchal de La Force, vieilli dans les armées, croyoit mériter qu'on dût confier à lui seul le commandement de l'armée, ne considérant pas que la religion qu'il professoit, qui est en mauvaise odeur, en ôtoit au Roi le moyen, afin que les Lorrains ne crussent pas qu'on voulût établir l'hérésie parmi eux. Il n'avoit pas moins de jalousie du cardinal de la Valette, qui commandoit une autre armée qu'il estimoit être traitée plus favorablement que la sienne. Il n'y avoit pas plus d'intelligence entre les maréchaux

---

(1) *Mémoires du Duc de la Force, Maréchal de France*, t. II, p. 162-166.

de camp, lesquels commandant chacun à son jour, chacun d'eux craignoit que son compagnon en fît davantage en celui auquel il commandoit qu'il n'avait fait au sien. » Et, passant en revue les défauts qui avaient compromis le succès de la campagne, n'oubliant ni l'indiscipline de la noblesse, ni l'insolence des gendarmes et chevau-légers du Roi, ni le vain tumulte de l'arrière-ban, « qui ne demandoit qu'à combattre, mais dont le désir était si précipité qu'il ne voulait pas se donner la patience que l'on en pût prendre l'occasion », le cardinal concluait, non sans amertume : « Tous ces manquements avoient leur première et originelle cause dans l'aversion qui étoit encore dans les esprits à cause de la division de la Reine mère avec le Roi, qui avoit fait naître dans les cœurs de la plupart une haine secrète contre le gouvernement, de sorte qu'il y en avoit presque autant en notre armée qui eussent désiré que l'ennemi eût emporté l'avantage sur nous, qu'il y en avoit qui souhaitoient que le succès fût à la gloire du Roi (1). »

On n'était pas plus heureux sur la Méditerranée. Le 13 septembre 1635, dès huit heures du matin, la flotte espagnole avait paru au large de Nice : vingt-deux galères et un brigantin doublant le cap Saint-Hospice, grossissant rapidement à l'horizon. Le marquis de Santa-Cruz, qui les commandait et qui avait pour seconds le duc de Ferrandina et le chevalier de Brancossio, cinglait vers les îles de Lérins. M. de Chasteuil, chargé de la défense du littoral par le maréchal de Vitry, gouverneur de Provence, les aperçut du haut de son donjon de Châteauneuf. Il fit alerter tous les villages, monta à cheval, accourut à Cannes, dont les habitants, qui déjà s'apprêtaient à fuir dans les montagnes, ne s'arrêtèrent qu'à sa voix. Par ses soins, au pied de la petite ville, le rivage se hérissa de talus, des fossés se creusèrent que garnirent des mousquetaires. A la pointe d'une langue de terre plate comme un radeau, le fort de la Croisette avançait sur la mer immobile ses bastions et ses tours vers le fort de l'île Sainte-Marguerite.

(1) *Mémoires du Cardinal de Richelieu*, t. VIII, éd. Petitot, p. 422-425.

Cependant, bien plus encore que M. de Chasteuil, Jean de Bénévent, sieur de Marignac, gouverneur de l'île Sainte-Marguerite, s'inquiétait des navires ennemis qui couvraient la mer. Déjà les troupes de débarquement s'aventuraient dans l'île. Un homme, dépêché par lui à la nage vers M. de Chasteuil, lui rapporta la promesse d'un secours qui devait arriver la nuit même, promesse qui fut tenue. Trois cents hommes, pilotés par le patron Grégoire, firent voile vers l'île; mais, à mi-route, un autre nageur les héla et leur apprit la capitulation du fort de Sainte-Marguerite, d'où M. de Marignac était sorti avec armes et bagages. Le lendemain c'était au sud de Sainte-Marguerite, Saint-Honorat, l'île des moines, qui était envahie par les troupes d'Espagne; le 15 septembre, M. d'Uzech, commandant du fort Saint-Honorat, se rendait à son tour, malgré les insistances de l'Abbé, dom Honoré Clary d'Ubraye, mais n'obtenait pas des Espagnols, exaspérés sans doute de sa résistance, les honneurs de la guerre. Qu'eût-il pu faire avec cent hommes et des murailles qui n'étaient pas à l'épreuve du canon?

Il n'en était pas de même, heureusement, des murailles du fort de la *Croisette*, à Cannes. Les Espagnols jugèrent vite la côte inabordable et renoncèrent à l'attaquer, mais ils s'établirent fortement dans les îles de Lérins. Les quelques moines demeurés dans l'abbaye de Saint-Honorat, — il y en eut jusqu'au 15 mai 1636, — virent les jardins et les parterres faire place à des fortifications, les chapelles de la Trinité, de Saint-Cyprien, de Saint-Michel, du Saint-Sauveur et de Saint-Capraise se remplir de terre, se transformer en bastions, tandis que d'autres bastions plus massifs et des fossés venaient ceinturer le tour du monastère. Au large des deux îles, une trentaine de galères, qui n'osaient toutefois s'aventurer dans l'étroit chenal, sous les canons du fort de la Croisette. Si les îles avaient été aussi bien fortifiées, lorsqu'elles étaient défendues par leurs commandants, que M. de Chasteuil avait fait emprisonner à Aix, mais où le Parlement les acquitta, elles n'eussent pas cessé d'appartenir au Roi Très Chrétien (1).

---

(1) Henry Moris, *L'Abbaye de Lérins*, p. 255-258.

ECHEC A VALENZA

« Tout cela ne m'étonne point, grâce à Dieu, écrivait le cardinal à Chavigny, le 24 septembre, pourvu que le Roi se porte bien et qu'il soit en bonne humeur (1). » Mais il veillait, il mandait à Servien, le 30 novembre, à trois heures du matin : « Ayant vu les avis qui portent que les dix-huit galions d'Espagne viennent aux îles Sainte-Marguerite et Saint-Honorat et qu'ils ont, outre leur infanterie, quatre ou cinq cents chevaux, il est certain que ce n'est qu'avec dessein de descendre en la grande terre (2). »

En Valteline, l'ancien rebelle, le duc de Rohan, avait chassé les Impériaux et les Espagnols (3); en Italie, le duc de Créqui s'était emparé du fort milanais de Vilate, de Candia et de Sartiana, mais il avait échoué près d'Alexandrie, devant Valenza. Le duc de Savoie, qui ne voulait ni déplaire à Louis XIII ni mécontenter par trop Philippe IV, avait rejoint à contre-cœur le maréchal sous les murs de la ville. Le 14 octobre 1635, il avait déclaré à M. d'Hémery, l'envoyé du cardinal : « Si dans dix jours je n'ai des nouvelles de France, comme vous me le promettez, qui me feront voir quel soin on prend de ces affaires et quelles troupes on y destine, je sais le chemin par lequel je suis venu. » Sur les observations à lui présentées par M. d'Hémery, le Duc avait renoncé à partir. La mésintelligence n'en régnait pas moins entre lui et le maréchal : impossibilité de s'entendre sur le jour où l'on attaquerait Valenza, impossibité de savoir si le maréchal avait l'intention de prendre la place. Et cependant un parti de quatre cents Espagnols s'y était introduit... avec la connivence du duc de Savoie, insinuait Créqui, — à cause de la négligence de Créqui, répliquait le Savoyard (4). Le 28 octobre, le maréchal levait le siège. Échec dû à son humeur altière, que Victor-Amédée ne pouvait souffrir, et à la suite duquel le cardinal se souvenait d'avoir écrit à « l'incompatible » Picard : « Je vous prie de deux choses, l'une de conserver le zèle et l'ardeur que je sais que vous avez de faire quelque chose de bon et avantageux au service de Sa Majesté,

(1) Avenel, *Lettres du Cardinal de Richelieu*, t. V, p. 259.
(2) *Ibidem*, p. 353.
(3) *Ibidem*, p. 383.
(4) Gabriel de Mun, *Richelieu et la Maison de Savoie*, p. 81-88.

l'autre de perdre un peu du feu que la Picardie met dans la tête de ceux qui naissent en son climat (1). »

La frontière du nord réservait au cardinal, pour l'année suivante, bien d'autres tourments.

(1) Avenel, *Lettres du Cardinal de Richelieu*, t. V, p. 350, « *Picra cardia* » = *Picardia*.

CHAPITRE DEUXIÈME

L'ANNÉE DE CORBIE

Mademoiselle de La Fayette.

« Je crois grandement contribuer au bien public du Royaume en divertissant par mes lettres Votre Éminence tant occupée à de grandes affaires, pendant qu'elle abaisse et repose son grand esprit par la lecture des miennes (1). »

Le religieux qui avait écrit cette lettre au cardinal le 12 mars 1636 était le Père Jean-Baptiste Carré, supérieur du Noviciat des Frères Prêcheurs à Paris. Ce Noviciat, fondé par le cardinal, s'élevait dans le faubourg, à quelque distance de la porte Saint-Germain et de l'abbaye de Saint-Germain-des-Prés, qui méritait encore son nom champêtre. Le couvent de l'ordre de Saint-Dominique n'était alors qu'une simple maison « bâtie au milieu de quelques jardins et terres cultivées ». Il fallut attendre la fin du siècle pour que s'élevât l'église du Noviciat, (aujourd'hui l'église Saint-Thomas-d'Aquin), l'une des meilleures œuvres de l'architecte Bullet.

Les lettres du supérieur apportaient à Richelieu les mille bruits de la Cour, de la ville et même de l'Europe, car le Père Carré correspondait régulièrement avec le Père Général résidant à Rome. Elles y ajoutaient souvent les conseils et les suggestions les plus utiles. Le conseiller était d'un dévouement qui ne reculait devant rien. Il s'était « consacré » au cardinal par « un lien indispensable d'obéissance, qu'il avoit fait et signé de sa main » quelques années plus tôt.

---

(1) Archives des Affaires étrangères, *France* 820, folio 158.

Cette année même, le 1ᵉʳ janvier 1636, il avait renouvelé sa promesse, « non point pour aucune raison humaine, espérance ou crainte temporelle, mais seulement pour obéir au sentiment supérieur qui l'y portoit ».

Le cardinal duc, de son côté, écrivait à Rome le 2 avril 1636 : « Le Père Carré est un des meilleurs religieux du monde, que j'aime et affectionne, et dont la vie est très exemplaire (1). »

En cette fin de l'hiver 1635-1636, ce Dominicain, « dévoué » à Richelieu « jusqu'à la mort », s'appliquait à traverser, pour la plus grande gloire de Dieu et du cardinal, les amours du Roi. Celle que Louis XIII aimait, le religieux, dans ses lettres, la nommait mystérieusement » la petite » : c'était une enfant de seize ans. L'amour qu'elle ressentait pour le Roi, le désir qu'elle avait toujours eu de prendre le voile « combattaient en elle à qui en demeurerait le maître ». Elle s'appelait Louise de La Fayette, l'une des filles d'honneur de la Reine; ses parents, Jean de La Fayette, seigneur de Hautefeuille, et Marguerite de Bourbon-Busset, vivaient dans leurs terres d'Auvergne ou de Morvan (2).

Richelieu, à vrai dire, avait commencé par favoriser cet amour innocent. Avec un Roi comme Louis XIII, la vertu de la jeune fille semblait ne devoir courir nul danger et le crédit du ministre en courrait certainement beaucoup moins sous le règne de Mlle de La Fayette que sous celui de Mlle de Hautefort : celle-ci avait repoussé toutes les offres de service et restait attachée à la reine Anne d'Autriche, dont elle était, elle aussi, l'une des filles d'honneur. Le cardinal avait cru d'abord que Louis XIII, amoureux de Mlle de Hautefort, ne retomberait plus dans ses mélancolies : il était détrompé. Le Roi mourait d'émotion et de jalousie devant cette splendide créature blonde, moqueuse et spirituelle.

Il paraissait maintenant un peu las d'aimer sans être payé de retour.

---

(1) Avenel, *Lettres du Cardinal de Richelieu*, t. V, p. 439.
(2) Le frère aîné de la jeune fille, François, comte de La Fayette, devait épouser, en 1655, l'auteur de *La Princesse de Clèves*, et l'un de ses arrière-neveux, le marquis de La Fayette, devait être, sous Louis XVI, le héros de la guerre d'Amérique.

C'est pourquoi vers le début de l'année 1635, une petite coterie avait songé à pousser, dans la familiarité du Roi, Mlle de La Fayette à la place de Mlle de Hautefort. Le duc de Saint-Simon (1) et le duc d'Halluin; François de La Fayette, évêque de Limoges, premier aumônier de la Reine, oncle de Louise; Sanguin, seigneur de Livry, maître d'hôtel, gentilhomme ordinaire du Roi, étaient dans la cabale. A ces intrigants, s'étaient jointes une parente de Louise, Marguerite de La Rochefoucauld-Randan, veuve de Henri de Bauffremont, marquis de Senecé; Mlles d'Aiches, de Vieux-Pont et de Polignac, la première, dame d'honneur, les trois autres, filles d'honneur de la Reine.

Louis XIII n'était pas resté insensible à tout le bien qu'on lui disait de Mlle de La Fayette, cette beauté brune, moins éclatante que la beauté blonde, mais qui, avec un visage régulier et plein d'agrément, « avoit de la douceur et de la fermeté dans l'esprit ». « Le cardinal, raconte La Porte, protégea tellement cette intrigue qu'en peu de temps on vit que le Roi ne parloit plus à Mlle de Hautefort et que son grand divertissement chez la Reine étoit d'entretenir Mlle de La Fayette et de la faire chanter. Bien conseillée, elle savait profiter de ses avantages : « elle chantoit, elle jouoit aux petits jeux avec toute la complaisance imaginable; elle étoit sérieuse, quand il falloit l'être, elle rioit de tout son cœur dans l'occasion et même quelquefois plus que de raison (2) ». Dès le 28 août 1635, Louis XIII ne dissimulait pas à Richelieu sa passion naissante : « La Fayette est fort malade, ce qui me met un peu en peine (2) », mandait-il au cardinal. Et, le 29 octobre, au château de Vielsmaisons, il ajoutait sur un ton presque joyeux : « Pour nouvelles d'ici, Baradat (3) est amoureux de la Hautefort et elle en dit tout le bien du monde (4). »

Cependant Chavigny observait et il écrivait au cardinal de La Valette que Louis XIII « parloit souvent à Mlle de La Fayette, qui

---

(1) *Mémoires de La Porte.*
(2) Affaires étrangères, *Lettres de Louis XIII à Richelieu.*
(3) François de Baradat, marquis de Damery, premier gentilhomme de la Chambre.
(4) Comte de Beauchamp, *Louis XIII d'après sa correspondance avec le Cardinal de Richelieu,* p. 215.

ne faisoit ni bien ni mal (1) », ce qui veut dire qu'elle ne parlait ni pour ni contre Richelieu. Mais bientôt le cardinal duc constatait sans aucun plaisir qu'elle obtenait des grâces sans son entremise. Il essaya de la gagner. Peine inutile : Mlle de La Fayette avait pour lui les sentiments de Mlle de Hautefort. Alors il songea à l'éloigner en se servant de ce désir de prendre le voile qui n'avait jamais quitté la jeune fille. C'est le Père Carré qu'il chargea d'entretenir et de raviver au besoin cette vocation. Louis XIII laissait faire : « Ce n'est nullement mon dessein, écrivait-il à Richelieu, de contraindre la fille en quoi que ce soit (2) ».

La Cour connaissait la vocation de Mlle de La Fayette. C'était l'attitude de Mlles de La Fayette et de Vieux-Pont qui avait tout révélé : « J'ai toujours nié, protestait Louis XIII, quand Sanguin m'a demandé si le Père (Carré) ne m'avoit point parlé de la chose à Saint-Germain. » Puis le Roi s'était enfui pour ne plus être en butte aux regards inquisiteurs : « Je pris, confiait-il à son ministre, la résolution de m'en aller à Versailles, de peur que ma mine et mes actions ne fissent découvrir quelque chose à Mme de Senecé et aux autres et aussi pour donner du temps à la fille d'exécuter son dessein, ne désirant être à Paris quand l'affaire se feroit (3). »

Le 28, la « petite » se rendit au Noviciat des Dominicains pour se confesser au Père Carré. Avant la confession, elle lui conta certains détails qui confirment la lettre de Louis XIII. Le Père s'empressa de les transmettre au cardinal : « Par mégarde et sans y avoir pensé, le jour que je parlai au Roi, le soir, étant devant lui, proche le lit de la Reine, elle tint les yeux bas, ce qui déplut beaucoup au Roi, ainsi que M. Seguin (4) lui a dit, et je m'étonne de cette faute, parce que je lui avois conseillé tout le contraire. Elle me dit que M. Seguin l'avoit tant interrogée sur la religion et, quoiqu'elle biaisât et équivoquât en ses réponses, il voulut néanmoins avoir assurance et promesse d'elle qu'elle parleroit

---

(1) Père Griffet, *Histoire du Règne de Louis XIII*, t. III, p. 6.
(2) Affaires étrangères, *Lettres de Louis XIII à Richelieu*, 20 janvier 1636.
(3) *Ibidem*.
(4) Pierre Seguin, aumônier d'Anne d'Autriche.

au Roi avant sa retraite. Sur ce, nous avions accordé hier ensemble qu'elle verroit le Roi demain au soir et que, lundi au matin, elle s'en iroit à Sainte-Marie, où, entrée, elle me donneroit des lettres pour Sa Majesté, Votre Éminence, son oncle et sa tante. Je lui dis qu'elle feroit bien d'écrire aussi à la Reine. Elle me dit qu'il n'en étoit pas besoin, parce qu'elle en seroit bien aise. Elle me témoigna d'être la plus contente du monde. Après, elle s'en alla communier (1). »

Le Père Carré apprit bientôt que la gouvernante des filles d'honneur, gagnée par Mme de Senecé et l'évêque de Limoges, travaillait contre lui. Il vint au Louvre et, deux heures durant, entretint la gouvernante dans sa chambre. Elle lui dit que la petite craignait qu'en raison de sa jeunesse ses parents ne la contraignissent, par arrêt du Parlement, à sortir du couvent. A travers un « labyrinthe de paroles », le religieux parvint à démêler qu'elle ne pourrait réaliser son pieux dessein avant de longs mois. Et Richelieu recevait lettres sur lettres, car le religieux était un correspondant infatigable, malgré (2) « le manque d'appétit, la sciatique, les menaces d'hydropisie et de paralysie pour lesquelles il demandait à Son Éminence la permission d'aller prendre, l'été prochain, les eaux de Bourbon (3) ». Le 14 février, le Père Carré annonçait qu'il avait réussi à convaincre la gouvernante en ne lui cachant pas qu'il « avoit le consentement du Roi et de Son Éminence et que Son Éminence lui sauroit gré, aux occasions, de cette affaire ».

Trois semaines plus tard, tout semblait céder à la volonté du cardinal, la cabale était en déroute. Sanguin, qui n'en avait pas été le promoteur le moins ardent, témoignait maintenant à la jeune fille une froideur ironique. Mlle de La Fayette, n'y comprenant rien, s'écriait : « Oh! je ne peux pas supporter vos inégalités. » Elle ne tardait guère à apprendre qu'il la desservait auprès du Roi. Dans son dépit, « elle en demandoit raison à Sa Majesté ».

---

(1) Voir Victor Cousin, *Madame de Hautefort*, appendice, note deuxième, p. 272-273.
(2) Voir notamment, à la Bibliothèque de la Sorbonne, une lettre du Père Carré à Richelieu, datée du 22 février 1636.
(3) Affaires étrangères. *France* 821, folio 126.

Telles étaient les nouvelles dont le Père Carré essayait de divertir le cardinal dans la lettre du 12 mai 1636 qui ouvre ce chapitre. Le « divertissement » ne laissa pas de jeter quelque inquiétude dans l'esprit de Son Éminence, car le Dominicain ne cachait pas que, si « la cabale étoit en déroute », Louis XIII résistait encore : « Le Roi, avouait-il, passionne la petite plus que jamais, et lui parle seul à seule plus souvent et plus longtemps qu'auparavant (1). »

La campagne est commencée.

Trois mois se sont écoulés... Richelieu, qui sait bien « qu'il n'y a que Paris où l'on puisse vider les affaires » et qui ne se sent plus capable « de demeurer deux jours de suite dans l'accablement qui s'y rencontre », s'est sauvé « aux env rons (2) ». Il est à Conflans-l'Archevêque, la splendide maison agrandie et embellie au siècle précédent par M. de Villeroy, secrétaire d'État; il peut se reposer sur la colline, dans les jardins que Ronsard a chantés, d'où l'œil voit la Marne mêler ses eaux à celles de la Seine. La Cour est à Fontainebleau. Ce mercredi 18 juin 1636, Mlle de La Fayette, souffrante, ne sort pas de sa chambre, dont la fenêtre s'ouvre au rez-de-chaussée du château. Le Roi vient à passer. Il a aperçu la petite, il s'arrête et reste un quart d'heure à causer avec elle (3).

Le cardinal fut bientôt averti par son neveu Armand de Maillé, le jeune marquis de Brézé, fils du maréchal. Il n'eut pas à s'inquiéter outre mesure. Louis XIII venait alors du château de Tigery, rendez-vous de chasse fort proche de la forêt de Sénart, l'une de ses étapes favorites sur la route de Fontainebleau. C'est de là qu'il avait, deux jours auparavant, écrit à son ministre ces lignes presque tendres : « Je finirai ce mémoire en vous assurant que je ne fus jamais si content, ni si satisfait de vous que je le

---

(1) Voir les lettres du Père Carré publiées en partie par Victor Cousin, dans *Madame de Hautefort*, Appendice, note deuxième, p. 869-885.
(2) Avenel, *Lettres du Cardinal de Richelieu*, t. V, p. 459-460.
(3) Affaires étrangères, *France* 121, folio 47.

suis. Saint-Simon m'a encore assuré que vous l'étiez de moi, ce qui m'a donné une extrême joie, et ne voudrois pour rien au monde n'avoir fait ce petit voyage (1). »

La campagne de 1636 était commencée sur tous les fronts, en Italie, en Franche-Comté, en Alsace, en Allemagne, aux Pays-Bas, et Richelieu avait envoyé à Louis XIII de bonnes nouvelles de la comté de Bourgogne, où Monsieur le Prince assiégeait la ville de Dôle, qu'il se flattait de prendre avant peu, si elle n'était secourue. Dans son enthousiasme, le Roi avait envoyé au cardinal « un mémoire de quelques pensées que lui avaient inspirées ces nouvelles si heureuses : « Vous en prendrez ce qu'il y aura de bon, disait-il, et rejetterez ce que vous ne trouverez pas à propos (2). »

Ce que Louis XIII trouvait à propos, c'était d'avertir Monsieur le Prince que le comte de Soissons avait ordre de « suivre les ennemis s'ils passoient la Moselle » et que l'armée de Monsieur le Comte et celle du cardinal de La Valette les empêcheraient de fondre sur ses derrières pour débloquer la place. « J'ajouterai, déclarait le Roi, qu'il faut lui donner quelque espérance que je me pourrois bien avancer en ce pays avec sept ou huit mille hommes de pied et mille ou douze cents chevaux pour me joindre à lui, chose à quoi je ne pense point. A un homme de son humeur, il faut employer toute chose pour l'assurer, afin qu'il continue le siège qu'il a commencé, lui faisant connoître que de cette place dépend la conquête du pays, et aussi que, le bruit courant dans l'armée de ma présence, cela pourroit produire quelque bon effet (3). »

Cependant la gravité des événements absorbe toutes les pensées de Louis XIII. Mlle de La Fayette n'est plus au premier plan de ses préoccupations royales. Écrivant au cardinal, le 23 juin, il s'est contenté de dire au sujet de ses amours : « Je vis hier La Fayette qui m'a reconfirmé ce que La Chesnaye m'avoit dit de sa part (4). »

(1) Affaires étrangères, *Lettres de Louis XIII à Richelieu*, 16 juin 1636.
(2) Comte de Beauchamp, *Louis XIII d'après sa correspondance avec le Cardinal de Richelieu*, p. 252.
(3) Affaires étrangères, *Lettres de Louis XIII à Richelieu*, 16 juin 1636.
(4) Charles d'Ayme, sieur de la Chesnaye, premier valet de garde-robe du Roi, fut promu, cette année même, premier valet de chambre.

Il est tout à l'invasion menaçante et il n'a pas caché son angoisse. « J'ai songé toute cette nuit au cardinal de La Valette. J'ai bien peur que les ennemis le combattent, avant que le renfort qu'on lui envoie l'ait joint. Le bon Dieu l'ordonnera selon sa volonté (1). »

Les Impériaux à moins de quarante lieues de Paris.

L'un des derniers jours du mois de juillet 1636, le Conseil du Roi se tenait sur les hauteurs de Chaillot, dans la belle maison que le maréchal de Bassompierre, toujours emprisonné à la Bastille, avait eu la sagesse de prêter au cardinal. Richelieu ; à ce Conseil ne manqua point de fulminer contre M. de Saint-Léger, qui venait de rendre au prince Thomas de Savoie la ville du Catelet, dont il était le gouverneur. Le Catelet à quatre lieues et demie de Saint-Quentin, quarante à peine du Louvre. Et cela au moment où du Bec rendait La Capelle ! Le ministre avait beau dire, pour essayer de se consoler, que les deux places étaient « deux trous » ; sa colère ne faisait que croître (2).

Il fut résolu que MM. de Bellejambe et de Choisy partiraient pour l'armée avec ordre d'informer contre les deux coupables, dont l'un s'était réfugié dans les pays étrangers et dont l'autre, le baron de Saint-Léger, se trouvait encore à Ham.

A peine sorti du Conseil, Louis XIII eut l'imprudence de révéler au duc de Saint-Simon, son premier écuyer, ce qui venait d'être résolu. Confidence d'autant plus fâcheuse que le gentilhomme qui allait être arrêté, Étienne de Rouvroy, baron de Saint-Simon, était le propre oncle du favori. M. le Premier ne fut pas plus tôt seul, qu'il envoya en toute hâte un courrier à son frère aîné, le marquis de Saint-Simon, maréchal de camp, gouverneur et grand bailli de Senlis, capitaine de Pont-Sainte-Maxence, capitaine et concierge du château royal de cette dernière ville, l'un des principaux passages de l'Oise. Il conjurait son frère, — qui était à son poste de commandement, — de prévenir leur oncle. Ainsi, le 28 juillet, Saint-Léger fut averti à l'*Hôtel de l'Échiquier*,

---
(1) Affaires étrangères, *Lettres de Louis XIII à Richelieu.*
(2) Avenel, *Lettres du Cardinal de Richelieu*, t. V, p. 527.

vers dix heures du matin, par le courrier de son neveu, qui avait devancé à Compiègne celui du cardinal. Il mangea un morceau, puis, vers une heure de l'après-midi, ayant réclamé ses chevaux, il s'éloigna, suivi de deux laquais. Le fugitif franchit l'Aisne à Berry-au-Bac, coucha dans la maison du passeur, retraversa la rivière le lendemain et disparut dans la direction de Clermont (1).

Déclaré, ainsi que du Bec, criminel de lèse-majesté, il fut condamné à être tiré à quatre chevaux en place de Grève, — par coutumace fort heureusement. Une somme de soixante mille livres était promise à qui apporterait sa tête au Roi.

La sentence fut exécutée le 18 août 1636 et, de peur que l'on ne crût que, si les condamnés ne s'étaient pas échappés, ils eussent subi la peine, Richelieu écrivit, le 23, au cardinal de La Valette : « On les a tirés à quatre chevaux en effigie et leurs personnes seront traitées de même en quelque lieu qu'ils soient trouvés (2). »

L'ennemi passe la Somme.

Le samedi 2 août 1636, à Chaillot, « il y avoit belle assemblée sur l'eau et sur la terre ». Le cardinal donnait une fête à la Reine. Bien entendu, l'élégante assistance qui s'y pressait s'entretenait des généraux ennemis et du danger qu'ils faisaient courir à Paris. Nul doute que mainte dame n'ait pris plaisir à entendre maint cavalier

Faire sonner Lamboy, Jean de Werth et Gallas.

Le lendemain les mauvaises nouvelles commencèrent à arriver et, le 4, disent les *Mémoires*, de Richelieu. « Sa Majesté fit une ordonnance que tous les hommes portant armes qui étoient sans condition s'allassent enrôler chez le maréchal de La Force dans

---

(1) Pour les détails de la fuite du baron de Saint-Léger, qui mourut accidentellement à Marcillac, non loin de Blaye, chez l'abbé de Saint-Léger, trois mois plus tard, voir Duc de La Force, *Histoire et portraits (deuxième série), Les deux courriers la casaque écarlate*, p. 102-108.

(2) Père Griffet, *Histoire du Règne de Louis XIII*, t. II, p. 753.

vingt-quatre heures ; enjoignit à tous les privilégiés et exemptés de taille de le trouver dans six jours à Saint-Denis, montés et armés le mieux qu'il leur seroit possible sur peine de déchoir de leurs privilèges et d'être imposés à la taille... Mais d'autant que les armuriers et quincailliers, abusant de la nécessité publique, vendoient les armes à un prix excessif, Sa Majesté les modéra à un qui fût raisonnable ». Ce sont de ces mesures qu'il faut savoir prendre dans tous les siècles. L'hôtel de La Force avait sa haute porte cochère rue du Louvre en face de l'entrée féodale du château. Le maréchal n'y attendit pas les gens qui devaient s'enrôler ; il se rendit lui-même à l'hôtel de ville, d'où ils devaient être acheminés vers sa maison. Assis sur les degrés, il reçut les engagements.

Les Parisiens aimaient, en ce vieillard de soixante-dix-sept ans, l'ami et le compagnon d'armes de Henri IV ; ils croyaient découvrir en son visage de Gascon quelque chose de la bonhomie énergique et spirituelle du Béarnais. Lorsque, vers la fin de 1635, après avoir mis ses troupes en quartiers d'hiver et laissé le commandement de l'armée au marquis de La Force, il était revenu à Paris, il avait été accueilli par de « grandes caresses » du Roi et du cardinal et l'applaudissement universel des Parisiens. Ses *Mémoires* en donnent la raison avec leur bonhomie ordinaire : « Il est certain, y lisons-nous, que ce fut un temps bien favorable pour lui, car trois autres généraux qui commandoient de puissantes armées, savoir : le maréchal de Créqui celle d'Italie, M. le Cardinal de La Valette celle d'Allemagne et MM. les Maréchaux de Châtillon et de Brézé celle de Flandre, avoient tous reçu du désavantage et avoient été malmenés. Cependant ledit maréchal eut ce bonheur que, bien que véritablement le plus faible, il ne laissa pas de pousser toujours les ennemis et de prendre de grands avantages (2). » Sur les degrés de l'hôtel de ville, en ce début du mois d'août 1636, les crocheteurs lui touchaient dans la main en disant : « Oui, Monsieur, je veux aller à la guerre avec vous (3). »

(1 *Mémoires du Cardinal de Richelieu*, éd. Petitot, t. I, p. 222 et 224.
2) *Mémoires du Duc de La Force*, t. III, p. 170-171.
(3) Tallemant, *Historiette 28, Le Maréchal de La Force*.

Le 5, il se rendit à Chaillot pour assister au Conseil. On venait d'annoncer à Richelieu Henri des Cars de Saint-Bonnet, sieur de Saint-Ibar, le confident le plus intime du comte de Soissons. Les Espagnols, admirablement équipés, passaient la Somme au nombre de vingt-cinq mille. Les dix mille soldats de Monsieur le Comte, qui ne disposaient que de cinq à six pièces de quatre ou cinq livres de balles et se trouvaient à la veille de manquer de mèches, ne pouvaient que battre en retraite. Le champ était libre aux ennemis jusques à l'Oise.

Saint-Ibar, consulté par le cardinal, assista au Conseil. On résolut notamment de lever trente mille hommes de pied et une cavalerie nombreuse à Paris et aux environs pour renforcer l'armée de Picardie et garder les bords de l'Oise; une contribution volontaire fut demandée à tous les Parisiens, sans en excepter un seul.

Richelieu conféra longtemps avec La Force. L'entretien du ministre et du vieux guerrier se termina sur une lettre, que l'un dicta en présence de l'autre et fit porter au château de Madrid, où Louis XIII était accouru pour être plus près du Louvre : « Sire, écrivait au Roi le cardinal, M. le Maréchal de La Force étant céans, tous deux nous prenons la hardiesse de mander à Sa Majesté qu'il est important qu'elle aille coucher aujourd'hui à Paris et y demeure... jusqu'à ce que les troupes soient amassées, ce qui sera, s'il plaît à Dieu, dans trois jours. Il lui plaira, s'il lui plaît, envoyer, toute affaire cessante, à Chauny un homme déterminé, et, au pont de Sainte-Maxence, un homme de qualité. J'envoie le petit marquis de Brézé (1) à Pontoise avec son gouverneur, qui est homme de guerre. Il faut en cette occasion mettre toute pierre en œuvre. Il plaira au Roi... faire pourvoir tous les passages de Seine par ceux qu'elle y a destinés. Il est aussi bon d'envoyer à Creil, à Beauvais et à l'Isle-Adam rompre les ponts. Des mousquetaires de Sa Majesté remuants et agissants sont capables de faire exécuter cela et je crois qu'il est bien important qu'ils demeurent là comme

---

(1) Armand de Maillé, fils du maréchal de Brézé et neveu de Richelieu.

surveillants. Nous estimons aussi qu'il est important qu'elle envoie quelqu'un trouver M. le Maréchal de Châtillon pour le prier de s'avancer dès aujourd'hui à Senlis, sans retardement ni sans équipage. M. le Marquis de Mortemart, ou autre de qualité, sera bon pour le faire partir devant lui. Je crois qu'il est bon que Votre Majesté dépêche quelqu'un à Monsieur avec ordre de faire lever deux ou trois régiments en Touraine, Blaisois et autres lieux, par tous ceux qu'il a auprès de lui. Il faut que chacun serve en cette occasion (1). »

La galerie des Rois était l'une des merveilles du Louvre (2). Elle s'étendait le long du quai de l'École, au-dessus du nouvel appartement de la Reine. Longue de trente toises, large de vingt-huit, elle recevait la lumière de vingt et une croisées, dont les intervalles étaient occupés par les portraits des Rois. « Grands comme nature », les Rois étaient là tous ou presque tous, du moins « ceux qui avoient régné depuis saint Louis », tous entourés « des seigneurs ou des dames les plus considérables de leur cour, soit par la naissance ou la beauté, soit par leur esprit ou l'humeur complaisante », tous peints par Porbus, Bunel ou Mme Bunel, tous fort ressemblants, car Bunel, qui avait « portraicturé » les morts, « avoit voyagé par tout le Royaume et retrouvé et consulté les stucs des cabinets, les vitres des chapelles ou des églises où ils avoient été « représentés de leur vivant ». Les Rois étaient à droite de la galerie. Chacun avait en face de soi la Reine qu'il avait eue et qui était, elle aussi, enguirlandée des têtes des plus illustres parmi ses contemporains. Le moins beau portrait royal n'était pas celui de la délaissée de Bruxelles, infortunée Marie de Médicis, éclatante avec « ses vêtements si vrais, ses diamants si brillants », ses « perles si naturelles », avec sa « tête si noble », ses mains « si fines » (3). Princes et princesses se regardaient sous une voûte où les scènes des *Métamorphoses* voisinaient avec celles de l'*Ancien Testament*. « Les Rois, disait

---

(1) Avenel, *Lettres du Cardinal de Richelieu*, t. V, p. 528-529.
(2) Détruite par l'incendie de 1661.
(3) Ce portrait, œuvre de Porbus, est aujourd'hui au Louvre.

Sauval, sont vêtus assez simplement et à la mode de leur temps et conformément à leur âge. Les Reines ont leurs habits de pompe et de parade. Si bien qu'avec ces vêtements différents et bizarres, qui faisoient sans doute la principale partie de la galanterie et de la propreté de leur cour, ils nous paraissent si ridicules, qu'on ne peut s'empêcher de rire. »

Mais ce qui enchantait visiteurs et courtisans, c'était le balcon ménagé au bout de la galerie. « On y jouit, continue Sauval, d'une des plus belles vues du monde. Là, d'un côté, les yeux roulent avec les eaux de la Seine et se promènent agréablement sur ce long demi-cercle de collines rampantes qui viennent en tournant en cet endroit-là, de même que la rivière, mais toutes jonchées de maisons de plaisance, de villages, de bourgs, de vignes et de terres labourables. D'un autre côté, la vue, éblouie des beautés de la campagne, se vient renfermer dans la ville, et, après s'être engagée sur le Pont-Neuf, le Pont-au-Change et les maisons uniformes de la place Dauphine, elle se perd dans ce grand chaos de ponts, de quais, de maisons, de clochers, de tours, qui de là semblent sortir du fond de la Seine (1). »

C'est dans la galerie des Rois que Louis XIII, arrivé du château de Madrid, se tient le 5 août 1636, vers cinq heures de l'après-midi, pour donner audience aux députés des corps de métier. A ses côtés, les maréchaux de La Force et de Saint-Luc, le comte de Tresmes, capitaine des gardes, le comte de Nogent et plusieurs seigneurs de la Cour. Conduits par le lieutenant civil et le procureur du Roi au Châtelet, les députés entrent, se jettent à genoux, quelques-uns baisent la terre, « tous offrent leurs biens et leur vie pour aider Sa Majesté à chasser les ennemis du Royaume ». Louis XIII les relève et les serre tous dans ses bras, jusqu'au syndic des savetiers, dont le zèle est extraordinaire ; il les écoute lui parler « le plus tendrement » du monde, le supplier de ne pas aller s'exposer à la guerre, mais de rester au milieu d'eux qui « le veulent garder et défrayer ». La harangue du Roi, qui leur demande de secourir le Royaume « en un tel besoin », met

(1) Sauval, *Antiquités de la Ville de Paris*, t. II, p. 37 et suivantes.

le comble à l'enthousiasme, et lorsque la foule des Parisiens sort du Louvre, l'air est « fendu de tant d'acclamations de joie et de tant de cris redoublés de *Vive le Roi !* qu'il y a fort longtemps qu'il ne s'en est point ouï de plus grands (1) ».

Dès le lendemain, le Parlement arrêta qu'il verserait, deux mois durant, la solde de deux mille hommes d'infanterie. Quant aux corps de métiers, ils se montrèrent fort généreux : les savetiers payèrent d'un don de cinq mille livres le baiser royal donné à leur syndic ; les passementiers se distinguèrent aussi. Financiers, Université, Communautés, nul ne serra les cordons de sa bourse.

L'émulation était universelle : en une sorte d'union sacrée, tout le monde payait de son argent ou de sa personne. Déjà une ordonnance avait enjoint à « tous les jurés des différents corps de métiers de visiter toutes les boutiques », « de prendre le nom de tous les ouvriers propres à porter les armes, dont les maîtres pourroient absolument se passer et d'en dresser un rôle qu'ils remettroient au lieutenant civil, avec défense, sous peine de la vie, aux maîtres d'employer davantage les ouvriers qui seroient inscrits sur les rôles ». Déjà un arrêt du Parlement ordonnait « à toute la noblesse du ressort de se rendre à l'armée du Roi, à peine de dégradation (2) ».

Deux jours plus tard, une lettre que le cardinal dictait, dans sa maison de Chaillot, pour le comte de Soissons, montre toujours se rapprochant le danger qui menaçait la capitale : « C'est à Monsieur le Comte à choisir son poste au deçà de la rivière d'Oise pour s'opposer aux ennemis, au passage de ladite rivière, s'il juge le pouvoir. Que si, cependant, les ennemis avoient passé la rivière en quelque lieu, qu'il prenne garde à se retirer entre Paris et eux, en sorte que nous puissions joindre les troupes qu'on fait de deçà, sans que les ennemis se puissent mettre entre Paris et lui (3). »

Tandis que partait de Paris cet ordre si impressionnant, la prin-

---

(1) Voir *Gazette*, p. 474 et le livre si dramatique de M. Marcel Poëte, *Paris devant la menace étrangère*, p. 139-140.
(2) Père Griffet, *Histoire du Règne de Louis XIII*, t. II, p. 739-742.
(3) Avenel, *Lettres du Cardinal de Richelieu*, t. V, p. 530.

cesse de Condé mandait à son mari, toujours immobilisé sous les murs de Dôle : « Nous sommes si alarmés ici, qu'il ne se peut davantage. » Nouvelle que confirmait une lettre de M. Nesmond, surintendant des biens de Monsieur le Prince, datée du même jour : « Les ennemis se sont fort avancés : l'avant-garde, qui est de six mille chevaux, court jusques à Clermont (sur Oise). Ils ont pris en passant Montdidier et Roye, et le gros de l'armée, à ce qu'on croit, assiège Corbie. L'effroi est grand partout; ils brûlent et pillent tout. Le bruit court aujourd'hui que Dôle est prise, mais je n'en croiroi rien que voyant le courrier de Votre Altesse, que tout le monde attend avec impatience (1). »

Nesmond pouvait attendre longtemps encore ce courrier triomphant. Le 14 août 1636, le duc de Lorraine obligeait le prince de Condé à lever le siège de Dôle. La ville était délivrée et, à Bruxelles, les ennemis qui ignoraient encore l'échec de l'armée du Roi, soupiraient après sa délivrance.

La princesse de Phalsbourg, qui ne pouvait dormir du côté gauche, car elle souffrait de grands battements de cœur et « se sentoit oppressée par sympathie avec Dôle », mandait à Jean-Jacques Chifflet, l'érudit médecin de Philippe IV et le sien : « Si je pouvois apprendre que le siège de Dôle est levé et que le cardinal de Richelieu est pendu, j'aurois tant de joie que je guérirois bientôt ma rate. J'espère que Dieu nous fera cette grâce-là en bref. C'est de quoi je le supplie de tout mon cœur et qu'il nous conserve le bon cardinal (infant), qui est l'antipode de l'autre de toute façon. La prise de Corbie me donne bien de la joie (2). »

Les Espagnols s'emparent de Corbie.

La place de Corbie était tombée, en effet, depuis le 15 août. Comme M. du Bec à La Capelle, comme M. de Saint-Léger, au Catelet, M. de Soyecourt, qui la défendait, s'était rendu aux Espagnols. Huit jours au plus s'étaient écoulés entre l'investissement et la prise de la ville.

(1) Duc d'Aumale, *Histoire des Princes de Condé*, t. II, p. 553-554.
(2) Archives de Besançon (*Manuscrit Chifflet*, folios 593-594).

Huit jours pleins d'amertume pour le cardinal. Beaucoup et jusqu'à ses secrétaires d'État lui faisaient sentir que la faute lui en était imputable. On répétait à l'oreille les critiques de Mathieu de Morgues : « C'est fort bien de songer à « abattre les auvents des boutiques et à boucher tous les soupiraux des caves » ; mais pourquoi les places frontières ont-elles été laissées à l'abandon ? Pourquoi les coffres de l'État sont-ils vides ? Pourquoi les murailles de Paris ont-elles été démolies aux alentours du Palais-Cardinal ? Pourquoi cette annexion des faubourgs Saint-Honoré, Montmartre et Bonne-Nouvelle (1), mal protégés, à l'ouest du jardin des Tuileries et au nord de la demeure du ministre, par des bastions et des ouvrages de terre au delà desquels un fossé dérisoire est peu à peu comblé par l'accumulation des immondices, tandis que les portes de l'enceinte, — féodales ou récentes, — sont en butte, du côté de la ville, à la bâtisse sans ordre ni règle des maisons que l'on ne cesse d'élever ? Pourquoi le cardinal déploie-t-il tant de faste » quand il n'y a pas d'argent pour la frontière ?

Voici le cardinal la nuit, n'ayant près de lui que le Père Joseph. Il ne cache pas son découragement : « Est-ce là, s'écrie le Capucin, le moyen d'attirer la divine miséricorde ? N'est-ce pas plutôt pour exciter la colère de Dieu et enflammer sa vengeance ? C'est dans ces périls qu'il faut de fortes résolutions et une extrême confiance en la bonté divine, qui dispose des États pour sa gloire, qui sait les relever s'ils sont abattus, par des moyens inconnus à la prudence humaine (2). » La nuit est à peine achevée, que le cardinal se rend chez le religieux, dont il a longuement médité les avis et il « promet d'accomplir fidèlement ce que Dieu demandera de lui, quand il l'aura connu ». Promesse à la suite de laquelle, nous révèle le biographe de l'*Éminence grise*, le cardinal « vécut avec plus de récollection, se confessoit et communioit chaque dimanche et les fêtes principales et commença de disposer les matières pour la composition de ce bel ouvrage qu'il acheva

---

(1) Alors de La Villeneuve. Marcel Poëte, *Paris devant la menace étrangère*, p. 157 et 215.

(2) Lepré-Ballin, *La vie du Révérend Père Joseph de Paris, Capucin.*

depuis (1) », le *Traité sur la meilleure méthode de convertir les hérétiques.*

C'est encore sur le conseil du Père Joseph qu'il ose affronter les regards innombrables et malveillants de Paris. Il sait qu'on lui reproche d'avoir envoyé, par la rivière, à la Reine qui était au château de Madrid et dont il espérait se concilier les bonnes grâces, « trois bateaux de musique »; il sait que, le jour « où les Cours souveraines allèrent au Louvre », elles furent scandalisées des trois mouches qu'elles remarquèrent sur son visage et qui n'étaient que trois petits emplâtres à enlever les boutons (2); il sait que, sur les murs, s'étalent des placards promettant « une récompense honnête à qui rapportera le sac où est renfermé le reste de la prudence de M. le Cardinal (3) ». Il sait que Paris est plein de « bandouliers et porte-épée » à la solde de l'Espagne; il sait qu'il y a dans la ville certain spadassin dont on dit : « Voilà un gentil garçon qui tue tous les jours son homme (4) ». Rien ne l'effraye. Réconforté par le Père Joseph, il sort en carrosse, suivi seulement de ses valets de pied, mais emmenant toujours le maréchal de La Force, « parce que le peuple l'aime ». Le ministre salue les passants sur le Pont-Neuf, s'entretient avec eux le plus simplement du monde. Son Dominicain ne l'approuve pas : « Votre Éminence me pardonnera, lui écrit, le 8 août, le Père Carré, si je prends la hardiesse de lui représenter en toute humilité qu'elle ne devroit pas aller par la ville si peu gardée et accompagnée, comme on m'a dit qu'elle fait à présent, car il ne faudroit que quatre ivrognes, enivrés à dessein, pour susciter la racaille contre votre très auguste personne et cela seroit sans remède (5). »

Avec le Parlement, Richelieu a plus de peine et ne montre pas moins d'énergie. Le 10 août, les robes longues ont délibéré sur les mesures exceptionnelles que lui a dictées le péril de la capitale. Non seulement ces Messieurs des Requêtes ont repris à leur compte

---

(1) Lepré-Ballin, *La vie du Révérend Père Joseph.*
(2) Le Père Carré à Richelieu, Affaires étrangères, *France*, 821, folio 159.
(3) G. Fagniez, *Le Père Joseph et Richelieu*, t. II, p. 308.
(4) Affaires étrangères, *France.*
(5) Affaires étrangères, *France*, 821, folio 159.

les accusations anonymes, les calomnies, les griefs rebattus, l'épuisement des coffres du Roi, la ville sans murailles, les sommes immenses et d'énormes quantités de munitions transportées dans la citadelle du Havre, gouvernement du cardinal; mais encore ils ont prétendu nommer une commission extraordinaire de douze conseillers, qui s'en iront à l'hôtel de ville pourvoir à la sûreté de Paris et veiller à l'exact emploi des deniers fournis au Roi. L'après-dîner du 11, les présidents à mortier, un président et les doyens des chambres des Enquêtes sont introduits au Louvre dans le cabinet du Roi. Le cardinal a préparé pour son maître une allocution nette et nerveuse. Louis XIII la prononce d'une voix ferme : « Messieurs, je n'eusse jamais cru avoir occasion de vous envoyer quérir pour le sujet qui vous amène ici. Ce n'est point à vous de vous mêler des affaires de mon État et vous n'avez pu penser à ce qui s'est fait ce matin en l'état présent sans une très mauvaise volonté. Je ne parle pas de tout le corps, car je sais que la plupart me sont affectionnés, mais seulement de quelques-uns pleins de malice et d'envie. Je ne souffrirai en aucune façon leur entreprise, comme vous pouvez croire. Pour conclusion, je vous défends de continuer votre délibération et d'entreprendre d'être mes tuteurs en vous mêlant des affaires d'État(1). » Et Louis XIII, soutenant son ministre, ajoute, — probablement de son cru : « Si on a envoyé quelque chose au Havre de Grâce, ç'a été par mon ordre (1) ». Richelieu, d'ailleurs, sait se défendre lui-même : tout en remerciant son maître de l'avoir « justifié », il déclare (2) que, si le Roi n'avait eu la bonté de le devancer, il aurait su rendre compte de ses actes à la satisfaction de tous les gens de bonne foi. Des affirmations si tranchantes ont coupé court à toutes les velléités factieuses : le Roi et le cardinal n'ont eu qu'à se louer de la réponse du premier président.

Cependant les renseignements extorqués à tel ou tel espion ennemi ne sont rien moins que rassurants. Au nombre d'une trentaine, ces espions précèdent les troupes d'Espagne. « Habillés

(1) Avenel, *Lettres du Cardinal de Richelieu*, t. V, p. 541-543.
(2) Père Griffet, *Histoire du Règne de Louis XIII*, t. VII, p. 749.

en gueux », d'aspect vraiment misérable avec leur vilaine défroque de toile, le visage rasé pour ne pas être reconnus à leur barbe, ils vont implorant l'aumône dans les bourgs et les villages. Ils se gardent bien de passer par les villes, mais ils visitent les forêts et sondent les gués. Les uns s'aventurent vers Beauvais, les autres vers Paris, d'autres encore vers Boulogne, Abbeville ou Dieppe, cherchant à voir si les lieux favorables à la traversée des rivières sont occupés par des gens de guerre et s'il y a des troupes dans le voisinage. Moyennant la promesse de trente pistoles, ils reconnaissent « les forêts qui sont entre Laon et Guise »; pour dix pistoles, ils rôdent le long des rivières... et ne touchent jamais un sou, car les capitaines espagnols « se contentent de faire vivre ceux qui les servent ». C'est l'un de ces espions, le Dieppois Pierre Troquetin, qui l'a dit. Interrogé par M. de Laffemas, le 20 août 1636, et condammé à mort le surlendemain, il vient de confesser « que les ennemis ont dessein de donner la peur partout en dispersant leurs troupes de tous côtés, et, pour la tête de leur armée, qu'ils veulent la faire tourner vers Paris, si les passages sont faciles (1) ».

Aussi, expliquent les *Mémoires* du maréchal de La Force, « toutes les villes où il y avait pont, comme Beaumont, Creil et Pont-Sainte-Maxence, rompent soudain les leurs. L'effroi se coule jusqu'à Paris et n'y avoit nul qui ne se trouvât bien empêché, car c'était une puissante armée qui venoit soudainement à eux, ayant déjà fait de grands progrès et en fort peu de temps et y avoit fort peu de moyens de s'y opposer, car les principales armées de Sa Majesté en étoient éloignées; celle que commandoient le cardinal de La Valette et le duc de Weimar étoit aux environs d'Haguenau et Strasbourg pour s'opposer à celle de Gallas; celle de Monsieur le Prince étoit au siège de Dôle en la Franche-Comté et celle du comte de Soissons étoit foible et véritablement dans l'effroi (2) ».

(1) Interrogatoire de Pierre Troquetin (Affaires étrangères), *France* 821, folio 207. Voir aussi, *Mémoires du Cardinal de Richelieu*, éd. Petitot, t. VIII, p. 232.
(2) *Mémoires du Duc de La Force, Maréchal de France*, t. III, p. 174-175.

L'exode des Parisiens se précipite. Un lamentable défilé s'allonge sur les routes; des familles affolées, que s'apprêtent à suivre des centaines d'autres, cherchent à gagner Lyon ou Orléans, — Orléans surtout et les places de la Loire. Comme le dit Marescot, maître des Requêtes, « ce côté-là est le bon à présent, la rivière et les villes y convient (1). » On mettra cinq jours, s'il le faut, pour atteindre Blois, six pour se terrer à Selles-en-Berri. Et Balzac conjure Chapelain de venir, avec son épopée de *La Pucelle,* le rejoindre dans sa seigneurie, en deçà de la rivière de Loire. « La *Pucelle,* dit-il, y sera en toute liberté et maîtresse absolue de la maison (2). » Et Marescot écrit quelques jours plus tard : « Le démeublement est universel près de Paris et à trois lieues près. Il n'en est pas encore besoin, mais il semble que nous ne soyons pas capables de résister. »

Et voilà qu'il se confirme que M. de Soyecourt et sa garnison de seize cents hommes ont capitulé dans Corbie. Dès le huitième jour, le commandant de la place « composoit de sortir dans deux, s'il n'étoit secouru ».

Soyecourt, réfugié en Angleterre, devait être condamné, — par contumace, — le 25 octobre suivant, à être tiré à quatre chevaux, comme l'avaient été du Bec et Saint-Léger, dont le cardinal ne parlait pas sans les traiter de « lâches » et de « coquins ».

Si Richelieu déployait un tel excès de sévérité, c'est qu'il n'était pas fâché de retourner sur la tête des gouverneurs les responsabilités qui lui incombaient en partie. Il se souvenait certainement d'avoir écrit au duc de Chaulnes le 20 juin 1636 : « Il y a des réparations fort pressées, car il y a trois mois que je poursuis inutilement le fonds des fortifications : de sorte que nos places seroient perdues avant qu'on y eût envoyé de l'argent. Jugez, Monsieur, si nous en payerions grand intérêt. Il y a aussi beaucoup à penser pour Corbie, qui est une des

---

(1) Voir Marcel Poëte, *Paris devant la menace étrangère,* p. 147-150.
(2) Balzac, *Lettres.*

plus dangereuses places de votre frontière et des plus aisées à surprendre et même à prendre de force (1). »

Non seulement à Paris, mais encore dans les provinces, plus d'une personne de sens croyaient les affaires irrémédiablement compromises.

Le Père Carré, qui allait prendre les eaux de Bourbon-l'Archambault, ayant soupé le 9 août à Nevers, au couvent des Dominicains, avait recueilli de la bouche du Père Prieur les propos découragés que l'on prêtait au Père Recteur du collège des Jésuites. En serviteur dévoué, il les avait immédiatement transmis au cardinal : « Le Roi sera contraint de demander la paix au roi d'Espagne à genoux. »

Le Roi et le cardinal marchent sur Corbie.

« On prétend que Jean de Werth (2) conseilla au prince Thomas de marcher droit à Paris... Le prince Thomas jugea qu'il y avait un trop grand péril à s'avancer dans le pays ennemi en laissant derrière lui des places qui auraient interrompu sa communication avec les Pays-Bas. » Et le Père Griffet, à qui nous empruntons ces lignes, conclut ainsi. « Le siège de Corbie donna au cardinal de Richelieu le temps de se reconnaître (3). » Si l'occasion n'a pas été saisie au vol, si Paris est manqué par l'envahisseur, peu importe que Corbie soit prise. Le Roi et son ministre ont eu le temps d'assembler trente-cinq mille hommes et douze mille chevaux pour la reprendre : « Le garde que Monseigneur a dépêché aujourd'hui, écrit de Beaumont-sur-Oise, le 22 août, un correspondant de Richelieu, m'a trouvé auprès du Roi sur le bord de la rivière. Les régiments de Paris ont

---

(1) Aubery, *Histoire du Cardinal de Richelieu*, t. II, p. 634-636. — Sur la question des fortifications et le rôle de Sublet des Noyers, voir ci-dessus, t. IV, p. 420 et suivantes.

(2) Jean, baron de Werth (Weerdt), né à Weerdt (Limbourg), célèbre depuis la bataille de Nordlingen, était l'une des meilleures épées de l'Empereur. Richelieu, dès l'automne 1635, avait tenté de l'engager au service du Roi, mais la négociation n'avait pas abouti (Voir Avenel, t. V, p. 382-383).

(3) Père Griffet, *Histoire du Règne de Louis XIII*, t. II, p. 742-743.

fait la montre ce matin, sans montrer le moindre mécontentement du monde. Un seul a voulu gronder, que le marquis de La Force a fait prendre : on lui donnera seulement l'estrapade. » Et le correspondant du cardinal ne manque pas de signaler les bonnes dispositions du Roi : « Le Roi a extrêmement travaillé après son dîner, il a pris lui-même la peine de tracer des forts. Il est vrai que la présence de Sa Majesté étoit bien nécessaire en tous ces lieux-ci, où on avoit donné de bons ordres, mais peu avoient été exécutés; elle ne s'est pas épargnée au travail et elle n'a en vérité pas donné un moment à son plaisir (1). »

Au début de septembre, Louis XIII est assez malade et mélancolique à Chantilly. Le cardinal, qui ne va guère mieux, est pour quelques jours à Goussainville, près de Dreux. Son maître lui écrit le 2 : « Je me sens un peu des hémorroïdes. Cela ne m'empêche pas d'aller à la chasse. » Et le 5 : « Je me réjouis extrêmement de quoi vous êtes hors de l'appréhension de votre maladie, je prie Dieu qu'elle ne vous revienne jamais (2). » Le souci de leurs propres maux ne les détourne pas de leur devoir.

Ils viennent de désigner Monsieur pour généralissime de l'armée de Picardie, avec le comte de Soissons pour général et, sous ce cadet de la maison de Condé, les maréchaux de La Force et de Châtillon, ce dernier remplaçant le maréchal de Brézé, qui s'est retiré dans ses terres en alléguant le conseil de ses médecins. Le Roi et les ministres ont l'espoir au cœur. Déjà court le bruit que l'ennemi repasse la Somme. Aussitôt les paysans picards repassent l'Oise. Vers le milieu du mois précédent, Louis XIII, chassant sur la rive gauche de la rivière et apercevant sur la rive droite un homme dont il s'étonnait de ne pas reconnaître la livrée, avait l'humiliation de s'entendre expliquer que c'était un garde du cardinal infant qui se trouvait là pour assurer la protection de quelque château (3). A présent il peut écrire à Richelieu : « Tous les paysans picards s'en revont à leurs villages,

---

(1) Affaires étrangères. *France* 821, folio 217.
(2) *Ibidem, Lettres du Roi Louis XIII au cardinal de Richelieu.*
(3) *Mémoires du Marquis de Montglat*, éd. Petitot, t. I, p. 127.

LA REPRISE DE CORBIE

je vis hier plus de soixante chariots qui s'en retournoient (1) ». C'est que l'armée qui défend Paris a reçu tant de renforts, qu'elle est plus nombreuse que celle d'Espagne; c'est que le prince d'Orange, sollicité par Charnacé de sortir d'une inaction qui causerait la ruine du Royaume, — car jamais le Roi n'eût dégarni la frontière de Picardie, s'il n'eût compté sur la diversion hollandaise, — a rassemblé vingt mille hommes et huit mille chevaux : il ne cache pas qu'il va prendre le cardinal infant à revers.

Avec une véritable passion, le dimanche 7 septembre 1636, Richelieu stimule le secrétaire des commandements chargé de maintenir Gaston dans la bonne voie : « M. de Chavigny saura que j'ai trouvé, à mon avis, Monsieur aujourd'hui moins échauffé que la dernière fois que je le vis, et que la fougue des Français requiert de les employer à la chaude. Il saura de plus que l'armée ne devoit passer que samedi et, qu'un quart d'heure après, j'ai reçu une lettre du Roi par laquelle il me mande qu'il la fera passer mercredi, ou jeudi. Je crois que si Monsieur ne s'échauffe et n'échauffe tous les gens de guerre et par son exemple et ses discours, les affaires iront fort mal (2). »

Monsieur arriva enfin à Senlis, où le Roi et le cardinal se trouvèrent le mardi 9 septembre. Ayant auprès de lui le vieux guerrier qui avait reçu les engagements des Parisiens, Louis XIII dit à Monsieur : « Je vous baille le commandement de mon armée et le maréchal de La Force pour être auprès de vous, que je tiens le plus expérimenté et le plus capable de mon Royaume, et le marquis de La Force, son fils aussi. Ils m'ont toujours très bien servi. Je désire que vous croyiez à ses conseils et le laissiez conduire (3). »

(1) Affaires étrangères, *Lettres du Roi Louis XIII au cardinal de Richelieu* (2 septembre 1636).
(2) Avenel, *Lettres du Cardinal de Richelieu*, t. V, p. 577-578.
(3) *Mémoires du Duc de La Force, Maréchal de France*, t. III, p. 178. Quelques mois plus tôt, le 22 mars 1636, à Raon, près de Remiremont, le marquis de La Force avait fait prisonnier le comte Colloredo, général de l'Empereur. Exploit dont le cardinal avait, d'une plume enthousiaste, congratulé le vainqueur : « Je ne saurois assez vous témoigner ni la satisfaction que le Roi a reçue de l'action que vous avez faite depuis peu, ni la joie que j'en ai ressentie en mon particulier pour l'honneur que vous y avez acquis, l'une et l'autre étant indicibles. »

Corbie délivré.

Le cardinal tenait tête partout. Monsieur et Monsieur le Comte n'avaient pas osé le faire assassiner par leurs gentilshommes dans une maison d'Amiens, comme il était convenu pour le mois d'octobre 1636. Il écrivait de ce même Amiens, le 12 novembre : « Le Roi sera indubitablement, avec l'aide de Dieu, vendredi dans Corbie... Les mal affectionnés de Paris et de beaucoup d'autres lieux seront maintenant au bout de leur rôlet et ceux qui fondoient leurs espérances sur la ruine des personnes dont il plait au Roi se servir reconnoîtront que leur partie n'étoit pas bien faite et qu'en bien faisant il n'y a rien à craindre, principalement quand on sert un prince aussi bon que judicieux (1). »

Et ainsi le cardinal reprenait confiance : la place allait être reprise, de vive force et non par blocus, trois mois après sa chute. Le 5 novembre 1636, il n'osait croire encore au succès de l'attaque préconisée par le maréchal de Châtillon. Il avait écrit au même Chavigny : « Je ne sais comme va le siège de Corbie, je ne suis ni pour le blocus ni pour l'attaque de vive force. Lorsque M. le Maréchal de Châtillon en fit la proposition au Roi, je n'avois ouï parler qu'il la dût faire. S'il faut demeurer devant la place six mois par le blocus, comme apparemment on n'en aura pas meilleur marché, les affaires du Roi iront très mal. Si Gallas gagnoit un combat qu'on est à la veille de donner, on seroit en mauvais état, si Corbie retenoit les forces du Roi (2). » Or le 14 novembre, la place était prise et la joie de la victoire aidait le cardinal à perdre le souvenir de ses hésitations. Dans un article dicté par lui et publié par la *Gazette* du 15 novembre, toute la France put lire que la proposition du maréchal de Châtillon, « qui parut étrange à beaucoup de gens à cause de la saison, fut appuyée si fortement de Son Éminence, que Sa

---

(1) Avenel, *Lettres du Cardinal de Richelieu*, t. V, p. 672.
(2) *Ibidem*, p. 661.

Majesté, dont la solidité du jugement ne sauroit être assez estimée, s'y résolut et y demeura ferme (1). »

Et, le lendemain, le cardinal apprenait une nouvelle qui le comblait de joie. Monsieur le Prince, détachant l'un de ses lieutenants au secours de Saint-Jean-de-Losne, que pressaient Gallas et le duc Charles de Lorraine, avait contraint l'ennemi à lever le siège. Ce 16 novembre, Richelieu, vers dix heures du matin, était devant son écritoire et il traçait de sa main en tête d'une feuille de papier : *Pour M. de Chavigny*, mention qu'il faisait suivre de celle-ci : *Pour le Roi et pour M. Le Jeune seuls*. (M. Le Jeune, c'est-à-dire Bouthillier le Jeune, que ce sobriquet distinguait de son père.) Et, toujours de sa propre main, il écrivait : « Le second avantage que je viens d'apprendre, remporté sur Gallas, me ravit et m'oblige à reconnoître la vérité de tout ce qui nous a été dit. C'est la victoire qu'il y a longtemps qui étoit promise et que nous attendions plus tôt qu'il ne falloit par notre impatience. Le siège de Saint-Jean-de-Losne, secouru par la hardiesse d'un chef qui a surpris avec adresse les ennemis, est clairement *ce qui fut dit* lorsque La Capelle étoit assiégée et qu'il fut répondu que la hardiesse et l'adresse d'un chef surprendroient les ennemis et secourroient la ville. Et, depuis, La Capelle étant prise, il lui fut dit : *Souviens-toi, ma fille, que je ne t'ai point nommé La Capelle.* »

Que signifiait cet étrange discours? A qui se rapportait ce *lui* mystérieux? Il s'agissait d'une révélation dont une religieuse Calvairienne venait de recevoir la faveur. De ces révélations, — car il y en avait eu plusieurs, — Ezéchiély, comme Richelieu appelait le Père Joseph, — avait dressé « une sorte de procès-verbal » : « La prise de Corbie, poursuivait le cardinal, m'a été écrite par Ezéchiély, avant qu'elle capitulât, *nominatim*, la personne lui ayant nommé Corbie en termes exprès, et je ne voulus pas le mander, parce que je craignois que le Roi n'eût pas grande créance à cause qu'on n'avoit pas vu la victoire promise; joint que moi-même, quoique j'espérasse, je

(1) Avenel, *Lettres du Cardinal de Richelieu*, p. 670, note.

doutois et avois une foi fort faible. Je vous avoue que je suis touché au vif et j'espère que le cachet que Dieu imprime en mon cœur me demeurera à jamais. Je supplie le Roi de se souvenir de ce que dessus et de se donner de plus en plus à Dieu, qui l'y convie par des moyens si avantageux et si doux. Je vous prie aussi de vous rendre ce que je crois que vous êtes déjà, c'est-à-dire homme de bien, mais, comme il y a de la marchandise à tout prix, je désire que votre piété soit plus fine qu'elle n'est. Adieu. » Et craignant sans doute d'en avoir trop dit, le cardinal terminait sur cette prudente recommandation : « Gardez-moi, s'il vous plaît, ce mémoire pour me le rendre (1). »

Ainsi qu'il l'écrivait le lendemain à Louis XIII, « la prise de Corbie et le lèvement du siège de Saint-Jean-de-Losne assiégé par toutes les forces de l'Empire, et ensuite la retraite de Gallas étoient deux pièces de considération (2) ». La Bourgogne, après la Picardie, était sauvée, délivrée d'une armée de cinquante mille hommes, qui terrifiait le pays par son artillerie puissante, ses quatorze mille chars, le fourmillement de ses goujats, de ses valets, de ses huit mille femmes. Ayant franchi le Rhin à Brisach, cette armée avait été tenue en respect, du côté de Langres, par le duc Bernard de Saxe-Weimar et le cardinal de La Valette ; mais elle était entrée en Bourgogne, et elle menaçait Dijon.

A présent que Saint-Jean-de-Losne était délivré, le duc de Weimar, bien qu'il fût au service du Roi, n'empêchait point ses troupes saxonnes de piller et de dévaster la France, et La Valette, consulté par Richelieu, qui s'inquiétait de ce désordre, répondait fort nettement le 11 décembre 1636 : « Vous ne pouvez mettre ses troupes en aucun lieu qui ne soit entièrement ruiné, quand elles en sortiront ». Le cardinal en venait à cette conclusion « qu'il faudroit faire servir le duc de Weimar hors du Royaume (3). »

(1) Avenel, *Lettres du Cardinal de Richelieu*, t. V, p. 679-680.
(2) *Ibidem*, p. 681.
(3) Avenel, *Lettres du Cardinal de Richelieu*, t. VIII, p. 139.

Hors du Royaume.

Et, en effet, c'était hors du Royaume que devait se poursuivre la campagne. Les événements s'y étaient déroulés assez au gré du cardinal. Si l'on n'avait pu empêcher l'Électeur de Saxe de déclarer la guerre à la Suède, le 6 octobre 1635, l'on avait eu du moins la satisfaction inespérée de le voir fort malheureux à la guerre. Le maréchal suédois Banner, homme de grand poids, de grand travail, de grande activité, était, dès le début de 1636, entré dans la ville de Hall, dont il avait investi la citadelle. Surpris cependant par la vaillante défense de don Fabien Ponica, gouverneur de la place, qui avait détourné des sources pour inonder les lignes des assiégeants, il avait, à l'approche des renforts impériaux amenés par l'Électeur de Saxe, battu en retraite sur Magdebourg, que défendait une garnison suédoise, et il s'était cantonné à dix lieues de cette place, dans le voisinage d'Havelsberg et du fort de Werben. Au mois de mai 1636, le Saxon avait mis le siège devant Magdebourg, et Banner, sous prétexte d'attendre les troupes du général Leslie, n'avait rien fait pour secourir la ville, qui avait capitulé le 13 août : « Ce fut, expliquent les *Mémoires*, un effet de son nouveau mariage, qui l'avoit tellement occupé à faire l'amour et des festins, qu'il sembloit y avoir arrêté toutes ses pensées... Il avait néanmoins une très bonne et très nombreuse armée, mais l'étonnement dans lequel il étoit faisoit qu'il la laissoit inutile (1). »

Toutefois, au début du mois d'août, le nouveau marié s'était résolu à mettre en campagne sa « très bonne et très nombreuse armée. » Il avait enlevé la ville d'Ulzen, lucrative opération, qui lui avait rapporté trois mille rixdales. C'est auprès d'Ulzen qu'il rencontra enfin le général Leslie. Le 22, les deux généraux avaient sommé Lunebourg d'ouvrir ses portes. Le 27 septembre, Richelieu écrivait à Chavigny : « Banner et Leslie sont joints et ont pris tout le Luxembourg et la ville capitale de là. Ils vont attaquer les Saxons où les quatre mille chevaux tirés de Pologne, commandés

---

(1) *Mémoires du Cardinal de Richelieu*, éd. Petitot, t. IX, p. 15.

par le colonel Gœtz (1), ont été contraints de retourner, au lieu de venir fortifier Gallas, qui les attendoit. Le landgrave (de Hesse) n'a plus d'ennemis sur les bras et les affaires vont bien de ce côté-là (2). »

Les quatre mille chevaux de Gœtz n'auraient sans doute épargné à Gallas ni l'échec de Saint-Jean-de-Losne ni la désastreuse retraite qui suivit et que Richelieu appelait, non sans raison, une « déroute ».

Gœtz ne fut pas d'un plus grand secours à l'Électeur. Le 4 octobre 1636, attaqué par Banner à quelque distance de Wistock, ce prince, qui se battait en personne à l'aile gauche, ne put résister.

M. de Saint-Chamond, l'envoyé du Roi près de l'Empereur, avait signé à Wismar, dès le 20 avril 1636, un traité avec les envoyés de la reine Christine, fille de Gustave-Adolphe. Louis XIII, aux termes de ce traité, commençait par payer ses dettes, — un arriéré de cinq cent mille livres, que la France devait à la Suède, — puis il promettait de donner chaque année, pendant toute la durée de la guerre, un subside d'un million. Par contre, la Suède s'engageait à combattre en Silésie et en Bohême, pour occuper les armées de l'empereur Ferdinand, loin des frontières françaises. L'entente était prévue pour trois ans. Les deux alliés étaient tenus de ne point faire de paix séparée avec l'Empereur ou ses adhérents. Un congrès se réunirait à Cologne pour traiter avec les ennemis et, dix années durant, la France et la Suède surveilleraient l'exécution de ce qui s'y serait décidé.

Assuré d'un champion vigoureux dans la région de l'Elbe, Saint-Chamond en avait cherché un autre qui pût suppléer les armées du Roi dans les pays du Rhin. Il avait songé au landgrave de Hesse-Cassel, que Richelieu considérait comme « le plus brave et généreux prince de toute l'Allemagne (3) ». Cédant aux

---

(1) Le comte de Gœtz, général de l'Empereur, que Richelieu traite de simple colonel.
(2) Avenel, *Lettres du Cardinal de Richelieu*, t. V, p. 588.
(5) *Mémoires du Cardinal de Richelieu*, éd. Petitot, t. IX, p. 12.

instances de Saint-Chamond et du comte de Hanau, que M. de Charnacé et le maréchal de Brézé avaient supplié de s'entremettre en cette affaire, le landgrave avait rompu la trêve qui le liait à l'égard de l'Empereur, et secouru la ville de Hanau, sur le point de se rendre. Mais il ne crut pas devoir ratifier le traité conclu, au mois de juin, avec Saint-Chamond et que trois commissaires avaient signé pour lui dans la ville de Minden.

On avait attendu en vain l'arrivée de Banner. Interrompant sa marche déjà longue, le Suédois allégua la fatigue de ses troupes et se retira dans l'Électorat de Saxe, qu'il mit au pillage.

Sur ces entrefaites, Saint-Chamond apprit que le landgrave s'était rendu à La Haye, afin d'obtenir de MM. les États « des munitions de bouche et de guerre », et comme, pour regagner la Hesse, le prince devait passer dans le duché de Clèves, non loin de Wesel, il lui fit proposer une entrevue dans cette ville. Les ennemis tenaient la campagne, l'ambassadeur fut contraint de recourir aux comtes d'Oldenbourg et d'Ostfrise pour protéger sa route. Il trouva le landgrave fort satisfait du Roi : M. de Charnacé, ambassadeur de Sa Majesté auprès des États de Hollande, lui avait fait remettre vingt mille écus « pour acheter les grains, chairs salées, beurres, draps, linges, onguents et médicaments qu'il étoit nécessaire de mettre dans Hermenstein ». Sa reconnaissance n'allait point toutefois jusqu'à signer le traité d'alliance qu'on lui proposait, et la pension de quinze mille rixdales que lui faisait le Roi et qui d'ailleurs n'était pas encore payée, ne lui semblait pas suffisante pour compenser les dangers qu'il allait courir. « Le plus brave et généreux prince de toute l'Allemagne » ne put être rassuré que par le paiement intégral de ce qui lui était dû (augmenté de cent mille rixdales) et par la promesse de cent mille autres. Cependant, voyant que les Impériaux occupaient Paderbon et rendaient l'accès de ses États fort hasardeux, il s'en fut, sur le conseil de Saint-Chamond, solliciter l'aide des Suédois pour délivrer Hermenstein. Banner s'étant refusé encore, Saint-Chamond écrivit à M. de Charnacé pour demander aux Hollandais un secours de quatre mille hommes et l'envoi des deux régiments de Waldenbourg et de Mulard, que le Roi entretenait dans ce pays. Mais les régiments étaient en piteux état, les colonels avides d'argent et peu sûrs ; quant au prince d'Orange, il ne vouloit point fournir les troupes que l'on désirait. En outre, M. de Charnacé redoutait de voir les États consentir à traiter séparément avec les Espagnols. Louis XIII partageait ses craintes (1). Il fallait agir avec la plus grande prudence : les États avaient chargé de négocier avec les envoyés du Roi le sieur Musch, leur greffier.

Musch n'était pas inconnu de Charnacé, à qui il avait déclaré, dès 1634, que, si « le Roi vouloit lui faire quelque bien, il le serviroit très bien ». Le cardinal n'avait pas oublié cette déclaration. Il avait préparé une somme de quatre-vingt-douze mille livres et il entendait que le greffier et tous les bons amis du Roi fussent « traités, en la distribution de cet argent, selon leurs conditions et qu'ils étoient plus ou moins considérables » : « Vous contenterez aussi, ajoutait Richelieu, les commissaires qui assistèrent à votre traité, auxquels vous me mandez que l'on a promis des chaînes d'or ; enfin l'intention du Roi est que vous distribuïez toute ladite somme de quatre-vingt-douze mille livres le plus utilement qu'il se pourra, dont Sa Majesté se repose sur vous (2). »

Non seulement le cardinal cherchait à satisfaire MM. les États, mais il s'efforçait d'isoler les royaumes voisins de l'Empire. Le 27 septembre, il annonçait à Chavigny : « Il est venu un courrier de M. de Saint-Chamond, qui apporte de fort bonnes nouvelles. Le roi de Danemark demeure purement et simplement neutre par la négociation du sieur de Saint-Chamond, ce qui a fort réjoui les Suédois. » Apprenant que l'ambassadeur de Pologne, qui relève de maladie, va regagner son pays, Richelieu ne manque point de le remercier par avance des bons offices qu'il pourra rendre à Louis XIII en traversant l'Allemagne. Pour se conformer à l'usage de la cour polonaise, c'est en latin que Son Éminence trousse, pour le voyageur, un fort galant billet : « *Gratulor exænimo Vestræ Excellentiæ de restituta tandem*

(1) Avenel, *Lettres du Cardinal de Richelieu*, t. V, p, 533, note 1.
(2) *Ibidem*, p. 533-534.

sua sanitate quam tamdiu vi morbi oppressam dolebam. Gratissimun habet Rex meus quod tam propensum erga se animum præsertim in transitu per Germaniam Excellentia Vestra profiteatur (1). »

Compliments cicéroniens qui ne laissaient pas que d'être fort sensibles au destinataire, puisque, le lendemain 16 octobre, le Père Joseph écrivait au cardinal : « J'ai vu M. l'Ambassadeur de Pologne ; il témoigne grande affection pour la France. »

Les nouvelles de Rome étaient moins satisfaisantes. « Le Pape et Messieurs les Neveux » étaient, sauf le cardinal Antoine Barberini, fort aigris contre la cour de France. Sa Sainteté refusait le chapeau que Louis XIII réclamait pour le Père Joseph. Et même elle tentait de faire conclure une paix favorable à l'Espagne. Les deux envoyés du Roi, le maréchal d'Estrées et le comte de Noailles, ne parvenaient point à fléchir son obstination. Là encore, il fallait louvoyer ; malgré le désir du Pape, on maintenait à Rome ces deux ambassadeurs.

On tenait compte cependant de certains avis d'Urbain VIII qui semblaient utiles : l'on adoptait l'idée de réunir une conférence qui se tiendrait à Cologne quelques semaines plus tard. Mais le cardinal avait à se soucier, maintenant, de la diète convoquée à Ratisbonne par l'Empereur. Dans un mémoire daté du 7 octobre, Richelieu s'en expliquait ainsi avec Mazarin : « Il est évident que la diète de Ratisbonne n'est convoquée par la maison d'Autriche qu'à deux fins, l'une pour faire élire le roi de Hongrie roi des Romains, l'autre pour faire jurer la Ligue à toute l'Allemagne contre la France et ses alliés. »

En effet, l'Empereur voulait faire élire son fils Ferdinand roi des Romains. Celui qui devait être l'empereur Ferdinand III fut élu, le 22 décembre 1636, à la dignité qui le désignait pour recevoir la couronne et le globe. Richelieu se montra fort scandalisé. Il avait étudié en juriste et en théologien la bulle d'or qui réglait l'élection des Empereurs. Il y découvrait quatre raisons de tenir pour nulle la décision de la diète : les Électeurs avaient été convoqués afin de délibérer de la paix et

---

(1) Avenel, *Lettres du Cardinal de Richelieu*. t. V, p. 62.

non de la succession impériale; ils s'étaient assemblés à Ratisbonne et non à Francfort, comme le prescrivait la bulle; le vote du duc de Bavière, qui avait usurpé la dignité électorale, était illicite; le prince évêque de Trèves, l'un des trois Électeurs ecclésiastiques, était retenu en prison par les Espagnols, qui le jugeaient trop favorable à la France. Et Son Éminence concluait ainsi : « Il est certain que les Électeurs ont été gagnés par serments ou promesses. » Il est certain aussi qu'en d'autres circonstances, le cardinal eût prêté peu d'attention à ces détails. Ferdinand II mourut le 15 février 1637. Ferdinand III monta sur le trône impérial et Louis XIII ne le reconnut que pour roi de Hongrie. Le roi de France n'en était pas moins disposé à honorer la mémoire de l'Empereur défunt et il écrivait à Richelieu : « J'ai averti la Reine du deuil de l'Empereur; je vous prie de me mander comme il faut que je le porte (1). » En attendant, les nouvelles de Cologne n'étaient guère meilleures que celles de Ratisbonne. Le légat du Pape était arrivé, le 24 octobre, dans cette ville, que Sa Sainteté avait proposée comme lieu de la conférence, accepté par le Roi et ses alliés; mais les Espagnols faisaient mille difficultés : « ils cherchoient, de jour à autre, racontent les *Mémoires*, des prétextes d'amuser et tenoient les esprits en balance entre la paix et la guerre pour essayer de prendre leurs avantages et faire pencher les affaires du côté qu'il leur seroit plus utile (2) ».

Entre temps le cardinal parcourait la Picardie et se rendait à Abbeville pour mettre ordre aux affaires de cette province. Le 3 novembre, il narrait à Chavigny la réception et le repas ridicule dont le duc d'Angoulême, gouverneur de Picardie, l'avait régalé. Il avait demandé à « faire abstinence de harangues » : « Jamais, disait le cardinal, M. d'Angoulême ne fut meilleur ; au lieu que d'ordinaire on n'a que deux ou trois harangues, le nombre en fut multiplié jusqu'à tel point que le jour de mon

(1) Voir l'étude si intéressante de M. l'abbé Leman, *Le Saint-Siège et l'Élection Impériale du 26 décembre* 1636.
(2) *Mémoires du Cardinal de Richelieu*, éd. Petitot, t. IX, p. 87.

arrivée n'y suffit pas, il en resta pour le lendemain. » Son Éminence ne fut guère plus satisfaite de la chère que lui fit son hôte : « Pour témoigner qu'il étoit seigneur du domaine, il ne s'est pas vu une seule écuelle lavée ! et autant il a été copieux en harangues, il a été resserré en festins (1). » Désagréments qui divertirent fort Louis XIII. Chavigny s'empressa de répondre au cardinal « que le Roi contait à tout venant le « repas ridicule » dont avait été régalé son ministre (2) ».

L'armée navale contre les Iles de Lérins.

« A présent que Dieu a remis Corbie dans l'obéissance du Roi et que M. le Cardinal de La Valette a mis en déroute une bonne partie de l'armée de Gallas, le contraignant de repasser toutes les rivières, avec grande perte d'hommes, de munitions et de canons, et de se sauver dans la Franche-Comté, il n'y a plus rien tant à désirer, pour le bien des affaires du Roi, que la prise des îles Sainte-Marguerite et de Saint-Honorat (3). »

C'est de Corbie même que Richelieu écrivait ainsi, le 19 novembre 1636, à M. de Sourdis, archevêque de Bordeaux, qui commandait en chef « l'armée navale de Levant ». Composée des escadres de Bretagne, de Guyenne et de Normandie, « forte de trente-neuf vaisseaux, six brûlots et douze flûtes », cette armée navale avait fait voile vers la Méditerranée le 23 juin 1636. Sourdis avait sous ses ordres Henri de Lorraine, comte d'Harcourt, lieutenant général de l'armée navale. Il devait être secondé par le maréchal de Vitry, qui avait sous les siens les troupes postées sur la côte de son gouvernement de Provence. Par malheur Vitry (le meurtrier du maréchal d'Ancre), était emporté et brutal, d'Harcourt peu disposé à lui céder et Sourdis « incompatible ».

Le 18 août, rejointe par deux galères, la flotte arrive par le travers des îles de Lérins. Ne pouvant mouiller à cause du vent

(1) Avenel, *Lettres du Cardinal de Richelieu*, t. V, p. 655.
(2) *Ibidem*, p. 656.
(3) Eug. Sue, *Correspondance de Sourdis*, I, p. 185 ; et voir ci-dessus, t. IV, p. 515.

qui vient de terre, Sourdis monte dans la galère *La Cardinale* et, la nuit même, va reconnaître les îles. Il débarque bientôt à Cannes et, tandis qu'il gravit la montagne qui fait face aux îles, les premiers feux du soleil éclairent la mer. De la hauteur (notre Californie) où il est parvenu, il distingue, comme sur un plan en relief, les deux îles. La plus proche, Sainte-Marguerite, « est défendue par un grand fort de trois bastions et deux demi-lunes, où il y a vingt-huit pièces de canon qui la voient presque tout entière ». Une « tour terrassée », munie de dehors en terre, la protège du côté de Cannes. C'est de ce côté que l'on peut tenter une attaque. Sourdis, après avoir promené ses regards sur les îles, aperçoit à ses pieds la presqu'île de la Croisette, qui s'avance au ras de l'eau, vers Sainte-Marguerite, portant à sa pointe extrême son fort inexpugnable. Il se rend au fort de la *Croisette* et il y reçoit confirmation des renseignements qu'il a pu recueillir de son poste aérien.

M. de Nantes, avec onze vaisseaux et une galère, rejoint, le 22 août, la flotte « mouillée » à la rade du Golfe Juan, près Sainte-Marguerite. Mais toute entreprise est rendue difficile par le désaccord qui se manifeste entre « M. le Général (le marquis de Pontcourlay, général des galères) et les capitaines ». Richelieu fait gronder son tonnerre contre son neveu, car il ne peut admettre que celui-ci ait enlevé auxdits capitaines l'autorité que le Roi leur avait donnée sur les officiers du régiment des galères (1).

Autres dissentiments entre Sourdis et Vitry (2) : M. de Bordeaux serait heureux de conquérir Monaco et son port, refuge assuré des galères espagnoles qui viennent du grand-duché de Florence (3). M. de Vitry attaquerait du côté de Villefranche, M. d'Harcourt pousserait son attaque du côté de Menton. Mais d'Harcourt ne veut souffrir Vitry que si Vitry lui obéit, et Vitry ne consent à sortir de son gouvernement de Provence que s'il a le comman-

---

(1) Avenel, *Lettres du Cardinal de Richelieu*, t. V, p. 560-572. Voir aussi note, t. IV, p. 521.
(2) Eugène Sue, *Correspondance de Sourdis*, t. I, p. 55.
(3) Une garnison espagnole occupait la Principauté et opprimait le Prince lié à la France par le traité du 24 février 1635. Léon-Honoré Labande, *La Principauté de Monaco*, p. 147-149.

dement absolu des troupes qu'il amènera. On est condamné à l'immobilité.

Les 28 et 29 août, d'Harcourt ne peut empêcher trente-huit galères espagnoles, mouillées au port de Monaco, d'aller ravitailler les îles. L'approche de la flotte ennemie les réconcilie tous, en une conférence tenue à Antibes : d'Harcourt, arrivé de Villefranche par mer en compagnie de Pontcourlay, de Sourdis, de l'évêque de Nantes, et Vitry accouru de Cannes à cheval. Nouvelle entrevue le lendemain en rade de Villefranche, dîner de trente couverts sur le vaisseau amiral, collation de confitures et de fruits sur la galère capitane. Après « un million d'embrassades », on se sépare et Vitry, malgré le voisinage des galères espagnoles, qui ont mouillé au large du cap d'Antibes, se rend en chaloupe au cap de Cagnes, où il descend chez M. de Courbons (1).

« Le lendemain, à son lever, raconte M. de Loynes, l'un de ses gentilshommes, nous vîmes sortir l'armée navale du port de Villefranche pour aller chercher les ennemis, qui est un effet des résolutions qu'ils avoient prises ensemble et qui eussent produit celui qu'ils désiroient de les battre, si, à la première vue, toutes ces galères, se prévalant du calme, n'eussent fui bien vite et laissé le poste de Menton qu'elles avoient pris (2). »

Même déconvenue le 6, lorsque l'armée navale, qui est retournée à la rade de Villefranche, en sort de nouveau pour aller attaquer les galères espagnoles réfugiées au port de Monaco. Remorquant les vaisseaux, auxquels le vent dénie son assistance, les galères s'avancent sous l'effort de leurs rameurs. Elles prétendent entrer « pêle-mêle dans le port » et forcer l'ennemi au combat. Illusion de courte durée : à peine les galères espagnoles ont-elles aperçu M. de Mantin debout sur la galère du chevalier de La Valette, poussant droit au port, « que, ne s'assurant non plus au canon de la place sous laquelle il est, qu'à leur propre valeur, elles recourent à la fuite ». Et, soudain, le soir, un grand coup de vent met en danger les galères du Roi, qui se hâtent d'aller mouiller à Menton.

(1) Jean-Henri Grimaldi, marquis de Courbons, sieur de Cagnes.
(2) Eugène Sue, *Correspondance de Sourdis*, t. I, p. 111-115, lettre du 6 sept. 1636.

C'est alors une suite de petits engagements, un chassé-croisé le long des côtes ligures. Le moindre calme plat incite les galères espagnoles à tenter de surprendre les grands vaisseaux à l'ancre. Tentatives qui ne vont pas sans dommages pour elles et aboutissent souvent à une fuite « à toutes rames ». Quand les grands vaisseaux du Roi, traînés par les galères de France, viennent attaquer à leur tour, l'ennemi subit des pertes plus lourdes encore et sa fuite est plus éperdue, — une fuite qui ne cesse plus, si une brise légère permet aux vaisseaux d'utiliser leurs voiles. Sourdis et d'Harcourt vont mouiller, le 14 septembre, à Loano, bourgade génoise qui appartient au prince Doria, l'un des généraux du roi d'Espagne, et dont les peuples apportent humblement les clefs. On est à Vayo le 15, dans une petite crique située à douze milles à l'ouest de Gênes, non loin de Savone, et Sourdis envoie le baron de Neuillan négocier avec la République, qui ne répond qu'au bout de huit jours aux propositions qui lui sont faites. Le sieur Justinian, l'ambassadeur de la République, monte à bord du vaisseau amiral ; il est intraitable. Alors qu'il y a dans le port de Gênes sept galères de Sicile et quatre d'Espagne commandées par le prince Doria, ce Justinian ne consent à accorder ni l'abri aux galères du Roi ni le passage aux troupes destinées à secourir le duc de Parme. « Faibles secours, allègue-t-il, qui ne servent à rien à M. de Parme et aigrissent l'Espagne contre nous, n'ayant point de prétexte d'y avoir été contraints. » Mais on se comprend à demi-mot et Justinian n'est pas plus tôt revenu à Gênes, qu'une émeute éclate, contraignant la Seigneurie, non seulement à expulser du port les galères du Roi Catholique, mais encore de fermer la ville à tous les Espagnols.

Sourdis alors se rend à Cannes pour s'entendre avec Vitry au sujet du « travail des îles ». Le vice-amiral et le sieur de Poincy se détachent de la flotte avec quatorze vaisseaux. Ils cherchent à engager entre eux et le reste de l'armée navale, qui mouille le long de la « rivière de Gênes », les galères d'Espagne. Tandis que les galères de France, sauf *La Cardinale,* s'en retournent à Toulon, car elles n'ont plus de vivres, le vice-amiral est sur le point de détruire toutes les galères du Roi Catholique, au milieu desquelles un brusque coup de vent l'a jeté, mais dont, une fois de plus, un fatal calme plat favorise la fuite. Il n'y a plus qu'à rentrer à Villefranche.

L'on y trouve les ordres du Roi, qui sont de rendre inutile le port de Monaco par la construction d'un fort. Il était aisé d'utiliser, à cet effet, le monument antique de la Turbie, élevé par les Romains en l'honneur d'Auguste. Le moyen âge l'avait mué en ouvrage défensif. Mais le duc de Savoie le revendiquait. Comment y mettre les dix compagnies de gens de pied que Sourdis prétend y établir, quand le Savoyard a déclaré à M. d'Hémery que « le fort de la Turbie est une simple tour, dans laquelle il ne vient ordinairement que huit ou quinze hommes de garnison, au bas de laquelle il n'y a que quatre ou cinq maisons... Tout cela ensemble n'est pas capable de loger cent hommes (1) ».

Ce que Richelieu a bien plus à cœur, c'est la prompte conquête des îles. L'escadre du duc de Ferrandina ne pourra tenir indéfiniment dans le Frioul (le bras de mer qui sépare les deux îles), le mauvais temps l'en chassera (2). Il faudra profiter de ce départ. Les lettres de la Cour commencent par un *Delenda Carthago* de plus en plus pressant; de Chantilly, Louis XIII écrit, le 20 novembre, « qu'il a cette affaire grandement à cœur »... De Rueil, le 3 décembre, Richelieu mande : « Je suis extrêmement étonné du retardement que l'on apporte... » Et, le 4, Sublet de Noyers traduit ainsi le sentiment unanime : « Enfin la longue attente de l'attaque des îles nous fait perdre patience (3). »

Le cardinal ne connaissait pas encore le coup de théâtre qui s'était produit à Cannes, le 21 novembre 1636, alors que les troupes étaient rassemblées pour l'embarquement. Au cours d'un conseil de guerre tenu au château, une querelle avait éclaté entre d'Harcourt et Vitry; Sourdis intervenant, puis regagnant

---

(1) *Correspondance de Sourdis*, t. I, p. 121.
(2) *Ibidem*, t. I, p. 117.
(3) *Ibidem*, t. I, p. 185-189.

sa place, est bientôt rejoint par le maréchal en fureur, qui le frappe du jonc qu'il tient à la main, le traite de cagot, de bréviaire et s'entend répondre par l'archevêque impassible : « Cela ne nous empêchera pas de donner aux îles et, quand cela sera fait, nous aviserons à ce que nous devrons faire (1). »

Quelques jours plus tard, deux plis cachetés aux armes de Richelieu furent remis aux deux « incompatibles ». Le premier de ces écrits apportait à M. de Bordeaux les condoléances du cardinal : « Il me sembla être tombé des nues, quand je vis votre lettre, ne pouvant croire qu'un homme soit si perdu de jugement que de commettre la faute que vous me mandez être arrivée en votre personne. » Le second pli morigénait le maréchal : « Il est si peu croyable qu'un homme de votre profession ait voulu offenser M. de Bordeaux, comme on dit que vous avez fait, que, si je vous avois vu commettre actuellement cette faute, je ne saurois me le persuader (2) ». Les sentiments d'affection que le cardinal disait éprouver à l'égard de Sourdis n'empêchaient point Son Éminence de se souvenir que, deux ans plus tôt, l'archevêque, par son humeur peu accommodante, s'était attiré les coups de canne du duc d'Épernon, aussi emporté que lui. Au besoin Chavigny eût rappelé à Richelieu les scènes déplorables qui avaient scandalisé Bordeaux : « Je crois, disait-il, que M. de Bordeaux a dessein de se faire battre de tout le monde pour remplir la France d'excommuniés (3). »

Lorsqu'on sut à la Cour, vers le 20 décembre, « qu'il ne falloit plus rien espérer de l'entreprise des îles », le Roi écrivit à l'archevêque : « Il n'y a point d'excuse recevable. » Le Roi ajoutait, il est vrai : « Je veux réserver d'y donner mon jugement jusqu'à ce que je sois particulièrement éclairci de tout ce qui s'est passé par delà (4). » Chose qui n'était qu'à demi rassurante pour l'archevêque, dont le cardinal réchauffait ainsi le zèle : « On n'a rien fait pour l'attaque des îles... Ceux qui ne vous

---

(1) Archives des Affaires étrangères, *Provence* 235.
(2) Avenel, *Lettres du Cardinal de Richelieu*, t. V, p. 709-710.
(3) Père Griffet, *Histoire du Règne de Louis XIII*, t. II, p. 709.
(4) *Correspondance de Sourdis*, t. I, p. 229.

affectionnent pas font tomber la principale faute sur vous... Comme les rechutes aggravent les maladies, si, après avoir manqué l'attaque des îles, vous manquez encore le secours de Parme, tous vos amis ensemble ne seroient pas capables de vous garantir du blâme (1). »

Ce secours, le duc de Parme était venu l'implorer lui-même au mois de mars 1636, et le comte Fabio Scotti, son représentant auprès des chefs de l'armée navale, n'avoit cessé de le réclamer depuis lors. Le 19 novembre, il avait supplié Sourdis, d'Harcourt et Vitry de ne pas sacrifier à « l'entreprise des îles, qui se pouvoit remettre », celle de Parme, qui ne pouvait souffrir aucun délai. Il y allait du prestige de la France en Italie (2). Louis XIII, le 26 décembre, semblait tout prêt à combler les désirs de Parme. « Présentement, mandait-il à Sourdis, j'estime qu'il faut préférer le secours de mon cousin le duc de Parme ; et la prudence veut que l'on s'attache plus fortement à un seul dessein que de porter ses pensées à plusieurs et n'en assurer aucun, comme il est arrivé jusqu'ici de mon armée navale (3). »

Cependant, de Cannes, Fabio Scotti renouvelait son appel de détresse auprès de Sourdis : « Ce que Son Altesse mon maître me recommande, c'est de vous prier, Monsieur, de le favoriser en sorte qu'il soit promptement secouru, ne pouvant plus soutenir plus longtemps (4). » Les suites de l'affaire seront loin de répondre à cet émouvant appel.

L'invasion du Pays basque et du Pays de Labourd.

Quelques jours plus tôt, le 11 décembre, du château de Noisy près de Versailles, Louis XIII écrivait à Richelieu : « Arrivant ici, j'ai trouvé M. Bouvard, qui me dit que le bruit couroit que j'allois à Bordeaux. Je lui répondis que ce bruit étoit bien faux et que la saison étoit trop rude et que, si nous étions à la fin

---

(1) Avenel, *Lettres du Cardinal de Richelieu*, t. V, p. 1007-1008.
(2) *Correspondance de Sourdis*, t. I p. 184.
(3) *Ibidem*, p. 233.
(4) *Ibidem*, p. 236.

de mars, cela pourroit bien arriver, si les ennemis n'étoient pas chassés avant ce temps-là (1). »

Ce qui motivait le bruit dont le médecin du Roi s'était fait l'écho, c'était l'invasion du sud-ouest. Le duc d'Épernon, gouverneur de Guyenne, ayant manqué d'argent pour fortifier Bayonne « et les places de la frontière », Saint-Jean-Pied-de-Port s'était trouvé soudain menacé par le marquis de Valparaiso, vice-roi de la Navarre espagnole, qui s'avançait à la tête de deux mille cinq cents hommes. Le marquis s'était heurté aux troupes que conduisait le vicomte de Belsunce, « huit compagnies nouvellement levées dans la basse Navarre et les milices de Béarn ». A deux reprises il les avait attaquées : une première fois il avait envoyé contre elles douze cents hommes, qui avaient laissé de nombreux cadavres des leurs sur le terrain; la seconde fois il avait donné de sa personne avec toutes ses forces, mais n'avait pas mieux réussi. Nouvelle défaite à Roncevaux, où il rencontra le marquis de Poyanne, lieutenant du Roi en Béarn, qui commandait trois mille hommes et cinq cents chevaux (2). Mais, dès le 25 octobre, les Espagnols, traversant la Bidassoa, avaient occupé Hendaye, Urrugne, Socoa, Siboure et Saint-Jean-de-Luz.

Si l'amirante de Castille, qui était à la tête des envahisseurs, ne marchait point sur Bayonne, c'est qu'il ne pouvait croire qu'une place aussi considérable fût démunie. Dans le pays de Labourd, le duc de La Valette, malgré son courage, avait dû battre en retraite (3). L'amirante finit par connaître le délabrement de la place de Bayonne; mais déjà il n'était plus temps : le comte de Gramont, exécutant les ordres du duc d'Épernon, avait mis quatre mille hommes dans la ville, armé douze cents Bayonnais, construit deux forts du côté de l'avenue de France, sur deux collines, qui désormais tenaient l'Adour sous leur feu. Les magasins de Bayonne renfermaient quantité de poudre, les greniers contenaient du blé pour quatre mois et on pouvait les ravitailler le plus aisément du monde au moyen

(1) Affaires étrangères.
(2) Père Griffet, *Histoire du Règne de Louis XIII*, t. II, p. 796
(3) *Ibidem*, t. II, p. 795.

de ceux de Dax. Cependant les Espagnols de l'amirante s'affaiblissaient de jour en jour par suite de la pénurie des vivres. Harcelés par les Basques, ils étaient de plus attaqués par les troupes du Roi et n'osaient plus sortir de leurs retranchements. Ils ne purent empêcher Gramont de s'emparer d'un fort qu'ils avaient bâti pour être les « maîtres de tout le vallon, dans lequel sont situés Socoa et Bourdaguain (1) ».

Quelques mois plus tôt, les peuples de l'Angoumois et de la Saintonge, soulevés par « des esprits brouillons », avaient refusé de payer les tailles et Richelieu, en juin 1636, n'avait pas été sans inquiétude à ce sujet. Heureusement ces rebelles, — sept à huit mille hommes dont trois ou quatre mille armés, qu'il n'était possible de « réprimer que par la force et au moyen de vieilles troupes (2) », — avaient assez promptement manifesté quelque désir de rentrer en grâce, et le cardinal s'était empressé de saisir l'occasion de tout apaiser : il conseilla au Roi de pardonner. Le calme revint dans les deux provinces. La prudence du Roi et du cardinal crut avoir éteint l'incendie ; mais le feu couvait sous la cendre.

(1) *Mémoires du Cardinal de Richelieu*, éd Petitot, t. IX, p. 323.
(2) Avenel, *Lettres du Cardinal de Richelieu*, t. V, p. 485 et 492.

LIVRE TROISIÈME
MEILLEUR ÉTAT DES AFFAIRES

LIVRE TROISIÈME
MEILLEUR ÉTAT DES AFFAIRES

CHAPITRE PREMIER

MONSIEUR ET MONSIEUR LE COMTE.

Si le cardinal se félicitait de sa « prudence » ; s'il rendait grâces à Dieu de lui avoir permis de chasser les ennemis du Royaume ; s'il espérait que le ciel lui « accorderoit » son assistance en une cause si juste (1), il savait bien que l'une des premières conditions du succès était l'accommodement de Monsieur et de Monsieur le Comte avec le Roi. Précisément Monsieur avait envoyé l'un de ses gentilshommes dire au Roi que son dessein « était de ne s'éloigner jamais de ce qu'il devoit à Sa Majesté ».

Le 23 novembre 1636, venant de Picardie à petites journées pour gagner sa maison de Rueil et se reposant au château de Presles, non loin de l'Isle-Adam, le cardinal avait mandé à Chavigny : « Je suis extrêmement aise que Monsieur soit à Blois et que Monsieur le Comte ne soit point sorti du Royaume. Il faut raccommoder cette affaire avec douceur. Vous avez fort bien fait de ne point faire de commandement à Madame la Comtesse (1), parce que ce n'étoit qu'en cas que Monsieur son fils fût sorti du Royaume, comme nous le croyions tous. Au contraire il lui faut donner toute assurance pour elle et Monsieur le Comte (2). »

Bientôt dans sa délicieuse maison des bords de la Loire, ce

---

(1) Avenel, *Lettres du Cardinal de Richelieu*, t. V, p. 728.
(2) *Ibidem*, t. V, p. 694-695.

Gaston que Richelieu appelait dans ses lettres à Chavigny « Sa Trop Facile Altesse », put lire ce billet doux du cardinal : « Vous méritez une bonne réprimande. Je m'assure que, si j'avais l'honneur d'être auprès de Votre Altesse, elle l'avoueroit ingénument. Les grands et continuels témoignages que vous avez reçus de l'affection du Roi vous ôtent tout lieu de douter de sa bonté, et les preuves que vos serviteurs vous ont rendues, en toutes occasions, de la passion qu'ils ont à votre bien ne peuvent souffrir que vous croyiez qu'ils soient autres qu'ils ont été par le passé. » Richelieu avait mis en post-scriptum : « Si Sa Majesté a eu l'intention de faire aucun mal à Monsieur le Comte, je veux perdre l'honneur et la vie. » Un peu plus bas, Son Éminence ajoutait plaisamment : « M. de Bautru vous va trouver de la part du Roi, qui vous dira toutes choses. Je m'assure que vous aurez entière confiance en lui, parce qu'il est un de vos confrères en Belsebuth (1) ».

En même temps que cette lettre, Monsieur en reçut une autre affectueuse et grave, de la rédaction du cardinal, mais signée du Roi. Louis XIII y assurait Monsieur qu'il le « considéroit, non seulement comme son frère, mais comme il feroit un fils unique (2) ».

Gaston restait froid. Chavigny, arrivé à Blois, constatait que Son Altesse Royale ne s'était « ouverte de rien à M. de Bautru » et que lui, Chavigny, n'était pas plus heureux.

Monsieur et Monsieur le Comte restaient fidèles à la promesse qu'ils s'étaient mutuellement faite de « ne jamais consentir à aucun accommodement particulier ». Blois et Sedan étaient en conversation constante : il y avait un continuel va-et-vient de « domestiques » chargés de dépêches confidentielles.

Le ministre écrivait tout crûment à Chavigny le 30 novembre : « Quant à la pensée qu'a Sa Majesté de faire dévaliser les courriers de Monsieur le Comte qui iront ou viendront, soit à Blois, soit à Madame la Comtesse, je la tiens très bonne. Reste à savoir comme il la faut exécuter. Je ne sais pas où les lettres passeront;

---

(1) Avenel., *Lettres du Cardinal de Richelieu*, t. V, p. 695-696.
(2) *Ibidem*, p. 697.

à mon avis elles pourront s'adresser ou à Jouy, à Blois, ou au comte de Fiesque ou à Montrésor. Vous y penserez avec Sa Majesté et pourvoirez aux moyens nécessaires (1). » Il écrivait encore : « Il commence à m'ennuyer que Bautru ne mande des nouvelles (2). » Le 1ᵉʳ décembre, il adjoignit à Bautru le comte de Guiche.

A Blois, Chavigny interrogeait Monsieur; il le priait « de lui dire franchement ce qu'il désiroit pour son entière satisfaction » et « quel étoit le sujet de sa sortie de Paris ». — « On me tourmente continuellement sur mon mariage, que je crois bon, répondit Gaston, et je ne me tiens point en sûreté à la Cour. — Le Roi donnant son consentement pour votre mariage, ou une place pour votre sûreté, seriez-vous content? demanda Chavigny. — Oui, dit le prince. »

Le lendemain 11 décembre 1636, Chavigny est de nouveau près de Monsieur. Il tient à la main une feuille de papier : « Ayant l'honneur d'être au Roi, proteste-t-il, domestique de Sa Majesté et le vôtre, je serois ravi de contribuer à renouer la confiance et ôter tout ce qui la peut altérer entre des personnes de si grand poids et pour lesquelles j'ai une extrême passion (Chavigny se servait des termes mêmes du cardinal). Si Votre Altesse Royale veut signer cet écrit, j'espère de lui rapporter dans peu de quoi la mettre en repos et lui rendre le calme qu'elle se plaint de ne pas avoir eu depuis si longtemps ».

Par cet écrit, Gaston suppliait le Roi de consentir à son mariage ou de faire « juger « si ce mariage étoit valable ou non ». En ce dernier cas, il demandait une place de sûreté; en tout état de cause, « un traitement favorable et raisonnable pour Monsieur le Comte ». Gaston lut et signa. L'acte fut contresigné par son secrétaire et Chavigny se hâta de le porter à Noisy, où l'attendait le Roi (3).

Dès le 16, il apportait à Blois la réponse de Louis XIII, un pardon généreusement accordé aux deux princes. Le Roi trouvait

(1) Avenel, *Lettres du Cardinal de Richelieu*, t. V, p. 700
(2) *Ibidem*.
(3) *Mémoires de Nicolas Goulas*, t. I, p. 306.

bon que Monsieur le Comte « demeurât au lieu où il étoit » aussi longtemps qu'il « ne pourroit garantir son esprit d'appréhension ». Pour lui le Roi, il « sauroit toujours bien garantir la personne de Monsieur le Comte dans son Royaume », et il laisserait son cousin « jouir des émoluments de ses charges et des pensions qu'il lui donnoit, pourvu qu'il vécût en bon et fidèle sujet, sans intelligence et pratique qui fût contraire à son État (1) ».

A cette lettre était jointe une promesse rédigée en bonne et due forme, signée de Louis XIII et contresignée de Bouthillier. Sa Majesté consentirait au mariage de Monsieur, « rendant dès à présent son frère si libre en cette action qu'il dépendroit de lui d'avoir ou n'avoir pas ladite princesse pour épouse. Sa Majesté désiroit seulement que, s'il en prenoit la résolution, il n'épousât pas les prétentions de la maison de la dite princesse ni les passions du duc Charles de Lorraine contre sa personne, mais demeurât inséparablement lié aux justes intérêts de la Couronne et n'eût aucune intelligence qui pût lui être préjudiciable (2) ».

Par un troisième acte, Monsieur promettait d'accepter solennellement les conditions du Roi. Cet acte se terminait ainsi : « Nous jurons ce que dessus sur les saints Évangiles et nous obligeons à l'observer très religieusement et n'avoir à l'avenir aucune intelligence qui puisse être préjudiciable au repos de ce Royaume (3). »

Gaston refusa de signer.

Ce refus ne surprit point Richelieu (4). Le cardinal ne désespère pas de ramener Monsieur par les voies de la douceur : « Quoi qu'on en puisse dire, Monseigneur, lui mande-t-il dans une lettre que Chavigny ne lui remettra que s'il le juge à propos, on ne sauroit m'empêcher de croire que vous ne connoissiez enfin ce qui vous est le plus utile et que vous ne voyiez clairement que toute votre grandeur ne consiste qu'en celle de cet État ».

---

(1) Avenel, *Lettres du Cardinal de Richelieu*, t. V, page 412.
(2) *Ibidem*, p. 714-715.
(3) *Ibidem*, p. 715.
(4) *Ibidem*, p. 718-720.

Il fait remarquer à Monsieur la bonté du Roi, qui a envoyé un passeport au comte de Fiesque. Celui-ci vient d'être dépêché vers Monsieur le Comte par Gaston. Louis XIII ne veut pas que l'ambassadeur de son frère soit arrêté par les chemins entre Blois et Sedan : procédé bien différent de celui de Monsieur, qui, assure-t-on, retient à Blois et Chavigny et Guiche, résolu de ne pas leur rendre leur liberté avant que le comte de Fiesque soit revenu de son périlleux voyage. Richelieu ne peut croire que Monsieur ose arrêter les hommes du Roi, mais « pense aux remèdes » pour user de « représailles ». Il n'est pas impossible que Gaston songe à fuir (1). Chavigny devra « avertir à tue-cheval » tous les gens de guerre postés sur la Loire et sur l'Yonne.

Les précautions n'étaient pas inutiles : M. de Campion, l'un des fidèles du comte de Soissons, s'était rendu de Sedan à Blois malgré « les glaces, les neiges et les embuscades de M. le Cardinal ». Apprenant à Blois que les ducs d'Épernon et de La Valette étaient peu disposés à recevoir Monsieur en Guyenne, il avait offert au prince, de la part de son maître, un refuge derrière les remparts de Sedan. Monsieur pourrait de là « ménager ses intelligences dans le Royaume ». Il fut convenu que Monsieur gagnerait la Principauté ; M. de Campion devait « s'assurer d'un passage sur la Marne, d'un autre sur l'Aisne ». Tout avait été prévu par le prince lui-même pour le passage de la Seine.

Mais lorsque M. de Campion s'en fut allé attendre Gaston à Condé, un gentilhomme lui apporta de Blois une nouvelle déconcertante : Monsieur se dérobait : « Monsieur avait appris avec un extrême déplaisir que M. du Hallier étoit avec des troupes sur la rivière de Seine pour en garder les passages. » Chose plus grave, quelques-uns de ses gentilhommes, qu'il y avait envoyés, avaient été pris par M. du Hallier. Le comte de Soissons s'apprêtait alors à venir au-devant de Gaston, jusqu'aux environs de Reims. « Il faut demeurer d'accord, lui écrivit M. de Campion le 3 janvier 1637, que cet accident est fâcheux et qu'il trouble bien vos projets, et même d'autant plus que nous sommes incertains si ce retarde-

---

(1) Avenel, *Lettres du Cardinal de Richelieu*, t. V, p. 719-721.

ment est causé par les raisons que l'on vous dit ou si les émissaires de M. le Cardinal n'ont point gagné sur l'esprit de Monsieur pour lui donner le dégoût de nous joindre (1). » Monsieur, qui ne se sentait nullement en sûreté à Blois, était en proie, comme disait Corneille,

Aux rigoureux tourments d'un cœur irrésolu.

D'autre part, le cardinal travaillait à gagner doucement Monsieur le Comte (2).

Le Conseil du 11 janvier 1637.

Le 11 janvier 1637, au Palais-Cardinal, le Roi tient conseil. M. de Chaudebonne est venu, quelques jours auparavant, lui exposer les nouvelles demandes de Monsieur. Le Roi n'a rien accordé (3). Il sait de bonne source que, s'il cède quelque chose, c'est un aliment pour de « nouvelles brouilleries ». Il n'accordera plus rien. La veille (10 janvier), il refusait encore les propositions que Chavigny lui apportait de la part de Richelieu « pour tâcher d'adoucir les affaires, pour que l'aigreur n'éloignât pas la paix (4) ».

En ce Conseil du 11 janvier 1637, le Cardinal explique sa pensée avec l'abondance, la clarté et la vigueur qui lui sont ordinaires. « L'affaire de Monsieur, dit-il, ne peut aboutir qu'à l'une de (ces) quatre fins : ou à accommodement sincère et véritable, ou à la détention de la personne de Monsieur, ou à sa sortie du Royaume, ou à accommodement simulé. Le premier est le meilleur et celui auquel il faut tendre, si la sincérité s'y peut trouver. Le second est dangereux et on n'y veut point penser. Le troisième est mauvais pour la France, mais particulièrement pour Monsieur, qui s'exposeroit à sa perte, s'il se mettoit entre les mains des ennemis de l'État et qui ne pourroit

---

(1) *Mémoires de Henri de Campion*, p. 323-324.
(2) Avenel, *Lettres du Cardinal de Richelieu*, t. V, p. 717.
(3) *Mémoires du Cardinal de Richelieu*, éd. Petitot, t. XVIII, p. 328-329.
(4) Avenel, *Lettres du Cardinal de Richelieu*, t. V, p. 729, et comte de Beauchamp, *Louis XIII d'après sa correspondance avec le Cardinal de Richelieu*, p. 290.

nuire beaucoup, s'il ne s'y mettoit pas. Le quatrième est le pire de tous et celui qu'il faut éviter à quelque prix que ce soit. » Contre ce « quatrième », Richelieu accumule argument sur argument : « La présence de Monsieur, avec mauvaise intention, met en certain cas la sûreté du Roi et de ses serviteurs les plus confidents en compromis. Elle diminue les forces du Royaume pour le dehors, parce qu'il les faudroit diminuer pour contenir Monsieur au dedans. Elle empêcheroit Sa Majesté d'être absolue et troubleroit la levée de ses deniers, parce que quiconque voudroit désobéir trouveroit un asile. Elle exciteroit les mal affectionnés à tenter ce qu'ils n'oseroient penser, si Monsieur étoit au dehors, et il seroit bien difficile d'éviter qu'il ne corrompît à la longue quelque personne considérable, principalement s'il arrivoit quelque mauvais événement. Enfin, en cet état, le Roi n'oseroit rien entreprendre de considérable ni au dehors ni au dedans. » Et Richelieu concluait ainsi : « Pour ces raisons, il faut tenter tous les moyens possibles pour parvenir à un accommodement sincère avec Monsieur. Mais quelque résolution qu'on prenne, il en faut voir la fin dans huit jours, parce que la saison commence à nous presser et que telles personnes pourroient bien se déclarer au printemps qui ne l'oseroient faire maintenant ; elles craignent qu'on n'ait assez de temps pour les châtier, avant que les armées ennemies soient en campagne (1). »

Cet accommodement si désirable pourrait consister en ce que le Roi ne s'opposerait plus au mariage de Monsieur et laisserait Monsieur le Comte demeurer en son gouvernement, tout cela moyennant les conditions suivantes : « Monsieur et Monsieur-le Comte promettroient par écrit de ne rien entreprendre contre le service du Roi, de favoriser ses affaires en tout ce qu'il leur seroit possible et de n'avoir aucune intelligence, dedans ni dehors le Royaume, qui dût être suspecte à Sa Majesté, et tous deux promettroient séparément que, si l'un manquoit à sa parole et sortoit de son devoir, l'autre ne l'assisteroit ni favoriseroit direc-

---

(1) *Mémoires du Cardinal de Richelieu*, éd. Petitot, t. IX, p. 333-335.

tement ni indirectement » mais « serviroit le Roi de tout son pouvoir ».

Le cardinal indiqua les mesures à prendre au cas où la négociation échouerait : « Il faudra » en ce cas « faire avancer quelques troupes vers Étampes et vers Chartres, renvoyer le marquis d'Alluye à Orléans et donner assez d'ombrage à Monsieur » pour « qu'il s'en aille d'effroi, sans qu'il puisse dire qu'on l'ait voulu chasser, dont le contraire paraîtra en ce que le Roi a fait garder les passages pour l'en empêcher. Si Monsieur ne s'en va point et s'il ne veut point s'accommoder, il le faut pousser plus ouvertement et le faire sortir du Royaume, le repos de l'État étant préférable à tout (1) ».

Louis XIII entend ne plus agréer aucun délai, il veut « partir sur le coup pour aller droit à Monsieur ». Toute la diplomatie du cardinal ne fut pas de trop pour « ramener l'esprit du Roi ».

Dans sa lettre de ce 11 janvier, Richelieu avait proposé d'envoyer l'abbé de La Rivière à Monsieur (2). Louis XIII avait répondu qu'il n'y avait rien à faire de ce côté (3) et le cardinal se rangea sans peine au sentiment du Roi (4).

Le Roi s'approche de Blois.

Cependant Gaston abandonnait une Blaisoise, Mlle d'Espinoy, pour Louison de Tours, cette « ravissante et triomphante » Louison Roger qui donna le jour au chevalier de Charny et qui, entrée plus tard à la Visitation, y devint la Mère Louise (5). Or, tandis que Gaston se laissait aller à son penchant amoureux, Louis XIII quittait Fontainebleau avec ses gardes et la cavalerie dont il avait coutume de se faire escorter. Avant de partir, il avait écrit au cardinal : « Il faut que nous nettoyions le dedans du Royaume cependant que nous en avons le loisir, et que M. le Cardinal de

---

(1) *Mémoires du Cardinal de Richelieu*, éd. Petitot, p. 336-337.
(2) Avenel, *Lettres du Cardinal de Richelieu*, t. V, p. 731.
(3) Comte de Beauchamp, *Louis XIII d'après sa correspondance avec le Cardinal de Richelieu*, p. 290.
(4) *Mémoires de Nicolas Goulas*, t. I, p. 314-315.
(5) *Ibidem*, t. I, p. 318-319.

La Valette et M. de Châtillon tiennent tête à Monsieur le Comte, cependant que nous pourrons mettre fin à l'affaire de mon frère le mieux que nous pourrons. » Le Roi ne se souciait nullement d'en être réduit à ne plus quitter son frère d'une semelle pour le garder auprès de soi et il observait : « Peut-être vaut-il mieux qu'il manque à sa parole donnée authentiquement en allant joindre Monsieur le Comte, que de nous promener par le Royaume en le suivant, cependant que Monsieur le Comte, joint avec les Espagnols, entreroit en Champagne (1). »

Cette lettre était datée du 25 janvier 1637. Quelques jours plus tard, Louis XIII était à moins de vingt lieues de Blois. Le marquis de La Force, à qui il avait commandé de l'accompagner, écrivait à la marquise le lundi 2 février : « Nous sommes en cette ville (d'Orléans) depuis vendredi au soir, où tout s'est passé en allées et venues vers Monsieur. MM. de Chavigny et de Bautru y sont allés deux fois de la part du Roi et y sont retournés ce matin pour la troisième (2). » Chavigny emportait un mémoire des demandes formulées par Gaston. Ce mémoire, qui venait de passer sous les yeux de Louis XIII, s'en retournait à Blois, tout chargé des annotations royales.

Le Roi avait pris connaissance de la première demande de Gaston : « L'acquittement des dettes après la paix générale suivant la liquidation qui en sera faite en présence de telle personne qu'il plaira au Roi de commettre. » Il avait imposé des bornes au torrent de dépenses qui menaçait de se précipiter, et il avait mis en marge : « Jusques à cinq cent mille livres après la paix ».

Louis XIII avait approuvé la deuxième demande, — en inscrivant en face le mot *Bon*, — et en ajoutant, que « l'on fît valoir dès maintenant toutes les assignations qui avoient été données à Monseigneur ».

Mais il avait fortement rabattu la demande suivante . « Dès maintenant aussi, il plaira au Roi lui donner la somme de

---

(1) Comte de Beauchamp, *Louis XIII d'après sa correspondance avec le Cardinal de Richelieu*, p. 291.
(2) *Mémoires du Duc de La Force, Maréchal de France*, t. III, p. 442.

trois cent mille livres pour les bâtiments de Son Altesse et pour les autres raisons qui ont été représentées par M. de Chaudebonne. » Il n'avait plu au Roi « accorder que cent cinquante mille livres, qui seroient fournies à divers paiements selon qu'ils seroient effectivement employés à ses bâtiments ».

De même Louis XIII avait trop de bon sens pour « accorder que, Madame étant en France, on lui donnât une pension à l'épargne pour l'entretènement de sa maison, suivant l'état qui en seroit fait en présence de telle personne qu'il auroit agréable de commettre ». On lit en marge cette prudente restriction : « Quand le mariage sera célébré et qu'elle sera venue trouver mon frère en France, je lui accorderai volontiers. »

S'agissait-il d'accorder la liberté aux sieurs du Fargis et du Coudray, aux sieurs de Goville et de La Mothe-Massas, la marge portait : « Néant pour le général, Sa Majesté voulant bien élargir le sieur du Fargis après la paix, à condition qu'il demeure au lieu qui lui sera ordonné. »

Plus bas, Louis XIII avait lu, avec indignation sans doute : « Exemption pour les villes de l'apanage et de celle de Tours, à cause de la levée qu'elles ont faite l'année dernière de trois régiments à leurs dépens, suivant la parole que Son Altesse leur en a donnée après avoir eu celle du Roi, ensemble leur continuer les octrois qu'on leur veut ôter. » Et il avait annoté avec une sécheresse pleine de prévision et d'autorité : « Néant pour la conséquence. »

Le mémoire comportait une addition. En marge de l'article premier de cette addition, qui demandait « les passeports nécessaires pour le retour près Son Altesse de ses serviteurs qui étoient en campagne, après que le traité auroit été signé », Louis XIII avait écrit : « Je leur pardonnerai, mon frère se remettant en son devoir. »

Il était spécifié en outre « une déclaration d'amnistie générale pour tous ceux qui auroient fait quelques voyages par ordre de Son Altesse, ou par celui de Monsieur le Comte, ou bien qui auroient été employés pour leur service en quelque manière que ce fût, comme aussi pour tous ceux que l'on pourroit mécroire d'avoir eu quelque affection pour les intérêts de Son Altesse ou de Monsieur le Comte dans l'occasion présente, sans que les uns ni les autres en pussent être recherchés à l'avenir et que cela les pût éloigner des bonnes grâces de Sa Majesté ». Louis XIII avait inscrit simplement : « J'accorde cet article pour les gens de mon frère et pour ceux de Monsieur le Comte, s'il se remet à son devoir ».

Suivait un article auquel Gaston tenait fort : « Monseigneur aura la liberté de demeurer en ses maisons et d'aller où bon lui semblera dans le Royaume et il ne sera pas pressé d'aller à la Cour contre sa volonté et jusques à ce que, de son propre mouvement, il supplie Sa Majesté de lui permettre d'y aller, comme il étoit porté par le traité de Bruxelles. » Louis XIII avait jugé la demande injurieuse et il avait écrit : « Cet article est ridicule, mon frère ayant toujours eu, dans mon Royaume, autant de liberté et de sûreté que moi. »

Restait le dernier alinéa : « Ensuite de ce qu'il plaira au Roi d'accorder des articles ci-dessus, seront mises aussitôt par articles les promesses qui ont été apportées par M. de Léon. » Et le Roi d'écrire : « Les promesses sont comme on a accoutumé de les faire » (c'est-à-dire de valeur relative). Toutes les grâces, d'ailleurs, étaient subordonnées à une condition ajoutée au bas du mémoire : « Sa Majesté accorde la réponse aux articles ci-dessus en cas que Son Altesse vienne à la Cour pour demeurer auprès d'elle (1). »

Ce fut le Père de Gondren, général de l'Oratoire, un religieux doux et affable, chargé pendant quelque temps de diriger la conscience de Gaston, qui, envoyé auprès de celui-ci le 24 décembre 1636, « moyenna une entrevue des deux frères ». Et cela, disent les *Mémoires* du cardinal, « avec tant de dextérité et de soin, qu'il réussit, par la confiance que Monsieur avoit en lui, dans une négociation où les plus habiles auroient échoué ». Bien que Son Éminence ne fût pas sans craindre de « passer pour

---

(1) Avenel, *Lettres du Cardinal de Richelieu*, t. V, p. 748-750. Le projet d'accord revu par le Roi et apostillé par lui, avec notes autographes différentes de celles publiées par Avenel, fait partie des Archives de M. Gabriel Hanotaux.

dupe », cette réussite la mettait en gaieté : « Quand cet accord sera bien cimenté, écrivait-elle à Chavigny le 3 février, les méchants seront désespérés et les sots bien étonnés, *faxit Deus ut omnia succedant ex voto*. Si cela est, nous aurons bientôt la paix, le Roi sera le plus heureux prince du monde et Monsieur le plus content qui ait jamais été. Après cela, je voudrois de bon cœur

> Pour y passer le reste de mon âge...
> Trouver un ermitage (1)

Quelques jours plus tard, le 9 février, le marquis de La Force se hâtait d'écrire à sa femme : « J'ai retenu un jour ce porteur pour vous mander l'entrevue du Roi et de Monsieur, qui se fit hier avec force témoignages d'affection et de contentement. Nous croyions qu'il suivroit le Roi, mais on dit qu'il s'en reva à Blois. Pour nous, nous partons ce matin pour aller coucher à Toury (dix lieues au nord d'Orléans) et demain à Dourdan, s'il plaît à Dieu. Je ne sais s'il n'y avoit point ce matin quelque chose que tout le monde n'entendoit pas, car le Roi devoit partir à huit heures et il ne part qu'à dix ou onze, et M. le Cardinal le doit voir au sortir de sa messe, là où il est. Je crois que nous serons trois ou quatre jours à Dourdan, de là on ira à Saint-Germain (2). »

Richelieu préparait maintenant, pour être soumise au Roi, « la dépêche générale » qui allait être envoyée aux « gouverneurs et lieutenants des provinces et armées touchant l'accommodement de Monsieur ». Il mettait sous la plume du Roi cette ferme et paternelle déclaration : « Mon frère ayant si bien jugé que l'union des cœurs est aussi bien nécessaire en ce temps que celle des forces du Royaume pour agir plus puissamment contre les ennemis de la grandeur de cette Couronne et de son repos, il s'est porté de lui-même à tout ce que j'eusse pu désirer. Il n'a pas plus tôt reconnu sa faute, que je l'ai oubliée de bon cœur, ajoutant telle foi aux assurances qu'il m'a données de son affection et de son zèle au bien de cet État, que je m'en rends caution envers moi-même. Je me suis résolu, sur la supplication de mondit frère,

---

(1) Avenel, *Lettres du Cardinal de Richelieu*, t. VII, p. 764.
(2) *Mémoires du Duc de La Force, Maréchal de France*, t. III, p. 442-443.

de pardonner à mon cousin le comte de Soissons la faute qu'il a commise, non seulement en se retirant à Sedan sans mon congé, mais se conduisant, depuis ce temps-là, tout autrement que je n'eusse pu me promettre. Ce que je fais très volontiers, pourvu que mondit cousin se remette dans son devoir quinze jours après que la déclaration que j'ai faite de mes volontés sur ces grâces sera publiée (1). » Monsieur le Comte donnerait-il des mains à cet arrangement?

L'envoyé du comte de Soissons.

Vers la fin du mois de juillet 1636, les lecteurs de la *Gazette* avaient lu cette information : « Le cardinal duc est à Charonne, maison du sieur Barentin, où la bonté de l'air, la beauté du lieu et le bon esprit de l'hôte plaisent fort à Son Éminence (2). » La même *Gazette*, au milieu du mois de mai 1637, avertissait les mêmes lecteurs que Richelieu, arrivant de Rueil, était revenu en cette maison de Charonne si remarquable, ainsi que l'écrivait un avocat au Parlement, « pour les beaux bâtiments et agréables jardins, allées, cabinets, parterres, carreaux, compartiments, bois, fontaines et autres lieux de plaisance (3) ».

Le 5 mai 1637, le Père Joseph se promenait dans ces jardins, ayant près de lui un gentilhomme qui n'était autre que M. de Campion, l'envoyé de Monsieur le Comte. Les deux promeneurs semblaient fort loin d'un accommodement. Bientôt le cardinal parut, suivi de toute sa cour. L'envoyé de Monsieur le Comte est aussitôt accablé de caresses, mais dès qu'il tente d'exposer les affaires de son maître, le cardinal le renvoie au religieux, qui l'entraîne à quelques pas et lui dit : « N'êtes-vous pas satisfait de M. le Cardinal? Jamais il n'a fait tant d'honneur à personne qu'à vous. — Il en a trop fait pour moi et pas assez pour mon maître, répond M. de Campion. Ne venant que pour les affaires

---

(1) Avenel, *Lettres du Cardinal de Richelieu*, t. V, p. 754.
(2) *Gazette*, citée par L. Lambeau, *Charonne*, t. I, p. 79.
(3) Supplément des *Antiquités de Paris avec tout ce qui s'est fait et passé de plus remarquable depuis l'année 1610 jusqu'à présent*, par D. H. J., avocat en Parlement, ouvrage imprimé en 1639. L. Lambeau, *Charonne*, t. I, p. 75-76.

de Monsieur le Comte, desquelles il ne m'a presque pas parlé, je ne vois rien qui puisse me donner lieu d'être content. » Ces paroles ont été, à dessein, jetées assez haut. Richelieu les a entendues, il dit : « Vous voulez du solide, Monsieur de Campion, vous en aurez (1). »

Sur quoi le gentilhomme se retire.

Il y avait longtemps que le Roi et le cardinal avaient fait proposer « du solide » et que le comte de Soissons le refusait. Non content de n'avoir cédé ni aux sollicitations d'un Jésuite, le Père Binet, vers la fin de décembre ni, vers la fin de janvier, à celles de Bautru, qui lui avait offert la ville de Mouzon, le prince rebelle avait encore laissé « infructueux » un voyage que le comte de Brion avait fait auprès de lui vers le début de mars, pour lui apporter de nouvelles conditions du Roi : « un entier pardon » pourvu que Monsieur le Comte reconnût la faute qu'il avait commise en s'enfermant à Sedan; la permission de vivre hors du Royaume, si bon lui semblait, « pourvu qu'il fût en lieux non suspects et qu'il déclarât et jurât sur les saints Évangiles qu'il y vivroit comme un bon et fidèle sujet, sans faire aucune pratique et négociation qui pût être contraire au repos de l'État ni préjudiciable ou suspecte à Sa Majesté ».

Blâmé par Monsieur, condamné « par ses affidés », « il avoit commencé à rentrer un peu en lui-même et avoit fait parler avec plus de raison par le comte de Brion et (un Capucin) le Père Hilarion, semblant se vouloir réduire à se contenter que Sa Majesté lui donnât simplement permission de demeurer à Sedan », lui pardonnât le passé et eût agréable de le laisser jouir de son bien et de ses appointements. On voit par ce détail de quoi était fait l'écheveau d'ambitions et d'intrigues qui enlaçait en pleine crise la politique de Richelieu (2).

Le Roi avait alors renvoyé les deux ambassadeurs, avec mission de dire qu'il accordait tout, sauf ce qui regardait le séjour à Sedan, où il ne permettrait à Monsieur le Comte de demeurer que jusqu'à la fin de l'année. Partis le 28 mars, ces Messieurs

(1) *Mémoires de Henri de Campion*, p. 329-330.
(2) *Mémoires du Cardinal de Richelieu*, éd. Petitot, t. IX, p. 362-363.

RICHELIEU APAISE LE ROI

étaient revenus le 6 avril, mais ils avaient rapporté de nouvelles demandes : le comte de Soissons entendait demeurer à Sedan avec l'autorisation du Roi et « il supplioit Sa Majesté de lui faire avancer cent mille livres, qui seroient mises entre les mains du gouverneur de la ville pour la subsistance de la garnison ». Il réclamait la jouissance de « tous ses biens, charges, états, pensions et appointements, qui lui seroient payés « tant pour le passé que pour l'avenir ». Il prétendait aussi « faire les fonctions de ses charges » et obtenir les « déclarations nécessaires tant pour sa sûreté que de tous ceux qui l'avoient suivi et servi ». Enfin, sous prétexte que l'on avait constaté plusieurs cas de peste à Sedan et que le fléau pourrait tellement s'aggraver « qu'il seroit impossible d'y demeurer sans un manifeste danger, il supplioit très humblement Sa Majesté de lui vouloir accorder Rocroi avec la subsistance nécessaire à la garnison de ladite place (1). »

« Je trouve les propositions de Monsieur le Comte bien impertinentes », avait écrit Louis XIII à Richelieu le 17 avril 1637. Le Roi était à Versailles et annonçait qu'il serait le lendemain samedi chez le cardinal, à Rueil, sur les deux heures de l'après-midi : « Vous verrez, ajoutait-il, la réponse au bas du mémoire que je vous renvoie dans ce paquet, comme aussi la lettre que me donna hier le Brion (2). » Le cardinal y put lire notamment que le Roi ne voulait rien accorder de plus et que, « si la peste augmentoit à Sedan, Monsieur le Comte allât à Neuchâtel en Suisse ou à Venise (3) ».

A Rueil, Richelieu sut « adoucir l'esprit du Roi ». Il « fit, expliquent les *Mémoires*, condescendre » son maître « à quelque chose de plus qu'il ne vouloit se relâcher au commencement ». Le 23 avril, le comte de Brion repartit pour Sedan et le cardinal écrivit au comte de Soissons : « Le Roi ne pouvoit accorder les demandes qui lui avoient été faites de la part du prince, parce

---

(1) *Mémoires du Cardinal de Richelieu*, t. IX, éd. Petitot, p. 365-366.
(2) Comte de Beauchamp, *Le Roi Louis XIII d'après sa correspondance avec le Cardinal de Richelieu*, p. 297.
(3) *Mémoires du Cardinal de Richelieu*, éd. Petitot, t. IX, p. 366.

qu'elles étoient préjudiciables à l'autorité de Sa Majesté et à Monsieur le Comte même ; mais Sa Majesté continuoit en la bonne volonté que le comte de Brion lui avoit fait connaître qu'elle avoit pour lui. S'il vouloit envoyer à Madame sa mère les papiers qu'il avoit vus, qu'il devoit signer et dont il avoit retenu la copie, Sa Majesté feroit donner aussi à Madame la Comtesse ceux qui étoient nécessaires pour sa sûreté. On comprendroit dans la déclaration tous ceux qui l'avoient suivi. On écrirait à M. et à Mme de Bouillon que le Roi trouvoit bon qu'il demeurât à Sedan dix-huit mois, si bon lui sembloit. » Enfin l'offre de se réfugier en Suisse ou en Italie était mise par le cardinal en termes fort courtois. « Si la peste augmentoit à Sedan, Monsieur le Comte pouvoit aller à Neuchâtel, à Venise ou autres pays étrangers non suspects au Roi, puisqu'il ne vouloit pas présentement revenir à la Cour. Il se pouvoit assurer que, s'il se conduisoit comme il devoit, il recevroit de plus en plus des témoignages de la bonté du Roi, qui désiroit avoir réponse définitive dans la fin de ce mois (1). »

C'est quelques jours après cette lettre que, « sachant par M. de Brion la volonté du Roi, le prince avoit dépêché le sieur de Campion à Sa Majesté » et tenté de demander au cardinal, par la bouche de ce gentilhomme, que le temps de sa demeure à Sedan ou hors du Royaume ne lui fût point limité, et qu'elle le remît dès lors dans l'absolue fonction de ses charges ».

Lorsque M. de Campion se fut retiré, Richelieu « manda à Monsieur le Comte qu'il étoit de sa prudence de ne marchander pas avec le Roi, et principalement en chose dont la seule prétention étoit odieuse, en tant qu'elle alloit à la diminution de l'autorité royale. Il le conjuroit d'en user ainsi pour son propre bien (2) ». Campion, de son côté, ne savait que conseiller à son maître.

Le 4 juin (3), Louis XIII écrivit à Richelieu : « Je trouve bon

---

(1) *Mémoires du Cardinal de Richelieu*, éd. Petitot, t. IX, p. 366-367.

(2) *Ibidem*, p. 367.

(3) Le même 4 juin, Richelieu, connaissant par une lettre interceptée les négociations qui se poursuivaient entre le comte de Soissons et les Pays-Bas espagnols, était d'avis de prendre au mot Mme de Longueville (*Lettres du Cardinal de Richelieu*, t. V, p. 782-785).

de remettre Monsieur le Comte en ses charges, suivant la proposition de Mme de Longueville (sa sœur) qui est qu'il ne fera servir personne qui ne me soit agréable; de plus, je désire que les maîtres d'hôtel et gentilshommes servants, à qui j'ai promis quartier pour juillet et octobre, les aient et servent lesdits quartiers; pour son gouvernement, qu'il n'en fera aucune fonction. Je désirerois bien, s'il se pouvoit, avoir les promesses par écrit et qui portassent ce qu'il veut promettre sur les Évangiles. Toutefois, si on en peut venir à bout autrement, il se faut contenter de sa parole en présence de quelques témoins qui certifieront par écrit ce que Monsieur le Comte aura juré sur les Évangiles. Je crois, puisqu'il ne veut rien écrire, c'est qu'il a intention de tromper; il en faut courre le hasard (1). » C'est pourquoi, fort de l'approbation de son maître, le cardinal dépêcha le Père Hilarion à Sedan, le surlendemain 6 juin. Le religieux trouva le prince intraitable : le 18 juin, après trois audiences orageuses, il reprit le chemin de Paris (2).

L'Hôtel de Venise.

L'hôtel de Venise s'élevait rue Saint-Gilles au Marais, derrière le couvent des Minimes, à deux pas du chemin de la Contrescarpe. C'est là qu'était logé le comte de Brion, premier écuyer de Monsieur, avec toute l'écurie de Son Altesse Royale. C'est là que, le 17 juin 1637, vers dix heures du soir, M. de Campion vint s'enfermer chez Bernard, le valet de chambre du premier écuyer. Depuis son retour à Paris, il avait déjà eu l'occasion de se rendre à l'hôtel de Venise. Monsieur venait y coucher deux fois la semaine afin de causer secrètement avec lui et il arrivait que l'entretien se prolongeât jusqu'au jour. Ce qui prouve que le Roi n'était pas trop mal informé, lorsqu'il avait écrit au cardinal le 21 avril : « J'ai parlé à mon frère comment il savoit que les ennemis vouloient entrer du côté de Laon et Soissons; il n'a

---

(1) Comte de Beauchamp, *Louis XIII d'après sa correspondance avec le Cardinal de Richelieu*, p. 304.
(2) *Mémoires du Cardinal de Richelieu*, éd. Petitot, t. IX, p. 367-370.

pas voulu me le dire ouvertement, mais j'ai jugé que cela venoit du côté de Sedan (1). »

Ce soir-là, comme de coutume, le comte de Brion frappa à la porte de Bernard, à minuit. Campion le suivit aussitôt chez Monsieur, qui venait de « donner le bonsoir à ses intimes ». Demeuré seul avec Gaston, il ne manqua point de constater à son ordinaire « que Monsieur ne craignoit rien tant que de s'embarquer avec Monsieur le Comte en affaire derechef ». Il ne put s'empêcher de lui dire : « M. le Cardinal vous trompe, lorsqu'il assure qu'il souhaite que ce soit vous qui soyez le négociateur de l'accommodement de Monsieur le Comte. » Cependant Gaston demeurait sceptique. Et les heures s'écoulaient en vain, la nuit s'acheva sans que Campion eût réussi à convaincre son interlocuteur.

Campion retrouva Monsieur dans l'après-midi à Rueil, où le Père Joseph lui avait donné rendez-vous pour être reçu par M. le Cardinal. Ce fut le Capucin qui amena Campion dans la chambre de Son Éminence. Précisément Richelieu s'entrenait avec Gaston : « Vous ferez savoir à Monsieur le Comte, s'écria-t-il en se tournant vers Campion, qu'il a de grandes obligations à Monsieur, qui sollicite ses affaires avec chaleur; et, à dire la vérité, Monsieur le Comte prend les choses avec tant de hauteur que, sans Monsieur, on auroit déjà rompu la négociation. — Le Père Joseph m'assure du contraire, repartit Campion, il me dit tous les jours qu'il n'y a rien à faire tant que Monsieur s'en mêlera. » Le religieux de répondre : « Je ne l'ai pas dit de la sorte. » Sur quoi M. de Campion répliqua froidement : « Je pensois l'avoir ouï ainsi. » Il fit une révérence et se retira. Il n'avait pas quitté la maison, que Monsieur sortait de la chambre, « tout à fait ému ». Campion « vit bien » alors « qu'il ne doutoit plus de la mauvaise intention » des deux compères.

Rentré chez lui, il se hâta d'écrire au comte de Soissons : « Je pense qu'il faut essayer d'avoir la permission de demeurer toujours à Sedan, en conservant la fonction de votre charge et

(1) Comte de Beauchamp, *Le Roi Louis XIII d'après sa correspondance avec le Cardinal de Richelieu*, p. 297-298.

le revenu de vos biens et de vos gouvernements, comme vous en demeurâtes lorsque je vous quittai. Par ce moyen étant en sûreté, vous pourrez prendre votre temps de nuire à M. le Cardinal, s'il lui arrive quelque désordre, comme il ne manquera pas d'en user de même envers vous, s'il se voit en état d'y pouvoir réussir (1). »

Le complice de l'attentat manqué d'Amiens n'en ressentait que plus de haine pour Richelieu.

Le traité de Monsieur le Comte avec l'Espagne.

Ce 18 juin 1637, Louis XIII, à Fontainebleau, lisait la lettre que Richelieu lui avait écrite le même jour : « Le Père Hilarion est de retour, disait Son Éminence... Monsieur le Comte prétend bien couvrir son crime, ne traitant pas immédiatement avec les Espagnols, mais avec la Reine mère de Sa Majesté, par les mains de laquelle il doit recevoir l'argent d'Espagne. Il a levé mille ou douze cents soldats qui se sont débauchés, auxquels il donne sept sols de prêt tous les jours. » Richelieu ne manquait pas de signaler le bruit qui commençait à courir du mariage du comte de Soissons avec la fille du prince d'Orange. Puis il ajoutait : « Monsieur le Comte dit que la paix ne se fera que par lui et parle comme si tous les princes de la chrétienté se vouloient fier, en sa probité et capacité, de tous leurs intérêts. Le premier article de la paix doit être que Votre Majesté m'éloigne d'auprès d'elle. Si tous les autres étoient aussi aisés que celui-là, la passion que j'ai au repos de la chrétienté me porteroit à en supplier moi-même Votre Majesté, avec laquelle je ne lairrois pas d'être toujours de cœur, rien ne m'en pouvant jamais séparer (2). »

Le Roi répondit immédiatement : « S'il n'y a que Monsieur le Comte qui se mêle de la paix et que le premier article soit celui que vous me mandez, je ne crois pas que nous ayons la paix tant que je vivrai. Il faut prendre garde à ce bruit du mariage de Monsieur le Comte avec la fille du prince d'Orange; car,

(1) *Mémoires de Henri de Campion*, p. 331-334.
(2) Avenel, *Lettres du Cardinal de Richelieu*, t. V, p. 789-790.

si cela étoit, il feroit grand tort à nos affaires en Hollande. Il faudroit essayer à donner sur les doigts à ces douze cents hommes que Monsieur le Comte a levés, mander en Champagne d'empêcher le commerce des blés et des vins qu'on mène à Sedan, étant le seul lieu d'où Monsieur le Comte et Piccolomini peuvent tirer des vivres, le Luxembourg étant tout ruiné. » Une des dernières phrases de la lettre indiquait assez que le mécontentement du Roi n'était pas petit : « Je voudrois faire saisir les biens de Monsieur le Comte et le déclarer criminel, si dans un court temps il ne se remet à son devoir (1). »

Louis XIII et Richelieu ne tardèrent point à apprendre, par des lettres interceptées, qu'un traité, où le comte de Soissons ne paraissait pas, mais dont il était le principal agent, venait d'être conclu à Bruxelles. La Reine mère et le cardinal infant y avaient apposé leurs signatures, celui-ci « ayant pouvoir du Roi Catholique ». Les *Mémoires* de Richelieu en résument la teneur avec une dédaigneuse ironie. « Il étoit convenu entre eux que le roi d'Espagne ne feroit ni paix ni trêve avec la France sans obtenir un établissement pour la Reine mère et le comte de Soissons dans le Royaume, avec les satisfactions qu'ils pouvoient raisonnablement désirer, ce que ladite dame entendoit ne pouvoir jamais être, que le cardinal ne fût mort ou disgracié et hors du service du Roi. En ce cas, bien que les intérêts de l'Empereur et des deux Couronnes ne fussent pas encore ajustés, dès que ladite dame auroit mandé qu'elle seroit satisfaite et ceux qui dépendent d'elle, elle seroit en neutralité avec eux et auroit quatre mois de temps pour travailler à terminer les différends d'entre les deux Couronnes, et dès lors aussi commenceroit une trêve qui dureroit quinze jours, durant laquelle il ne se feroit aucun acte d'hostilité contre la France. Le cardinal infant délivreroit présentement cinq cent mille florins », que le cardinal duc croyait destinés au prince Thomas de Savoie. « Le roi d'Espagne récompenseroit M. de Bouillon de la perte qu'il souffriroit à cause de la non-jouissance des biens qu'il

---

(1) Affaires étrangères, *Lettres de Louis XIII au cardinal de Richelieu.*

avoit en France. Il donneroit au comte de Soissons de quoi subsister selon sa qualité hors du Royaume, en cas qu'il fût obligé d'y demeurer et le recevroit en sa protection. Et enfin il entretiendroit la garnison de Sedan, qui étoit de huit cents hommes de pied et de cent chevaux (1). »

Une lettre, écrite au roi d'Espagne par le cardinal infant le lendemain de la signature du traité, dévoilait aux yeux de Richelieu la gravité de l'affaire et tout ce que s'en promettaient les ennemis : la division jetée dans le Royaume, « la simple déclaration du comte contre le Roi » allumant en Périgord et en Poitou « le feu de la rébellion », alors que les paysans en Poitou commençaient à s'assembler sous le nom de *Croquants* et à s'insurger; le roi d'Angleterre lui-même sentant naître en son esprit quelque pensée de conquête; les armées impériales de nouveau encouragées à entrer en France et les Pays-Bas espagnols, que menaçait l'invasion franco-hollandaise, reprenant espérance (3). »

L'inquiétude de Richelieu était d'autant plus vive que le Roi semblait moins frappé du danger : « Je crois, répétait Louis XIII le 2 juillet, que Monsieur le Comte fera beaucoup de bruit et peu de mal, comme ça a été toujours mon opinion, M. de Châtillon est en état de l'en empêcher (3). » Et le Roi disait encore, deux jours plus tard : « Je persiste toujours dans mon opinion que Monsieur le Comte ne peut renforcer les ennemis que de son train (4). » L'aigreur qu'il ressentait du procédé de M. de Soissons engendrait chez lui un dédain peut-être bien imprudent.

L'accommodement.

D'où vient donc que, le 11 juillet 1637, M. de La Croisette, « gentilhomme qui étoit à M. de Longueville », s'en allait à Sedan apportant « tout ce que demandoit Monsieur le Comte »? Rien

---

(1) *Mémoires du Cardinal de Richelieu*, éd. Petitot, t IX, p. 370-371.
(2) *Ibidem*, p. 372-375.
(3) Comte de Beauchamp, *Le Roi Louis XIII d'après sa correspondance avec le Cardinal de Richelieu*, p. 312.
(4) *Ibidem*, p. 314.

ne manquait, ni la déclaration par laquelle le Roi oubliait les fautes que le prince avait commises en sa retraite et depuis qu'il était à Sedan, ni le rétablissement en ses charges. « Le Roi vouloit qu'il jouît de tous ses biens, appointements et émoluments, — pardonnoit à tous ceux qui l'avoient servi, et abolissoit les crimes par eux commis à ce sujet. » M. de La Croisette était aussi porteur d'une « promesse particulière du Roi signée de Sa Majesté et d'un secrétaire d'État » : « Moyennant que Monsieur le Comte demeurât dans la fidélité et obéissance qu'il étoit convenu de jurer sur les Évangiles, Sa Majesté le feroit jouir, lui et les siens, de l'effet de ladite déclaration, trouvant bon qu'il demeurât encore quatre ans consécutifs dans la ville de Sedan, si bon lui sembloit ». Aussitôt que le prince aurait signé l'acte d'obéissance et de fidélité, « le Roi feroit payer à la duchesse de Bouillon soixante-quinze mille livres sur ce qui pouvoit être dû pour l'entretènement de la garnison de Sedan, et traiteroit à l'avenir ladite garnison tout ainsi qu'elle l'avoit été par le passé (1) ».

D'où venait ce déluge de faveurs, alors que, peu de jours auparavant, le Roi, « justement aigri contre Monsieur le Comte, persistoit à ne vouloir en rien se relâcher davantage » ?

Le revirement était dû, en fait, à la prudence persuasive de Richelieu. Le cardinal avait représenté que « tout refuser à Monsieur le Comte, ce seroit finir la guerre pour la recommencer » bientôt, car c'était jeter ce prince dans les bras des Espagnols et de la Reine mère, le précipiter dans la conjuration, toujours menaçante à l'intérieur.

Louis XIII se rendit aux raisons de Richelieu. Le Roi et le cardinal mettaient toutefois une restriction à l'une des grâces accordées. Cette restriction était, d'ailleurs, conforme à « l'usage et à la pratique du Royaume » : le prince ne pourrait faire aucune fonction de gouverneur, tant qu'il serait hors de son gouvernement, à plus forte raison hors de France.

Monsieur le Comte accepta les conditions du Roi. Le 26 juillet,

---

(1) *Mémoires du Cardinal de Richelieu*, éd. Petitot, t. IX, p. 376-377.

lorsque Bautru, en compagnie de M. de La Ferté, aumônier de Sa Majesté, vint le prier de prêter serment sur les saints Évangiles, tout se passa le mieux du monde. Le prince « transcrivit et signa de sa main le mémoire qui lui avoit été envoyé », il jura sur les Évangiles tous les articles qu'il avait transcrits et l'aumônier attesta, en bas du mémoire, qu'il venait de recevoir son serment (1).

A part soi, Richelieu ne pouvait s'empêcher de constater que le comte de Soissons s'accommodait à des conditions bien moins avantageuses que celles qu'on lui avait proposées en premier lieu, puisqu'on lui avait, au début des négociations, offert Mouzon. Il ne s'en félicitait que plus d'être venu « à bout de cet accommodement » si difficile et si considérable.

Cependant le cardinal n'oubliait pas tous les bruits calomnieux qui avaient couru le mois précédent, celui notamment d'après lequel le mariage de Monsieur le Comte avec Mlle de Combalet avait été l'une des conditions de l'accommodement. Et par une lettre à Chavigny, il prenait soin de démentir ces vilains propos (2).

En cette fin de juillet 1637, d'ailleurs, tous les mauvais bruits s'évanouissaient dans la grande rumeur de ce triomphe de Sedan qui empêchait les Espagnols de « tourner nos armes contre nos propres entrailles »; et, comme pour ajouter à l'éclat d'un tel succès, Richelieu était à la veille de rompre un réseau d'intrigues non moins dangereuses, par lesquelles les plus hauts personnages de la Cour s'engageaient dans des intelligences avec l'Espagne.

(1) *Mémoires du Cardinal de Richelieu*, éd. Petitot, t. IX, p. 378.
(2) Avenel, *Lettres du Cardinal de Richelieu*, t. V, p. 791.

CHAPITRE DEUXIÈME

LA REINE ANNE D'AUTRICHE

Dans une lettre datée du 29 octobre 1636, le cardinal écrivait à Chavigny : « Prenez garde, quand vous parlerez à Chenelle, qu'elle ne puisse soupçonner qu'on ait subodoré les écritures. Il vaut mieux ne lui rien dire du tout et continuer à découvrir *animi motum et nocendi artes* (1). » Le 2 novembre suivant, au bas d'une autre lettre adressée par le cardinal au même Chavigny, on lisait en post-scriptum : « Au lieu de parler à Chenelle de sa mauvaise conduite, il vaudroit mieux que le Roi exécutât la volonté que je lui ai vue d'éloigner d'Argouges... » Ce d'Argouges était le trésorier de la maison de la Reine, Chenelle était le sobriquet dont on affublait la Reine elle-même, comme le Chêne était le sobriquet dont on affublait le Roi. Anne d'Autriche était à la veille d'une catastrophe, « faisoit faire des gratifications et voyages » en faveur de gens qui ne favorisaient pas les affaires du Roi. La continuation des pratiques avec la Fargis et Mirabel requérait ces précautions, « autrement il en arriveroit de l'inconvénient (2) ».

Le cardinal connaissait donc la correspondance secrète que la Reine entretenait avec Mme du Fargis et le marquis de Mirabel, ancien ambassadeur d'Espagne à Paris. Le cardinal, en une seconde lettre adressée à Chavigny, l'après-dîner de ce 2 novembre 1636, revient sur ces graves soupçons : « Les dernières pièces interceptées, écrites de Flandre à Chenelle, dit-il, promettent qu'on verra quelque chose de nouveau et qu'on attend

---

(1) Avenel, *Lettres du Cardinal de Richelieu*, t. V p. 647.
(2) *Ibidem*, p. 652-653.

quelque changement qui les rendra *padrones y goustosos del campo* (maîtres et en pleine possession du champ de bataille) et se moquent fort des armes et de l'inconstance de la France. En vérité, M. de Chenelle n'est pas excusable après tous les bons traitements qu'il a reçus (1). » Six jours plus tard, M. de Chenelle, sous la plume de Richelieu, devenait une jeune fille, mais n'en était pas mieux traité : « Quant à Mlle de Chenelle, je ne vous puis dire autre chose, sinon que l'ancienne générosité de la lapidaire (la duchesse de Chevreuse) a toujours fait qu'en ce pays-là on a toujours pris le contre-pied de M. du Chêne; c'est un esprit léger qui se laisse porter à beaucoup de choses qui lui sont contraires. Je prie Dieu qu'il lui pardonne bien le passé et qu'il la dirige mieux pour l'avenir (2). » Le cardinal était résolu à lui couper désormais le nerf de la guerre. Il mandait à Chavigny, le 18 novembre : « Après avoir payé huit cent mille écus de dettes pour la Reine, en quoi la Fargis et Mirabel n'ont pas eu de part, il n'est plus raisonnable de laisser la porte ouverte à pareil désordre (3). » Richelieu était plus résolu encore à interrompre la dite correspondance et à châtier les correspondants.

Anne d'Autriche, pour son malheur, n'était pas assez convaincue de ce dont Louis XIII était plus que jamais persuadé : « M. le Cardinal est un étrange esprit, car il découvre toutes choses. Il a des espions proche des princes étrangers, il apprend leurs desseins, il fait surprendre les paquets par des hommes déguisés, qui détroussent les courriers (4). » L'imprudente princesse continuait d'écrire à Mirabel, aux ministres d'Espagne qu'elle avait eu l'occasion de rencontrer en France, à la Reine d'Angleterre, au cardinal infant, au duc de Lorraine. Ses lettres étaient remises au secrétaire de l'ambassade d'Angleterre par son porte-manteau ordinaire, M. de La Porte, qui parfois les envoyait à la duchesse de Chevreuse, exilée à Tours. Ce fut donc sans aucune surprise que, le lundi 10 août 1637, à La Chapelle-

---

(1) Avenel, *Lettres du Cardinal de Richelieu*, t. V, p. 653-654.
(2) *Ibidem*, p. 665.
(3) *Ibidem*, t. V, p. 682-683.
(4) Père Griffet, *Histoire du Règne de Louis XIII*, t. III, p. 40.

La-Reine, près de Fontainebleau, le cardinal lut ce billet que le Roi lui avait écrit du château de Madrid, dès sept heures du matin : « Comme hier au soir je m'allois mettre au lit, le petit Lalande (Étienne du Deffend, seigneur de Lalande, maître d'hôtel d'Anne d'Autriche) me vint dire que la Reine lui avoit dit qu'elle ne pouvoit venir à Chantilly plus tôt que mercredi ou jeudi, parce que son bagage n'étoit pas prêt ; je lui dis que ce n'étoit point cela et que c'est qu'elle vouloit tenir cercle à Paris deux ou trois jours. Je trouve étrange ce changement, car elle m'avoit dit avant-hier au soir qu'elle seroit mardi à Chantilly sans faute. J'ai cru vous devoir donner avis de ce que dessus (1). »

Il y avait alors une quinzaine de jours qu'une réponse du marquis de Mirabel à la Reine était tombée entre les mains du cardinal. Richelieu avait fait ouvrir le paquet par ses plus habiles spécialistes et la lettre, dont copie avait été prise, était parvenue à la Reine sans aucune trace d'effraction.

Son Éminence avait été moins heureuse, lorsqu'il s'était agi de saisir la lettre que la Reine ne pouvait manquer d'écrire à l'ambassadeur. Cette lettre était demeurée insaisissable. Mais, depuis le début du mois, Richelieu avait découvert ce que la Reine faisait quand elle se retirait au couvent du Val-de-Grâce. C'est de là qu'elle correspondait avec les ennemis : le cardinal savait même qu'il y avait, sur la terrasse d'un jardin qui communiquait avec le cabinet de la Reine, certaine cassette qu'il paraissait facile d'introduire dans ce cabinet sans éveiller l'attention des filles d'honneur. L'une de celles-ci, — sans doute cette Mlle de Chemerault dont le visage ne revenait point à Louis XIII, — avait donné avis au cardinal que la cassette avait été ouverte par la Reine en présence de l'abbesse et d'une autre religieuse.

Il semble bien que, dès le 10 août, le Roi n'ignorait aucun de ces détails. Richelieu ne lui avait pas caché qu'il fallait s'emparer de tous les papiers de la Reine, qui ne pouvaient être qu'au Val-de-Grâce. Louis XIII avait aussitôt commandé au chancelier et à l'archevêque de Paris de faire une fouille minutieuse dans

(1) Comte de Beauchamp, *Le Roi Louis XIII d'après sa correspondance avec le Cardinal de Richelieu*, p. 315.

ANNE D'AUTRICHE
Reine de France.

l'appartement de la Reine au Val-de-Grâce et d'en rapporter l'inventaire. L'abbesse avait été interrogée (1). L'archevêque, semble-t-il, avait cru devoir avertir secrètement Anne d'Autriche, qui trouva le temps de mettre ses compromettantes archives en lieu sûr ou de les brûler. Voilà sans doute pourquoi, désireuse de rester à Paris, elle alléguait que son bagage n'était pas prêt.

Richelieu avait attiré les yeux du Roi sur les allées et venues de M. de La Porte (2).

Ce 10 août 1637, à huit heures du soir, Louis XIII venait à peine d'arriver au château d'Écouen, où il devait passer la nuit, qu'il adressait à Richelieu ces lignes mystérieuses : « J'approuve votre proposition sur l'affaire que vous savez; j'envoie Dumont vous trouver pour savoir plus amplement votre pensée sur ce qu'il y a à faire. Je ne crois pas que ce soit l'homme de quoi il est question qui aille prendre les paquets au Val-de-Grâce pour les porter à celui qui les fait tenir, toutefois il est bon d'y faire prendre garde. Au pis-aller l'affaire se peut faire comme vous l'avez proposé; s'il vient après la Reine, comme c'est sa coutume, M. de Noyers pourra écrire une lettre à L'Hostelneau (officier aux gardes) pour l'assister en cas de besoin dans le faubourg Saint-Jacques (3). »

Le porte-manteau ordinaire.

Le 12 août 1637, au Louvre. La Reine vient enfin de partir pour Chantilly. Son porte-manteau ordinaire ne l'a pas suivie. Il a sur lui une lettre de la Reine que M. de la Thibaudière des Ageaux, gentilhomme du Poitou, qui retourne dans sa province, s'est offert de remettre à Tours, entre les mains de Mme de Chevreuse. Sa Majesté s'est contentée de griffonner un billet : « étant sur son départ, elle a tant d'affaires qu'elle n'a pas le loisir de

---

(1) Père Griffet, *Histoire du Règne de Louis XIII*, t. III, p. 41-42.
(2) *Mémoires du Cardinal de Richelieu*, éd. Petitot, t. X, p. 195.
(3) Comte de Beauchamp, *Le Roi Louis XIII d'après sa correspondance avec le Cardinal de Richelieu*, p. 315-316.

faire une longue lettre; elle se porte bien; elle va à Chantilly et le porteur dira à la duchesse plus de nouvelles qu'elle n'en pourroit écrire ».

Bien que la Reine soit autorisée à envoyer à Mme de Chevreuse des billets insignifiants, La Porte préférerait que celui-ci, — à cause de la dernière phrase surtout, — ne fût pas trouvé dans sa poche. Il ne le gardera pas longtemps, puisque voici justement, dans la chambre de Mme de La Flotte, dame d'atour de la Reine, où il vient d'entrer, cet excellent La Thibaudière. Mlle de Hautefort y est aussi, elle attend Mme de La Flotte pour aller avec elle solliciter un procès. Les deux gentilshommes les conduisent jusqu'à leur carrosse. Demeuré seul dans la cour avec La Thibaudière, La Porte veut lui donner la lettre de la Reine : « Gardez-la, dit l'autre, jusqu'à demain, j'ai peur de la perdre. Bien que La Thibaudière soit « dans la confidence de M. de Chavigny », l'imprudent porte-manteau sort avec lui « par les derrières du Louvre ». Sur le pavé de la rue Saint-Honoré, les deux amis se quittent. Il est probable que le Poitevin tourna du côté du Palais-Cardinal. Son compagnon s'en alla, de la part de la Reine, rendre visite à Guitaut, capitaine aux gardes (1), que la goutte et une balle dans la cuisse contraignaient à rester au logis.

Vers six heures du soir, il prit congé du malade et, comme il arrivait au coin de la rue des Vieux-Augustins et de la rue Coquillière, il ne fut pas sans remarquer un carrosse à deux chevaux, avec un cocher habillé de gris, qui stationnait là. Il venait de s'engager « entre le coin et le carrosse », quand il se sentit poussé vers le véhicule par un homme qui l'avait saisi par derrière en lui mettant une main sur les yeux. En même temps plusieurs mains le soulevaient, le jetaient dans le carrosse, puis abattaient les portières. L'attelage partit au grand trot. Quelques minutes plus tard, le prisonnier descendait de carrosse dans une basse-cour et reconnaissait Goulard, lieutenant des mousquetaires du Roi. C'est à la Bastille que l'avaient conduit l'officier, les cinq mousquetaires qui l'avaient enlevé, les seize

(1) Quand il s'agissait des gardes du corps, on disait capitaine des gardes; quand il était question des gardes françaises, l'usage était de dire capitaine aux gardes.

qui avaient escorté la voiture. On le fouilla, on lui demanda de qui était la lettre et il « dit à Goulard qu'il connoissoit bien le cachet et les armes de la Reine et que c'étoit pour Mme de Chevreuse ». Puis on lui fit passer le pont ; il pénétra « dans le corps de garde entre deux haies de mousquetaires de la garnison, qui avoient la mèche allumée et se tenoient sous les armes, comme s'il eût été un criminel de lèse-majesté » (1). Au bout d'une demi-heure, on l'enferma dans le cachot de Dubois, le Capucin défroqué et alchimiste qui avait laissé croire au cardinal qu'il pouvait fabriquer de l'or et, devant le Roi et toute la Cour, en plein Louvre, fait constater par Sa Majesté elle-même, dans un creuset, sous la cendre à la place de deux balles de mousquet et d'une substance merveilleuse, la présence d'un lingot d'or. Le cachot était vide, car Dubois avait été exécuté, le 27 juin, pour magie, fausse monnaie et autres crimes. Laissé seul avec un soldat, au pied d'une fenêtre assombrie de trois grilles et derrière trois portes, dont l'une était « en dedans de la chambre, la seconde au milieu du mur et la troisième en dehors sur le degré », il put se demander avec horreur ce que lui vouloient le Roi et le cardinal (2).

Au Val-de-Grâce.

Le surlendemain de l'arrestation, Louis XIII, toujours à Chantilly, prit la peine de mander à Richelieu qui se reposait à Royaumont : « M. de Brulon m'ayant dit qu'il vous alloit trouver, je lui ai baillé ce billet pour vous faire savoir que je suis en impatience de savoir ce qui se sera passé à Paris en suite de la prise de La Porte, tant au logis dudit La Porte pour ses papiers qu'au lieu où M. le Chancelier devoit aller. J'ai appris, depuis que je ne vous ai vu, que Chenelle entretint l'homme de quoi j'ai parlé ci-dessus deux heures entières dans son petit cabinet, le jour devant qu'il fût arrêté. Elle garda hier le lit tout le jour, disant qu'elle avait mal à la tête ; je m'en rapporte à ce qu'il en est (3). »

(1) *Mémoires de M. de La Porte*, p. 123.
(2) *Ibidem*.
(3) Comte de Beauchamp, *Le Roi Louis XIII d'après sa correspondance avec Cardinal de Richelieu*, p. 316.

C'est le 12 août, le jour même de l'arrestation, que le chancelier, en compagnie de Charles le Roi, sieur de La Poterie, conseiller d'État, s'était présenté rue Saint-Thomas du Louvre, à l'hôtel de Chevreuse, où M. de la Porte avait une chambre. La Poterie avait procédé aussitôt à la saisie de tous les papiers qu'il y avait trouvés. Le lendemain il avait interrogé le prisonnier. Tandis qu'il tirait de son sac des lettres sans intérêt que Mme de Chevreuse avait adressées au dévoué porte-manteau de la Reine, cette pensée était entrée brusquement dans l'esprit du malheureux, qu'elle frappa de terreur : « Pour avoir ces lettres, il faut qu'on ait été dans ma chambre. » La mort dans l'âme, La Porte songeait à son coffre, à son armoire, au trou qui s'ouvrait dans un coin de fenêtre, où son bras s'enfonçait jusqu'au coude. C'est dans cette cachette qu'il enfouissait « tous ses papiers de conséquence, les clefs des chiffres et les paquets ». Pourvu que l'on n'eût point remarqué le morceau de plâtre qui le bouchait « si justement, qu'on avoit peine à s'apercevoir qu'il eût été rompu ». Comme il avait été bien avisé de ne jamais le soulever, qu'il « n'eût fait sortir son laquais! » La précaution n'avait pas été inutile, car le laquais, de son côté, était interrogé par le chancelier, qui n'en put tirer qu'un torrent de larmes, et La Poterie ne fit l'inventaire que de peu compromettantes paperasses (1).

Ce même 13 août 1637, au Val-de-Grâce, la chasse ne fut pas plus fructueuse. Le Père Griffet, avec sa clarté ordinaire, en a conté les détails. Voici, dès huit heures du matin, le chancelier Séguier au couvent avec l'archevêque de Paris ; voici l'abbesse, qui s'est imposé la fatigue de quitter l'infirmerie, malgré la fièvre continue dont elle se plaint ; les sœurs sont là, d'autant plus silencieuses que l'archevêque leur a défendu « de se parler entre elles sous peine d'excommunication ». A l'abbesse, qui vient de conduire les visiteurs dans sa cellule, l'archevêque transmet l'ordre du Roi : « En vertu de la sainte obéissance, répondre

---

(1) *Mémoires de M. de La Porte*, p. 135-136.
(2) Jean-François de Gondi de Retz, oncle de Jean-François-Paul de Gondi, qu'il devait nommer plus tard son coadjuteur et qui fut le fameux Cardinal de Retz.

avec sincérité à toutes les questions qui seront faites par M. le Chancelier. » Elle est fort suspecte au Roi et au cardinal, cette abbesse, cette Louise de Milli : franc-comtoise et par conséquent espagnole de naissance, sœur du gouverneur de Besançon, elle a toute sa famille au service de l'Espagne. Elle écoute le chancelier. Lorsque le magistrat affirme que le Roi n'ignore pas que la Reine écrit en Flandre au marquis de Mirabel, la supérieure ne se trouble nullement. Pas davantage lorsqu'il donne de redoutables précisions : une lettre datée du 23 juillet est adressée à Mme de Chevreuse ; l'autre, datée du 24, est adressée à Mme du Fargis Dans celle-ci, la Reine demande « s'il est vrai que l'Angleterre est sur le point de rompre avec l'Espagne, ce qui lui feroit beaucoup de peine ». Inutile de rien dissimuler, puisque la Reine a tout avoué au Roi. C'est elle-même qui somme l'abbesse, aussi bien au nom du Roi qu'en son propre nom, de tenir le serment qu'elle a fait à l'archevêque et de révéler « tout ce que la Reine a écrit dans le monastère ».

Mais l'abbesse se dit fort embarrassée de faire la moindre révélation, puisqu'elle n'a jamais vu la Reine écrire ni recevoir aucune lettre dans le couvent.

Elle ne nie pas avoir reçu des lettres de la Reine et les exhibe, toutes datées de 1630, sauf une seule, qui est de 1632. Qu'est-ce que c'est que cette *parente* à qui Sa Majesté demande que l'on transmette les lettres qu'elle envoie ? En réalité c'est Mme de Chevreuse qui est désignée sous ce pseudonyme. Pourquoi des lettres si affectueuses en 1630 et 1632? Pourquoi, les années suivantes, nulle trace de correspondance? Cela n'est pas vraisemblable. La supérieure n'en a pas reçu d'autres. Le chancelier veut absolument savoir qui est la *parente* de l'abbesse : pauvre fille, elle est morte à présent ; elle ambitionnait une place dans la maison de la Reine, qui « lui avoit écrit plusieurs fois qu'elle feroit son possible pour lui procurer cette satisfaction ».

Le chancelier n'est pas convaincu. Il inscrit dans son procès-verbal : « Nous avons demandé que l'on nous fît l'ouverture de la chambre et du cabinet de la Reine, où étant entré, après une recherche exacte, nous n'avons trouvé aucuns papiers (1). »

Deux cérémonies se déroulèrent au couvent l'après-dîner : d'abord la déposition de l'abbesse, que l'archevêque vint signifier à la communauté assemblée dans le chapitre, puis l'élection d'une nouvelle supérieure, qui fut la maîtresse des novices, sœur de M. de Pont-Château. Lors de ces deux cérémonies, il y avait quelque temps déjà que Mme de Milli, avertie dans sa cellule du sort qui l'attendait par l'archevêque lui-même, était partie avec trois Sœurs, un ecclésiastique et le lieutenant du chevalier du guet escorté de quatre archers. Les voyageuses faisaient route vers La Charité-sur-Loire, pour être enfermées au Mont-de-Piété, petit couvent de leur ordre.

Le Roi commanda au chancelier Séguier de procéder à l'interrogatoire de la Reine. Anne d'Autriche, se voyant présenter une copie de la lettre du marquis de Mirabel qu'on lui reprochait d'avoir reçue, ne nia point; elle dit seulement qu'il ne s'était jamais agi des affaires de l'État. Quelques heures auparavant, apprenant l'arrestation de La Porte, elle avait envoyé Le Gras, secrétaire de ses commandements, demander au cardinal pourquoi son porte-manteau ordinaire était à la Bastille : Le Gras assurait qu'elle n'avait jamais écrit en Flandre ni en Espagne. Mais Richelieu n'avait pas caché au secrétaire qu'il lui était impossible de préférer des assurances à des certitudes. On comprend que la malheureuse Reine n'ait su trouver d'autre défense que ses larmes.

Cependant tout ce qui dans le Royaume détestait Richelieu tonnait contre les persécutions, dont la Reine, pour des motifs oiseux, était victime (2). Le 16 août, le cardinal reçut à Royaumont ce billet de Louis XIII, qui le mettait en garde : « Patrocle (écuyer ordinaire de la Reine) arriva hier ici, lequel a tenu de très mauvais discours de vous et de moi. Je vous en dirai davantage à première vue et je vous prie de ne dire ceci qu'à M. de Noyers. Je crois qu'il le faudra envoyer hors Paris comme on a fait de la supérieure, ou le mettre à couvert; le plus tôt qu'on le pourra faire

---

(1) Père Griffet, *Histoire du Règne de Louis XIII*, t. III, p. 44-47.
(2) *Ibidem*, t. III, p. 47-48.

sera le meilleur, donnant, je crois, de mauvais conseils à Chenelle. Je m'en vas courre le loup à Merlou (1). »

Mais le cardinal courait un plus noble gibier.

Ce qu'il lui fallait maintenant, c'était contraindre la Reine à des aveux complets. N'avait-elle pas eu, la veille, l'audace de lui dépêcher pour la seconde fois le sieur Le Gras, qui avait « renouvelé ses protestations. » En vain le cardinal avait répondu au secrétaire : « Le Roi en sait beaucoup plus que je ne vous en dis (2) ». Anne d'Autriche avait appelé à son aide le Père Caussin. Elle avait endoctriné le religieux par la bouche d'un Cordelier, le Père Faure, son confesseur : « Elle lui fit les mêmes serments qu'elle avoit faits au sieur Le Gras, disent non sans dédain les *Mémoires,* en sorte que le bon Père, qui ne savoit pas ce que le Roi savoit, en demeura persuadé par raison (3). »

Il en fut d'autant plus ardent à la défendre auprès du Roi, il insista sur l'insignifiance des lettres qu'elle avait écrites, lettres pleines de compliments et non de crimes d'État. Que de peines et d'humiliations on avait imposées à la Reine pour une faute qui, à la vérité, n'en était peut-être pas une !

Lorsque le cardinal entendit, de la bouche même du Roi, le plaidoyer du Père Caussin, il observa que l'on avait la preuve des faits niés par la Reine et par son porte-manteau : les affaires de l'État avaient été plus d'une fois le sujet des lettres saisies.

Il est facile de vérifier aujourd'hui l'exactitude des propos de Son Éminence, Victor Cousin ayant publié ces lettres au milieu du siècle dernier. Celle du 23 juillet, adressée à Mme du Fargis, dit, en effet : « Je suis toujours bien en peine des bruits qui courent que le roi d'Angleterre et le roi d'Espagne vont être mal ensemble. » Celle du 28 mai n'est pas moins compromettante. Elle est adressée au cardinal infant et destinée à être communiquée au comte duc, pour représenter au prince et au ministre qu'il importe fort au Roi Catholique de ne pas se laisser ravir par le Roi Très Chrétien l'alliance du duc de Lorraine, dont la petite

---

(1) Avenel, *Lettres du Cardinal de Richelieu*, t. V, p. 808, note.
(2) Père Griffet, *Histoire du Règne de Louis XIII*, t. III, p. 49.
(3) *Mémoires du Cardinal de Richelieu*, éd. Petitot, t. X, p. 199

armée et les grands talents militaires ne sont pas à dédaigner :
« *Por ser cosa que importa mucho al servicio del Rey el conservar en el al duque de Lorena, he procurado con mi amiga (Mme de Chevreuse) que hallasse una commodidad segura conque poder escrivir a l'amigo (le cardinal infant); ha me dicho que la tiene, etc.* (1).

Certes on pouvait pardonner à la Reine, mais pas avant d'avoir obtenu les aveux les plus explicites, pas avant que La Porte eût reçu de sa maîtresse l'ordre de parler avec sincérité. Le Roi voulait-il que les factieux pussent proclamer partout « que l'on avait traité une reine de France en criminelle d'État, pour avoir écrit des lettres de compliments à ses frères et à une dame de ses amies (2) » !

La confession 'Anne d'Autriche.

Le 17 août, de bonne heure, un cortège imposant se rendit à Chantilly dans la chambre de la Reine. Le cardinal marchait, accompagné du Père Caussin, du Père Faure, de MM. de Chavigny et de Noyers, ainsi que de Mme de Senecé. Anne d'Autriche n'était pas encore levée. C'était elle qui avait désiré cette rencontre. Sentant que ses dénégations devenaient impossibles à soutenir, elle avait commencé par laisser entrevoir à Le Gras une partie des faits, puis avait chargé l'honnête secrétaire de dire au cardinal que, s'il voulait venir chez elle, rien ne lui serait plus celé. Richelieu en avait aussitôt référé au Roi, qui lui avait commandé de se prêter au désir de la Reine.

A peine entré, le cardinal est frappé de la bonne volonté de la Reine. Mais dès qu'il parle du mécontentement du Roi, dès qu'il rappelle que la reine d'Espagne n'a pas plus que la reine de France la permission d'écrire en pays ennemi, dès qu'il invoque la nécessité où est le Roi de connaître le contenu des lettres incriminées, Anne d'Autriche se jette dans ses déguisements ordinaires : « Il est vrai que j'ai écrit en Flandre à Monsieur le Cardinal Infant,

(1) Victor Cousin, *Madame de Chevreuse*, p. 130, note et appendice III, p. 415.
(2) Père Griffet, *Histoire du Règne de Louis XIII*, t. III, p. 50.

avoue-t-elle, mais ce n'étoit que de choses indifférentes, pour savoir l'état de sa santé, et autres choses de pareille nature. — A mon avis, il y a plus, réplique le ministre, et si Votre Majesté veut se servir de moi, je l'assure que, pourvu qu'elle me dise tout, le Roi oubliera tout ce qui s'est passé, mais je la supplie de ne m'employer point, si elle veut user de dissimulation. »

Anne d'Autriche alors prie les témoins de cette scène de se retirer, pour qu'elle puisse parler au cardinal à cœur ouvert. Mme de Senecé et les deux secrétaires sortent de la chambre; et, en présence des deux religieux, c'est une véritable confession que le cardinal reçoit des lèvres de la Reine : oui, la Reine « a écrit plusieurs fois au cardinal infant, au marquis de Mirabel et à Gerbier », résident d'Angleterre en Flandre, correspondance rédigée dans son cabinet, confiée à M. de La Porte, remise à Auger, secrétaire de l'ambassade d'Angleterre, qui la faisait tenir à Gerbier.

« Entre autres choses, elle a témoigné quelquefois des mécontentements de l'état auquel elle étoit et a écrit et reçu des lettres du marquis de Mirabel, qui étoient en des termes qui devoient déplaire au Roi. Elle a donné avis du voyage d'un ministre en Espagne, pour qu'on eût l'œil ouvert à prendre garde à quel dessein on l'envoyoit »; elle « a donné avis au marquis de Mirabel qu'on parloit ici de l'accommodement de M. de Lorraine, et qu'on y prît garde. Elle a témoigné être en peine de ce qu'on disoit que les Anglais s'accommodoient avec la France, au lieu de demeurer unis à l'Espagne, et la lettre dont La Porte s'est trouvé chargé devoit être portée à la dame de Chevreuse par le sieur de La Thibaudière, et ladite lettre faisait mention d'un voyage que ladite dame de Chevreuse vouloit faire comme inconnue devers elle (1) ».

Tandis que la Reine faisait au cardinal cette confession laïque, Son Éminence, témoin de son « déplaisir » et de sa « confusion », se montra si bon à son égard, qu'à plusieurs reprises elle s'écria : « Quelle bonté faut-il que vous ayez, Monsieur le Cardinal! J'aurai

(1) *Mémoires du Cardinal de Richelieu*, éd. Petitot, t. X, p. 199-201.

toute ma vie la reconnaissance et l'obligation que je pense avoir à ceux qui me tirent de cette affaire. Donnez-moi la main ». Ce sont les *Mémoires* qui nous montrent l'homme rouge si miséricordieux et si paternel, et ils ajoutent : « Le cardinal refusa par respect, se retirant par le même motif, au lieu de s'approcher (1). » Peut-être Richelieu craignait-il que le Roi, survenant à l'improviste, ne trouvât qu'il parlait à la Reine, comme dit Mme de Motteville, « d'un air trop galant pour un ennemi ».

Ce même 17 août 1637, après que le cardinal eut rendu compte au Roi de l'entrevue, la Reine fut priée d'apposer sa signature au bas d'une feuille de papier, où Son Éminence avait mis par écrit tous les aveux de la malheureuse princesse. Le document se terminait par ces lignes humiliantes : « ... Avouons ingénument tout ce que dessus, comme choses que nous reconnaissons franchement et volontairement être véritables. Nous promettons de ne retourner jamais à pareilles fautes, et de vivre avec le Roi, notre très honoré seigneur et époux, comme une personne qui ne veut avoir aucuns intérêts que ceux de sa personne et de son État ; en témoignage de quoi nous avons signé la présente de notre propre main, et icelle fait contresigner par notre conseiller et secrétaire de nos commandements et finances. Fait à Chantilly ce 17 août 1637. »

Au-dessous de l'attestation dressée pour la Reine, le cardinal avait préparé un pardon écrit et signé de la main du Roi : « Après avoir vu la franche confession que la Reine, notre très chère épouse, a faite de ce qui nous a pu déplaire depuis quelque temps en sa conduite, et l'assurance qu'elle nous a donnée de se conduire à l'avenir selon son devoir envers nous et notre État, nous lui déclarons que nous oublions entièrement tout ce qui s'est passé, n'en voulant jamais avoir souvenance ; ainsi voulons vivre avec elle comme un bon roi et un bon mari doit faire avec sa femme ; en témoin de quoi j'ai signé la présente et icelle fait contresigner par l'un de nos conseillers secrétaires d'État. Fait à Chantilly ce 17 d'août 1637. »

---

(1) *Mémoires du Cardinal de Richelieu*, éd. Petitot, t. X, p. 201.

On laissa à la Reine pour sa gouverne une sorte de mémorandum, où le Roi, stylé par le cardinal, avait énuméré ses volontés :

« Je ne désire plus que la Reine écrive à Mme de Chevreuse, principalement parce que ce prétexte a été la cause de toutes les écritures qu'elle a faites ailleurs.

« Je désire que Mme de Senecé me rende compte de toutes les lettres que la Reine enverra et qu'elles soient fermées en sa présence.

« Je veux aussi que Filandre (sa première femme de chambre) me rende compte toutes les fois que la Reine écrira, étant impossible qu'elle ne le sache, puisqu'elle garde son écritoire.

« Je défends à la Reine l'entrée des couvents des religieuses, jusqu'à ce que je lui aie permis de nouveau et, lorsque je lui permettrai, je désire qu'elle ait toujours sa dame d'atour dans les chambres ou elle entrera.

« Je prie la Reine de se bien souvenir quand elle écrit ou fait écrire en pays étranger, ou y fait savoir des nouvelles par quelque voie que ce soit, directe ou indirecte ; qu'elle-même m'a dit qu'elle se tient déchue, de son propre consentement, de l'oubli que j'ai fait aujourd'hui de sa mauvaise conduite.

« La Reine saura aussi que je ne désire plus, en façon du monde, qu'elle voie Craf et autres entremetteurs de Mme de Chevreuse. »

Un peu plus bas, après le lieu et la date : *Fait à Chantilly ce 17 août 1637*, Anne d'Autriche écrivit de sa main : « Je promets au Roi d'observer religieusement le contenu ci-dessus. » Quelques minutes plus tard, elle eut le plaisir de voir le Roi entrer dans sa chambre et celui de l'embrasser à la prière et sous les yeux du cardinal (1).

Les contradictions de la Reine et du porte manteau.

« Mais elle l'avoue et dit que c'est par vous qu'elle entretient ses correspondances, non seulement avec le roi d'Espagne et le cardinal infant, mais avec le duc de Lorraine, l'archiduchesse

---

(1) Père Griffet, *Histoire du Règne de Louis XIII*, t. III, p. 50-54.

et Mme de Chevreuse. » C'est Richelieu qui parle ainsi avec colère, et son interlocuteur est M. de La Porte. En cette soirée du 21 août 1637, sur les huit heures, Son Éminence l'a fait extraire de la Bastille; on l'a mis dans un carrosse, qui s'est bientôt arrêté devant l'hôtel du chancelier, puis a suivi le carrosse de ce magistrat, qui sortait de chez lui.

Les deux voitures se sont dirigées vers le Palais-Cardinal; la seconde étant entrée dans la cour des cuisines, le prisonnier en est descendu et, par le jardin et la galerie, M. de La Houdinière, capitaine des gardes du cardinal, l'a conduit jusqu'à la chambre de Son Éminence, qu'il a trouvée en compagnie du chancelier et de M. de Noyers. Au cours de l'interrogatoire, Son Éminence use alternativement et inutilement de la douceur et de la menace. La dernière réplique ne réussit point à troubler M. de La Porte : « Si la Reine, répond-il, dit cela, il faut qu'elle veuille sauver ceux qui la servent en ses intelligences. »

Les choses se gâtèrent, quand le cardinal lui demanda « s'il savoit qu'elle se servît de quelqu'un et pour qui étoit cette lettre de la Reine qu'on avait trouvée sur lui ». La Porte répondit négativement à la première question, et à la seconde : « La Reine ne m'a point nommé de personnes particulières à qui la donner. » Alors Richelieu éclata : « Vous êtes un menteur, vous la vouliez donner à La Thibaudière; vous voulûtes la lui donner dans la cour du Louvre. Il vous pria de la lui garder jusqu'au lendemain de peur de la perdre. Et, après cela, vous voulez que je vous croie. Puisque, en une chose de cette conséquence, vous ne dites pas la vérité, je ne vous croirai pas en d'autres. Eh bien, que dites-vous à cela? »

Assommé par ce coup, voyant bien que La Thibaudière, « ayant eu peur qu'il ne l'accusât, s'étoit accusé lui-même pour avoir meilleur marché de la peine qu'il croyoit encourir », La Porte avoua ce qu'il ne pouvait plus cacher. Le cardinal « le gronda fort ». Après avoir songé en silence : « Il faut, commanda Son Éminence, que vous écriviez à la Reine et que vous lui mandiez qu'elle ne sait ce qu'elle veut dire, quand elle dit qu'elle a des correspondances avec les étrangers et les ennemis de l'État et que c'est de vous qu'elle se sert pour ces intrigues. » Mais La Porte « déclara qu'il n'osoit pas écrire à la Reine sa maîtresse en la manière dont le cardinal lui ordonnoit ».

Reconduit à la Bastille vers le milieu de la nuit, La Porte reçut le lendemain la visite d'un exempt des gardes, qui lui commanda, de la part du Roi, « d'écrire à la Reine sur ce que M. le Cardinal lui avoit dit ». Il écrivit aussitôt qu'il dirait tout ce que la Reine voudrait, « pourvu qu'elle lui fît savoir ce qu'il lui plairoit qu'il dît (1) ».

Anne d'Autriche s'inquiétait fort de cette attitude du porte-manteau. Elle s'empressa, ce même 22 août, d'envoyer Le Gras faire à Richelieu une nouvelle déclaration où l'on remarquait plus d'une précision intéressante : « La Reine avoit baillé un chiffre à La Porte pour écrire au marquis de Mirabel..... et ledit La Porte lui avoit rendu ledit chiffre, il y avoit quelque temps, lequel elle avoit brûlé. Sa Majesté savoit que M. de Lorraine avoit envoyé un homme à Mme de Chevreuse, mais elle ne savoit rien de leur entretien ; Mme de Chevreuse étoit venue trouver deux fois Sa Majesté dans le Val-de-Grâce, lorsqu'elle étoit reléguée à Dampierre. » La Reine avait reçu au couvent quelques lettres de la duchesse, à qui, avant la rupture de la paix, elle avait écrit plusieurs fois. Depuis peu, un homme y était venu lui apporter des nouvelles. Lord Montagu était allé l'y voir une fois. C'est là encore qu'Auger lui avait fait tenir plusieurs paquets du même Montagu, tant pour elle que pour Mme de Chevreuse. Cette correspondance « n'étoit que compliments ». Et « la Reine écrivait de Lyon à la supérieure du Val-de-Grâce : *Donnez cette lettre à votre parente qui est dans le comté de Bourgogne*, cela signifiait : *Donnez-les à Mme de Chevreuse* (2) ».

Il n'y avait pas vingt-quatre heures que le cardinal avait pris connaissance de cette déclaration, quand une lettre, écrite de Chantilly, le 23 août, à onze heures du matin, vint lui conter la curieuse scène qui s'était déroulée la veille entre le Roi et la Reine : « Je reçus hier, mandait Louis XIII à Richelieu, votre

(1) *Mémoires de M. de La Porte*, p. 147-154.
(2) Victor Cousin, *Madame de Chevreuse*, appendice IV, p. 420-421

mémoire et la lettre de M. le Chancelier avec l'interrogatoire de La Porte, étant à la chasse. Après l'avoir lu, je jugeai à propos de n'en parler à la Reine que le matin avant qu'elle fût levée? Ce que j'ai fait en cette façon : après que j'ai été levé, j'ai envoyé quérir le Père Caussin pour me servir de témoin (Le Gras n'étant venu ici), auquel j'ai baillé à lire, cependant que je priais Dieu, la lettre de M. le Chancelier et l'interrogatoire de La Porte; ensuite je lui ai dit que je voulois montrer à la Reine les susdits papiers qu'il venoit de voir, et la conjurer de dire la vérité pour sauver la gêne (la torture) audit La Porte et qu'il falloit qu'il lui dît qu'en conscience elle seroit cause du mal qui arriveroit à La Porte, ce qu'il m'a dit qu'il feroit. Nous sommes donc allés, ledit Père et moi, chez la Reine, auquel j'ai fait lecture de la lettre et de l'interrogatoire, elle et moi regardant le papier, ce que j'ai voulu afin qu'elle ne crût pas qu'on y ajoutât ni diminuât rien. Après que le Père Caussin lui a remontré qu'elle devoit dire la vérité ou qu'autrement sa conscience seroit chargée du mal qui arriveroit audit La Porte, elle nous a dit jusques à trois fois qu'elle avoit dit la vérité et que c'étoit La Porte à qui elle bailloit les lettres pour les porter à Auger; mais qu'elle ne savoit pas si ledit La Porte les portoit lui-même ou les donnoit à quelque autre pour les donner audit Auger; qu'elle avait donné hier au matin au sieur Le Gras, qui est allé à Paris, un billet (pour vous donner) qu'elle écrit à La Porte, par lequel elle lui commande de dire tout ce qu'il sait et que ç'a été la peur qui l'a empêché de parler, et qu'elle me prioit de me souvenir que je lui avois promis en votre présence qu'on ne feroit point de mal à La Porte (1). »

Le cardinal ne dut pas être moins content de cette lettre que de la réponse que la Reine fit à La Porte, réponse dont Son Éminence eut communication avant qu'elle fût envoyée : « La Porte, j'ai reçu la réponse que vous m'avez écrite, sur laquelle je n'ai rien à vous dire sinon que je veux que vous disiez la vérité sur toutes les choses dont vous serez interrogé. Si vous le faites,

(1) Comte de Beauchamp, *Le Roi Louis XIII d'après sa correspondance avec le Cardinal de Richelieu*, p. 319.

j'aurai soin de vous, il ne vous sera fait aucun mal ; si vous ne le dites pas, je vous abandonnerai (1). »

Le fidèle porte manteau songeait : « Cette lettre m'est suspecte, on a peut-être forcé la Reine à me l'écrire, elle m'est donnée par M. le Chancelier tout ouverte ; c'est pourquoi je n'y saurois ajouter foi (2). »

Interrogé par Laffemas, La Porte finit par avouer, lui aussi (3).

Interrogée de nouveau le 24 août par M. de La Poterie, au château de La Bussière, près La Charité, l'abbesse du Val-de-Grâce ne fit aucune difficulté pour reconnaître les trois faits déjà confessés par Anne d'Autriche; elle se contenta d'affirmer « qu'elle ignoroit ce que la Reine avoit écrit en Espagne dans le temps que la marquise de Mirabel étoit à Paris (4) ». Afin de prouver son bon vouloir, elle poussa l'humilité jusqu'à adresser au chancelier une ettre où elle le priait de lui pardonner si elle ne lui avait pas dit la vérité, quand il l'avait interrogée au Val-de-Grâce (5).

La duchesse de Chevreuse.

Le cardinal fut moins heureux avec Mme de Chevreuse. Le 16 août 1637, il lui écrivit presque tendrement : « J'ai prié M. du Dorat de vous aller trouver pour une affaire que vous jugerez assez importante. Comme je désire vous y rendre de nouvelles preuves de mon affection et de mon service, je vous supplie de m'en donner de votre franchise et vous assure qu'en usant ainsi vous sortirez de l'affaire dont il s'agit sans déplaisir quelconque, ainsi que vous avez été tirée, par le passé, d'autres qui n'étoient pas de moindre conséquence. Je vous en donne ma parole, Madame (6). »

Lorsqu'elle eut reçu, le 24 août 1637, la visite de l'abbé du

---

(1) *Mémoires de M. de La Porte*, p. 158-159.
(2) *Ibidem*, p. 179.
(3) *Ibidem*, p. 173 et *Mémoires du Cardinal de Richelieu*, t. X, p. 204.
(4) Père Griffet, *Histoire du Règne de Louis XIII*, t. III, p. 59.
(5) *Ibidem*.
(6) Avenel, *Lettres du Cardinal de Richelieu*, t. V, p. 834-835.

Dorat, un ancien serviteur de la maison de Lorraine, à qui le cardinal avait adjoint l'abbé de Cinq-Mars, son inquiétude ne diminua point. Si les bonnes paroles que lui prodiguaient les deux envoyés étaient fort rassurantes, leurs questions ne l'étaient guère. Interrogée sur le dessein qu'elle avait eu de se rendre auprès de la Reine en cachette, elle avait répondu qu'elle y était poussée par le désir de porter la Reine « à donner sujet à M. le Cardinal d'être satisfait de sa reconnaissance », le désir aussi « de résoudre avec elle du biais que l'on pourroit prendre pour retirer les pierreries qui étoient entre les mains de M. de Chevreuse », le désir enfin « d'avoir l'honneur et le contentement de voir et entretenir Sa Majesté ». En ce qui concernait ses relations avec le duc de Lorraine, elle affirmait qu'elle n'avait pas eu de nouvelles de ce prince depuis sept ou huit mois. Elle ne savait ce qu'était cette dépêche que l'on avait surprise en Bourgogne, que le duc de Lorraine et plusieurs ministres du roi d'Espagne avaient signée et que l'on trouvait compromettante pour elle : « Bien loin, déclara-t-elle, d'avoir voulu porter M. de Lorraine à ne point s'accommoder avec la France, je souhaiterois de tout mon cœur qu'il y fût bien et, si j'y pouvois contribuer, je croirois avoir rendu le plus grand service que je pourrois faire. » Elle disait aussi qu'elle avait reçu quelques lettres de lord Montagu, depuis qu'il était en Angleterre, et elle terminait humblement : « Ayant toujours reconnu M. de Montagu affectionné à la France et fort particulièrement serviteur de M. le Cardinal, j'ai cru ne point faillir de recevoir de ses lettres et de lui écrire, mais, en ce sujet comme en tous les autres, mon intention est de me gouverner comme Sa Majesté l'ordonnera et M. le Cardinal le conseillera (1). »

Cette réponse laissa le cardinal d'autant plus froid, que l'abbé du Dorat lui écrivit de Tours, quatre jours plus tard, une lettre qui ne pouvait que lui enlever toute illusion : « J'ai estimé, mandait l'abbé, qu'il étoit à propos, devant mon partement, donner avis à Votre Éminence qu'une grande et grosse dame a dit au

(1) *Réponse de M*^{me} *de Chevreuse;* Victor Cousin, *Madame de Chevreuse,* appendice V, p. 425-427.

lapidaire (le duc de Chevreuse) que le crime dont étoit accusée la Reine étoit d'avoir empêché l'alliance, en la forme que vous l'aviez désiré, du roi de la Grande-Bretagne et que c'étoit à la sollicitation et diligence de la Chevreuse. Mon opinion est bien qu'il faut attendre du sire toute sorte de légèretés et d'impertinences. Mais Votre Éminence me permettra de dire que cette dame est la plus grande ennemie qu'ait le cardinal et qui l'a le plus désobligé (1). »

La duchesse ne se leurrait pas plus que Richelieu. D'ailleurs elle fut bientôt avertie par un émissaire de la Reine du danger qu'elle courait : « Sa conscience, disent les *Mémoires*, ne lui permettant pas de prendre confiance en toutes les promesses du Roi et du cardinal », le 6 septembre elle alla trouver l'archevêque de Tours et lui dit, tout effarée, qu'elle étoit tourmentée d'une si grande appréhension qu'elle se résolvoit de s'enfuir hors de France. Il lui conseilla d'y penser bien auparavant et lui offrit pour retraite, si elle vouloit, la maison d'Échaux, qui appartenoit à un sien neveu, distante de Bayonne de sept lieues et d'une demie seulement de la frontière d'Espagne. Elle part le jour même, va à Cousières, dans son carrosse et, dès neuf heures du soir, monte à cheval habillée en homme, et alla coucher le lendemain à Couhé, distant de trente lieues de là et huit par delà Poitiers. » Et, après avoir peint à grands traits ce romanesque voyage, si souvent conté depuis, les *Mémoires* ajoutent : « Le duc de Chevreuse, étant averti du partement de sa femme, en donna incontinent avis à Sa Majesté, qui fut étonnée de cette fuite si précipitée et commanda à Boispilé, intendant de la maison dudit sieur de Chevreuse, de s'en retourner à Tours et faire toutes les diligences possibles pour la trouver et lui donner toutes sortes d'assurances que Sa Majesté oublieroit toutes ses fautes passées, même la dernière de sa sortie, si elle vouloit revenir en sa maison, avec espérance même de lui permettre de se rapprocher de la Cour jusqu'à Dampierre. Mais quelque diligence que pût faire ledit Boispilé, elle arriva en Espagne

---

(1) Avenel, *Lettres du Cardinal de Richelieu*, t. V, p. 838.

avant qu'il eût su la route qu'elle avoit prise (1). » Déjà l'intrépide « cavalière » était montée dans l'un des carrosses à six chevaux que le roi Philippe IV avoit envoyés à sa rencontre.

Mme de Chevreuse, malgré son évasion, est loin d'être la plus maltraitée dans les *Mémoires* du cardinal. « De tous ceux qui se comportèrent mal en cette affaire (du Val-de-Grâce), y lisons-nous, et témoignèrent mauvaise volonté au gouvernement présent, il n'y en eut point qui allât si avant que le petit Père Caussin, qui eut bien la hardiesse, l'imprudence ou la folie de dire au Roi, quelques mois après, que l'emprisonnement de La Porte et la découverte qui avoit été faite des lettres et intelligences que la Reine avoit en Flandre, en Espagne et avec le duc de Lorraine, l'étonnoient infiniment, d'autant qu'il ne savoit comme il étoit possible que le cardinal la traitât si mal, puisqu'il l'avoit toujours aimée et avoit encore beaucoup d'affection pour elle (2). »

Mais ce n'était pas ce propos du religieux qui excitait surtout la rancune du cardinal : le dénouement du roman d'amour de Louis XIII avait été une occasion saisie par le Jésuite pour miner la politique du ministre. « On avait vu de temps en temps, constatent dédaigneusement les *Mémoires*, ledit Père s'échauffer de plus en plus à prendre les opinions favorables aux ennemis de l'État et tâcher de les faire réussir avec violence au préjudic du Royaume, que le Roi eût assurément ruiné, s'il eût voulu suivre les bons avis de ce bon petit Père (3). »

(1) *Mémoires du Cardinal de Richelieu*, éd. Petitot, t. X, p. 227-229.
(2) *Ibdem*, p. 206.
(3) *Ibidem*, p. 213.

CHAPITRE TROISIÈME

LE COEUR DU ROI
LE DÉPART DE MADEMOISELLE DE LA FAYETTE
ET LA DISGRACE DU PÈRE CAUSSIN

Deux mois environ avant ce départ, vers la fin du mois de mars 1637, le Révérend Père Caussin, « religieux simple et modeste », dont un livre, *La Cour Sainte,* venait de connaître un immense succès et d'être traduit en plusieurs langues, avait reçu la visite d'un des plus brillants cavaliers de la Cour. Le marquis de Cinq-Mars, second fils du maréchal d'Effiat, lui apportait, rue Saint-Antoine, à la Maison professe des Jésuites, un billet du cardinal qui lui annonçait que le Roi avait dessein de se confesser à lui le jour de l'Annonciation. Le Père Caussin était prié de se rendre le mercredi 24 mars à Rueil, où Son Éminence lui parlerait.

Le Jésuite fut exact au rendez-vous. Le mercredi 24, Richelieu le reçut dans son cabinet et tout de suite lui chanta les louanges du pénitent qu'il lui confiait : « Le Roi, affirmait-il, est sans vice; sa vertu fait la bénédiction de son État; il est important de le tenir dans cette pureté de mœurs. A la vérité, remarqua néanmoins Son Éminence, il paraît attaché à une demoiselle de la Reine. Je n'y soupçonne aucun mal, mais une si grande affection entre des personnes de différent sexe est toujours dangereuse. » Le cardinal insistait tellement sur l'innocence de cette affection que le Père Caussin se demandait où il voulait en venir. « Il ne faut pas, conclut Son Éminence, rompre cette liaison tout à coup, mais il est à propos de la découdre. »

Le lendemain le Père, après avoir confessé le Roi, « qui paru fort contont de lui », était de nouveau dans le cabinet du ministre. Il y apprit que « le Roi l'avoit choisi pour confesseur ordinaire (1) ». Louis XIII, en réalité, l'avait seulement accepté : c'était Richelieu qui l'avait choisi sur une liste où figuraient deux autres candidats, le Père de La Salle, supérieur de la Maison professe des Jésuites, et le Père Binet, provincial de France, dont les livres étaient fort à la mode. Cette liste lui avait été présentée, sur sa demande, par son propre confesseur, M. Desclaux, chanoine de Bordeaux. Richelieu ne pouvait souffrir les confesseurs indiscrets. Ne doutons pas qu'il n'ait donné au Père Caussin les mêmes avis qu'au Père Suffren dix années auparavant : « Ne vous mêlez point, je vous prie, des affaires d'État, parce qu'outre qu'elles ne sont point de votre charge, n'en connaissant point les suites, il vous seroit impossible d'en porter un jugement certain... N'allez chez le Roi que lorsqu'on vous y appellera... Ne parlez d'aucune des affaires du tiers et du quart qui intéressent les séculiers... N'ayez point l'ambition de disposer des évêchés et des abbayes... N'employez en vos sermons que trois quarts d'heure au plus (2). »

Quelques jours plus tard, après avoir écouté les sages avis du cardinal, le Père Caussin était logé au château neuf de Saint-Germain. Il se trouvait fort perplexe : le matin même, il avait rencontré, dans la chapelle du château, Mlle de La Fayette, qui avait exprimé le désir de « l'entretenir en particulier ». Il était donc fort perplexe et d'autant plus embarrassé, qu'une nuit, en ce même Saint-Germain, M. de Noyers était entré dans sa chambre. Le secrétaire d'État de la guerre lui avait dit « qu'il tenoit à l'avertir de la part de M. le Cardinal que la

---

(1) Père Griffet, *Histoire du règne de Louis XIII*, t. III, p. 8. Le Père H. Fouqueray, S. J., fait cette remarque, dans son *Histoire de la Compagnie de Jésus*, tome V, page 85 : « Le Père Caussin avait-il toutes les qualités requises pour être confesseur du Roi ? Le Père général le pensait, puisqu'il accueillit la nouvelle de sa nomination avec une satisfaction sans réserve. Mais les supérieurs de Paris, ayant eu l'occasion de voir l'excellent religieux de plus près, étaient moins rassurés ; à leur avis, il lui manquait cette prudence parfaite, *insignis illa prudentia*, que ne suppléent ni l'intelligence ni le bon vouloir ni la vertu. Ils en avertirent Richelieu, dès qu'ils connurent ses intentions, et ne furent point écoutés. »

(2) Avenel, *Lettres du Cardinal de Richelieu*, t. II, p. 156-157.

demoiselle de la Reine dont Son Éminence lui avoit parlé, avoit le dessein de quitter la Cour pour se faire religieuse; qu'il eût soin d'examiner si sa vocation étoit bonne, et, s'il la jugeoit telle, il devoit la confirmer dans ce dessein et l'engager à entrer au couvent le plus tôt qu'il serait possible. Il lui recommanda surtout de ne point dire au Roi qu'il fût venu lui parler de cette affaire ».

Se souvenant de cette visite nocturne, le Père Caussin répondit à Mlle de La Fayette qu'il la verrait l'après-dîner. Il s'en fut entre temps chez le Roi et lui demanda la permission de se prêter à l'entretien qu'une fille d'honneur de la Reine désirait avoir avec lui... — « C'est La Fayette, s'écria aussitôt Louis XIII. Oui, je le veux bien, elle veut vous parler du dessein qu'elle a d'être religieuse. »

Il n'y avait plus à hésiter. La conversation eut lieu l'après-dîner de ce jour et la sous-gouvernante des filles d'honneur y assistait. Le Père Jésuite commença par « faire le serpent » pour éprouver Mlle de La Fayette : « Eh! quoi, dit-il, une fille de dix-sept ans, toute bonne et toute innocente, fuir un Roi pour courir à une prison!... Sa conversation vous a-t-elle jamais donné du scrupule?... Vous le connaissez trop bien pour avoir appréhension qu'il demande jamais rien de vous que ce que Dieu vous permet de donner. — Ma vocation est une affaire à laquelle j'ai songé sérieusement, répondit la jeune fille. Elle m'a été inspirée de Dieu dès mon enfance, et je suis bien assurée de ne trouver jamais de repos que dans la religion. » Nulle objection ne put ébranler Mlle de La Fayette, qui déclara que ce n'était point pour se mettre à l'abri de la persécution de Richelieu qu'elle entrait en religion : « Et maintenant, ajouta-t-elle, lorsque je quitte le monde, je n'en remporte qu'un déplaisir qui est de donner de la joie au cardinal par ma retraite (1). » Phrase inquiétante qui montre combien le cardinal, de son côté, avait raison de hâter la prise de voile de sa frêle et dangereuse ennemie. Louis XIII était moins pressé. Lorsque le bon Père « vint lui rendre compte des dispositions de Mlle de La Fayette, il déclara, les yeux pleins de

---

(1) Père Camille de Rochemonteix *Nicolas Caussin, confesseur de Louis XIII et le Cardinal de Richelieu*, p. 105-109.

larmes : *Encore que je sois bien fâché qu'elle se retire, néanmoins je ne veux empêcher sa vocation, mais seulement qu'elle attende que je parte pour aller à l'armée; conseillez là-dessus Mme de Senecé* (1). »

La modération du Roi ne fut pas du goût des ennemis du cardinal. Mme de Senecé, qui était de ce nombre, fit observer au religieux, qui la consultait : « Cette demoiselle a un père et une mère, un aïeul et une aïeule qui vivent encore; il est juste de les avertir du dessein de leur fille et d'attendre leur juste consentement avant que de lui permettre de se retirer. » Avec l'approbation du Roi, l'on écrivit aux parents, tandis que le Jésuite s'en allait à Rueil chez le cardinal. Il y trouva Richelieu fort en colère : « Il est inutile d'attendre le consentement des parents, s'écria le ministre, puisque l'on a celui du Roi, qui lui tient lieu de père et de mère; enfin il ne faut pas laisser languir une affaire qui ne peut être terminée trop promptement (2). — Je crains, répondit le Père Caussin, de me rendre suspect en faisant paraître tant de vivacité. — Vous avez raison, reprit Son Éminence, votre qualité de confesseur du Roi vous rend moins propre qu'un autre à conduire cette affaire et je ne veux plus que vous vous en mêliez (3). »

De nouveau Richelieu dut recourir au Père Carré, mais le Dominicain n'était guère encourageant : « On a fait jurer à la petite, écrivait-il le 25 avril 1637, qu'elle attendroit encore trois mois devant qu'exécuter son dessein, et l'oncle et la tante, à qui elle s'est ainsi obligée, lui ont donné pour directeur le Révérend Père Armand, Jésuite. » Le 7 mai 1637, le Père Carré ne pouvait que constater son impuissance.

Louis XIII, d'ailleurs, avait « conseillé à la jeune fille de ne suivre, par rapport à sa vocation, que les avis du Père Caussin (4) ». L'important était que Louis XIII ne suivît point à la longue, par rapport au cardinal, les conseils de la jeune fille.

---

(1) Père Griffet, *Histoire du Règne de Louis XIII*, t. III, p. 8.
(2) *Ibidem*, p. 8-10.
(3) *Mémoires du Cardinal de Richelieu*, éd. Petitot, t. X, p. 194.
(4) Père Griffet, *Histoire du règne de Louis XIII*, t.III, p. 10.

Deux jours plus tard, le 9 mai 1637, le cardinal, dans sa chambre de Rueil, dictait cette lettre au secrétaire de nuit : « Je ne saurois représenter à Sa Majesté le déplaisir que m'apporte l'affliction qui la travaille, mais j'en porte par souhait la moitié pour le moins, pour le soulager et je ne doute point que Dieu, pour la gloire duquel elle supporte patiemment ce qui la travaille, ne la console promptement. Les rois qui se soumettent à sa volonté et préfèrent sa gloire à leur contentement n'en reçoivent pas seulement récompense en l'autre monde, mais en celui-ci; et, en vérité, je n'espère pas peu de bénédiction temporelle pour Votre Majesté pour la façon en laquelle elle se conduit en l'occasion. » Et Richelieu suppliait le Roi de lui faire savoir « l'état auquel il étoit », offrant même de se rendre à Saint-Germain, « si sa misérable présence pouvoit apporter » à son maître « quelque soulagement (1) ».

Nul doute que le cardinal ne fût très exactement informé de l'état de Louis XIII; il savait à cette heure la démarche que Mlle de La Fayette avait faite auprès de la supérieure du couvent de la Visitation, rue Saint-Antoine, avec la permission du Roi et l'approbation du Père Caussin. Il n'ignorait ni le bon accueil de la supérieure, ni l'entretien du Père Caussin au petit lever de Sa Majesté, ni probablement la réponse de Louis XIII au confesseur sollicitant pour sa pénitente l'autorisation d'entrer en religion. Le Roi, assis sur son lit, comme s'il n'eût pas la force de demeurer debout, avait dit en pleurant : « Qu'est-ce qui la hâte? Ne pouvoit-elle encore différer quelques mois en attendant que je parte d'ici pour aller à l'armée? Cette séparation m'eût été moins sensible, et maintenant j'en suis au mourir (2). »

Richelieu constata bientôt que ses agents méritaient sa confiance. La journée n'était pas écoulée qu'une lettre du Roi, venue de Saint-Germain, confirmait leurs dires : « La fille, expliquait Louis XIII, me parla encore hier de son dessein, me disant que, si ce n'étoit une forte vocation de Dieu, pour rien au monde

---

(1) Avenel, *Lettres du Cardinal de Richelieu*, t. V, p. 773.
(2) Père Camille de Rochemonteix, *Nicolas Caussin, confesseur de Louis XIII et le Cardinal de Richelieu*, p. 123-124.

elle n'eût songé à me quitter présentement ; bien est-il vrai que, si ce n'eût été à cette heure, c'eût été dans un an et demi pour le plus tard, comme elle m'avoit toujours dit; toutefois, si je le voulois absolument, qu'elle se forceroit jusqu'à tant que j'allasse à l'armée, où on disoit que je devois aller au mois de juillet. Je lui répondis là-dessus qu'elle savoit bien que je n'avois jamais désiré qu'elle se contraignît en rien pour l'amour de moi, et qu'en cette affaire-ci elle regardât son sentiment et le suivît entièrement. Elle a été voir le Père Caussin, lequel est très satisfait d'elle. J'ai dit encore audit Père la même chose pour lui dire, et aussi à Mme de Senecé, qui lui en a parlé pour savoir mon intention. Si quelqu'un vous en parle, comme on commence à en parler ici, vous pouvez dire la réponse que j'ai faite. Pour moi, si elle est demain en la même résolution, ce que je crois, bien que Mme de Senecé la tourmente de lui donner quelque temps, je m'en irai lundi à Versailles ou à Chantilly pour essayer de passer mon affliction, qui me reprend de fois à autre extrêmement forte, surtout quand je suis seul; cela ne mérite pas que vous preniez la peine de vous approcher d'ici. J'espère que le bon Dieu me donnera de la consolation. Je vous manderai demain au soir si je m'en irai, ou oui ou non. Si les filles de Sainte-Marie envoient vers vous pour savoir si je trouverai bon qu'elles la reçoivent, vous leur pouvez répondre que je le trouverai bon. Si elles ne vous en font point parler, vous ne leur en ferez semblant de rien (1) ».

Le 19, le cardinal apprit, comme toute la Cour, les détails de la déchirante séparation. Et d'abord le congé demandé par Mlle de La Fayette le matin même dans la chambre de la Reine, à l'heure du lever : « Après avoir eu l'honneur d'être une de vos filles, je deviens aujourd'hui celle de sainte Marie, je ne pouvois choisir une moindre maîtresse sans dégénérer, après avoir été à une si haute et si bonne princesse. » Tandis qu'Anne d'Autriche répondait à Mlle de La Fayette le plus affectueusement du monde, le Roi était entré : « Sire, lui avait dit la fille d'honneur en voyant

(1) Comte de Beauchamp, *Le Roi Louis XIII d'après sa correspondance avec le cardinal de Richelieu*, p. 300.

ses yeux mouillés de larmes, pourquoi pleurer ce que vous avez accordé et vous attrister de l'accomplissement de la volonté divine...? Il se faut sauver. Tâchez de vous acquitter dignement de la charge que Dieu vous a donnée, et m'obtenez par vos prières, que j'estime beaucoup, la grâce d'être une bonne religieuse. » Alors le Roi, maîtrisant sa douleur, lui avait répondu : « Allez où Dieu vous appelle, il n'appartient pas à un homme de s'opposer à sa volonté. Je pourrois de mon autorité royale vous retenir à la Cour et défendre à tous les monastères de mon Royaume de vous recevoir, mais je connois cette sorte de vie si excellente, que je ne veux pas avoir à me reprocher de vous avoir détournée d'un si grand bien (1). »

Quelques instants plus tard, dans la cour du château, Louis XIII montait en carrosse. S'il leva les yeux vers les fenêtres de l'appartement de Mlle de La Fayette, qui donnaient sur cette cour, il aperçut la jeune fille qui, « pressée de la tendresse qu'elle avoit pour lui, avoit couru le voir au travers des vitres (2) ». Mais déjà il s'engouffrait dans le carrosse, pour prendre la route de ersailles. Là-bas, à sa fenêtre, se tournant vers Mme de Senecé, Mlle de La Fayette gémissait : « Hélas! je ne le verrai plus! »

Le dessein de Louis XIII.

Le cardinal comptait bien qu'il en serait ainsi (3). Mais, depuis ce soir du 19 mai 1637 qu'elle était entrée à la Visitation de la rue Saint-Antoine, le Roi ne pouvait se consoler de ce départ. Richelieu, apprenant qu'il s'était alité, crut bon de se rendre à Versailles et, bien que fort aise de savoir la demoiselle au couvent, alla jusqu'à déclarer à Louis XIII que « l'on avoit trop précipité cette affaire (4) ».

Bientôt il songea que le Roi ne saurait se passer d'une affection et qu'il valait mieux lui en proposer une que de le laisser

---

(1) Père Camille de Rochemonteix, *Nicolas Caussin, confesseur de Louis XIII, et le Cardinal de Richelieu*, p. 128-130.
(2) *Mémoires de Mme de Motteville*, t. I, p. 62.
(3) *Mémoires du Cardinal de Richelieu*, t. X, p. 17, éd. Petitot.
 Père Griffet, *Histoire du Règne de Louis XIII*, t. III, p. 14.

s'embarquer dans quelque amitié qui pourrait être nuisible aux intérêts du Royaume. Si ce rôle éveillait quelque scrupule, sans doute se disait-il, comme Mme de Motteville, que « de la manière que le Roi aimoit, c'était le plus doux des plaisirs innocents ». Le 4 juin 1637, à la fin d'une longue lettre qu'il écrivait à Louis XIII sur la guerre, il glissait cet insinuant paragraphe : « Je change de matière pour dire à Votre Majesté qu'un religieux est allé trouver Mlle de Chemerault pour lui dire qu'il savoit de bon lieu que vous la vouliez aimer, qu'il l'en avertissoit et de plus que, si elle vouloit se laisser conduire par ses avis en cette affection, ses affaires iroient bien. Cet avis est très véritable. Sa Majesté n'en fera pas semblant, s'il lui plaît (1). »

Louis XIII ne soupçonnait pas que Mlle de Chemerault était entre les mains de Richelieu. Il n'en écrivit pas moins de Fontainebleau, ce même 4 juin, cette réponse que son bon sens et sa vertu suffisaient à lui inspirer : « Je vous dirai que ceux qui ont fait ce discours à Chemerault ne me connaissent pas bien, et n'ai nommé son nom depuis que je ne vous ai vu. Premièrement je suis résolu à ne m'engager avec quelque personne que ce soit, l'ayant plusieurs fois dit tout haut, afin que personne n'en prétendît cause d'ignorance. Secondement quand j'aurais cette intention, mon inclination ne va point de ce côté-là, étant trop méchante et brouillonne, et son visage ne me revenant pas, aussi que je sais que la Reine a mis en campagne tous ceux qui sont de son parti pour m'y porter, ce que je vois tous les jours. En troisième lieu, si j'avois à aimer quelque personne, j'aimerois mieux essayer à me raccommoder avec Hautefort qu'avec quelque fille qui soit à la Cour; mais, n'étant pas mon intention de m'engager jamais avec personne, comme je vous ai dit ci-dessus et encore l'ayant promis à La Fayette, à laquelle je n'ai jamais manqué de parole ni elle à moi, je persisterai jusqu'à la mort dans ledit dessein de ne m'engager à personne et essayerai à vivre le mieux que je pourrai en ce monde pour faire en sorte de gagner le paradis, qui est le seul but qu'on doit

---

(1) Avenel, *Lettres du Cardinal de Richelieu*, t. V, p. 784.

avoir en ce monde. Voilà mon intention, en laquelle je persisterai tant que le bon Dieu me fera la grâce de vivre. » Et pour preuve de sa résolution, le Roi déclarait : « Vous pouvez savoir que, depuis que je suis ici, je n'ai parlé à femme ni fille du monde qu'à la Reine (1). »

Richelieu le savait, en effet, mais, le 30 de ce même mois de juin, il sut bien autre chose.

Une grave nouvelle.

Ce jour-là, on lui apporta dans son cabinet de Rueil une lettre du Père Caussin. Cette lettre était adressée à M. de Noyers. Comme le secrétaire d'État ne se trouvait pas alors au château, le cardinal ouvrit le paquet et lut avec stupeur : « Je viens d'apprendre que le Roi, étant entré assez soudainement dans Paris, est descendu à la Visitation pour y voir Mlle de La Fayette. Cela m'a un peu surpris et me suis vu obligé d'en donner avis à Son Éminence par votre moyen. » Son Éminence manifesta aussitôt un grand mécontentement, que ne purent apaiser ni les assurances ni les phrases lénitives qui défilaient sous ses yeux, tandis qu'elle achevait la lecture de la lettre : « Toutefois, je ne vois pas qu'il y ait rien à craindre, car je puis assurer que j'ai reconnu la fille dans une forte résolution de persévérer en la religion, de laquelle le Roi ne la divertira jamais. J'envoie un message exprès pour savoir si Monseigneur n'a rien à me commander là-dessus. Si vous jugez qu'il soit expédient, je l'irai voir après dîner (2). »

Le cardinal jugea qu'il était expédient, car le religieux fut mandé à Rueil.

Richelieu connaissait déjà certains détails de la visite du Roi, que M. de Noyers, enfin revenu, lui avait appris lui-même. Le secrétaire d'État se trouvait par hasard au parloir de la Visitation et il causait avec la supérieure, lorsque Louis XIII y était entré.

---

(1) Affaires étrangères, *Lettres du Roi Louis XIII au Cardinal de Richelieu*. Cette lettre a été publiée par M. Vaunois dans sa *Vie de Louis XIII*, p. 452, Paris, 1936.
(2) Père Camille de Rochemonteix, *Nicolas Caussin, confesseur de Louis XIII, et le Cardinal de Richelieu*, p. 142. Avenel, *Lettres du Cardinal de Richelieu*, t. V, p. 810, note.

Stupéfait, il était sorti de la pièce, mais il n'avait quitté le couvent qu'à cinq heures du soir. Et, de retour à Rueil, il avait pu dire au cardinal que la supérieure avait offert à Sa Majesté d'user de sa prérogative royale, qui lui permettait de pénétrer à l'intérieur de la clôture, mais que le Roi avait refusé énergiquement : « J'aimerois mieux, avait déclaré Louis XIII, avoir perdu un bras que d'être entré dans l'enclos d'un monastère et je ne veux point en user autrement que le commun. » Sur sa demande on l'avait conduit devant la grille du parloir et, trois heures durant, sa suite, rangée dans un coin de la pièce, l'avait vu de loin s'entretenir avec la postulante. Quels propos avaient-ils pu échanger ? Le cardinal était bien anxieux d'en être informé.

— Eh bien ! s'écria-t-il aussitôt que le Jésuite eut été introduit dans son cabinet, à quoi songeoit le Roi de faire cette visite avec tant d'artifices, de détours et de silence ? Ne pouvoit-il pas aller le grand chemin et dire ses intentions ?

— Monseigneur, répondit le Père, qui peut mieux savoir cela que Votre Éminence ? Le bruit est que M. de Noyers, en qui vous avez toute créance, s'est trouvé là fort à propos pour régler cette visite et faire en sorte que rien ne s'y passât contre vos ordres.

— Je suis fort étonné que le Roi m'en ait fait un mystère, reprit le cardinal. Après tout, je n'en ai aucune inquiétude. Le Roi sait bien que je ne me soucie pas des petites affaires qu'il a à démêler avec La Fayette ; voilà pourquoi il ne m'en a pas parlé. Il sait que je suis assez occupé dans la direction de toutes les grandes choses qui concernent son État, sans m'amuser à des bagatelles. »

Richelieu tourna et retourna son interlocuteur pour découvrir s'il était averti du jour où devait avoir lieu la visite du Roi. Peine perdue. Ce fut en vain aussi que Louis XIII assura Richelieu « que tout ce qu'il avoit fait n'étoit que par une petite complaisance qu'il avoit à surprendre quelquefois ceux qu'il aimoit ». Le cardinal voulut interroger à nouveau le religieux, qui répondit « qu'il n'avoit point assisté à la visite et qu'il en avoit donné avis à Son Éminence aussitôt qu'il l'avoit sue ». « Le cardinal, — a-t-il raconté, — m'a dit que le Roi n'auroit jamais aucun secret qu'il ne lui communiquât ou à son confesseur et qu'il nous falloit vivre en bonne intelligence sans, toutefois, le faire paraître à Sa Majesté ; que ceux qui m'avoient précédé n'en avoient pas usé autrement, mais que je ne me montrois point assez ouvert. » Puis revenant à la visite, qui soudain semblait prendre une énorme importance à ses yeux, Richelieu conclut : « Cette visite a bien éclaté. Plusieurs sont venus offrir de mourir avec moi, jugeant qu'il y avoit du dessein. — Eh quoi ! demanda le religieux, qu'y avoit-il à craindre? Mlle de La Fayette n'est qu'une enfant. » Mais Richelieu n'admettait plus que l'affaire fût petite ; il reprit : — Vous n'êtes pas méchant, il faut que je vous apprenne la malice du monde ; sachez que cette enfant a pensé tout gâter. — Je suis autant ouvert que la raison et la conscience me le permettent. Je ne pense pas qu'il soit expédient de traverser le contentement des visites que le Roi voudra rendre à cette fille, d'autant que cela blesseroit son esprit, qui est fort sensible en ce point. Je sais qu'il s'y portera avec modération, quand personne ne le contrariera (1). »

Richelieu agissait en toute prudence, mais il ne pouvait lui échapper que le Père Caussin avait laissé entendre déjà que Mlle de La Fayette se rendrait l'avocate de la France et de toute la chrétienté (2).

Les deux complices.

En tout cas le Père se rendait lui-même l'avocat de ce qu'il croyait « une cause juste et sainte » : « Je n'entreprends pas de détruire le ministre, expliquait-il à Mlle de La Fayette, sachant bien que le Roi en est possédé par-dessus tout ce qui se peut dire, mais je ne me sens pas en état d'être son flatteur et son esclave. Je suis tout résolu de combattre ses maximes, quand je les trouverai contraires au salut et à la bonne conscience du Roi. »

(1) Père Camille de Rochemonteix, *Nicolas Caussin, confesseur de Louis XIII, et le Cardinal de Richelieu*, p. 143-149.
(2) *Ibidem*, p. 123.

Entretenir Louis XIII « de la paix de l'Église, du repos de la chrétienté, du soulagement de ses peuples, de l'union de la maison royale,... le porter à une sainte et cordiale affection pour la Reine, espérant toujours que Dieu verseroit sa bénédiction sur son mariage », tel était le programme que se fixaient le Père Caussin et Mlle de La Fayette : « Souvenez-vous, recommandait le religieux à la jeune fille, que, si l'on me met à la Bastille, je dois avoir part à vos prières à double titre, comme voisin et comme complice (1). »

Cependant le souci du cardinal augmentait à chaque visite. En vain Richelieu pressait le Père Caussin d'engager Louis XIII à renoncer à des entretiens qui « ne convenoient pas à un si grand Roi » ; en vain, par le cardinal de Lyon, grand aumônier de France, il faisait presser le Jésuite de lui révéler le sujet de leurs entretiens. Le frère de Richelieu jugeait le Père Caussin peu sûr, naïf, incapable de rien comprendre à la politique. Pour lui, l'auteur de la *Cour sainte*, qui avait eu tant de vogue en 1624, était comparable à l'ange de l'Apocalypse, qui avait un pied sur la terre et l'autre dans le ciel : « Je pense, disait-il, que le Père Caussin jouera le même personnage, puisqu'il est de la Cour sainte et de celle qui reste à sanctifier (2). »

Mlle de La Fayette prit le voile le 22 juillet. Les visites n'en continuèrent pas moins. Si Richelieu se fût trouvé invisible et présent à l'une d'elles, il n'en fût point revenu trop mécontent. Cette fois la religieuse osa s'attaquer à la politique du ministre et le Roi aussitôt lui tourna le dos et partit sans prononcer une seule parole. Il est vrai qu'il « lui fit dire par le Père Caussin qu'il ne désapprouvoit pas la liberté qu'elle avoit prise et qu'il reviendroit la voir incessamment (2) ». Instruite par cette expérience, la jeune fille usait de grands ménagements et ne parlait plus guère au Roi que de ses devoirs envers la Reine mère et la Reine. Si bien que le cardinal put lire à Rueil, le 6 novembre 1637, dans une lettre que Louis XIII lui écrivait du château

---

(1) Père Camille de Rochemonteix, *Nicolas Caussin, confesseur de Louis XIII, et le Cardinal de Richelieu*, p. 157.
(2) Maximin Deloche, *Un frère de Richelieu inconnu*, p. 378.
(3) Père Griffet, *Histoire du Règne de Louis XIII*, t. III, p. 17.

de Grosbois : « Je fus hier à Sainte-Marie, ce qui m'a redonné la santé parfaite et augmenté la dévotion (1). »

Ce fut à la suite d'une de ces visites si redoutées que se produisit, au début du mois de décembre, un événement dont les conséquences devaient combler les vœux du cardinal et de la France. Louis XIII se rend de Versailles au château de Saint-Maur, où déjà l'ont devancé sa chambre, son lit et ses officiers de bouche. Traversant Paris, il profite de l'occasion pour s'arrêter rue Saint-Antoine, à la Visitation. Mais tandis qu'il échange de pieux propos avec Mlle de La Fayette au parloir, un orage affreux éclate. Impossible de retourner à Versailles, impossible d'aller à Saint-Maur. Louis XIII décide d'attendre que l'orage cesse. L'orage redouble et la nuit approche. Où aller? Au Louvre? L'appartement du Roi n'y est point tendu. La Reine, il est vrai, s'y trouve en ce moment dans le sien. Le mieux n'est-il pas de lui demander bon souper, bon gîte? C'est l'avis de M. de Guitaut, capitaine aux gardes, qui a toujours son franc parler avec le Roi. Louis XIII voudrait attendre encore. La violence de l'orage ne fait que croître. Guitaut renouvelle sa proposition et le Roi finit par consentir. Il se résigne, non sans avoir objecté que les heures de souper et de coucher qu'affectionne la Reine ne sont pas les siennes. Guitaut gagne le Louvre à bride abattue. Anne d'Autriche, avertie de l'heure à laquelle Louis XIII veut souper, se conforme à son désir. Le Roi soupe avec elle et ne la quitte qu'au matin. Et il s'ensuivit, le 5 septembre 1638 (2), la naissance d'un fils, le Dauphin si attendu. « Le Roi régnant aujourd'hui, disait plus tard *l'Année Sainte de la Visitation,* cet auguste prince Louis XIV, qui fut nommé du peuple Dieudonné (3). »

(1) Affaires étrangères. *Lettres du Roi Louis XIII au Cardinal de Richelieu.* Louis Vaunois, *Histoire de Louis XIII*, p. 459.
(2) La « visite » du Roi n'eut pas lieu le 5 décembre, comme on pourrait être tenté de le croire. Les Archives des Affaires étrangères conservent, en effet, une lettre de Louis XIII à Richelieu, datée du 2 septembre 1638, où l'on peut lire cette phrase : « La Reine se porte si bien, que je ne crois pas qu'elle accouche de quatre jours; elle est deux jours dans le dixième mois. »
(3) Père Camille de Rochemonteix, *Nicolas Caussin, confesseur de Louis XIII, et le Cardinal de Richelieu,* p. 174.

Mais, en ce début de décembre, neuf mois avant de recevoir ce beau présent obtenu par les prières de Mlle de La Fayette, le cardinal ne pouvait plus du tout souffrir le confesseur de la jeune fille. Sans doute connaissait-il déjà les singuliers propos que François de La Fayette, évêque de Limoges, oncle de la novice, avait eu l'imprudence de tenir « plusieurs fois à une femme qu'il appelait sa ménagère » : « Quand le cardinal sera ruiné, nous ferons ceci, nous ferons cela, je logerai dans l'hôtel de Richelieu ; c'est un logis qu'il me prépare (1). »

Le confesseur et le R .

« Sire, sachant, il y a près de deux ans, ce que le Père Caussin a témoigné à diverses personnes, que Votre Majesté, tenoit mes services à importunités, j'attendois avec grande impatience l'établissement d'une bonne paix, tant parce que ç'a toujours été l'unique fin qu'elle s'est proposée en la guerre, que parce qu'aussi c'étoit le vrai temps justement auquel offrant à Votre Majesté de me rendre misérable pour la rendre contente, je pouvois lui donner la dernière et la plus assurée preuve qu'un sujet puisse rendre à son prince de l'excès de sa passion. »

Cette lettre, semble-t-il, fut écrite le 8 décembre 1637(2). C'est donc à Saint-Germain que le Roi est en train de la lire. Ce préambule, qui trahit le trouble du cardinal, paraît bien annoncer une démission, cette démission toujours suspendue. Et en effet, dès la phrase suivante, cette offre de démission se dessine : « Depuis que Votre Majesté m'a fait l'honneur de me donner, de son propre mouvement, part en l'administration de ses affaires, j'ai toujours fait état de mourir à ses pieds et jamais je n'ai fait dessein de m'éloigner de sa personne. » Et dès la troisième phrase, la ferme résolution est sous les yeux du royal lecteur : « Si ce bon Père a aussi peu connu l'esprit de votre Majesté, qu'il a mal suivi celui de sa règle dans la Cour, je demeure en ces mêmes

---

(1) Avenel, *Lettres du Cardinal de Richelieu*, t. V, p. 816.
(2) Voir ce que dit le Père Griffet sur la date de cette lettre : *Histoire du Règne de Louis XIII*, t. III, p. 116.

termes. Mais, s'il a mieux pénétré vos intentions que moi, j'estimerois être coupable, si je ne cherchois de rendre mon absence agréable, lorsque ma présence ne pourroit vous être utile. Je supplie en cela Votre Majesté de se faire justice à soi-même et d'user de bonté en mon endroit, étant aussi juste qu'elle se contente, lorsqu'elle le peut faire sans préjudicier aux intérêts de son État, comme ce sera un effet de sa bonté de donner du repos à celui qui n'a jamais pu penser en prendre que lorsqu'il a pu se persuader que son travail travailloit Votre Majesté (1). »

Cette conclusion ne surprit point Louis XIII ; nul doute qu'il ne vît clairement alors que le cardinal connaissait déjà l'entretien qu'il avait eu le matin même avec le Père Caussin. Ce 8 décembre, le Père, avant de confesser le Roi, lui avait demandé une audience au cours de laquelle il avait déploré l'alliance de la France avec la Suède et la Hollande, les horribles scandales qui en étaient les conséquences en Allemagne, où plus de six mille églises étaient en ruine : « C'est vous qui avez fait venir les Suédois en Allemagne, avait déclaré le religieux, et vous répondrez devant Dieu de tous les brûlements, violements et autres désordres qu'ils commettront. Ce n'est pas assez de bien vivre et, en l'état où vous êtes, tout le bien que vous faites est inutile. Vous voulez faire venir le Turc en la chrétienté (2). — Il est faux, avait répondu le Roi, et je n'y ai jamais pensé. » Mais le Père Caussin avait soutenu qu'il « étoit vrai » (disons en passant que d'après le

---

(1) Levassor, *Histoire de Louis XIII*, t. V, p. 369, et Père Griffet, *Histoire du Règne de Louis XIII*, t. III, p. 115-116, et Avenel, *Lettres du Cardinal de Richelieu*, t. V, p. 1067, note 5.

(2) Avenel, *Lettres du Cardinal de Richelieu*, t. V, p. 812-813. Le *Mémoire de ce que le Père Caussin a dit au Roi*, qu'a publié M. Avenel, était destiné à répondre à une lettre écrite à M. de Noyers par le religieux le 17 décembre 1637. On lit notamment dans cette lettre : « Je vous renouvelle la protestation que j'ai faite au R. P. Provincial, laquelle je désire être connue de Son Éminence et vous jure sur mon Dieu et sur le salut de mon âme que je n'ai eu intrigue ni cabale avec personne, ce que la visite de mes papiers a suffisamment démontrée. J'ai vécu à la Cour en homme de bien et sans que personne m'ait rien suggéré. Après avoir longtemps considéré, prié et pleuré devant Dieu, j'ai dit au Roi ce que je ne pouvois taire sans me damner, lui démontrant avec effusion de larmes l'extrême misère de son peuple et le devoir de sa charge » (p. 812, note).

Testament politique de Richelieu, le Conseil, sinon le Roi, y songea plus d'une fois). — « Je voudrois, avait protesté Louis XIII, que le Turc fût dans Madrid pour obliger les Espagnols à faire la paix, et, par après, je me joindrois à eux pour lui faire la guerre. — Votre Majesté ne peut désirer cela en conscience. — Je n'entreprends rien sans le faire bien consulter. — On fait consulter par des gens gagnés. — C'est par vos propres Pères et des docteurs savants. — On donne des autels pour gagner les consultants », avait répliqué le religieux, qui n'ignorait probablement pas que le cardinal avait « donné deux mille écus pour commencer le grand autel de l'église de Saint-Louis », rue Saint-Antoine (1).

Le Père Caussin avait ensuite exposé la misère du peuple, qu'il montrait surchargé d'impositions, accablé par le logement des gens de guerre. Louis XIII avait dit alors en soupirant : « Ah ! mon pauvre peuple ! Je ne saurois encore lui donner de soulagement, étant engagé dans une guerre (2). — Vous devez vous fier en l'affection de vos sujets, qui vous sauront bien défendre d'eux-mêmes, quand vous en aurez besoin, avait hasardé le Jésuite. — Il n'y a plus après cela qu'à se faire moine et quitter son état, avait conclu le Roi ; il vaut mieux pays gâté que pays perdu (2). »

Non seulement le Jésuite avait osé dire au Roi qu'il n'y avait que le cardinal qui fût haï du peuple ; non seulement il avait exhorté son pénitent à payer le douaire que réclamait Marie de Médicis ; non seulement il avait demandé au Roi : « La voulez-vous laisser mourir de faim en Flandre (3) ? » mais encore il lui avait remis une lettre qu'elle avait écrite pour son fils. La Reine mère y traitait Richelieu de mauvais serviteur, demandait justice : « Et, si vous voulez que je lui pardonne, disait-elle, je le ferai de bon cœur pour l'amour de vous ; mais, comme je suis sortie de France pour sauver ma vie et me mettre à couvert de sa persécution, quand bien je voudrois derechef pour votre

---

(1) Père Camille de Rochemonteix, *Nicolas Caussin, confesseur de Louis XIII, et le Cardinal de Richelieu*, p. 210.
(2) Avenel, *Lettres du Cardinal de Richelieu*, t. V, p. 813.
(3) *Ibidem*.

service l'hasarder entre ses mains, je ne lui puis relâcher l'intérêt de mon honneur; il faut auparavant, s'il vous plaît, qu'il soit juridiquement condamné : et lors, si vous lui donnez la vie, je vous rendrai aussi volontiers mes ressentiments(1). »

Le Roi, qui avait témoigné quelque impatience en écoutant le Père Caussin, s'était confessé à lui, puis avait reçu la communion de ses mains, non sans avoir écouté une dernière exhortation, où le religieux revenait en termes pathétiques sur les sujets qu'il avait abordés avant la confession (2). Louis XIII était sorti de la chapelle « sombre et rêveur (3) ». La lettre de Richelieu le mettait en présence de son devoir royal. Le lendemain 9 décembre, le Roi dit au Père Caussin : « J'ai pensé à ce que vous m'avez dit, je vois le désordre que vous m'avez représenté, je reconnois l'obligation que j'ai d'y remédier, je vous promets d'y travailler sérieusement. Il est bien vrai que j'ai de la peine à le dire à Monsieur le Cardinal. Si vous voulez lui proposer la chose en ma présence, j'appuierai tout ce que vous direz et j'espère que cela profitera. J'irai cette après-dîner à Rueil, allez-y avant moi, sans dire que je vous y ai envoyé. Je surviendrai ensuite et vous ferez venir à propos tout ce que vous m'avez dit(4). »

Le Père Caussin accepta d'une âme forte la proposition.

Le cardinal et le confesseur.

Il y avait déjà quelques moments que le cardinal entretenait le Père Caussin; avec une froideur qui ne présageait rien de bon, Richelieu disait de fort belles choses sur « l'esprit et l'artifice des femmes ». Aucune des allusions dont ce discours était rempli

---

(1) Père Camille de Rochemonteix, *Nicolas Caussin, confesseur de Louis XIII, et le Cardinal de Richelieu*, p. 198.
(2) *Ibidem*, p. 213-216. Le Père Fouqueray remarque fort justement à propos de cette exhortation du Père Caussin : « Ses défauts naturels et une certaine animosité contre Richelieu le conseillent mal. Il manque de tact en troublant la conscience d'un roi foncièrement honnête, au moment d'une confession, au matin d'une grande fête, en insistant sur des actes dont la culpabilité ne paraît pas tellement évidente ». (*Histoire de la Compagnie de Jésus*, t. V, p. 105.)
(3) Père Griffet, *Histoire du Règne de Louis XIII*, t. III, p. 109.
(4) *Ibidem*, p. 116.

n'échappait au Jésuite, qui songeait en regardant son interlocuteur : « Quoique je sois peu façonné aux dissimulations de la Cour, je m'aperçois bien que les nuages s'assemblent en votre cœur pour faire de l'orage contre moi. » Mais qu'a donc le cardinal? Il prête l'oreille au bruit grossissant d'un carrosse qui s'avance rapidement vers le château. Tout à coup Son Éminence s'interrompt et dit : « Voilà le Roi qui vient. Il n'est pas à propos qu'il nous trouve ensemble, vous ferez bien d'enfiler une montée secrète pour vous en retourner. » Le Père se retira silencieusement. Au lieu de descendre l'escalier dérobé, il attendit dans la chambre voisine, non sans avoir averti M. de Noyers : « On pourra avoir affaire à moi, lui expliqua-t-il, je demeurerai là pour comparaître quand je serais appelé. » Puis il se prépara, avec toute sa sincérité et son courage, à plaider devant le Roi et le cardinal « ce qu'il croyoit être la cause de Dieu et du public (1) ».

Cependant Louis XIII, entré dans le cabinet de son ministre, cherchait des yeux son confesseur. Il demanda ce qu'était devenu le religieux : « Il est parti », répondit le cardinal. Déconcerté peut-être par cette absence, le Roi ne cacha point à Richelieu l'inquiétude où l'avait jeté l'argumentation du Père Caussin. A grands coups d'arguments théologiques et canoniques, le cardinal anéantit la thèse qui contrecarrait sa politique. Oui, la guerre déclarée à l'Espagne l'avait été justement; oui, les alliances protestantes étaient à l'abri de tout reproche, puisque rien n'avait été épargné pour maintenir l'exercice du culte dans les provinces qu'occuperaient les armées alliées. Pourquoi rappeler la Reine? Ce serait déchirer le Royaume. Pourquoi le Roi enverrait-il de l'argent à sa mère? Ce serait lui fournir le moyen d'entourer d'assassins les ministres. Convenait-il enfin que, pour gouverner son Royaume, un grand prince prît les conseils d'une novice de la Visitation, ceux d'un religieux simple et crédule? Ce religieux, d'ailleurs, se laissait conduire par le Père Monod, l'un de ses confrères, qui, en Savoie, travaillait pour l'Espagne. Que

---

(1) Voir la lettre du Père Caussin au cardinal, cité par le Père Camille de Rochemonteix, *Nicolas Caussin, confesseur de Louis XIII, et le Cardinal de Richelieu*, p. 254.

deviendrait le Roi, lorsque la Savoie serait aux mains des Espagnols et « la France réduite, par une paix honteuse et précipitée, à subir le joug de la maison d'Autriche » ? Si le Père Caussin était parti avant l'arrivée du Roi, c'est qu'il n'ignorait pas que sa thèse ne tiendrait pas devant les preuves du cardinal.

Louis XIII se contenta d'excuser le Père Caussin, dont les intentions étaient droites. Richelieu alors le mit en demeure de choisir entre son ministre et son confesseur (1). Il connaissait assez Louis XIII pour ne pas douter de son choix. Louis le Juste ne quitta point le château de Rueil sans avoir sacrifié le naïf religieux au plus grand serviteur que la France eût jamais eu. Dans la pièce voisine, le Père Caussin attendait toujours. Il y demeura jusqu'à la nuit et regagna Saint-Germain. Lorsque, le lendemain 10 décembre, il se fut introduit, — avec combien de difficultés, — chez le Roi, voici le dialogue qu'échangèrent le pénitent et le confesseur : « On ne vous a point vu à Rueil. — J'y ai été, Sire, et j'ai longtemps attendu qu'on me fît appeler, bien décidé à tout dire. Je persiste dans mon sentiment ; je ne vous ai dit que ce que la loi évangélique et toute l'école des théologiens enseignent. — Ils ont bien vu, observa Louis XIII, que j'avois du chagrin et ils voudroient bien que vous approuvassiez leur conduite et leurs sentiments ». Mais le Père Caussin demeurait inébranlable : « Je ne le pourrois, Sire, sans charger votre conscience et la mienne (2). » MM. de Chavigny et de Noyers interrompirent tout à coup cet entretien. Le Père Caussin, à leur vue, se retira, prit le chemin de Paris, où il se rendit à la Maison professe des Jésuites.

Vingt-quatre heures plus tard, tous ses papiers étaient saisis et il était lui-même exilé à Rennes par une lettre de cachet (3).

(1) Père Griffet, *Histoire du Règne de Louis XIII*, t. III. Voir aussi Avenel, t. V, p. 811-814, le *Mémoire de ce que le Père Caussin a dit au Roi contre les propres intérêts de Sa Majesté et de Monseigneur le Cardinal*. Le rôle du Père Caussin y paraît quelque peu faussé.

(2) Père Camille de Rochemonteix, *Nicolas Caussin, confesseur de Louis XIII, et le Cardinal de Richelieu*, p. 256-258.

(3) Il fut bientôt envoyé à Quimper. Le Père Fouqueray, dans son *Histoire de la Compagnie de Jésus*, observe que la correspondance du Père Caussin « nous peint au vif les qualités et les défauts de l'homme ; elle nous montre comment avec beau-

Cette disgrâce n'était pas celle dont s'étaient flattés les ennemis du cardinal. M. de Campion, qui l'ignorait le 30 décembre, bien que la *Gazette* l'eût annoncée le 26, écrivait à Monsieur le Comte : « La Notre-Dame des Avents est passée et le ministre n'est pas arrêté, comme on nous l'avoit fait espérer. » Plus clairvoyant que beaucoup de factieux, Campion ajoutait : « Je ne doute point de l'éloignement du Père Caussin ; mais, quoi qu'il en soit, le Roi étant persuadé qu'il a besoin de son ministre, qui est habile et heureux, je vous demande pardon si je vous dis que je ris des négociations du cabinet pour le perdre. Il est bien trop établi pour les craindre et ce sont des chimères que des filles et d'autres gens bien intentionnés entreprennent, à quoi ils ne réussiront jamais (1). »

C'était bien l'avis du ministre lui-même, qui, dès le 27 juin, avait mandé à Chavigny : « Quant aux conseils que le Père Monod donne au Père Caussin sur le sujet de Mlle de La Fayette, j'ai pris cela comme effet du peu d'expérience qu'il a de cette Cour, où les intrigues ne servent plus d'aucune chose. Vous savez, grâce à Dieu, que je suis si assuré de a bonté du Roi, que je n'appréhende point qu'aucun artifice puisse changer la disposition de son esprit à mon égard (2). »

Au moment où Richelieu écrivait ces lignes qui n'étaient que l'expression de la vérité, il songeait de plus en plus à faire expulser de la cour de Savoie le Père Monod, qui ne cessait d'y contrecarrer la politique du Roi.

---

coup de vertu et d'excellentes intentions, il n'était point fait pour la Cour, où tout est nuance, tact, adresse, forme, souplesse, calculs, à-propos et savants détours. Caussin est d'une candeur rare, d'une sincérité exubérante, d'une franchise de langage presque brutale; lorsqu'il a une idée en tête ou qu'il entend un appel de la conscience, il n'est plus maître de lui, il fonce tout droit, sans craindre ni ménager personne, s'imaginant que, pour l'emporter, avoir raison suffit » (t. V, p. 102).

(1) *Mémoires de Henri de Campion*, p. 337-338.
(2) Avenel, *Lettres du Cardinal de Richelieu*, t. VII, p. 770.

CHAPITRE QUATRIÈME

RICHELIEU ET LE PÈRE MONOD.

« Jusqu'où l'ambition ne va-t-elle pas, quand elle s'est rendue maîtresse d'un esprit religieux? » C'est dans les *Mémoires* du cardinal que l'on trouve cette réflexion inspirée par Virgile. Elle termine une page fort passionnée où le Père Monod est représenté comme un homme « s'ingérant dans les affaires sans y être appelé », comme un « violent » et un « brouillon » qui, après avoir « été en quelque estime » auprès des deux derniers ducs de Savoie, avait perdu la confiance du Duc régnant : « La Duchesse même, observe le cardinal, s'en étoit voulu défaire avec passion, pour ce qu'il étoit son confesseur, et avoit supplié le Roi de l'y aider afin qu'il ne semblât pas que cela vînt d'elle (1). » Richelieu se rendait compte que le Père Monod voulait devenir le Richelieu d'une grande Savoie fort dangereuse pour la France (2).

Au début du mois de mars 1637, le Jésuite, en compagnie du marquis de Saint-Maurice, ambassadeur de Savoie, venait de s'entretenir avec le cardinal des traités de Cherasco et de Rivoli; il lui avait montré « la Valteline presque perdue, le duc de Parme révolté, celui de Mantoue en neutralité, les Montferrins irrités contre la France », toute l'Italie ouverte aux Espagnols, dont « toutes les forces viendroient fondre sur les États du duc de Savoie. Mgr le Cardinal, qui ne peut souffrir qu'on touche à aucun de ses mauvais succès, nous dit le Père, s'altéroit sensiblement à ces observations ». Et lorsque le religieux « le pria de lui donner quelques conseils sur la manière dont il

---

(1) *Mémoires du Cardinal de Richelieu*, éd. Petitot, t. X, p. 347.
(2) Gabriel de Mun, *Richelieu et la maison de Savoie*, p. 49.

devoit se régler envers le roi de Hongrie, qui étoit reconnu Empereur par tous les princes de l'Empire, le seul nom d'Empereur le fit entrer en incandescence ». Le cardinal, « mal disposé comme il étoit, ne voulut voir dans cette question que le désir de se départir de l'alliance du Roi (1) ».

Richelieu s'était, en fait, préoccupé de cette audience. Le 24 avril 1637 il avait, de Charonne, mandé à Chavigny : « M. de Chavigny ne manquera pas de m'envoyer demain matin, avant que M. l'Ambassadeur de Savoie et le Père Monod viennent ici, un extrait du traité fait entre le Roi et M. de Savoie, pour savoir ce à quoi M. de Savoie manque, et ce que le Roi lui a donné depuis, outre et par-dessus le traité, afin que je puisse répondre au Père Monod, s'il me parle demain (2) ». Préoccupation qui était également celle de Louis XIII, puisque, le 29, le Roi avait écrit de Versailles au cardinal : « Le Père Monod me doit venir dire adieu demain, à dix heures du matin. Si vous savez qu'il me veuille parler de quelque affaire, je vous prie de m'écrire ce que j'ai à lui répondre (3) ». Aussitôt l'extrait reçu, Richelieu l'avait muni d'un titre qui révélait son irritation : « *Raisons pour répondre aux violences du Père Monod* (4) ».

Lorsque le Père était arrivé en France au mois de mai 1636, le duc de Savoie venait de demander au cardinal si, en Italie, « il valoit mieux faire une guerre offensive » ou se contenter d'une guerre défensive à laquelle participeraient tous les princes italiens. Mais l'offensive coûterait chaque année deux millions de plus que l'autre. C'est pourquoi malgré ses avantages, et malgré l'insistance du religieux, le cardinal avait résolu de s'en tenir à une défensive, pour laquelle on grossirait les garnisons de Pignerol, Casal et Bremo et qui n'excluait pas l'envoi de troupes françaises capables, le cas échéant, de passer à l'attaque (5).

(1) Général H. Dufour et professeur E. Rabut, *Le Père Monod et le Cardinal de Richelieu*, p. 35.
(2) Avenel, *Lettres du Cardinal de Richelieu*, t. V, p. 777.
(3) Comte de Beauchamp, *Le Roi Louis XIII d'après sa correspondance avec le Cardinal de Richelieu*, p. 244.
(4) Avenel, *Lettres du Cardinal de Richelieu*, t. V, p. 770.
(5) *Mémoires du Cardinal de Richelieu*, éd. Petitot, t. X, p. 2-10, et Gabriel de Mun, *Richelieu et la Maison de Savoie*, p. 175-177.

LE PÈRE MONOD ET LES AFFAIRES DE SAVOIE   257

Richelieu n'avait pas manqué d'agiter avec le marquis de Saint-Maurice et le Père Monod, durant l'hiver de cette année 1637, une question quelque peu épineuse, l'exécution des traités de Cherasco signés en 1631 (1). Les puissances allaient en discuter à Cologne. Aux termes du traité public, Victor-Amédée avait vendu à la France la ville de Pignerol cinq cent mille écus. Aux termes du traité secret, le duc de Savoie consentait à n'en recevoir que quatre cent quatre-vingt mille, qui étaient une somme qu'il devait depuis fort longtemps au duc de Mantoue et que le traité public l'obligeait à verser avant de recueillir sa part du Montferrat. Mais, ne les ayant pas reçus du Roi, il ne les avait pas payés. Il importait que le marquis de Saint-Maurice déclarât à la conférence de Cologne que le Roi avait rempli les clauses du traité.

Le Père Monod y consentit à condition que le Roi le mît à même de désintéresser le duc de Mantoue et d'entrer en possession des territoires qui lui revenaient. Par malheur, sans les quatre cent quatre-vingt mille écus, tous les discours du cardinal restaient inopérants sur le duc de Savoie. Le cardinal allégua vainement que le duc de Mantoue refusait le moindre versement, trop heureux d'avoir un prétexte pour ne pas ratifier un traité qui le dépouillait. Cet argument n'ayant aucune prise sur le Père Monod, il fut décidé que M. d'Hémery irait régler l'affaire de Mantoue, que la somme serait déposée « entre les mains du receveur des consignations du Conseil du Roi (2) », et le refus du Duc constaté. Mais le 23 février 1637, la mort de l'empereur Ferdinand remit une fois de plus la conférence de Cologne.

En ce mois de mai 1637, où le Père Monod lui reparlait de cette conférence, le cardinal n'oubliait pas ses griefs contre le duc de Savoie et le religieux. Victor-Amédée « qui vouloit ménager son pays et n'y recevoir que le plus tard qu'il pourroit les troupes qui venoient de France », c'est-à-dire au moment précis où elles seraient nécessaires pour empêcher « le ravage de celles d'Espa-

(1) Sur ce traité, voir Hassan, *Histoire de la diplomatie française*, t. II, p. 457; Avenel, *Lettres du Cardinal de Richelieu*, p. 660-665, notes, et Dumont, *Recueil des traités*, t. V.
(2) Relation de M. d'Hémery, citée par le marquis de Mun, p. 180.

gne », « faisoit des difficultés pour leur donner logement ». Bien que le Père Monod se vantât d'avoir « insisté sur l'offensive pourvu qu'on la fît vivement (1) », Richelieu lui en voulait de n'avoir « pressé ni les troupes » du Roi « ni l'argent, qui étoient les choses solides, mais de s'arrêter simplement à faire des instances violentes et hors de saison pour de simples vanités ».

L'une de ces vanités était l'ambition de la maison de Savoie, le titre de Roi. Christine eût bien voulu ceindre la couronne royale : « Madame, qui est de la maison de France, disent les *Mémoires* du cardinal, en a le courage, et les sœurs de laquelle sont reines, bien que l'une soit cadette, ne diminuoit pas ce désir du duc son mari, mais au contraire l'enflammoit encore davantage et même en prenoit occasion du service que ledit Duc rendoit au Roi, au hasard de ses États, au péril de sa personne et en un temps où il y avoit peu de princes qui demeurassent fidèles en leur alliance avec Sa Majesté (2). »

Richelieu s'irritait de la passion avec laquelle le Père Monod « s'arrêtoit à la poursuite de ces prétentions frivoles ». Cependant, sur le conseil de M. d'Hemery, un peu inquiet du mécontentement que pourrait montrer un prince aussi vain que Victor-Amédée, il avait décidé que les ambassadeurs de Savoie recevraient, lors de leur première et de leur dernière audience, les honneurs des gardes. Le Père Monod se contente de ces os à ronger, mais, deux jours plus tard, il demande davantage : il veut que, dans toutes les cours, les ambassadeurs du Roi rendent aux ambassadeurs de Savoie les mêmes honneurs qu'à ceux des têtes couronnées. Richelieu éclate, il se fâche contre M. d'Hemery, il dit « rudement son fait » au Jésuite et ne lui cache pas que les honneurs, lors de la première et de la dernière audience, ne seront jamais accordés qu'au seul marquis de Saint-Maurice. Ce qui déchaîna, à travers la Cour ébahie, les protestations et les menaces du religieux : « Le Père Monod, racontent les *Mémoires* du cardinal, disoit assez impudemment que le Duc son maître

---

(1) Voir, dans *Richelieu et la Maison de Savoie*, p. 176, note 2, une lettre du Père Monod au duc de Savoie du 30 décembre 1637.

(2) *Mémoires du Cardinal de Richelieu*, éd. Petitot, t. VIII, p. 12.

agiroit sans affection en ces occasions, puisqu'on en témoignoit si peu envers lui. »

Il fit tant de bruit que Victor-Amédée, à qui furent portées les plaintes de Louis XIII, répondit que « le mécontentement du Père Monod ne faisoit point le sien, qu'il savoit bien que ce n'étoit pas la saison de demander de semblables choses ; que le Roi savoit bien qu'il avoit toujours cela dans l'esprit, que cela seroit capable de l'obliger beaucoup, et que Sa Majesté jugeroit bien quand il seroit temps de lui accorder ces grâces ». Les *Mémoires* de Richelieu, qui relatent cette réponse, ajoutent : « Ledit Père Monod, sachant qu'on n'avoit pas trouvé bon son procédé, au lieu de le corriger, redoubla ses impertinences, paraissant être allé à la Cour plutôt pour quereller que pour négocier, faisoit tous les jours des conférences avec toutes sortes de personnes qui donnoient lieu de se méfier de lui, pour ce qu'il sembloit avoir intelligence avec des personnes mal affectionnées à Sa Majesté. Il se mêla même dans les intrigues de cour » et « fut si mal avisé de dire au Père Caussin qu'il devoit bien prendre garde comme il agiroit » en l'affaire de la vocation de Mlle de La Fayette « et qu'il lui importoit d'en prolonger l'exécution tant qu'il pourroit » parce que, « s'il la laissoit longtemps indécise, il seroit longtemps nécessaire. Et, pour ce qu'il voyoit qu'il avoit peine de faire entrer le Duc son maître en créance certaine que le cardinal ne l'affectionnât et ne traitât avec lui en confiance, il supposa qu'un gentilhomme nommé Senantes, qui étoit venu de Savoie avec lui, avoit été soupçonné à la Cour d'avoir dessein d'attenter sur la personne du cardinal, et le renvoya sur ce prétexte, en toute diligence, en Piémont, afin de persuader par ce moyen audit Duc, que ledit cardinal étoit en méfiance de lui jusques à attenter à sa vie, et qu'il ne devoit attendre de lui aucun bon office près de Sa Majesté (1) ».

Il ne faut donc pas s'étonner si, le 3 mai 1637, Richelieu fit un accueil assez aigre au Père Monod qui venait prendre congé de lui. Le cardinal était d'autant plus acerbe, que le religieux avait confié

(1) *Mémoires du Cardinal de Richelieu*, éd. Petitot, t. X, p. 12-18.

à Chavigny un long mémoire de ses revendications : « Il prend tout ce qu'on dit, constatait en gémissant à part soi le Père, comme si c'étoit autant de reproches, et, pour délicatement qu'on lui parle, il met soudain le marché à la main (1). » Le cardinal acheva son interlocuteur en lui déclarant qu'il venait de dépêcher un courrier au duc de Savoie, pour l'assurer qu'il n'avait jamais demandé le renvoi de Senantes. Il eut alors le plaisir de voir le Jésuite fondre en larmes et il prit la précaution de le prier de reprendre ses esprits avant de sortir de la chambre. Son Éminence « ne vouloit pas qu'il parût à ceux qui le verroient sortir en cet état qu'il y eût quelque changement ou rupture entre le Roi et Son Altesse (2) ».

Le 13, le Père Monod déçu reprenait, avec M. d'Hémery, le chemin de Turin, laissant de soi la plus fâcheuse impression à Richelieu. « Il a autant d'esprit et de malice, songeait le cardinal, que le Père Caussin avoit de simplicité et d'ignorance (3). »

Au moment où l'ambitieux Jésuite regagnait les États du duc de Savoie, il y avait plus de trois mois que le duc de Parme avait fait son accommodement avec l'Espagne.

(1) Gabriel de Mun, *Richelieu et la Maison de Savoie*, p. 187.
(2) *Ibidem*.
(3) Aubery, *Histoire du Cardinal Duc de Richelieu*, t. III, p. 871.

CHAPITRE CINQUIÈME

A LA CONQUÊTE DES ILES

Cet accommodement du duc de Parme avec l'Espagne s'était achevé le 4 février 1637 (1). Les Espagnols n'avaient exigé que le licenciement des troupes françaises qui tenaient garnison dans ses États; ils lui avaient restitué ses « terres et places », même celles qui lui avaient été ravies dans le Royaume de Naples. Le duc de Parme avait cédé à regret; il était las d'attendre, mais la flotte française était toujours à Toulon, prête à appareiller sous le commandement du comte d'Harcourt.

A présent que l'occasion du secours de Parme est perdue, la flotte, qui ne connaît pas encore la volonté du Roi, se dirige vers la Sardaigne, « où l'on peut être en trois jours, afin de trouver là des blés de quoi faire subsister le tout (2) ». Voilà ce que Sourdis écrivait de Toulon à M. de Noyers, le 12 février 1637.

Il avait consenti à faire ce voyage de Sardaigne, quoiqu'il fût inébranlablement décidé à « s'aller reposer ». Il mandait au secrétaire d'État, à propos du maréchal de Vitry : « Je ne demande au Roi ni punition ni vengeance de l'assassinat qu'on a commis en ma personne, mais je le supplie de ne me point commander de voir l'assassin (3). » Il se montrait plus accommodant à l'égard du comte d'Harcourt (4). Or voici qu'un courrier apporte à Toulon les ordres du Roi, qui sont d'attaquer les îles de Lérins.

Le départ inopiné de la flotte ne déçut point trop le cardinal.

---

(1) Eugène Sue, *Correspondance de Sourdis*, t. I, p. 268-280.
(2) Voir ci-dessus, liv. II, chap. II.
(3) Eugène Sue, *Correspondance de Sourdis*, t. I, p. 279-280.
(4) *Ibidem*, p. 283-284.

Le 1ᵉʳ mars, quinze jours après la lettre de Louis XIII (1), il éatifiait la décision de l'archevêque : « Il ne reste maintenant, rcrivait Richelieu, qu'à tirer l'avantage qu'on pourra du voyage que l'on fait... Je crois, par la grâce de Dieu, que tout ira bien (2). » La reprise des îles était désormais l'objectif principal.

Sous les murs d'Oristan.

Le 22 février, les quarante vaisseaux et les vingt galères du Roi Très Chrétien paraissaient à l'entrée de la baie d'Oristan, qui s'ouvre sur la côte occidentale de la Sardaigne.

A deux lieues dans les terres, la ville d'Oristan s'élevait non loin du fleuve du même nom, groupant autour de son archevêché ses deux mille maisons, qu'habitaient environ vingt mille âmes. Une tour, large de vingt-quatre toises, haute de vingt-quatre pieds, commandait l'entrée de la baie. Munie de murailles d'une épaisseur de trois toises, elle était armée de quatre canons, qui, le lendemain à la pointe du jour, tirèrent sur les navires, mais qui, dès les premières ripostes se turent, car les défenseurs n'avaient point juré de s'ensevelir sous les ruines. Le 23, le comte d'Harcourt débarquait ses troupes et marchait sur la ville avec six petites pièces de canon. C'est dans une ville déserte que l'avant-garde entra sur les cinq heures du soir. Déserte, non point vidée de ses victuailles ni de ses richesses.

Le 25, les milices du pays s'étant rassemblées, d'Harcourt fut attaqué en rase campagne par deux mille hommes de pied et quatre mille chevaux. Şes troupes, inférieures en nombre, ne purent que regagner le rivage, harcelées cinq heures durant, mais nullement entamées. La ville en flammes projetait sur le ciel une lueur d'incendie. Les troupes, arrivées le soir, campèrent et, le 27, remontèrent sur les navires (3), qui firent voile aussitôt vers Cannes, en vue « d'attaquer, sans plus différer, ces deux îles qui passaient déjà dans l'Espagne pour deux royaumes inconnus (4) ».

(1) Eugène Sue, *Correspondance de Sourdis*, t. I, p. 285.
(2) *Ibidem*, p. 303-304.
(3) *Ibidem*, t. I, p. 303.
(4) *Mercure françois*, t. XXI, p. 314.

D'abord l'île Sainte-Marguerite.

On était à l'aube du 24 mars 1637. D'une redoute appelée le *Fortin*, tapie à la pointe orientale de l'île Sainte-Marguerite, les Espagnols apercevaient la flotte du Roi mouillée au Golfe Juan, à une demi-portée de mousquet. Ils remarquaient, non sans inquiétude, qu'une escadre, « détachée un peu hors du golfe », était prête à fondre sur tout secours venant d'Italie. Du fort de *Ragon*, qu'ils s'étaient empressés d'appeler le fort de *l'Aragon*, et qui, non loin de la tour de *Batiguier*, défendait la pointe occidentale, ils surveillaient une seconde escadre mouillée au large de Théoule et prête à fermer l'entrée du Frioul à tout secours qui leur fût venu d'Espagne. L'une et l'autre escadre devaient canonner les trois autres forts, tandis que le corps principal de la flotte attaquerait le *Fortin*.

Dès cinq heures du matin, les vaisseaux ouvrirent le feu, qui ne cessa qu'à six heures du soir. Le *Fortin* avait alors reçu deux mille boulets et ne présentait plus, du côté de la mer, que « talus de terre éboulée, parapets ruinés, batteries démontées ». Le corps de débarquement n'attendait que l'ordre de descendre dans l'île avec son artillerie, « ses ponts, ses échelles, ses tentes, ses pelles, toutes sortes d'outils à travailler, ruiner, miner et saper », avec « ses sacs pleins de terre, ses fascines et ses tonneaux ». Mais la nuit tombait, le ciel était menaçant, et, vers neuf heures, un vent furieux, accompagné d'une pluie torrentielle, dispersa les bateaux, jetant à la côte « les plates qui portoient les préparatifs », obligeant les vaisseaux à « prendre un mouillage plus assuré ».

L'attaque recommença le 28 mars. Le *Fortin*, que les Espagnols avaient hâtivement réparé, fut ruiné plus encore que la première s et emporté par les troupes de débarquement, tandis que les troupes d'Espagne s'enfuyaient vers le fort de *Monterey*.

Sur a c ontrescarpe de ce dernier fort, les ennemis passèrent la nuit à se retrancher eux-mêmes et à mettre en batterie leurs canons qui tirèrent dès l'aube. La canonnade se prolongea jusque vers quatre heures. La garnison, où prédominaient les Napolitains, beaucoup moins ardents que les Espagnols, semblait vouloir parlementer. Elle ne tarda guère à quitter le fort et s'enferma dans celui de Sainte-Marguerite. Elle laissait à *Monterey* « le canon avec les munitions de guerre et de bouche, des poudres et des mèches allumées à plusieurs endroits, ce qui fit croire qu'elle avoit eu grande hâte de s'enfuir (1) ». Mais à présent elle pouvait tenir des semaines derrière les bastions, demi-bastions, fossés et demi-lunes, derrière les rochers inaccessibles du fort de *Sainte-Marguerite*.

Le fort *Sainte-Marguerite*.

Le 6 avril, on annonça à M. de Noyers l'arrivée à Paris d'un courrier de M. de Sourdis. M. de Noyers ne doutait point que le courrier ne vînt lui « apporter la prise des îles ». Quelle déception! Pas plus forte que celle du Roi, qui venait de lire les dépêches à Rueil. Un profond découragement avait envahi l'âme de Sourdis. « Depuis ce temps-là, disait l'archevêque au cardinal, nous n'avons avancé un pas et nous sommes amusés à nous fortifier contre Sainte-Marguerite, comme si nous avions peur qu'ils nous vinssent attaquer, et à faire des batteries sur le Frioul, sans songer que nous leur laissons deux portes ouvertes aux ennemis, *Ragon* et *Batiguier,* par où ils entreront quand ils voudront dans l'île (2). » Louis XIII, en son impatience, écrivit à Richelieu le 15 avril : « Le maréchal de Vitry décrie, se moque, partout où il passe, de l'affaire des îles. J'ai bien peur que, si nous n'en prenons un extrême soin, elle ne réussisse pas. J'avois hier proposé à M. de Noyers pour vous dire que, si on fait courir le bruit que je m'avance vers Lyon avec une partie du régiment des gardes et des Suisses, cela pourroit apporter quelque bon effet, tant par la peur qu'auroit le maréchal de Vitry que par l'envie que les autres pourroient avoir d'achever l'affaire avant que je fusse à Lyon; ce n'est pas que j'aie nulle envie d'y

---

(1) Eugène Sue, *Correspondance de Sourdis*, t. I, p. 326-328.
(2) *Ibidem*, p. 342.

aller. » Il est si peu désireux de se mettre en route, qu'il ajoute au bas de sa lettre : « Depuis que j'ai écrit, il me vient de venir une pensée, qui est d'y envoyer Monsieur le Prince. » De son gouvernement de Bourgogne, Monsieur le Prince peut s'y rendre aisément. « C'est un voyage d'un mois (1). » Le cardinal le propose aussitôt à Condé. Le Roi, de son côté, annonce à Sourdis que Vitry va être remplacé par Monsieur le Prince. Mais Monsieur le Prince refuse et s'attire du cardinal ce hautain billet : « Les occasions sont si chauves, que celui qui les perd ne les recouvre pas ; je crains bien que celle que vous aviez de servir le Roi en ce rencontre soit passée (2). » Et, le 23 avril, le Roi donne à son ministre cette assurance : « Je ne manquerai de faire le froid à Monsieur le Prince, quand il viendra et lui témoignerai le desservice qu'il m'a fait (3). »

Vitry a compris : il se ménage un entretien avec le comte d'Harcourt. La réconciliation, qui n'était qu'apparente, permit toutefois à cinq cents hommes du régiment de Vitry et à une compagnie de chevau-légers de débarquer dans l'île Sainte-Marguerite.

L'armée navale, de son côté, n'était pas demeurée complètement inactive. Elle avait mis en fuite les galères espagnoles. Le fort de *Ragon* s'était rendu le 20 et la tour de *Batiguier* le 24. Quant au fort *Sainte-Marguerite*, à demi ruiné, ayant une partie de son artillerie hors d'usage et ne disposant plus que d'un peu d'eau saumâtre, il semblait bien être sur ses fins (4).

La Trêve.

Dès la première semaine de mai 1637, le fort Monterey est plein de rumeurs joyeuses : le comte d'Harcourt donne des festins en l'honneur des officiers espagnols (5). Don Miguel Perez de Goya,

---

(1) Affaires étrangères *Lettres de Louis XIII*.
(2) Duc d'Aumale, *Histoire des Princes de Condé*, t. III, p. 304.
(3) Archives des affaires étrangères, *Lettres de Louis XIII au Cardinal de Richelieu*.
(4) *Correspondance de Sourdis*, t. I, p. 373-374.
(5) H. Moris, *L'Abbaye de Lérins*, p. 277.

gouverneur de l'île, a été blessé d'une mousquetade au cou pendant une sanglante et infructueuse sortie; une partie de sa garnison s'est mutinée; il vient de signer une trêve de six jours au bout desquels il s'engage à se rendre, s'il n'est secouru. Tandis que les officiers sont fêtés à *Monterey,* les soldats sont autorisés à venir boire deux par deux à la fontaine, que détient l'armée du Roi.

Il a été convenu, entre autres conditions, que « la place ne pourroit être tenue pour secourue, s'il n'y entroit mille hommes avec leurs vivres et munitions de guerre pour un mois (1) ». Il n'y a pas grande chance que ce secours arrive, bien que le gouverneur de Milan soit averti de la détresse du fort *Sainte-Marguerite*. L'escadre française veille au large de Saint-Laurent-du-Var. Elle arrête la flotte ennemie, et voici que s'est levée l'aube du sixième jour.

Ce 12 mai 1636, vers trois heures du soir, conformément aux articles de la trêve et de la capitulation, la garnison espagnole commence à sortir du fort : six cents soldats marchant par rangs de cinq, tambours battants, enseignes déployées, mèche allumée et balle en bouche. Deux cent dix blessés les suivent. Deux pionniers français conduisent « les deux canons qu'on a permis aux Espagnols d'emmener ». Les vaincus vont s'embarquer sur les tartanes qui les porteront à Final.

Une escorte de cinquante-quatre chevaux ferme le cortège. C'est l'escorte du gouverneur de l'île. A sa tête s'avance don Miguel Perez. Un groupe de cavaliers, entouré des deux compagnies de Vallavoine et de Boissac, l'attend sur la contrescarpe : voici Henri de Lorraine, comte d'Harcourt, l'archevêque de Bordeaux, le comte de Carcès et d'autres gentilshommes de Provence. Parvenu au milieu du pont qui enjambe le fossé, Perez descend de cheval et s'approche d'Henri de Lorraine, qui à son tour met pied à terre. Embrassades, compliments, déclarations espagnoles aussi fières que courtoises : si Pérez a été contraint de se rendre, c'est bien plus à la guerre intestine

---

(1) Eugène Sue, *Correspondance de Sourdis*, t. I, p. 369.

des siens qu'à la force des ennemis qu'il a cédé ; il ne s'en estime pas moins « heureux d'avoir la gloire d'être vaincu par un aussi valeureux prince (1) ».

Lorsque le valeureux prince pénétra dans le fort, où restaient vingt-cinq canons, abandonnés par les troupes d'Espagne, il trouva sur une pierre bleue cette inscription gravée en lettres d'or par ordre de don Perez de Goya : « *Él valor sin segundo y prudencia del conde de Harcourt favorescido de Dios tomo essas islas a XXVIII de março de l'anno MDCXXXVII. Porque os espantays?*

A Saint-Germain et à Rueil.

Le lendemain 13 mai, dans sa maison de Rueil, le cardinal écrivait à Sourdis : « Le sieur de Caen, qui s'en retourne vous trouver, vous dira l'impatience dans laquelle nous sommes de ce qui se passe dans l'île Sainte-Marguerite (2). » Le même jour, de Versailles, Louis XIII mandait à Richelieu : « Je ne partirai pour Saint-Germain qu'à trois heures après-midi pour le plus tôt. Je me porte fort bien et ai eu aujourd'hui grand plaisir à la chasse, mes chiens ayant pris deux renards, qui ont été chassés à grand bruit (3). » Il était près de onze heures du soir, lorsque, de retour à Saint-Germain, le Roi apprit la trêve du 6 mai, dont les articles montraient la chute du fort *Sainte-Marguerite* inévitable. Malgré l'heure tardive, il griffonna à nouveau pour le cardinal : « Vous saurez par le sieur d'Oyenville la capitulation du fort *Sainte-Marguerite*. J'espère que le bon Dieu nous continuera, le reste de cette année, ses bénédictions pour avoir une bonne paix, ce pourquoi je le prie de tout mon cœur (4). »

Le cardinal sortait sans doute de son premier sommeil, lorsque M. d'Oyenville lui remit, avec la lettre du Roi, celle qu'il lui

---

(1) H. Moris, *L'abbaye de Lérins*, p. 278.
(2) Avenel, *Lettres du Cardinal de Richelieu*, t. V, p. 1029.
(3) Affaires étrangères, *Lettres de Louis XIII au Cardinal de Richelieu*.
(4) Comte de Beauchamp, *Louis XIII d'après sa correspondance avec le cardinal de Richelieu*, p. 300.

apportait de la part de Sourdis. Contre-temps inattendu, car, ainsi que don Diègue l'observe dans le *Cid*,

> Toujours quelques soucis, en ces événements,
> Troublent la pureté de nos contentements.

Impossible de rien comprendre au cryptogramme envoyé par Sourdis. Le 15 mai, tout en témoignant à l'archevêque de Bordeaux « la joie qu'il avoit de l'entreprise de Sainte-Marguerite », le cardinal, revenu à Paris, en fut réduit à lui avouer qu'il n'avait pas lu sa lettre : « Nous n'avons pu trouver le chiffre pour la déchiffrer, le Père Joseph ne l'ayant pas. Mandez-moi, avec celui que je vous ai donné, ce qui est dans ladite lettre, afin que je puisse vous faire savoir les intentions du Roi sur ce sujet (1). »

Si le Père avait eu entre les mains le chiffre qu'avait cherché en vain le cardinal, Son Éminence eût eu la joie de se convaincre que Saint-Honorat capitulerait également.

Un traité secret.

Elle était un fait accompli, cette capitulation, à l'heure où M. d'Oyenville se remettait en route. Le 14, il avait été convenu, entre d'Harcourt, Sourdis et don Juan de Tamayo, gouverneur de Saint-Honorat, que « les retranchements, tours, redoutes et forts de l'île ayant été battus par les armées du Roi avec grande perte des assiégés, la descente faite et la place investie de toutes parts et réduite à telle extrémité qu'elle ne pouvoit tenir durant six heures, néanmoins de grâce, il leur étoit accordé qu'ils sortiroient présentement, la vie sauve, avec leurs armes et bagages ». La garnison espagnole recevrait des bateaux et des barques et les vivres nécessaires pour gagner Porto-Hercules.

Ce n'était pas sans peine que d'Harcourt et Sourdis avaient obtenu ce succès. Dès le 13 mai, l'escadre du commandeur de Gouttes s'était portée à la pointe occidentale de Saint-Honorat, l'escadre de M. de Mantin à la pointe orientale, tandis que

(1) Eugène Sue, *Correspondance de Sourdis*, t. I, p. 385-386.

précédé d'un trompette, le commandeur de Guitaut venait offrir à don Juan de Tamayo, gouverneur de l'île, une capitulation non moins honorable que celle qu'avait acceptée, le 6 mai, le gouverneur de Sainte-Marguerite. Don Juan avait alors dépêché, en parlementaire, au comte d'Harcourt un Milanais, don Bartholomeo Martez, qui avait déclaré qu'il ne pouvait rien décider avant d'en avoir averti le gouverneur de Milan ou le représentant de l'Espagne à Monaco.

Les pourparlers en étaient restés là. Forts et retranchements ayant été longuement battus par le canon des navires, le gouverneur les avait évacués et s'était réfugié dans la tour qui défendait l'île au midi. Il refusait toujours de se rendre, mais lorsque les troupes coururent vers la contrescarpe de son dernier refuge, les cris de *Pace! Pace!* sortirent des retranchements : don Juan de Tamayo renonçait à la lutte (1).

Le 25 mai, Sourdis, en une lettre, qui suivit celle que le Père Joseph n'avait pu déchiffrer, s'expliqua enfin : un don immédiat de deux mille pistoles, un don, — différé, — de mille autres avaient convaincu le gouverneur qu'il ne pouvait plus utilement se défendre.

(1) H. Moris, *L'Abbaye de Lérins*, p. 279.

CHAPITRE SIXIÈME

SUR LES AUTRES FRONTS

Le cardinal, qui entendait conquérir Dunkerque, avait compté pour cela sur le prince d'Orange, que devaient soutenir quatre mille hommes commandés par le marquis de La Meilleraye. Empêché par le mauvais temps, le prince se contenta d'attaquer Breda, qui avait appartenu à ses ancêtres.

Cependant le cardinal de La Valette assiégeait Landrecies (1).

Landrecies, La Capelle, Maubeuge.

Par malheur l'argent, nerf de la guerre, manquait : « Je ne sais, mandait Richelieu à Louis XIII, le 4 juin 1637, quelle pièce coudre au manque d'argent qui arrivera pour les équipages, qui ne subsistent point par discours, ni par assignations non présentes. Pour cette fois, M. de Noyers et moi avons fait trouver quatre-vingt mille francs sur notre crédit; mais cela ne fournira que pour un mois (2). » Il y avait alors plus d'une année que Louis XIII, pour subvenir aux dépenses militaires, avait porté un édit qui créait et vendait de nouvelles charges de procureurs. Le Parlement s'était opposé à l'exécution de l'édit, sous prétexte que ces créations nuisaient au bien public; mais ils ne laissoient au Roi, disent les *Mémoires* de Richelieu, aucun autre moyen de subvenir de leur part aux nécessités présentes et pressantes de son État (3). Louis XIII avait cru faire quelque

---

(1) Père Griffet, *Histoire du Règne de Louis XIII*, t. III, p. 38.
(2) Avenel, *Lettres du Cardinal de Richelieu*, t. V, p. 782.
(3) *Mémoires du Cardinal de Richelieu*, éd. Petitot, t. X, p. 188

impression sur ces « fronts d'airain »; il avait mandé les parlementaires à Fontainebleau le 28 mai, au château de Madrid le 31 juillet et il avait exigé les ratifications pour le 7 août. A cette date, rien n'était prêt (1). Ce lundi 10 août, le premier président eut l'audace de déclarer au Roi : « Il y a de certaines règles par-dessus lesquelles il est impossible de passer. La brièveté du temps est cause que les remontrances n'ont pas été délibérées et il faut un mois pour les rédiger. — Messieurs, répliqua Louis XIII, je trouve très mauvais qu'après avoir arrêté vos remontrances il y a si longtemps et le temps que je vous ai donné pour me les apporter, vous ne m'ayez point obéi. Allez! vous êtes des insolents, retirez-vous! » Puis craignant que les parlementaires ne prissent cet ordre pour un congé, il ajouta aussitôt : « J'aviserai présentement ce que j'aurai à faire; ne vous en allez point. » Quant au cardinal, présent à cette scène orageuse, il témoignait, par son maintien, qu'il fallait éviter la colère du Roi et soufflait aux parlementaires : « Messieurs, Messieurs, retirez-vous! » Revenus au bout d'un quart d'heure, ces Messieurs essuyèrent les reproches de Molé, puis les menaces de Louis XIII. Le Roi déclara qu'il voulait que l'édit fût vérifié le mercredi 12. Tout finit par un compromis. Le Parlement obéit et le Roi diminua le nombre des nouveaux offices (2).

Cependant le cardinal avait pu écrire, dès le 26 juin, à Louis de Béthune, comte de Charost, ce billet que n'eut pas désavoué Henri IV : « Brave Charost, vous aurez su par M. d'Ayguebère ce en quoi il est question que chacun fasse de son mieux, il n'y faudra rien oublier de ce qui sera possible. M. le Cardinal de La Valette est attaché au siège de Landrecies ; il a pris Cateau-Cambrésis en trois jours; il y avoit deux cents Espagnols en garnison, outre celle du pays et des habitants. Il n'y a que cinq cents hommes de garnison dans Landrecies outre les habitants, qui sont en petit nombre, et une compagnie de cavalerie. Voilà ce qui se passe de deçà. Assurez-vous toujours de l'affection

(1) *Extrait des Registres du Parlement*, cité par M. Champollion-Figeac, dans les *Mémoires de Mathieu Molé*, t. II, p. 379, note.
(2) Voir Mathieu Molé, *Mémoires*, t. II, p. 380-381.

de celui qui est et sera toujours le meilleur ami du cadet de Béthune et votre très affectionné à vous servir (1). »

Richelieu n'avait pas tardé à recevoir de La Valette lui-même les meilleures nouvelles (2). Le 22, Landrecies, écrasée sous les bombes, dévorée par les incendies, que les habitants ne réussissaient pas à éteindre, avait encore à redouter une mine que La Valette avait fait préparer avec un soin minutieux. Avant de l'allumer, La Valette envoie un tambour sommer la ville d'ouvrir ses portes. Le tambour pénètre dans la place, annonce que la mine va jouer; il offre d'admettre quelqu'un de la part du gouverneur pour en visiter toutes les particularités : « Le gouverneur, lui dit-on, repose; il ne faut pas l'éveiller pour si peu de chose. — Ce n'est pas une affaire de si petite conséquence que vous vous imaginez, reprend le tambour ». Et lorsque le gouverneur a consenti enfin à l'écouter, il reçoit cette réponse : « Je sais bien qu'on prétend de faire jouer la mine; mais j'y ai donné bon ordre, afin qu'il n'en arrivât pas de malheur à mes bastions. Au reste, dites au cardinal de La Valette qu'il a affaire à un Espagnol et à un homme de guerre. Je ne rendrai jamais la ville, tant que j'aurai le moyen de résister ». Ce gouverneur était le comte d'Hénin. Sa rodomontade, selon l'expression du *Mercure*, « fut trouvée gentille », mais elle était impuissante.

La mine fit explosion, entre midi et une heure, avec « un horrible nuage de fumée et de poussière et une si épouvantable grêle de pierres et de briques, que quelques-uns qui étoient éloignés de huit cents pas en furent enveloppés et frappés, et de deux cents mousquetaires, commandés pour border la tranchée lorsque la mine auroit produit son effet, et pour faire feu sur la brèche afin d'empêcher les ennemis de la réparer, les uns furent atterrés es autres tués (3) ». A travers le nuage de poussière, on finit par distinguer les ruines d'un bastion « quasi tout emporté », puis, lorsque le nuage se fut dissipé, sur la brèche large de quarante pas, le gouverneur apparut, « l'épée à la main, avec quelques-

---

(1) Avenel, *Lettres du Cardinal de Richelieu*, t. V, p. 795.
(2) Vicomte de Noailles, *Le Cardinal de La Valette*, p. 338.
(3) *Mercure françois*, t. XXI, p. 389.

uns de ses soldats ». Ce brave n'eut point à subir l'assaut; le cardinal de La Valette, ne voulant ni le sac ni la destruction de la ville, se contenta de loger des troupes sur le bastion, « sous une pluie de pierres et de grenades ». Les habitants travaillèrent avec ardeur à élever un retranchement derrière la brèche. Travail inutile que ne manquerait pas de détruire une nouvelle mine à laquelle travaillaient avec non moins d'activité les assiégeants. Le gouverneur le comprit mieux que personne. Le soir même il demandait à parlementer. Le lendemain 23, la capitulation était signée et, le 26, le gouverneur sortait à la tête de sa garnison qui, avec armes et bagages, enseignes déployées, mèche allumée et balle en bouche, fut escortée jusqu'à Valenciennes par les troupes du Roi (1).

La satisfaction que le cardinal duc ressentit de ce succès éclate dans le post-scriptum de la lettre de félicitations qu'il adressa, le 26 juillet, au cardinal de La Valette : « Des avis de Bruxelles nous font connoître que les Espagnols nous méprisent de telle sorte qu'outre l'avantage que nous apporte la prise de Landrecies, j'en ai une joie particulière pour leur faire voir que nous sommes plus capables de leur faire mal qu'ils ne croient et disent hautement (2). » Louis XIII partagea la joie du cardinal. Cependant il n'était pas satisfait : il brûlait d'acquérir de la gloire à son tour en forçant lui-même une place.

Ce désir était si vif que, le 31 juillet, Richelieu dut écrire au cardinal de La Valette : « Sa Majesté a quelque pensée que, tandis que vous avancerez dans le pays des ennemis selon vos projets, elle pourroit, à l'abri de votre armée, faire une espèce de blocus autour de La Capelle, par le moyen duquel il y a apparence qu'en peu de temps on la feroit tomber entre ses mains. Devant que de s'embarquer dans ce dessein, Sa Majesté désire que vous fassiez, avec une partie de cavalerie, visiter tous les environs de la place par quelque personne entendue. Si on peut, sans détourner aucune de vos troupes, avec trois mille hommes et mille chevaux, faire tomber ladite place, ce petit progrès, joint

---

(1) *Mercure françois*, t. XXI, p. 387, 394.
(2) Avenel, *Lettres du Cardinal de Richelieu*, t. V, p. 1046.

à ceux que vous ferez, termineroit assez heureusement cette campagne (1). »

Mais en son for intérieur, il n'approuvait pas cette promenade militaire du Roi. Louis XIII, de son côté, sentait la désapprobation de son ministre, et d'autant plus que celui-ci ne la dissimulait nullement. Le Roi n'oubliait pas qu'en 1635 le cardinal avait voulu le détourner de son voyage de Lorraine ; il se demandait si son ministre était jaloux de lui et, comme disait Son Éminence, « les soupçons étoient en campagne (2) ». Richelieu n'en réussit pas moins, cette fois encore, à imposer sa volonté à son maître : « J'ai trop de confiance en vous, écrivit-il de Chaillot le 3 août au cardinal de La Valette, pour vous dissimuler que, depuis quelques jours, j'ai été avec 31 (le Roi) au même état que j'étois à la Victoire (3), et pour pareil sujet, du voyage qu'il vouloit faire à l'armée. Pour le présent, l'affaire a abouti à ce point qu'au lieu d'aller en personne pour travailler au dessein d'incommoder La Capelle, comme je vous l'avois écrit, ce qui n'est pas digne d'un grand roi, il envoiera le sieur de Bussy, revenu d'Ehrenbreitstein (4), avec mille chevaux et ce qu'il pourra ramasser de la nouvelle infanterie qui nous arrive (5). » Richelieu était satisfait : « Le cardinal infant, expliquait-il au cardinal de La Valette, tient ses affaires irréparables, si les Français, usant de leur victoire, s'avancent dans le cœur du pays. Il ajoute qu'il n'y a que Dieu qui y puisse remédier (6). »

Bruxelles finissait par croire à quelque conjuration suspecte de la reine Marie de Médicis. On dut faire une enquête qui n'aboutit à rien ; la Reine « commanda qu'on menât les enquêteurs partout : ils allèrent jusques aux caves y visiter les ton-

---

(1) Aubery, *Mémoires pour l'Histoire du Cardinal Duc de Richelieu*, t. III, p. 442-443.

(2) Avenel, *Lettres du Cardinal de Richelieu*, t. V, p. 830.

(3) Richelieu n'était pas alors (août 1635) à l'abbaye de la Victoire, mais à Royaumont, à Conflans, à Rueil (voir Avenel).

(4) La forteresse d'Ehrenbreitstein sur la rive droite du Rhin, non loin de Cologne. Bussy-Lameth, bloqué, durant quinze mois, par Jean de Werth, l'avait rendue le 27 juin 1637.

(5) Aubery, *Mémoires pour l'Histoire du Cardinal Duc de Richelieu*, t. III, p. 442.

(6) Lettre du 8 août, *ibidem*, p. 455.

neaux, les perçant pour voir s'il n'y avait point de poudre; mais ils n'y trouvèrent que de quoi boire (1) ».

Le cardinal de La Valette venait de s'emparer de Maubeuge. Quant à Louis XIII, MM. de Chavigny et de Noyers lui avaient persuadé, non sans peine, que le cardinal duc « avoit mieux aimé s'exposer à lui déplaire que de ne pas lui témoigner, au risque de perdre ses bonnes grâces, le zèle qu'il avoit pour sa gloire (1) ». Le Roi semblait consolé de sa déception, le succès facile qu'il avait escompté lui paraissait peu glorieux, puisque le cardinal de La Valette avait dédaigné de se le réserver à lui-même. Maintenant il attendait les événements, le siège d'Avesnes, que La Valette devait entreprendre, tandis que Bussy-Lameth resterait en observation près de La Capelle et le duc de Candale dans Maubeuge. Que devint-il, lorsqu'il apprit que tous les ordres concertés en sa présence étaient changés? Ce n'était plus Avesnes que le cardinal de La Valette venait d'investir le 31 août, c'était cette place de La Capelle, contre laquelle le Roi avait tant désiré de marcher en personne. Qui donc avait eu cette audace?

Richelieu ne put que constater « l'extrême fâcherie de son maître et travailler de son mieux à l'apaiser au plus vite. Il ne la celait point, le 8 septembre, à La Valette : « Le Roi jette tout, déclarait-il, sur M. de La Meilleraye et, par contre-coup, sur moi, disant que c'est lui qui a fait résoudre cette affaire, directement contre ses ordres. Je vous prie de ne vous fâcher point de cette mauvaise rencontre qui me touche plus qu'à personne. On n'a pas oublié de représenter les difficultés qui se sont rencontrées sur les lieux, au siège d'Avesnes; que vous avez pris la résolution du siège que vous faites avec tous les principaux officiers; mais tout cela est maintenant suspect en ma bouche. C'est ce qui fait que je vous prie d'écrire à M. de Noyers une lettre qui porte nettement et distinctement comme cette résolution s'est prise (2). » Bien plus, craignant que la lettre demandée ne suffit pas à dissiper les

---

(1). *Mémoires du Cardinal de Richelieu*, éd. Petitot, t. IX, p. 497-498.
(2) Aubery, *Mémoires pour l'Histoire du Cardinal Duc de Richelieu*, t. III, p. 481.

soupçons, Richelieu jugeait nécessaire un procès-verbal signé par M. de La Meilleraye, le cardinal de La Valette et tous les principaux officiers de l'armée, « afin que le Roi fût confirmé dans la vérité, qu'il ne s'étoit pu mieux faire pour son service (1) ».

Richelieu connaissait « l'humeur du maître (2) » et les remèdes qui lui convenaient. Il constata bientôt avec plaisir que la fâcherie du Roi était passée. Le 14 septembre, Louis XIII lui parlait sans nulle acrimonie de la ville assiégée, qui, prévoyait-il, « ne tiendroit pas plus de huit jours (3) ». Le 22, en effet, La Capelle se rendit; le gouverneur espagnol, qui n'avait pas attendu l'arrivée de l'armée de secours commandée par le cardinal infant eut, sur l'ordre du même cardinal, la tête tranchée à Valenciennes. Richelieu félicitait ainsi le vainqueur : « J'ai d'autant plus de joie de la reddition de La Capelle, dont M. de Cinq-Mars nous vient d'apporter la nouvelle, que ce bon succès vous facilitera sans doute les moyens d'en avoir encore de plus grands, maintenant que vos forces sont plus libres et que vous n'êtes plus attaché à aucun siège (4). »

Le nouveau succès qu'obtint le cardinal de La Valette fut la délivrance de Maubeuge, contre laquelle s'était tourné le cardinal infant avec des troupes nombreuses et trente pièces de canon. Le cardinal infant n'attendit point La Valette. Un de ses lieutenants qui, demeuré au pont sur la Sambre, avait essayé de s'opposer à la jonction de l'armée de Candale et des vainqueurs de La Capelle, fut contraint de se retirer à son tour. Le cardinal infant n'avait pas été plus heureux, lorsqu'il avait voulu débloquer Breda. Les assiégés, n'espérant plus aucun secours, capitulèrent le 7 octobre.

Le cardinal de La Valette, qui craignait le voisinage des troupes d'Espagne, jugea plus à propos d'évacuer Maubeuge, après en avoir fait raser les fortifications. Il n'entreprit plus rien de considérable en cette fin de campagne, ce qui déçut quelque

---

(1) Aubery, *Mémoires pour l'Histoire du Cardinal Duc de Richelieu*, t. III, p. 477.
(2) Avenel, *Lettres du Cardinal de Richelieu*, t. V, p. 831, note.
(3) Comte de Beauchamp, *Louis XIII d'après sa correspondance avec le cardinal de Richelieu*, p. 321.
(4) Aubery, *Mémoires pour servir à l'Histoire du Cardinal Duc de Richelieu*, t. III, p. 500-501.

peu Louis XIII. Le Roi, désormais au plus tendre avec son ministre, lui mandait le 12 octobre 1637 : « On faisoit hier courir le bruit que le cardinal de La Valette avoit gagné un grand combat : je me suis bien douté qu'il n'en étoit rien, puisque vous ne me mandiez rien... Je suis plus que jamais résolu à bien vivre et reconnoître les grâces que le bon Dieu nous fait tous les jours ; j'espère qu'il nous donnera bientôt la paix ; je ne souhaitois le gain d'un grand combat que pour cet effet ; je crois que nous sommes bien d'accord tous deux en cette pensée et serons toujours en toutes autres (1) ».

En Allemagne.

Le Roi et son ministre avaient une telle communauté de pensée, quand il s'agissait de la grandeur du Royaume, que la lettre écrite par le Roi au ministre le 12 octobre 1637 ressemble fort à celle que le ministre avait écrite au Roi le 10 mars de la même année : « Les lettres de Cologne portent aujourd'hui qu'il y a neuf mille morts sur la place et tout le canon et le bagage pris. Je prie Dieu de tout mon cœur que cela puisse faciliter la paix, que je souhaite plus que ma vie (2). » Il s'agissait alors de la victoire remportée par le maréchal Banner sur les Impériaux en Saxe. Comme le disent les *Mémoires* du cardinal, « toutes les armes de la maison d'Autriche ayant été en 1636 employées contre la France, les Suédois avoient eu plus de facilité non seulement de se maintenir, mais de faire des progrès en Allemagne ». On avait vu Francfort-sur-l'Oder pillée par un autre Suédois illustre, le général Wrangel, la marche de Brandebourg ravagée, les généraux Gnœutz et Hasfeld chassés du landgraviat de Hesse par le landgrave et Banner, au mois de décembre 1636. Banner était allé hiverner dans la Thuringe et s'était emparé de la ville d'Erfurt, qui en est la capitale. Puis, « ménageant le temps, qui est trésor de guerre, et ne voulant pas laisser passer l'hiver

---

(1) Comte de Beauchamp, *Louis XIII d'après sa correspondance avec le Cardinal de Richelieu*, p. 325.

(2) Avenel, *Lettres du Cardinal de Richelieu*, t. V, p. 760.

inutilement, il étoit parti d'Erfurt le 10 janvier 1637 et s'en étoit allé attaquer le duc de Saxe dans le cœur de son pays (1) ». Le duc de Saxe ne se sentant pas en sûreté à Torgau et « se retirant à Dresde », Banner passant l'Elbe sur la glace, prenant Torgau le 15 janvier, essayant de prendre Leipzig, puis revenant près de Torgau, s'enfermant dans son camp retranché, offrant vainement la bataille aux généraux de l'Empereur, qui s'étaient avancés contre lui, mais s'efforçant de les défaire séparément en maints combats; tels étaient les événements qui avaient précédé la victoire dont se réjouissait Richelieu.

A la fin de juin, affamé dans son camp par les généraux de l'Empereur, Banner sut gagner Neustadt sur la Baltique et rejoindre Wrangel par une retraite qui ne parut point « l'ouvrage d'un petit capitaine ». « Cette retraite, lisons-nous dans les *Mémoires* du cardinal, est à comparer aux plus glorieuses dont l'histoire fasse mention, car le maréchal passa cinquante lieues d'Allemagne et traversa plusieurs grandes rivières avec quatorze mille hommes, quatre-vingt-dix canons et tout son bagage, devant une armée de soixante mille hommes sans avoir perdu que quelques fuyards et peu de malades, qui ne purent suivre (2). » Cependant le 3 juillet 1637, Richelieu mandait au cardinal de La Valette : « Les nouvelles d'Allemagne portent que Piccolomini étoit encore, il y a six jours, à Worms, attendant le secours de Gallas (3). »

En Luxembourg.

Tandis que Banner, vainement poursuivi par Gallas, arrivait à Neustadt, sur les bords de la Baltique, le 14 juillet 1637, le maréchal de Châtillon se mettait en devoir d'enlever aux Espagnols des places dans le Luxembourg : « Il avoit, remarquent les *Mémoires* du cardinal, loisir de faire tous ces sièges à son aise par la grande diversion (du prince d'Orange et du cardinal de La Valette), que le Roi donnoit en même temps aux forces de

---

(1) *Mémoires du Cardinal de Richelieu*, éd. Petitot, t. IX, p. 382.
(2) *Ibidem*, p. 386.
(3) Avenel, *Lettres du Cardinal de Richelieu*, t. V, p. 1040.

Flandre et de Piccolomini, qui étoient les seules qui se pouvoient opposer aux siennes (1). » Richelieu, plein d'ardeur, écrivait au maréchal le 3 août : « Aussitôt que j'ai reçu votre lettre, par laquelle vous témoignez pouvoir faire quelque chose de considérable dans le Luxembourg et même d'y prendre Damvillers ou Montmédy, pourvu qu'on vous envoyât trois cents chevaux d'artillerie, le Roi a trouvé bon que l'on fît partir aussitôt ce nombre de chevaux, qu'il avoit fait lever pour aller en personne à l'armée, et Sa Majesté s'en prive pour vous donner plus de moyen d'accomplir ce que vous proposez. » Nulle dépense ne paraissait trop lourde au cardinal : « Pour ce qui est des vingt mille écus, disait-il, j'y ferai pourvoir à votre contentement, à condition que vous ferez ce que vous projetez. Ne vous mettez point en peine de votre perte de cinquante mille livres, j'en ai parlé à M. de Bullion et e m'en tirerai au grand contentement de Madame votre femme, qui ne s'endort pas en vos affaires (2). »

Le Roi et son ministre, les yeux fixés sur la carte, ne s'endorment pas non plus : « La pensée du Roi, mande Richelieu au maréchal le 8 août, est que vous pourriez peut-être prendre aussi aisément Thionville que Montmédy et Damvillers et que cette place est de bien plus grande conséquence et donneroit de très grands avantages pour l'année qui vient; il n'y a personne dedans qu'une garnison fort faible, ce qui fait juger que, si M. le Maréchal faisant semblant d'assiéger Montmédy, envoyoit investir Thionville par une partie de sa cavalerie, il pourroit apparemment en avoir bon marché (3). » Mais Châtillon, qu vient de prendre, à cinq lieues de Sedan, la petite place d'Yvoy (aujourd'hui Carignan), préfère assiéger Damvillers, ce qui lui permettra de couvrir la Champagne et le Barrois. « Au lieu que, s'il alloit à Thionville, les ennemis, s'ils étoient bien conseillés, pourroient entrer en France (4). »

Vers le milieu de septembre, Châtillon perd sa conquête d'Yvoy,

---

(1) *Mémoires du Cardinal de Richelieu*, éd. Petitot, t. IX, p. 480-481.
(2) Avenel, *Lettres du Cardinal de Richelieu*, t. V, p. 1047.
(3) *Ibidem*, p. 832.
(4) *Mémoires du Cardinal de Richelieu*, éd. Petitot, t. IX, p. 477.

que les ennemis surprennent par escalade, « trouvant toute la garnison endormie (1) ». C'est seulement à la fin d'octobre que le maréchal s'empare de Damvillers. Il reçoit, le 31, les félicitations de Richelieu ; mais, par une lettre de Noyers arrivée la veille, il sait que le cardinal n'a pas oublié « l'accident d'Yvoy ». On insiste de Paris pour qu'il soit réparé, mais en vain. Le maréchal ne voulut point revenir sur la résolution qu'il avait prise et dont il avait fait part le 25 octobre au secrétaire d'État : « Les chevaux sont tellement ruinés que, s'il nous restoit encore temps pour faire le siège d'une bicoque, ils n'y pourroient pas fournir en l'état où ils sont. Sa Majesté se contentera donc, s'il lui plaît, du service que je lui ai rendu cette année pour ce qui est des sièges (2). » Les gens n'étaient pas moins las que les bêtes. « Ils ont une si grande impatience de gagner les quartiers d'hiver, assurait Châtillon, qu'il n'est pas croyable (3). » Et le maréchal, qui leur administrait de vertes semonces, n'était pas le moins pressé de tous.

En Franche-Comté.

Cette lassitude des sièges, les troupes du duc de Longueville, prince de Neufchâtel, l'avaient éprouvée en Franche-Comté, dès le milieu du mois d'août 1638. Il y avait alors de nombreuses semaines que leur chef marchait de conquête en conquête, emportant d'assaut la forteresse de Saint-Amour, enlevant l'épée à la main ou contraignant à se rendre les châteaux de Chevreaux, de Courlaon, de Crèvecœur, de Chilly, de l'Étoile, de Savigny, de Château-Chalon (4) ; le 1er juillet le cardinal avait mandé au Roi : « M. de Longueville a pris Lons-le-Saunier, qui a souffert qu'on fît brèche. Le gouverneur qui étoit dedans, se voyant extraordinairement pressé, a mis le feu dans la ville, qui était pleine d'abondance de toutes choses. Plus de deux cents

---

(1) *Mémoires du Cardinal de Richelieu*, éd. Petitot, t. IX, p. 478.
(2) Avenel, *Lettres du Cardinal de Richelieu*, t. V, p. 879-880, notes.
(3) Père Griffet, *Histoire de Louis XIII*, t. III, p. 74.
(4) Avenel, *Lettres du Cardinal de Richelieu*, t. V, p. 799.

habitants ont été brûlés par ce malheureux homme. Il s'est retiré au château et aussitôt a envoyé demander à traiter, ce qui lui a été refusé (1). » Le 13 août, le cardinal, tout en comblant de louanges le vainqueur, l'avait autorisé, si son armée était trop fatiguée, à en user comme il le jugerait à propos. Il l'avait toutefois mis en garde contre les conquêtes vaines : « Il est de la prudence du souverain de Neufchâtel, lui avait-il expliqué, de former si bien son dessein en la Franche-Comté, qu'il ne s'occupe point à prendre des lieux qui n'apportent grand avantage au service du Roi ... C'est à Votre Altesse à choisir les lieux que vous voulez et pouvez garder, et ruiner les autres (2). »

Treize jours plus tard, aidé des troupes du comte de Guébriant qui venait de la Valteline, il s'était emparé, entre Lons-le-Saunier et Châlon-sur-Saône, de la place de Bletterans sur la Seille; mais lorsque le cardinal lui avait commandé de mettre le siège devant Salins, le prince s'était heurté aux représentations de ses lieutenants harassés et il avait dû ramener ses troupes en France dans leurs quartiers d'hiver. Richelieu déplorait alors que le duc de Rohan ne fût pas venu, au lieu du comte de Guébriant, commander en Bourgogne les troupes qu'il avait ramenées de la Valteline (3).

En Valteline.

C'est à la fin de mars 1637 que Richelieu avait appris « l'accident » arrivé en Valteline au duc de Rohan. Le 29, le cardinal mande au Roi : « Les mauvaises nouvelles des Grisons ont été confirmées par un courrier. Les perfides Grisons se sont accordés avec les Impériaux et les Espagnols et la dernière lettre de M. Meliand (ambassadeur du Roi en Suisse) porte qu'on devoit assiéger M. de Rohan dans le fort de France. Si on eût fourni l'argent pour l'accord qu'il falloit à temps, les gens de M. de Rohan (et parmi eux son secrétaire Prioleau) croient que cela ne fût

---

(1) Avenel, *Lettres du Cardinal de Richelieu*, t. V, p. 1049.
(2) Vicomte de Noailles, *Le Maréchal de Guébriant*, p. 75.
(3) *Mémoires du Cardinal de Richelieu*, éd. Petitot, t. IX, p. 455-456.

arrivé. Je m'en vais à Paris pour faire résoudre M. de Bullion pour empêcher qu'il n'en arrive autant en Suisse. Il y a longtemps que je crains de pareils événements pour les places, faute de fonds pour payer leurs garnisons et les fortifier. Je n'oublierai rien de ce que je pourrai pour persuader MM. des Finances de ne mesurer pas toutes les affaires à une même aune. Je reviendrai ce soir, si je puis (1). » Comble de disgrâce, en effet, M. de Bullion, retenu par une indisposition à Paris, ne peut se rendre à Rueil : « Si son indisposition dure, écrit le cardinal au Roi le 30 mars, il me faudra aller de deux jours l'un à Paris. J'y fus hier dîner pour le voir. Nous fîmes en trois ou quatre heures avec lui tout ce qu'on peut faire, à l'heure présente, au malheur de l'affaire de la Valteline. Prioleau part ce matin avec deux cent mille francs pour M. de Rohan et deux cent mille pour les Suisses, lesquels nous avons fait fournir comptant à M. Lumagne (banquier italien). Il n'y a pas moyen de les tirer payables que dans la fin de la semaine qui vient (1). »

Que s'était-il passé ? Les Espagnols, ne parvenant pas à déloger de la Valteline le duc de Rohan, avaient conçu l'idée ingénieuse de soulever contre lui ces mêmes Grisons qui l'avaient appelé à leur secours. Ils leur avaient remontré que, si le duc de Rohan était venu pour leur rendre la Valteline, leur bien, injustement détenue par l'Espagne, il ne l'avait pas remise entre leurs mains. Rohan avait toléré les réclamations des Grisons, ses coreligionnaires. Une convention s'était ébauchée entre les Grisons, les Valtelins, vassaux des Grisons. Elle rendait la Valteline à ses anciens possesseurs. Le Roi, en ayant examiné les articles, ne les avait pas tous approuvés, ce qui avait fort irrité le peuple. D'autre part, les troupes du pays étaient exaspérées du paiement inexact de leur solde. Et quand le duc de Rohan réclamait l'argent nécessaire, on lui reprochait d'avoir gaspillé celui qu'on lui avait envoyé. A la suite d'une expédition qu'il avait poussée en Italie, il était tombé malade et même il avait passé pour mort. Son absence avait permis à un

(1) Avenel, *Lettres du Cardinal de Richelieu*, t. V, p. 763-764.
(2) *Ibidem*, p. 764.

Suisse, qui avait des intelligences avec l'Espagne, le colonel Genatz, de faire négocier à Insprück un traité entre les Grisons et l'Empereur. Complot dont la révolte des troupes grisonnes, lasses d'attendre leur solde, aggravait le danger. Rohan n'avait pas craint de laisser les troupes françaises en Valteline et de venir seul à Coire au milieu des conjurés et des rebelles. En dépit des représentations de l'ambassadeur de France, il avait réparti entre les soldats grisons une somme d'argent arrivée de France, mais il n'avait pu gagner les députés des ligues grisonnes, qui activaient leurs négociations à Insprück. Que pouvait le duc de Rohan, sinon réclamer de l'argent à la Cour? L'argent n'était pas venu. Et une armée espagnole s'avançait sur le lac de Côme. Le duc de Rohan, qui n'avait point d'armée à Coire, s'était réfugié dans un fort bâti non loin de la ville, sur le bord du Rhin, le *Fort de France*, que commandait le marquis de Saint-Simon, frère aîné du favori de Louis XIII, à la tête de deux cents hommes.

Un jour qu'il en revenait par hasard, disent les *Mémoires* du cardinal, il « rencontre sur son chemin un de ses valets de pied qui lui porte avis que les Grisons étoient en armes, qu'ils avoient été en son logis et, ayant déjà passé Coire, s'en venoient droit au fort. Cela l'oblige à tourner bride » et à s'y jeter. Il y « fait venir le régiment de Schmidt, qui étoit en garde au Steig, composé de huit à neuf cents hommes effectifs ». Bientôt les Grisons atteignent Malaus; ils ne sont plus qu'à une demi-heure de marche; ils ont envoyé « saisir le pont du Rhin et menacent d'une armée allemande, qui doit venir à leur assistance avec canon et toutes choses nécessaires du côté du Tyrol (1) ».

Malgré les offres des habitants de quatre villages et d'une vallée voisine, qui eussent volontiers pris les armes contre les mutins, le duc de Rohan avait mandé les députés des Ligues et conclu avec eux, le 26 mars 1637, « un traité par lequel il s'obligeoit de remettre » aux Grisons « la Valteline et les deux comtés de Chiavienne et de Bormio, avec les forts qui y avoient été construits ». Il s'engageait à « en faire sortir les troupes

---

(1) *Mémoires du Cardinal de Richelieu*, éd. Petitot, t. IX, p. 427-428.

françaises, en sorte qu'elles seroient entièrement hors de leur pays dans le 5 de mai, auquel jour il remettroit le *Fort de France* auxdits Grisons ». Il promettait d'exécuter tout cela, « ponctuellement, nonobstant tous ordres contraires qui lui pussent venir de la Cour, et que pendant ce temps il resteroit dans la ville de Coire avec le sieur de Saint-Simon et toute sa cour ».

Dès le lendemain, Rohan avait dépêché M. de Vérigny auprès du baron de Lèques, maréchal de camp, demeuré en Valteline à la tête des troupes françaises. Vérigny avait ordre de commander à Lèques de se conformer aux clauses du traité. Prioleau et ses quatre cent mille livres venaient à peine de quitter Paris, que Vérigny arrivait en Valteline. Stupeur du maréchal de camp : était-il possible de s'imaginer que le duc de Rohan « fût en sa liberté », lorsqu'il avait signé un traité pareil ? M. de Rohan était « trop généreux et trop bon serviteur du Roi pour y avoir apporté son consentement ». Sans nul doute, il avait voulu « amuser les Grisons et avoir loisir de se tirer de leurs mains pour leur faire connoître », avant longtemps, « que Dieu n'autorise jamais les trahisons et les perfidies ».

Lèques se sentait très fort sur son terrain ; il le montra et ne manqua point de communiquer à son interlocuteur des lettres de M. de La Thuilerie, ambassadeur de France à Venise, qui assuraient que la République promettait vivres et secours. M. de Rohan n'avait qu'à revenir en Valteline ; s'il tenait à son honteux traité, qu'il l'exécutât lui-même.

A Coire, le duc de Rohan rejeta toutes ces choses comme frivoles et, en Valteline, M. de Lèques vit arriver, vers le 10 avril, un nouvel envoyé, M. de Saint-Simon, qui était chargé de « l'ôter de son doute ». Saint-Simon exposa l'objet de sa mission : certes « il eût été à désirer que les Grisons eussent requis plus civilement, et en autre forme qu'ils n'avoient fait, leur rétablissement dans la Valteline ; néanmoins, sachant que la volonté de Sa Majesté n'étoit autre que de les remettre en possession de ce qui leur appartenoit, M. de Rohan avoit volontiers condescendu au traité dont il envoyait copie, lequel il le prioit faire exécuter ponctuellement ». Aucun service ne pouvait être plus agréable à Sa Majesté, qui se déchargerait ainsi « d'une dépense immense pour le présent et pour l'avenir et fortifieroit ses autres armées de celle-ci, qui ne lui servoit plus de rien en ce pays, depuis que le passage du Saint-Gothard étoit libre aux Espagnols et aux Allemands ». Si le duc de Rohan n'était point venu lui-même en Valteline pour exécuter le traité, c'était qu' « il avait cru être plus nécessaire à Coire pour pourvoir au passage des troupes de Sa Majesté jusqu'en France... Il étoit libre d'aller où lui plairoit et il n'avoit désiré demeurer à Coire que pour donner ordre aux affaires ».

Quelles honteuses affaires ! songeait M. de Lèques. Il ne refusa point toutefois d'obéir, si le duc de Rohan « faisoit voir par écrit au sieur de Gaillan, major de son régiment, — qu'il lui envoyoit exprès pour ce sujet avec ledit Saint-Simon, — que l'intention du Roi fût conforme à ce qu'il lui commandoit ». Sa résolution était si ferme que l'arrivée de M. de Vérigny, qui lui apportait un nouvel ordre du duc de Rohan, ne put l'ébranler : Rohan lui enjoignait de commencer l'évacuation dès le 15 avril; mais M. de Lèques tenait maintenant « pour suspect tout ce qui venoit de sa part ».

Cependant, le 30 mars, le Roi avait écrit à M. de Rohan que, s'il n'y avait plus moyen de remédier à l'état des affaires, il fallait « traiter en sorte que l'on pût ramener les troupes par la Suisse » : le duc les conduirait lui-même par le chemin ordinaire des étapes qui seraient préparées par l'ordre de M. Meliand, ambassadeur de France. Revenu auprès de M. de Rohan, M. de Gaillan s'en retourne auprès de M. de Lèques. Il apporte la copie de cette lettre, il apporte aussi des nouvelles qui ne sont point rassurantes : « Gallas est près de Lindau; il y a d'autres troupes allemandes dans le Tyrol; il reste bien un moyen de périr honorablement, mais non pas de conserver l'armée et l'alliance avec les Grisons dont, par ce moyen, la maison d'Autriche se rendra maîtresse, ayant occasion d'y entrer à main armée ». Il faut que l'évacuation commence le 19 sans aucune faute, sans quoi M. de Rohan verra « sa liberté et sa vie en compromis », parce qu'il s'est « engagé de foi et de parole ». Les *Mémoires* du cardinal assurent que Rohan se garda bien de montrer à M. de Gaillan deux lettres qu'il avait reçues, l'une du Roi pour lui Rohan, l'autre de M. de Noyers pour M. de Lèques. Il se doutait bien, en effet, « par ce que le Roi lui mandoit, que Sa Majesté convioit M. de Lèques de faire tout ce qu'un homme d'honneur et de sa valeur et expérience pouvoit pour les armes » de son maître.

Lèques obéit donc à Rohan, la mort dans l'âme; mais lorsqu'il eut remis ses forts aux Grisons et qu'il se trouva hors de la Valteline avec une partie de ses troupes, on lui remit une lettre de Noyers : cette lettre, retenue à bon escient, « l'exhortoit à faire toutes les résistances possibles pour maintenir les armes du Roi en ce pays-là et ne souffrir point qu'elles perdissent en un moment la gloire et la réputation qu'elles avoient acquises par tant de combats (1) ».

La conduite du duc de Rohan paraît beaucoup moins blâmable dans la correspondance de Richelieu que dans les *Mémoires,* si l'on en juge par cette lettre que le Roi, stylé par le cardinal, écrivit à M. Meliand le 28 avril 1637 : « La révolte des Grisons nous a extrêmement surpris. Il semble qu'il y ait peu de remède à apporter à un tel désordre. Néanmoins nous avons pensé à tous ceux que nous avons cru le pouvoir pratiquer, pour commencer à vous donner moyen de retenir les Suisses dans le respect qu'ils doivent au Roi. J'ai fait résoudre que l'on vous envoierait deux cent mille livres, que vous distribuerez en la manière que vous jugerez le plus à propos. Nous faisons partir après-demain le sieur Prioleau, qui, outre deux cent trente-huit mille livres déjà payées aux Grisons, porte encore cent mille livres (2). »

Depuis le 7 avril, M. d'Estampes, maître des Requêtes, et le comte de Guébriant, maréchal de camp, dépêchés par le Roi, se trouvaient à Coire. Le duc de Rohan les reçut dans son cabinet et « justifia son procédé ». Les deux envoyés déclarèrent que « Sa Majesté ne désiroit rien tant » que de voir « rétablir les choses » en Valteline, mais que, si l'on ne le pouvait, elle « aimoit mieux sauver ses troupes du naufrage que de les perdre ». Rohan

---

(1) *Mémoires du Cardinal de Richelieu*, éd. Petitot, t. IX, p. 427 et 434.
(2) Avenel, *Lettres du Cardinal de Richelieu*, t. VIII, p. 311-312.

tenta vainement de regagner le colonel Genatz, les conjurés, l'assemblée des Grisons. Avec M. de Lèques, dont les plaintes étaient vives, il eut quelque temps le dessein de pétarder les portes de Coire et de s'emparer de la ville au moyen des troupes arrivées de Valteline. On eût ensuite réoccupé les forts de la même Valteline, où il n'y avait encore personne. Mais Rohan ne tenait nullement à s'engager. Il ne tenait pas non plus à servir en Piémont, où le Roi voulait l'envoyer, parce qu'il y serait avec le duc de Créqui. Il ne tenait pas davantage à servir en Franche-Comté, auprès du duc de Longueville; il faisait représenter à la Cour, par la duchesse de Rohan, qu'il ne s'y considérerait pas comme en sûreté, à cause de Monsieur le Prince, gouverneur de Bourgogne, qui était son ennemi (1).

Le 5 mai 1637, les troupes quittèrent le pays des Grisons. Tandis que M. de Lèques en conduisait une partie en Piémont et que M. de Guébriant emmenait le reste en Franche-Comté, le duc de Rohan gagnait Genève. Il feignit d'y être malade et finit par obtenir du Roi la permission d'aller à Venise. Aux yeux de Richelieu, sa maladie, même si elle n'était pas feinte, ne pouvait excuser sa conduite : « C'était sa conscience qui le jugeoit, disent les *Mémoires* du cardinal. D'alléguer qu'on lui avoit mandé de Paris qu'on le vouloit arrêter, c'étoit un dire, lequel, s'il étoit public, n'étoit pas vrai; s'il étoit secret, il ne l'avoit pu savoir (2). »

Cet ordre, secret alors, ne l'est plus aujourd'hui. Il était ainsi libellé : « *Instruction pour le sieur d'Estampes, que le Roi veut être tenue secrète, pour arrêter M. le Duc de Rohan, faite à Crosne, le 29 juin 1637* ». Le sieur d'Estampes ira en diligence trouver M. de Rohan et servira dans l'armée qu'il commandera. Si ledit duc n'a pas encore rejoint M. de Longueville, il l'attendra sur le chemin qu'il devra prendre. Le sieur d'Estampes le fera arrêter. « En quoi il se conduira avec sa prudence ordinaire et la fidélité qu'on se promet de lui. On estime qu'il est nécessaire d'apporter un grand secret dans la conduite de cette affaire.

---

(1) *Mémoires du Cardinal de Richelieu*, éd. Petitot, t. IX, p. 438-445 et 449.
(2) *Ibidem*, p. 455.

Cela est remis à la discrétion du sieur d'Estampes », qui saura en outre que Sa Majesté a une particulière confiance en MM. de Thianges et de Guébriant, et que Monsieur le Prince exécutera fidèlement les ordres du Roi, « tant par l'affection qu'il a à son service que par la haine qu'il porte audit sieur duc (1) ». Ce qui n'empêche pas le cardinal de dire dans ses *Mémoires* : « Après toutes ces fautes, celle que le duc de Rohan commit de ne vouloir pas aller en Bourgogne y commander les troupes qu'il avoit ramenées de la Valteline ne fut pas d'un petit préjudice au service du Roi... Le duc de Longueville eût eu espérance d'être secouru du duc de Weimar, qui étoit lié d'amitié avec le duc de Rohan, tant par leur secte commune que pour ce qu'ils s'étoient vus devant Constance, lorsque le maréchal de Horn l'assiégea et ledit Weimar faisoit beaucoup d'estime de lui (2). » En un mot, malgré ses hauts mérites militaires, le parent de Soubise n'inspirait pas confiance.

Sur le Rhin.

Le 2 juillet 1637, le Roi écrivait au cardinal : « Je crois que vous aurez su par le sieur de Rothau, qui est au duc de Weimar, la défaite qu'il a faite d'une partie des troupes du duc Charles. Tout commence bien de tous côtés, de quoi il faut bien louer Dieu. Ledit Rothau apporte aussi la prise de Champlitte (3). » — Champlitte à quatre-vingts lieues de Paris, à cinq de Gray. Le duc de Weimar s'apprêtait alors à exécuter le dessein, longuement étudié à Paris, de gagner brusquement le Rhin pour porter la guerre en Allemagne.

A peine résolu, ce dessein, que le Roi appelait un dessein « de grande gloire et réputation (5) », était exécuté. Le 29 août, la *Gazette,* inspirée par le cardinal, imprimait : « Le duc de Weimar

---

(1) Vicomte de Noailles, *Le Maréchal de Guébriant*, p. 60, et *Herzog Bernhard der Grosse von Sachsen-Weimar*, par Bernhard Rose, t. II, p. 396, note 150.

(2) *Mémoires du Cardinal de Richelieu*, éd. Petitot, t. IX, p. 456.

(3) *Le Roi Louis XIII d'après sa correspondance avec le Cardinal de Richelieu*, p. 312.

(4) Vicomte de Noailles, *Bernard de Saxe-Weimar*, p. 223 et 231, note.

a commencé de passer le Rhin le 6 de ce mois (1). » Bientôt le prince écrivait au cardinal de La Valette : « Je me suis vu obligé, pour obéir aux commandements du Roi et me rendre aux abords du Rhin, d'entreprendre dans le Comté et dans l'Alsace, pour les traverser et y trouver la subsistance de mes troupes, quantité de sièges sur les châteaux et places fortes où il y avoit des ennemis, dans une partie desquels j'ai mis garnison de mes gens, particulièrement dans Ensisheim, qui s'est trouvé beaucoup meilleur et plus important que je n'avois cru, que je pris d'assaut y a maintenant un mois. Au même temps, sachant que les ennemis étoient déjà arrivés pour m'empêcher le passage du Rhin, je l'entrepris pourtant à trois lieues au-dessus de Strasbourg, qui me réussit grâce à Dieu... avec des petits bateaux... que je fis porter de Benfeld et quelques autres plus grands que je pris sur le Rhin, comme ils remontoient vers Bâle... » Et Bernard de Saxe-Weimar montrait au cardinal de La Valette les premières troupes passées élevant de si bons retranchements « en vingt-quatre heures, que, les ennemis étant venus à trois diverses fois, l'une entre autres avec toutes leurs forces de cavalerie, infanterie et dragons, ils avoient été repoussés avec perte de huit cents hommes, M. de Manicamp et tous les Français qu'il avoit amenés de ses garnisons y ayant fait des merveilles ». Le cardinal, à qui tant de « merveilles » causaient une joie extraordinaire, ne s'en laissait pas éblouir : « Il reste maintenant, Monsieur, déclarait-il au vainqueur, d'assurer de telle sorte votre passage, que les ennemis ne vous le puissent empêcher et d'employer utilement le temps et les forces que vous avez, afin que votre entrée dans l'Allemagne ne soit pas inutile au bien de la cause commune (2). »

C'est à Rhinau que Bernard de Saxe-Weimar avait traversé le Rhin. En cet endroit, deux îles boisées divisaient le fleuve en plusieurs bras. Le prince enleva les forts de Kappel et de Wittenweier occupés par les Impériaux, et s'y établit solidement, faisant communiquer les deux rives par un pont de bateaux, dont

(1) Avenel, *Lettres du Cardinal de Richelieu*, t. V, p. 846, note.
(2) *Ibidem*, p. 846.

les extrémités furent défendues par des ouvrages. Ce sont ces bateaux qu'il renvoya sur la rive gauche lors d'un combat sanglant, livré sur la rive droite, où ses troupes défirent celles de Jean de Werth; car «le Rhin qu'il falloit boire ou mourir étoit, nous disent les *Mémoires* du cardinal, un bon sergent pour empêcher de reculer ceux qui eussent manqué de courage ». Jean de Werth, à la suite de cet échec, « se tint resserré, attendant les nouveaux renforts qui lui arrivaient tous les jours (1). Le duc de Weimar, pour l'attirer, s'en alla mettre le siège devant la petite ville de Kentzingen et, le 16 septembre 1637, une lettre datée de Paris racontait en ces termes la réussite de la manœuvre : « Jean de Werth, se voyant secouru de soixante-quatre compagnies de Croates d'Isolani, l'est venu attaquer. Il s'est saisi d'une montagne et s'est mis en bataille dans la plaine. Son Altesse a fait de même. Un fossé non guéable étoit entre eux deux; les ennemis l'ont passé sur un pont, au milieu des deux camps. Son Altesse, voyant tous les Croates passés et quatre régiments de cavalerie, les charge de telle sorte, qu'ils sont tous sans résistance renversés dans le fossé, le pont étant trop petit pour leur retraite. Il est demeuré cinq cents morts, sans les prisonniers, et Jean de Werth a été retiré d'un fossé par les siens. La nuit survient lors et Son Altesse, pour tromper les ennemis, passe le ruisseau une lieue au-dessous, les poursuit à la pointe du jour et obtient un grand avantage sur leur arrière-garde. Le lendemain elle défit trois cents cavaliers par un parti des siens, qui les tuèrent tous, parce qu'Isolani ne veut point de quartier (2). »

De si beaux succès apportaient au cardinal un « extrême contentement (3) », mais Richelieu n'ignorait pas que les renforts et l'argent manquaient au vainqueur. Que répondre au prince, qui avait dépêché à Paris M. de Truchsess, son chambellan? Que lui envoyer sinon de bonnes paroles par le chambellan, qui de plus sera porteur d'une belle lettre : « Monsieur, vous saurez particulièrement par le sieur Truchsess, qui s'en retourne trouver Votre

---

(1) *Mémoires du Cardinal de Richelieu*, éd. Petitot, t. IX, p. 466-467
(2) Étienne Gallois, *Lettres inédites de Feuquières*, t. I, p. 191.
(3) Avenel, *Lettres du cardinal de Richelieu*, t. V, p. 1059.

Altesse, le désir extrême qu'a le Roi de vous fortifier et les ordres que Sa Majesté a donnés à cette fin. Je vous supplie de croire qu'en cette occasion et en toute autre où il ira de votre contentement, ce m'en sera un singulier de vous servir (1). » Bernard ne se paie point de cette monnaie. Truchsess à peine parti, arrive M. de Manicamp, gouverneur de Colmar, chargé de dépeindre à la Cour l'exaspération du duc de Weimar. Les discours de Manicamp obtiennent du Roi et du cardinal la promesse de six cent mille livres et de cinq mille cinq cents hommes : c'est Manicamp lui-même qui les conduira. L'ordre est donné ; cependant rien ne part. Weimar, n'ayant plus assez de troupes pour demeurer dans les retranchements, laisse la garde du camp de Wittenweier à quelques troupes françaises, repasse le Rhin et se retire entre Strasbourg et Colmar. Jean de Werth n'a pas plus tôt appris cette retraite qu'il attaque le camp ; mais il se heurte à Bernard, qui, revenu en toute hâte, lui inflige un nouvel échec.

M. de Bretteville, envoyé auprès du cardinal, est plus heureux que M. de Manicamp. Trois mille hommes et cinq mille chevaux se mettent en route. D'autres renforts se préparent ; mais, lorsque les trois mille trois cents hommes, rassemblés à Lunéville par Crusy de Marcillac, évêque de Mende, apprennent qu'ils vont combattre en Allemagne, c'est à grand peine qu'ils se laissent conduire à Saverne, où Bernard les reçoit avec plus de mauvaise humeur que de reconnaissance. Et les deux mille deux cents hommes que le comte de Grancey a l'ordre d'amener de Bourgogne sont réduits à quatorze cents, pour l'unique raison que Grancey n'aime guère Weimar.

Et toujours peu d'argent, peu de vivres. La lettre suivante adressée de Colmar à M. du Fresne, lieutenant du marquis de Feuquières, par M. de Courval, laisse à penser ce que doivent être les souffrances des officiers et des soldats : « Mon cher Monsieur, écrivait Courval avec une belle humeur digne du légendaire Cyrano de Bergerac, un faisan, deux canards et deux perdrix, que le hibou rapporta de la chasse hier au soir, sont les onguents

(1) Vicomte de Noailles, *Bernard de Saxe-Weimar*, p. 237.

dont nous faisons présentement des emplâtres pour mettre sur nos estomacs demain matin, le chagrin, la mélancolie et l'horrible misère que nous souffrons les ayant débiffés, de sorte que, sans le secours de ce médicament, ils ne seroient plus capables d'aucune de leurs fonctions (1). »

Le duc de Weimar déclare à l'évêque de Mende qu'il ne pourra plus supporter longtemps la dépense que nécessite l'entretien du pont de Rhinau (2). Chaque jour l'incline à renoncer à l'expédition qu'il projetait sur la rive droite du Rhin. Chaque jour rend ses doléances plus amères : « il se plaint que le long séjour qu'il lui a fallu faire au bord du fleuve dans l'attente d'un grand secours a ruiné ses troupes et lui a fait perdre la plus grande partie des chevaux de son artillerie et de ses reitres » ; il ne cache pas qu'il « va chercher un lieu plus propre à remettre son armée et pour la remonter (3) ».

La reddition de la forteresse de Hanau, signée le 31 août 1637 par le chevalier Ramsay, qui en était gouverneur, contribuait pour beaucoup au découragement du duc de Weimar. Au milieu d'octobre les Weimariens partirent. Ils « laissoient, constatent les *Mémoires* du cardinal, la garde des forts et du pont au sieur de Manicamp ». Le sieur du Hallier donna au sieur de Manicamp les hommes qui lui furent demandés, « subsistance de pain pour six semaines et vingt mille livres pour continuer les travaux qui étoient commencés (4) ». Cependant le cardinal prescrivait au comte d'Avaux, ambassadeur du Roi en Allemagne, de colorer ainsi aux yeux de nos alliés ce départ peu reluisant : « Le duc de Weimar a été obligé de faire un tour vers la frontière du comté de Bourgogne la plus proche de l'Alsace, en un lieu nommé Franche-Montagne, pour refaire ses troupes et, après quelques jours de rafraîchissement, il doit repasser le Rhin. » Expédition pour laquelle, devait assurer d'Avaux, le Roi faisait envoyer au duc de Weimar par le marquis de Feuquières quatre mille fan-

---

(1) Étienne Gallois, *Lettres inédites des Feuquières*, t. I, p. 194-195.
(2) Vicomte de Noailles, *Bernard de Saxe-Weimar*, p. 239-240, note.
(3) *Mémoires du Cardinal de Richelieu*, éd. Petitot, t. IX, p. 471.
(4) Vicomte de Noailles, *Bernard de Saxe-Weimar*, p. 243, note.

tassins et deux mille chevaux, qui n'étoient en quelque sorte que l'avant-garde d'une nouvelle armée.

Loin de repasser le Rhin, le duc de Weimar perdit le camp de Rhinau, que Jean de Werth attaqua le 1ᵉʳ novembre : le général de l'Empereur avait trois mille cinq cents hommes sur la rive gauche du Rhin, dix-sept cents sur la rive droite et, sur le fleuve lui-même, il en comptait deux cents armés de deux canons qui, dans une demi-douzaine de navires, s'avançaient au fil de l'eau (1). « Manicamp, expliquent les *Mémoires*, était absent en raison de quelque maladie, et ceux qu'il avait amenés ne défendirent pas le pont et les forts avec telle résolution qu'il eût fait (2). »

Le duc de Weimar était alors aux environs de Bâle. Jean de Werth entra dans la seigneurie de Rotelen, « d'où il pouvoit faire passer ses troupes à Rheinfelden, qui n'étoit qu'à trois lieues des premiers quartiers du duc de Weimar ». En même temps le duc Charles de Lorraine « se jetoit dans la Franche-Montagne », dont il occupait les passes. Le prince allemand se trouvait « resserré dans un petit pays où il y avoit peu de subsistances », car les habitants avaient emporté en Suisse, le plus loin possible des frontières, tout ce qu'ils avaient pu, et les cantons catholiques le harcelaient de leurs réclamations, « lui mandoient assez insolemment que, s'il ne se retiroit, ils le feroient retirer (3) ». Rien n'était plus juste que leur mécontentement. Bernard levait des contributions dans l'évêché de Bâle et exploitait sans aucun droit les mines du pays. Bernard se plaignit au Roi, qui répondit, le 6 décembre 1637, en l'avertissant des ordres donnés à Méliand pour arranger les choses avec les Suisses (4).

Les cantons protestants eux-mêmes se plaignaient (5). Où établir des quartiers d'hiver pour des gens de guerre si cruels aux populations? Ni en France ni sur les confins de la France, « l'expérience des deux hivers passés ayant donné une telle haine et

---

(1) Vicomte de Noailles, *Bernard de Saxe-Weimar*, p. 248.
(2) *Mémoires du Cardinal de Richelieu*, éd. Petitot, t. IX, p. 471.
(3) *Ibidem*, p. 472.
(4) Vicomte de Noailles, *Bernard de Saxe-Weimar*, p. 245.
(5) *Ibidem*, p. 246-247.

animosité aux sujets de Sa Majesté contre ses troupes, qu'il n'y avoit pas moyen de les y faire retourner (1) ».

Bernard se disait hors d'état de recommencer la campagne avant d'avoir « remonté » ses soldats; cependant il était bien résolu « à se remettre aux champs » dès que la belle saison serait revenue ; il comptait entreprendre alors « le siège de Rheinfelden ou se saisir de quelque autre passage sur le Rhin, plus commode et de plus facile garde que celui de Rhinau, avec l'espérance d'aller jusque dans les pays patrimoniaux de la maison d'Autriche et pousser les armes du Roi jusque dans le cœur de l'Allemagne (2) ». En attendant, il s'arrangea pour demeurer dans les Franches-Montagnes. Louis XIII écrivit à Richelieu : « Je suis très aise que le duc de Weimar ait pris ses quartiers d'hiver dans le comté de Bourgogne (3). »

En Languedoc.

Cinq mois plus tôt, le 2 juillet 1637, Louis XIII, dans la lettre même où il exprimait au cardinal la joie que lui causait la prise de Champlitte, ajoutait : « Je ne doute nullement que les Espagnols ne veuillent entreprendre quelque chose vers le Languedoc (4). » Le cardinal était dans le même sentiment. Dès le surlendemain, il mandait à M. de Sourdis, alors en Provence : « Nous avons avis certains que les Espagnols préparent une armée de terre pour entrer dans le Languedoc, qui doit être commandée par Cerbellon, qui est déjà passé d'Italie en Espagne, et même qu'ils se veulent servir de leur armée navale. C'est pourquoi il est nécessaire de mettre celle du Roi en état de les bien frotter, comme vous avez bien commencé. Pour cet effet, on envoie deux cent mille livres comptant aux galères, afin que l'on en mette le plus grand nombre qui se pourra en mer avec l'armée navale. Si les chiourmes étoient assez fortes, l'intention du Roi seroit qu'elles y allassent toutes.

(1) *Mémoires du Cardinal de Richelieu*, éd. Petitot, t. IX, p. 474.
(2) *Ibidem*, p. 474.
(3) Comte de Beauchamp, *Louis XIII d'après sa correspondance avec le Cardinal de Richelieu*, p. 332.
(4) *Ibidem*, p. 312.

Ce sera à vous autres, Messieurs, d'avoir de si bons avis que vous jugiez où vous pouvez rencontrer l'armée ennemie (1). »

Cette menace d'une descente en Languedoc, depuis trois ans formulée par les Espagnols, allait donc se réaliser. Le comté de Roussillon appartenant à l'Espagne, la place forte de Leucate, située à neuf lieues au sud de Narbonne, à neuf lieues et demie au nord de Perpignan, ne pouvait manquer d'être assiégée par les Espagnols. Il y avait beau temps, d'ailleurs, que les galères d'Espagne, qui longeaient la côte, avaient accoutumé de la saluer de quelques boulets de leurs pierriers : « Leucate, d'après le *Mercure françois,* est une montagne sur le bord de la mer et à l'extrémité de la France, du côté qu'elle confronte avec la plaine de Roussillon. » Avancée dans la mer, elle semble « une pièce détachée de la France par son étang ; mais la France et l'Espagne la tiennent chacune par un bout » : le sommet de la montagne tient à la France par une langue de terre entre deux étangs ; le bas, entre le midi et le couchant, « communique avec l'Espagne par une plage qui est entre la mer et l'étang de Leucate ».

Vers la fin du mois d'août 1637, M. de Barry, gouverneur de Leucate, attendait l'attaque imminente des Espagnols. La forteresse était constituée par un donjon, grosse tour ronde entourée d'un boulevard antique et munie jadis, par François Ier, de quatre petits bastions. C'est la sentinelle de l'un de ces petits bastions qui, le 29, sur les quatre heures du matin, entendit « quantité de mousquetades et de tambours battant la diane » vers la petite ville espagnole de Salces. M. de Barry, aussitôt averti, descendit à la courtine et il inspecta l'horizon : les fumées des corps de garde des troupes ennemies montaient dans le ciel du côté du Malpas, « qui est le passage par où l'on vient de Roussillon en Languedoc ».

Cinq jours plus tard, ces troupes, commandées par le comte Cerbellon, assiégeaient Leucate ; dix-sept mille travailleurs creusaient des retranchements dans la montagne pour fortifier le camp espagnol et n'étaient pas sans étonner les Fran-

---

(1) Eugène Sue, *Correspondance de Sourdis,* t. I, p. 440.

çais, qui, selon la remarque toujours juste du *Mercure*, « donnent tout à la valeur et au courage, aimant mieux conquérir la terre par force que la remuer avec travail ». Tandis que le duc d'Halluin, gouverneur de Languedoc, organisait les secours, le comte Cerbellon crut devoir « attaquer la fidélité du sieur de Barry avec des pistoles d'Espagne (1) ».

Un commerçant suspect, nommé Rouch, sera l'émissaire. Le gouverneur français, pour se renseigner et tâter le terrain, envoie un tambour vers les retranchements espagnols.

On lui offre à boire à la table de Cerbellon, qui commande le camp ennemi.

Après cette beuverie et quelques pourparlers, Rouch est introduit dans la forteresse. Il offre à M. de Barry, de la part du roi d'Espagne, cinquante mille écus comptant et une pension de six mille pour rendre Leucate. Barry, outré de colère, se contient et le dialogue s'engage entre le gouverneur et le marchand : « — Les Espagnols sont forts. En persévérant dans votre refus, vous aurez affaire à des gens qui ne vous épargneront pas. — Vous pouvez leur dire qu'ils se heurteront à un soldat qui est ambitieux et qui se réjouit d'autant plus de leurs grands efforts, qu'il aura plus de gloire à les vaincre (2). » Rouch a son compte, qui n'est pas celui d'un marchand.

Deux jours plus tard, un autre dialogue, celui des artilleries. Dialogue fort inégal, car les assiégés ont peu de canons, et ce sont des bombes d'un pied de diamètre qui éclatent sur la forteresse.

Cependant de Béziers, le 8 septembre, le duc d'Halluin conjurait Sourdis d'accourir de Provence avec les galères et de débarquer sur la plage de Leucate : « Puisque vous avez pris possession de chasser les ennemis des îles... je vous demande... secours... et vous êtes obligé à me le donner. Que si, avec trois ou quatre mille hommes, vous débarquez du côté de la mer et que nous donnassions au retranchement de l'autre, à mesure

(1) *Mercure françois*, t. XXI, p. 427 et suivantes.
(2) *Ibidem*, p. 433-434.

que vous approcheriez desdits retranchements par le dos, nous donnerions par devant, et ainsi nous les forcerions... Que si vous ne pouviez passer jusqu'à la place à cause de leur cavalerie, en vous fortifiant sur le bord du Graner, nous les tenons enfermés dans leurs retranchements : ils seroient resserrés dans une demi-lieue d'étendue sans aucun moyen de passer leur appétit; à cela il n'est question d'autre chose que de diligence (1). »

Mais comment rendre diligent M. de Pont-Courlay, général des galères? Comment décider le comte d'Harcourt à donner les petits vaisseaux et les brûlots indispensables? L'un demande que l'on mette de l'argent entre les mains de son trésorier; il fait remarquer que « la côte de Languedoc est furieuse : on ne saurait s'en approcher sans danger de périr, jamais les galères de France n'y ont été ». L'autre allègue qu'il doit réserver les vaisseaux pour l'expédition de Final, qui doit secourir le duc de Savoie. A la fin du mois de septembre, Sourdis reçoit cette lettre du cardinal, qui est datée du 18 : « On a envoyé l'ordre à M. le Comte d'Harcourt de vous envoyer tout autant de petits vaisseaux et de brûlots de l'armée navale qu'il en pourra aller dans les côtes du Languedoc et que vous jugerez en avoir besoin, comme aussi à M. de Pont-Courlay les six galères que vous avez demandées, ne doutant point qu'avec cela et les barques et tartanes que vous avez amenées avec vous, vous n'incommodiez extrêmement les Espagnols et dans leurs desseins du Languedoc et dans leurs ports (2). »

Arrivé à Béziers depuis le 10 septembre, Sourdis parcourt la lettre du cardinal qui lui accorde les navires, et finalement se heurte à ce post-scriptum qui les lui refuse : « Je viens de recevoir une lettre de M. le Général des Galères, par laquelle il me mande qu'il n'y a pas un port assuré dans toute la côte de Languedoc pour les galères, ainsi que les pilotes l'ont certifié et signé, et que néanmoins il envoyoit M. de Baillebaud sur les lieux pour en savoir plus particulièrement la

---

(1) Eugène Sue, *Correspondance de Sourdis*, t. I, p. 488-489.
(2) *Ibidem*, p. 503.

vérité de votre présence; et cependant qu'il fera préparer les galères pour s'acheminer en Languedoc, si c'est chose nécessaire et possible (1). »

Sourdis n'est nullement surpris. Le pilote Réal, qui l'accompagnait, lui a déjà déclaré que le port d'Agde ne peut mettre à l'abri de la tempête ni galères, ni vaisseaux, ni tartanes. Sourdis n'ignore pas la raison puissante qui empêche les officiers des galères de quitter Marseille : trafiquant des services de leurs galériens, ces Messieurs ont su transformer leurs galères en métairies. Pour délivrer Leucate, le duc d'Halluin devra se contenter des troupes de terre.

Sous le martellement continu des pièces espagnoles, les ruines des fortifications de Leucate se sont amoncelées. L'assaut final serait ordonné, si le régiment du marquis de Pobar ne prétendait disputer à celui du comte-duc l'honneur d'y monter avant qui que ce fût (2). C'est le mot de Corneille :

> L'occasion leur plaît, mais chacun veut pour soi
> L'honneur du premier coup que j'ai choisi pour moi.

Cependant le duc d'Halluin, à la tête d'une grosse avant-garde, marche sur la montagne. En cet après-dîner du 27 septembre 1637, il n'a point l'intention d'attaquer les assiégeants; il veut seulement, à la faveur de quelques escarmouches, reconnaître leurs retranchements. Du côté de l'étang, qu'il s'imaginait le plus faible, il contemple, non sans stupeur, « la grandeur des fossés », « la hauteur des remparts » dont on a muni deux forts puissants et « palissadés » qui avancent dans l'eau sur un espace de cinquante pas, la quantité d'artillerie qui garnit tant de retranchements, la cavalerie qui s'est mise à l'abri derrière les fortifications et que nulle provocation ne parvient à faire sortir. Le lendemain, une seconde reconnaissance confirma les révélations qu'avait apportées la première. Il pleuvait, la nuit tombait, et le duc d'Halluin, retiré dans son camp, « était en des désespoirs inconcevables des difficultés qui se rencontroient

---

(1) Eugène Sue, *Correspondance de Sourdis*, t. I, p. 504.
2) Charles Vassal-Reig, *La Guerre en Roussillon sous Louis XIII*, p. 55.

à son dessein ». Fallait-il pénétrer en Roussillon, surprendre dans Perpignan le duc de Cardonne et couper de leurs bases les troupes qui assiégeaient Leucate? Dans l'armée du Roi, c'était l'avis de plusieurs bons esprits. D'autres continuaient de songer « aux divers moyens » d'attaquer cette armée espagnole « cachée dans ces grandes fortifications qui faisoient paraître l'affaire presque impossible ». M. d'Argencourt, maréchal de camp, était au nombre de ceux-ci. Il songea que l'on pouvait sans inconvénient attaquer l'ennemi sur la gauche et il communiqua son idée à M. de Varennes, lieutenant général. Tous deux se rendent auprès du duc d'Halluin et « sont reçus comme porteurs de la meilleure nouvelle qui puisse arriver ». « A l'instant, raconte Sourdis, le conseil fut assemblé, l'affaire résolue, le commandement donné, les fascines, échelles, pontons, pics et pelles distribués ; la joie commença à paraître en toute l'armée et l'espérance de pouvoir témoigner, en la plus difficile action qu'on pouvoit entreprendre, l'excès de leur fidélité et de leur courage. La résolution fut prise de faire cinq attaques (1). » Cinq attaques sur les cinq bastions qu'étaient devenus les cinq promontoires du plateau de Leucate. Et ces cinq bastions communiquaient entre eux par une tranchée. En arrière, sur le plateau même, une autre tranchée reliait deux forts et constituait une puissante ligne de défense (2).

La nuit est presque complètement tombée. Quatre coups de canon, — c'est le signal, — et les cinq attaques se sont déclenchées. « Il est bien difficile de garder l'ordre en montant, parce que la nature du rocher, qui est en beaucoup d'endroits escarpé, resserre les troupes dans les avenues, dont l'accès est plus aisé », mais où elles sont exposées au feu de six mille mousquets. Les pertes sont heureusement moindres qu'on ne pourrait croire, sans doute à cause du vent du nord, qui rabat sur les mousquetaires le feu et la fumée des mèches. Dix-huit canons ennemis font également rage. Les troupes du Roi n'en continuent pas moins de « monter par la pente de la montagne, avec grand silence,

---

(1) Eugène Sue, *Correspondance de Sourdis*, t. I, p. 508-510.
(2) Charles Vassal-Reig, *La Guerre en Roussillon sous Louis XIII*, p. 56.

sans que l'on entendît autre parole que celles qui encouragent à marcher et à avancer (1) ». Parvenue au pied des retranchements, l'attaque de droite est repoussée. M. de Saint-Aunez, qui la commande, vient d'être « blessé d'un coup de mousquet à la tête », il est percé de huit coups de pique et d'épée ; son lieutenant-colonel et quelques-uns de ses officiers sont tués ; « tous ses corps d'infanterie lâchent pied ». Échec dont nul ne s'étonne, car, depuis la seconde reconnaissance, on a toujours pensé que « cette attaque serviroit plutôt de diversion que de voie pour emporter le retranchement ». La lune s'est levée, elle est particulièrement brillante. On peut distinguer à sa lueur l'échec de l'attaque de droite, mais aussi le succès des quatre autres.

En tête de chacune de celles-ci, le régiment qui doit frayer passage à la cavalerie, dont il est suivi de fort près, a délogé à coups de pique et d'épée les ennemis, les a contraints d'abandonner leurs retranchements, de reculer sur le plateau jusqu'à leur seconde ligne vers les bataillons et les escadrons qui les soutiennent. Par les brèches, notre cavalerie a pénétré sur le plateau. « L'espace de deux heures », les escadrons adverses se heurtent. « Toute la cavalerie ennemie fut défaite par la nôtre, rapporte Sourdis, et la plupart de l'infanterie, à la réserve d'un bataillon du régiment du comte-duc. » Huit ou dix fois enfoncé et rompu, ce bataillon mit à profit l'appui que lui donnoit le canon du grand fort, pour se rallier huit ou dix fois ; mais il trouva toujours devant lui Halluin, qui avait « rallié toute sa cavalerie pour le défaire ». Cinq heures durant, ce bataillon ennemi rendit la victoire indécise. La lune s'était couchée depuis longtemps mais, « à la faveur de son fort », il « renaissoit à toute heure ». Le feu de ses mousquets déchirait tout à coup les ténèbres, et une partie de notre cavalerie reculait. Bientôt sur le terrain, encombré de cadavres d'hommes et de chevaux, il fut presque impossible de se mettre en bataille et les combattants, harassés de part et d'autre, s'arrêtèrent pour reprendre haleine. Tout se tut « en attente du jour ».

---

(1) *Mercure françois*, t. XXI, p. 464-465.

« Durant ce silence, nous explique Sourdis, quelque particulier de l'armée se souvint qu'il y avoit quatre bataillons d'infanterie et deux escadrons de cavalerie, lesquels, n'ayant pu entrer à l'attaque du sieur de Saint-Aunez, étoient inutiles. Il les alla quérir et les amena au champ de bataille. » Le bruit se répandit aussitôt que quatre mille hommes et quatre cents chevaux frais allaient arriver. Courant et grossissant de proche en proche, ce bruit atteignit les Espagnols. Il leur enleva tout courage. Le jour, qui parut enfin, éclaira de sa lumière grise une campagne, à travers laquelle les troupes d'Espagne se retiraient, un « étang tout couvert de gens qui se sauvoient et qui se noyaient » et, dans les diverses batteries, une profusion de canons abandonnés. A la tête de ses escadrons, Halluin marcha droit au camp évacué par la cavalerie du Roi Catholique.

Une semaine plus tard, Richelieu, enthousiasmé, mandait à Chavigny : « Je vous dépêche ce courrier afin qu'à votre arrivée vous puissiez donner à M. le Cardinal de La Valette la nouvelle que nous venons de recevoir du bon succès qu'il a plu à Dieu donner aux armes du Roi en Languedoc, ce qui ne donnera pas peu d'envie à celles qu'il commande de faire quelque chose de considérable. Je ne parle pas pour lui, parce que je sais que sa juste ambition ne peut être plus grande qu'elle est, et j'en réponds comme de moi, qui me mets souvent au nombre des braves, quoique non si furieux que le bon Père Joseph ci-présent. Leucate est secourue après trente et un jours de siège.

Celui qui étoit dedans a fait des merveilles pour se défendre. Les retranchements des ennemis ont été forcés, quatre mille sont demeurés morts sur la place, cinq cents prisonniers, force chefs tués, quarante-cinq pièces de canon prises, quatre mortiers, toutes les munitions et tout le bagage, jusques au lit, à la casaque, au bâton et aux mules de Cerbellon, leur général ; douze drapeaux demeurés et quatre ou cinq cornettes. Enfin la bataille est absolument gagnée, et, de tous les ennemis, il ne s'en est pas retourné mille en Espagne, beaucoup s'étant noyés. M. d'Halluin a fait merveilles et est blessé (1). »

Le duc d'Halluin, au dire même de Sourdis, avait été, à cette bataille, « soldat, capitaine et général ». Le 22 octobre 1637, Louis XIII était à la veille de lui donner la récompense de sa valeur : « Vous savez, écrivait-il à Richelieu, ce que je vous ai déjà dit sur le sujet de M. d'Halluin, estimant qu'il étoit à propos de faire connoître par effet à tout le monde le gré que je lui sais de s'être conduit avec la chaleur qu'il a fait pour chasser les Espagnols du Languedoc. Je vous prie de me mander encore si vous ne trouvez rien à redire à ma pensée et, en ce cas, faire tenir toutes les expéditions prêtes par M. de Noyers, afin que je puisse envoyer un des miens les lui porter. » Et la joie de Louis XIII éclatait dans la dernière phrase de la lettre : « Je me porte bien aujourd'hui et vous puis assurer que je suis plus content de vous que je ne fus jamais (2). » Cette joie n'éclatait pas moins dans la lettre que le Roi écrivit de sa propre main au vainqueur de Leucate après lui avoir expédié ses provisions de maréchal de France : « Vous avez su vous servir si à propos de votre épée, que je vous envoie un bâton, tant pour marque du contentement que j'en ai, qu'afin qu'une autre fois vous ayez à choisir les armes dont vous voudrez vous servir, si mes ennemis se présentent en lieu où vous puissiez de nouveau leur faire connoître ce que vous valez. Je n'accordai jamais grâce de meilleur cœur que je fais celle-ci, pour perpétuer en votre personne le nom du maréchal Schomberg, qui, m'ayant été fort agréable en celle du père, ne me le sera pas moins en celle du fils (3). »

Tandis que Louis XIII invitait le duc d'Halluin à s'appeler désormais le maréchal de Schomberg, un autre maréchal venait d'être rappelé à la Cour. C'était Vitry. Le Roi l'attendait non sans impatience. Le 12 il avait, du château de Villeroy, près de Corbeil, mandé au cardinal : « Livry m'a dit que le maréchal

(1) Avenel, *Lettres du Cardinal de Richelieu*, t. V, p. 865-866.
(2) Comte de Beauchamp, *Le Roi Louis XIII d'après sa correspondance avec le Cardinal de Richelieu*, p. 328.
(3) Père Griffet, *Histoire du Règne de Louis XIII*, t. III, p. 87.

de Vitry étoit passé à Lyon et qu'on disoit qu'il venoit en poste. Si de hasard il vient avant que je sois à Versailles (qui sera le 15 au soir ou le 16 au matin), je vous prie me mander si j'exécuterai ce que nous avons résolu, ou bien si j'attendrai que je sois à Versailles ou Saint-Germain (1). »

Quinze jours ne s'étaient pas écoulés et le marquis de Gesvres, capitaine des gardes, arrêtait au nom du Roi le maréchal de Vitry et le conduisait à la Bastille. Retour des choses d'ici-bas, celui qui avait dû sa carrière à l'arrestation de Concini était arrêté en vertu de la même volonté royale.

En Guyenne.

Le Roi et le cardinal, qui venaient de voir avec tant d'inquiétude l'entreprise des Espagnols sur Leucate, ne songeaient pas sans ennui aux postes que les Espagnols occupaient depuis l'année précédente sur les frontières de Guyenne, le pays de Labourd, Saint-Jean-de-Luz et, en face de cette ville, le petit village de Socoa, défendu par un fort. Cet ennui s'était changé en une véritable inquiétude, lorsque, vers le début du mois de mai 1637, ils avaient appris qu'une horde de factieux s'était levée en Guyenne sous le nom de Croquants. Huit mille de ceux-ci formaient une armée disciplinée que commandait un gentilhomme de la province, M. de La Mothe-La Forêt. Ils s'étaient emparés de Bergerac et s'y étaient retranchés au faubourg de la Madeleine. Le cardinal désirait d'autant plus recevoir la nouvelle d'une victoire remportée par le duc de La Valette, fils du duc d'Épernon, que de mauvais bruits, nés à Sedan, repaire du dangereux duc de Bouillon, commençaient à circuler à la Cour : « J'ai empêché jusques à présent, écrivait Richelieu à La Valette, le 30 mai 1637, que ces mauvais bruits ne soient allés jusques aux oreilles du Roi et je ne désire rien tant qu'ainsi qu'il est arrivé de bons événements en Provence, il en puisse arriver en Guyenne, afin que je les fasse

---

(1) Comte de Beauchamp, *Le Roi Louis XIII d'après sa correspondance avec le Cardinal de Richelieu*, p. 325-326.

valoir. Je vous conjure donc de faire quelque chose d'extraordinaire et vous assure que vos intérêts me seront plus chers qu'à vous-même (1). » Le 13 juin, Richelieu put écrire à Louis XIII : « La défaite des Croquants (battus à La Sauvetat d'Eymet entre Marmande et Bergerac par le duc de La Valette et le comte de Maillé) est bien certaine. M. de La Valette a dépêché un courrier pour en apporter la confirmation. Il est demeuré quatorze cents hommes sur la place, outre quantité qui se sont retirés en leurs maisons. Le dit sieur de La Valette mande qu'il s'en va droit à Bergerac, où le reste de cette canaille s'est retiré en nombre de cinq ou six mille, avec du canon, et qu'il espère de les avoir bientôt réduits à la raison (2). » Il y avait alors huit jours que La Valette s'était avancé, à la tête de trois mille hommes et de quatre cents chevaux, vers la Madeleine, ce faubourg de Bergerac solidement occupé par les rebelles.

Richelieu apprit bientôt que les rebelles terrifiés avaient proposé au marquis de Duras, lieutenant du duc de La Valette, une entrevue avec leur général. Si on leur accordait une « entière abolition du passé », ils déposeraient les armes. La Mothe-La Forêt était sorti du faubourg et s'était avancé à deux cents pas de ses retranchements pour conférer avec le marquis. Il lui avait déclaré que les communes du Périgord l'avaient choisi pour chef en le menaçant de le brûler dans sa maison avec sa femme et ses enfants, s'il essayait de se dérober à leur choix (3). Allégation qui doit être exacte, car les Vendéens ne procédèrent pas très différemment en 1793. La Mothe-La Forêt s'était excusé de sa révolte en assurant le marquis de Duras qu'il n'avait autorisé aucun excès et qu'il était prêt à mettre bas les armes, « quand il plairoit à Sa Majesté ». Sans doute avait-il rappelé tout ce que les communes du Périgord avaient eu à souffrir des soldats royaux, — en dépit des sages règlements du Roi sur le « logis des gens de guerre » : — le feu dans leurs hameaux, le rapt de leurs filles, « le violement de leurs femmes à la

---

(1) Avenel, *Lettres du Cardinal de Richelieu*, t. V, p. 780.
(2) *Ibidem*, p. 786.
(3) Père Griffet, *Histoire du Règne de Louis XIII*, t. III, p. 78-79.

vue des pauvres maris garrottés et mis à la torture, la perte de tout ce que ces harpies enlevoient de même que si cette province eût été à conquérir ». Le marquis de Duras avait exigé avant toute chose le désarmement des Croquants et parlé de la bonté du Roi en laquelle il fallait espérer. La Mothe-La Forêt avait répondu qu'il ne lui fallait qu'une demi-heure pour convaincre ses troupes. Mais lorsqu'il était revenu à la Madeleine, un médecin du nom de Magot avait essayé d'ameuter les troupes contre leur général, qui, disait-il, ne parlait de soumission que parce qu'il était vendu au duc de La Valette. Avec cinq mille d'entre eux, Magot s'était aussitôt retranché dans la citadelle de Bergerac. Suivi d'un millier de ses fidèles, La Mothe-La Forêt l'y avait forcé et blessé de trois coups de pistolet. Ses hallebardiers l'avaient achevé. Le 7 juin, le duc de La Valette était entré dans la ville, que tous les Croquants avaient quittée la veille pour rentrer dans leurs foyers et, le 8, il avait marché sur Périgueux, qu'il avait bientôt pacifié.

C'était le marquis de Duras qui, sur l'ordre du duc de La Valette, avait porté ces bonnes nouvelles au Roi, tandis que le cardinal recevait d'un maréchal de camp de l'armée de Guyenne une lettre dont il s'empressa de soumettre le contenu à son maître : « Espenan, mandait Richelieu à Louis XIII le 18 juin, propose d'accorder une abolition aux Croquants, — en en faisant au préalable pendre une douzaine des plus coupables et séditieux qui sont pris, — à condition qu'ils fourniront quatre mille hommes de pied effectifs, pour deux mois, avec lesquels Espenan écrit que, les troupes du Roi étant renforcées, on pourroit chasser les Espagnols de Saint-Jean-de-Luz et de Socoa. On estime cette proposition fort bonne, s'ils la peuvent faire réussir (1). » Louis XIII répondit le jour même au cardinal : « Je trouve très à propos la proposition d'Espenan pour les Croquants, pourvu qu'ils la puissent exécuter et que ce ne soit point un prétexte à ces marauds de se rassembler pour faire pis qu'ils n'ont fait par le passé (2). » Le Roi et son ministre, heureux de

(1) Avenel, *Lettres du Cardinal de Richelieu*, t. V, p. 788.
(2) Affaires étrangères, *Lettres de Louis XIII à Richelieu*.

voir que la rébellion était apaisée et que les Croquants n'avaent point d'intelligence avec l'Espagne, renvoyèrent le marquis de Duras avec l'abolition qu'il avait demandée pour les coupables : « Il vous dira, si particulièrement, écrivit Richelieu à La Valette le 22 juin, la satisfaction de Sa Majesté de votre conduite en cette occasion, le gré qu'elle lui sait de la façon avec laquelle vous y avez agi et l'honneur qu'elle lui a départi, l'ayant fait maréchal de camp dans ses armées, qu'il seroit superflu d'y ajouter aucune chose; aussi me contenterai-je de vous dire que le voyage de M. de Beaupuis n'a pas été moins agréable à Sa Majesté que celui du dit sieur de Duras, en ce qu'il l'a confirmée en la croyance qu'elle a toujours eue de la sincérité de votre affection pour sa personne. Pour moi qui prends part à tout ce qui vous touche, j'en ai grande joie, voyant que c'est le seul et vrai moyen de démentir tous les beaux desseins que vous savez qui se font à Sedan. Je veux croire que vous serez aussi heureux contre les Espagnols que vous l'avez été contre les malheureux révoltés. Je ne doute pas que vous ne fassiez l'impossible à cet effet (1). »

Le soir du même jour, le cardinal vit arriver à Rueil un courrier qui lui annonça que MM. de Menillet, Vrolik et de La Ralde « avoient heureusement exécuté le dessein pour lequel le Roi les avait envoyés » en pays basque : à trois lieues par delà Saint-Sébastien, ils s'étaient saisis du port et de la forteresse de Guetaria : « Ils y ont douze cents hommes, écrivit aussitôt Richelieu à Louis XIII, avec outils et pionniers pour s'y fortifier. Ils espèrent grandement incommoder les Espagnols, tant par les courses qu'ils feront dans le pays qu'en empêchant qu'ils apportent par mer des vivres aux forts qu'ils ont en France. Je dépêche un des miens à M. de La Valette, pour lui faire connoître que la prise de ce poste lui donne beau lieu de presser les ennemis. Je l'en conjure autant qu'il m'est possible, l'assurant que je ferai valoir ses services auprès de Votre Majesté, si, ensuite de la défaite des Croquants, il peut chasser les Espagnols. Le courrier, qui vient d'Irun, a passé dans les

---

(1) Avenel, *Lettres du Cardinal de Richelieu*, t. V, p. 792-793.

forts des Espagnols, où il a reconnu tant de misère, qu'il ne doute pas que trois mille hommes ne les en chassent aisément. Je sais que telles gens se représentent quelquefois les choses faciles qui sont très difficiles à digérer, mais toujours est-il que la misère est très grande (1). »

Non content de presser lui-même le duc de La Valette, Richelieu le faisait presser par le cardinal de La Valette, que pressaient de leur côté Chavigny et le Père Joseph : « Je me réjouis avec vous de la défaite des Croquants, mandait Chavigny le 17 juin, M. le Duc de La Valette en ayant remporté tout l'honneur. S'il se veut tant soit peu aider, il est tout à fait remis avec Mgr le Cardinal. Au nom de Dieu, mandez-lui qu'il se conduise bien. Ce que je vous dis, je le sais de science certaine ». *L'Éminence grise* n'était pas moins affirmative : « Mgr le Duc de La Valette a très bien fait en l'affaire des Croquants. Son Éminence en est fort contente. Il sera bon que Votre Éminence le témoigne à mondit seigneur, ce qui ne peut produire qu'un bon effet (2). »

Par malheur, le duc de La Valette, qui avait trempé l'année précédente dans le complot d'Amiens, était loin de montrer, à l'égard du cardinal, la souplesse de son frère.

A la fin du mois de septembre 1637, Richelieu le conjurait encore de chasser les cinq mille Espagnols qui jouissoient d'un grand repos dans son gouvernement : « Si j'avois assez de santé, ajoutait-il, je m'offrirois à aller vous servir de chasse-avant, pour contribuer quelque chose au service du Roi et à votre contentement tout ensemble (3). » Le duc de La Valette répondit qu'il n'avait pas assez de troupes. Le cardinal écrivit alors au duc d'Épernon, gouverneur de Guyenne, qu'ils étaient autorisés, lui et son fils le duc de La Valette, à lever sur la province toutes les impositions qui seraient nécessaires : « A Dieu ne plaise, Sire, osa déclarer au Roi le gouverneur, que je fasse jamais aucune levée de deniers sur les sujets de Votre Majesté. Je la

---

(1) Avenel, *Lettres du Cardinal de Richelieu*, t. V, p. 794.
(2) Aubery, *Histoire du Cardinal duc de Richelieu*, t. III, p. 400-401 et 405.
(3) Avenel, *Lettres du Cardinal de Richelieu*, t. V, p. 861.

supplie très humblement de m'en dispenser et de trouver bon qu'ayant eu jusques à présent les mains nettes, je conserve ma réputation et que je ne l'expose point aux clameurs de vos pauvres sujets, dont les nécessités ne me sont que trop connues (1). »

Le Roi et le cardinal jugèrent que le duc d'Épernon, afin d'accroître sa puissance en Guyenne, voulait s'y rendre populaire à leurs dépens. Ils chargèrent le prince de Condé de prendre le commandement de ses armées dans ce gouvernement. Le cardinal, toutefois, ne désespérait pas de ramener le duc de La Valette dans la bonne voie. Il écrivit, le 10 octobre 1637, à M. d'Espenan : « Sa Majesté ayant envoyé quérir Monsieur le Prince pour l'envoyer en Guyenne, l'intérêt que je prends à ceux de M. de La Valette fait que je serois très aise qu'il pût faire en sorte que Monsieur le Prince trouvât la plus grande partie de la besogne faite. Nous apprenons de tous côtés, et c'est chose véritable, que les ennemis y sont extrêmement faibles. Cette considération et l'exemple du Languedoc lui doit donner lieu de faire l'impossible (2). »

Le cardinal de La Valette apprit, au bout de trois semaines, que le duc son frère n'avait pas fait l'impossible et qu'il avait peu de part à la retraite des Espagnols, qui était la bonne nouvelle du jour : « Cette bonne nouvelle, lui écrivit M. de Noyers le 31 octobre, mérite bien ce courrier exprès. Hier soir, M. de Hautmont l'apporta à Sa Majesté de la part de M. le Duc de La Valette, qui mande que, soit que la maladie, qui leur a tué huit mille hommes dans leurs forts, les y ait conviés, soit qu'ils aient désespéré de pouvoir soutenir davantage une si longue et si inutile dépense dans ces retranchements, ou que le bruit du commandement que le Roi avoit donné à mondit sieur le Duc de La Valette de rassembler ses troupes leur ait fait peur, les obligeant à prévenir cet effort, enfin, le 25 à neuf heures du matin, ils mirent le feu à leurs huttes et se retirèrent en Espagne, ne laissant autre marque de leur séjour durant une

(1) Levassor, *Histoire de Louis XIII*, t. V, p. 334-336.
(2) Avenel, *Lettres du Cardinal de Richelieu*, t. V, p. 873.

année entière et révolue jour pour jour depuis leur entrée, que des restes d'une effroyable dépense. Ainsi voilà désormais la Guyenne paisible grâces à Dieu, et les armées du Roi, qu'il falloit de nécessité y tenir, en liberté d'être utilement employées ailleurs (1). »

Ce qui importait au cardinal de La Valette, c'était de savoir si le ministre pardonnait l'obstination du duc à ne point se rendre à ses désirs : M. de Noyers se contenta de lui écrire : « Je me serois réjoui avec vous, Monseigneur, de la retraite des Espagnols de la Guyenne, si M. le Duc de La Valette y eût eu autant de part que je l'eusse souhaité : néanmoins cela a rompu le voyage de Monsieur le Prince, qui part demain à la pointe du jour, pour s'en retourner en Bourgogne. J'ai vu en ma présence *Nix* (le Roi), nonobstant cet heureux succès, vouloir toujours agir contre le parent de 22 (le duc d'Épernon), et Nestor (Richelieu) le détourner, me jurant que c'étoit la seule considération de 21 (le cardinal de La Valette), qu'il aimoit tendrement, qui l'empêchoit de prendre l'occasion de châtier des personnes qu'il n'avoit pas sujet d'aimer (2). »

Un gentilhomme du duc de La Valette vint au château de Grosbois le 6 novembre 1637 : « Je lui ai dit, manda Louis XIII à Richelieu, qu'il dit à son maître que j'étois bien fâché que les Espagnols se fussent retirés sans avoir sur les doigts ; que M. d'Halluin, lequel n'y avoit pas tant apporté de façon, les avoit bien chassés de leurs retranchements et y avoit acquis un grand honneur ; que, si M. de La Valette eût voulu, il eût bien fait de même. Il m'a fait des réponses fort faibles et s'en est allé là-dessus (3). » Le cardinal, dans les *Mémoires*, partage le sentiment de son maître ; il écrit : « Le duc de La Valette manda au Roi qu'il étoit sur le point d'aller attaquer les ennemis de force, quand ils se retirèrent ; mais ce lui fut un grand désavantage que leur fuite précipitée lui eût ravi la gloire de les y avoir forcés (4). »

(1) Aubery, *Histoire du Cardinal Duc de Richelieu*, t. III, p. 522-523.
(2) *Ibidem*, p. 526.
(3) Comte de Beauchamp, *Louis XIII d'après sa correspondance avec le Cardinal de Richelieu*, p. 330.
(4) *Mémoires du Cardinal de Richelieu*, t. X, p. 188.

Le vœu de Louis XIII.

Dans sa lettre du 6 novembre, Louis XIII, annonçant à Richelieu quelques menus succès, avait commencé par cette phrase joyeuse : « Il m'arrive toujours de bonnes nouvelles à Grosbois(1). » Ce qu'il pouvait admirer en cette fin de l'automne 1637, c'était le rétablissement des affaires

> Et Dieu trouvé fidèle en toutes ses promesses.

Ni le cardinal, d'ailleurs, ni le Roi ne cessaient de reconnaître les bienfaits du Ciel. Une année auparavant, presque jour pour jour, apprenant, après la prise de Corbie, la levée du siège de Saint-Jean-de-Losne, Richelieu s'était souvenu qu'une religieuse Calvairienne avait, à la suite d'une révélation du Christ, prédit ces deux événements si ardemment désirés (2). Le Père Joseph avait dressé procès-verbal de cette révélation. Ce n'est point la seule que transcrivit l'Éminence grise. Il en est une autre que Louis XIII n'oubliait point ; il la tenait d'Anne de Goulaine, en religion Mère Anne de Jésus Crucifié : « Je fais des grâces, avait dit Notre-Seigneur, et après on ne s'en souvient plus quand j'ai garanti des périls. Quand cela est, je change mes grâces en punitions et je châtie les ingrats... Il faut que ton Roi ne soit de ce nombre... Je veux aussi qu'il fasse honorer ma Mère en son Royaume en la manière que je lui ferai connaître. Je rendrai son Royaume, par l'intercession de ma Mère, la plus heureuse patrie qui soit sous le ciel (3). »

Le 24 novembre 1636, le Roi avait écrit au cardinal : « Depuis la prise de Corbie, je me suis mis dans la dévotion beaucoup plus que devant, pour remercier Dieu des grâces que j'en reçus en cette occasion (4). »

---

(1) Comte de Beauchamp, *Louis XIII d'après sa correspondance avec le Cardinal de Richelieu*, p. 329.
(2) Voir ci-dessus, p. 171.
(3) Gustave Fagniez, *Le Père Joseph et Richelieu*, t. II, p. 245-246.
(4) Comte de Beauchamp, *Le Roi Louis XIII d'après sa correspondance avec le Cardinal de Richelieu*, p. 282.

C'est, n'en doutons pas, sous l'influence de Richelieu et du Père Joseph que le Roi fit rédiger, vers la fin du mois de décembre 1637, la *Déclaration pour la protection de la Vierge*. Elle commence avec la majesté d'une oraison funèbre de Bossuet : « Dieu, qui élève les rois au trône de leur grandeur, non content de nous avoir donné l'esprit qu'il départ à tous les princes de la terre pour la conduite de leurs peuples, a voulu prendre un soin si spécia et de notre personne et de notre État, que nous ne pouvons considérer le bonheur du cours de notre règne sans y voir autant d'effets merveilleux de sa bonté que d'accidents qui nous pouvoient perdre. Lorsque nous sommes entrés au gouvernement de cette Couronne, la faiblesse de notre âge donna sujet à quelques mauvais esprits d'en troubler la tranquillité ; mais cette main divine soutint avec tant de force la justice de notre cause, que l'on vit en même temps la naissance et la fin de ces pernicieux desseins.

En divers autres temps, l'artifice des hommes et la malice du diable ayant fomenté et suscité des divisions non moins dangereuses pour notre Couronne que préjudiciables au repos de notre maison, il lui a plu en détourner le mal avec autant de douceur que de justice. La rébellion de l'hérésie ayant aussi formé un parti dans l'État, qui n'avoit d'autre but que de partager notre autorité, il s'est servi de nous pour en abattre l'orgueil, a permis que nous ayons relevé ses saints autels en tous les lieux où la violence de cet injuste parti en avoit ôté les marques. Si nous avons entrepris la protection de nos alliés, il a donné des succès si heureux à nos armes, qu'à la vue de toute l'Europe, contre l'espérance de tout le monde, nous les avons rétablis en la possession de leurs États, dont ils avoient été dépouillés.

Si les plus grandes forces des ennemis de cette Couronne se sont ralliées pour conspirer sa ruine, il a confondu leurs ambitieux desseins pour faire voir à toutes les nations que, comme sa Providence a fondé cet État, sa bonté le conserve et sa puissance le défend.

...Nous déclarons que, prenant la très sainte et très glorieuse

Vierge pour protectrice spéciale de notre Royaume, nous lui consacrons particulièrement notre personne, notre État, notre Couronne et nos sujets, la suppliant de vouloir nous inspirer une si sainte conduite, et défendre avec tant de soin ce Royaume contre l'effort de nos ennemis, que, soit qu'il souffre le fléau de la guerre ou jouisse des douceurs de la paix, — que nous demandons à Dieu de tout notre cœur, — il ne sorte point des voies de la grâce, qui conduisent à celles de la gloire. » Louis XIII, en outre, promettait de « faire construire de nouveau le grand autel de l'église cathédrale de Paris avec une image de la Vierge qui tiendroit entre les bras celle de son précieux Fils descendu de la croix ». Il entendait « y être représenté aux pieds et du Fils et de la Mère, comme leur offrant sa Couronne et son sceptre (1) ». Il enjoignait ensuite à l'archevêque de Paris de « faire faire » tous les ans, le jour de l'Assomption, une commémoration de son vœu à la grand-messe qui se diroit en l'église cathédrale », et une procession dans « la dite église après les vêpres ». Cérémonies qui devaient être célébrées dans tout le diocèse de Paris et que tous les archevêques et évêques devaient célébrer à leur tour dans leurs diocèses respectifs : « Nous exhortons, ajoutait Louis XIII, lesdits archevêques et évêques d'admonester tous nos peuples d'avoir une dévotion particulière à la Vierge, d'implorer en ce jour sa protection, afin que, sous une si puissante patronne, notre Royaume soit à couvert des entreprises de ses ennemis, qu'il jouisse longuement d'une bonne paix, que Dieu y soit servi et révéré si saintement, que nous et nos sujets puissions arriver heureusement à la dernière fin pour laquelle nous avons tous été créés (2). »

Louis XIII ne se contentait pas de rendre grâces au Ciel, il récompensait les chefs qui avaient été les instruments de la

---

(1) Louis XIII n'eut pas le temps de faire construire l'autel, mais Philippe de Champaigne, des 1638, peignit le tableau. Ce n'est que plus tard que l'autel fut érigé. Un groupe de Coustou, représentant la Vierge au pied de la Croix avec le Corps du Christ sur les genoux, remplaça le tableau qui décorait la première chapelle latérale du chœur. Quant à Louis XIII, une statue le représenta à la droite de l'autel, offrant sa Couronne à la Vierge. Voir la note d'Avenel, *Lettres du Cardinal de Richelieu*, t. V, p. 908-910.

(2) Avenel, *Lettres du Cardinal de Richelieu*, t. V, p. 909.

Providence. Quelques mois plus tôt, il avait, aux applaudissements de toute la France, érigé le marquisat de La Force et quelques seigneuries voisines en duché-pairie en faveur du vieux maréchal qu'aimaient les Parisiens.

A présent, il songeait à donner un éclatant témoignage de satisfaction au ministre qu'il considérait comme le plus grand serviteur que la France eût jamais eu. Le 1er janvier 1638, il érigea en duché-pairie les terres d'Aiguillon en faveur de Marie de Vignerod, marquise de Combalet, et de « ses successeurs héritiers, tant mâles que femelles, tels que « la nièce du cardinal les voudroit choisir ». Faveur que rehaussait encore le début des lettres patentes : « Les grands et signalés services que nous a rendus, à nous et à cette Couronne, notre cher et bien-aimé Cousin le Cardinal de Richelieu... »

LIVRE QUATRIÈME
LES CINQ DERNIÈRES ANNÉES

LIVRE QUATRIÈME

LES CINQ DERNIÈRES ANNÉES

CHAPITRE PREMIER

LA CAMPAGNE DANS LE NORD EN 1638. — SUCCÈS ET REVERS.

« L'année d'après, l'hiver étant passé, il fallut pourvoir aux affaires de la guerre. On en revint au maréchal de La Force. Sa Majesté lui fit entendre qu'il l'avoit toujours bien servie, et en avait tant de satisfaction qu'elle vouloit qu'il continuât, sachant qu'il étoit aimé parmi les gens de guerre et l'estime qu'ils faisaient de lui, que les affaires se préparoient de tous côtés à faire de grands efforts cette année, qu'il se tînt prêt (1). » C'est ainsi que le maréchal de La Force, en ses *Mémoires,* ouvre l'année 1638. De sa maison de Rueil, le cardinal suivait les progrès des sept armées que le Roi avait en campagne. En Artois, l'armée du maréchal de Châtillon; sur les frontières de Picardie et de Champagne, celle du maréchal de La Force; dans le Luxembourg, celle du cardinal de La Valette; sur le Rhin, celle du duc de Weimar; en Franche-Comté, celle du duc de Longueville; en Italie, celle du duc de Créqui; sur la frontière d'Espagne, celle du prince de Condé. Sans parler de l'armée navale et des galères.

Traité de Hambourg.

Avant la fin de l'hiver, le cardinal conclut avec Salvius, plénipotentiaire de Suède, un traité qui fut signé à Hambourg, le

---

(1) *Mémoires du Duc de La Force, Maréchal de France,* t. III, p. 197-198.

6 mars. Ce traité se référait à celui qui avait été signé à Weimar en 1636 : la guerre, commencée contre l'empereur Ferdinand II, serait continuée contre le fils de celui-ci, sa maison et ses alliés. Les Français agiraient dans la haute Allemagne, les Suédois en Saxe et en Brandebourg ; les alliés s'efforceraient d'atteindre les États héréditaires de la maison d'Autriche ; catholiques et protestants seraient assurés de pouvoir pratiquer leur religion et de conserver leurs biens. L'alliance durerait trois années. Le Roi verserait à la Suède quatre cent mille thalers (un million de livres tournois) par an, sans compter quatre cent mille thalers versés mmédiatement à titre d'arriéré. Le cas échéant, les plénipotentiaires français négocieraient à Cologne, les Suédois à Lubeck ou à Hambourg. La possession de la Poméranie n'était pas garantie à la Suède par la France ni celle de la Lorraine à la France par la Suède (1). Wrangel s'apprêtait à pénétrer dans le Mecklembourg. Richelieu ne désespérait pas de propager la défection dans l'armée de Gallas (2).

Saint-Omer et Le Catelet.

Quelque six semaines plus tard, le cardinal écrivit au maréchal de La Force : « J'envoie ce gentilhomme, qui est à moi, expressément pour savoir quel est l'état de votre armée... Ce gentilhomme ne va pas pour vous donner du feu, sachant bien que vous en avez assez, mais seulement pour savoir comme vous le voulez employer (3). »

Le rôle assigné au maréchal était de « se jeter dans le pays ennemi entre Cambrai et le Catelet, pour donner jalousie aux ennemis et faire diversion de ce côté-là, afin de favoriser » les sièges qu'entreprendrait le maréchal de Châtillon. La Force était à peine arrivé à une portée de canon du Catelet qu'une lettre du Roi lui commanda de s'acheminer vers Saint-Omer, assiégé par le maréchal de Châtillon, qui voyait avec inquiétude l'ennemi

---

(1) Père Griffet, *Histoire du Règne de Louis XIII*, t. III, p. 139-140.
(2) Avenel, *Lettres du Cardinal de Richelieu*, t. VIII, p. 326.
(3) *Mémoires du Duc de La Force, Maréchal de France*, t. III, p. 444.

marcher au secours de la place. Louis XIII, à Saint-Germain, venait de lire, dans deux lettres d'Espagne interceptées, que le prince Thomas allait hasarder un grand effort pour délivrer Saint-Omer. « Pourvu que M. de La Force arrive à temps, avait-il écrit aussitôt à Richelieu, je ne crains rien (1). »

Malgré toute sa diligence, le maréchal de La Force ne put atteindre les environs de la ville qu'en six jours. Six jours passés à « prendre, chemin faisant, plusieurs églises fortifiées et château qui incommodoient fort les frontières de France (2). » Le 17 juin il n'était plus qu'à une lieue de Saint-Omer. Mais le prince Thomas, qui s'avançait à la tête de quatre mille hommes de pied, deux mille chevaux et quatre pièces de canon, avait déjà réussi à pénétrer dans la place. Le bruit de ce coup de main se répandit sur les frontières du Luxembourg, d'où le maréchal de Brézé, qui était à la tête d'une troisième armée, écrivit à M. de Noyers le 19 juin : « Nous eûmes hier deux avis différents, l'un que le siège de Saint-Omer étoit levé, l'autre qu'il y étoit seulement entré un secours de bon nombre d'hommes. Les Espagnols disoient... que Piccolomini allumeroit de beaux feux à Guise, quoiqu'on ne soit pas en saison d'en avoir beaucoup de besoin, et de là marcheroit en France avec tant de progrès qu'il feroit bientôt sortir nos armées de leurs postes (3). »

Richelieu, fort mécontent, mandait au maréchal de Châtillon le 12 juin : « Je n'eusse jamais cru qu'ayant eu plusieurs jours à reconnoître la place que vous avez assiégée, sans que les ennemis vous aient empêché, vous ayez laissé un canal ouvert, par où le secours est rentré sans combat. J'avoue qu'en sachant cette affaire j'ai eu peine à la croire, ne pouvant m'imaginer que vous

---

(1) Comte de Beauchamp, *Louis XIII d'après sa correspondance avec le Cardinal de Richelieu*, p. 339. — Voir une lettre de Louis XIII, contre-signée de Phélipeaux, adressée à MM. de Salenques, de Verdun et de Caumont, les félicitant du soin qu'ils ont pris d'arrêter les courriers espagnols et leur ordonnant de « continuer à y apporter toute vigilance ». La lettre est datée du 1er juin 1625. (Archives de M. Gabriel Hanotaux, *Règne de Louis XIII*.)

(2) *Mémoires du Duc de La Force, Maréchal de France*, t. III, p. 199-200. Pour le rôle des églises fortifiées sur cette frontière, voir Gabriel Hanotaux, dans *Annales de la Société historique de Vervins*, 1938.

(3) Abbés Ledru et Denis, *La Maison de Maillé*, t. II, p. 497-498.

n'ayez pas prévu tous les lieux par où les ennemis pouvoient plus facilement effectuer tout ce qu'ils pouvoient désirer (1). »

Les deux maréchaux conférèrent dans la vallée de Houle. Châtillon pressa La Force d'assiéger Saint-Omer, mais La Force refusa. Les lettres du Roi, qu'il venait de recevoir étaient formelles : « J'ai toujours désiré, comme je fais à présent, disait celle du 21 juin, que vous demeuriez libre de vous porter partout où il sera besoin pour empêcher les ennemis de secourir Saint-Omer une seconde fois (2). »

La Force se tint en observation à Éperlecques, petit village situé « à une lieue de Saint-Omer, sur le chemin d'Ardres, d'où venoient tous les vivres nécessaires pour la subsistance des armées ». Le prince Thomas occupe solidement le château de Ruminghen. La Force se contente de se retrancher lui aussi, le long d'un ruisseau, près de l'église de Zouafques (3). Grâce à sa vigilance, aucun des convois qu'il fait diriger, deux ou trois fois par semaine, n'est arrêté par l'ennemi.

Cependant le comte Piccolomini a joint son armée à celle du prince Thomas. « Ce grand renfort de cavalerie donne au prince hardiesse de se venir présenter aux retranchements du maréchal de La Force, pensant le braver. » Six mille chevaux très bien armés, commandés par le comte de Nassau et le comte de Colloredo, accourent également. Mais le maréchal ramasse, avec sa cavalerie, son infanterie et son canon et « marche droit à eux ». L'ennemi fut mis en déroute et « ce fut un furieux carnage, il y eut plus de deux mille hommes et chevaux de tués ou prisonniers. Colloredo fut tué. Le comte de Nassau se sauva à pied, mais peu de jours après, il en mourut de déplaisir ». Ce qui ne figure point dans les *Mémoires,* c'est ce petit détail que rapporte le *Mercure françois :* « La principale gloire de ce combat et de la victoire est due à l'ordre et à la bonne conduite du maréchal de La Force, lequel nonobstant son âge de quatre-vingts ans, fut

(1) Père Griffet, *Histoire du Règne de Louis XIII,* t. III, p. 126.
(2) *Mémoires du Duc de La Force, Maréchal de France,* t. III, p. 446.
(3) Aujourd'hui commune du Pas-de-Calais, arrondissement de Saint-Omer (16 kilomètres), canton d'Ardres.

tout le jour armé de toutes pièces, assisté du marquis de Castelnau, son fils, maréchal de camp. » Le cardinal lui-même avait, dès le 19 juillet 1638, écrit, de l'abbaye de Royaumont, au vainqueur de Zouafques : « Espérant avoir le bien de vous voir dans peu de jours et de vous témoigner de vive voix la joie que j'ai de l'avantage que vous remportâtes dernièrement sur les ennemis, au combat que vous eûtes avec eux, et de l'honneur que vous avez acquis en cette occasion, je ne vous dirai maintenant autre chose, sinon que, comme il n'y a personne qui vous estime et affectionne plus que moi, il n'y en a point aussi qui vous souhaite plus de gloire que je fais, vous conjurant de croire que je contribuerai avec un soin extraordinaire tout ce qui dépendra de moi pour vous donner lieu d'en acquérir une nouvelle (1). »

Le Roi s'était avancé jusqu'à Amiens, et Richelieu vint à Abbeville. C'est là qu'ils apprirent la levée du siège de Saint-Omer. Le combat de Zouafques était à peine achevé, que Châtillon avait mandé à La Force de très mauvaises nouvelles du siège : « La nuit auparavant, le prince Thomas avoit forcé un des corps de garde au delà du marais de Saint-Omer, et avoit jeté, par le moyen d'un canal, avec des bateaux, du secours dans la ville. » Rentré à son quartier à six heures du soir, Châtillon en était reparti, avec ses troupes, dès huit heures et, marchant toute la nuit, était arrivé le matin sous les murs de Saint-Omer. Il y avait trouvé les ennemis « maîtres du travail que l'on avoit fait à l'embouchure du canal, d'où il étoit fort difficile de les déloger, à cause que la rivière étoit entre deux et un grand marais. La plus grande part de leur armée y étoit retranchée; il restoit, au delà du marais, sur un haut, un grand fort que le maréchal de Châtillon y avoit fait faire, gardé par mille ou douze cents mousquetaires, qui est tout ce qu'il tenoit au delà dudit marais, où l'on ne pouvoit passer pour la défense d'icelui, à cause que les ennemis s'étoient saisis de la digue et des ponts que l'on avoit faits sur le marais pour aller et venir audit fort, de sorte que les ennemis, se voyant libres, attaquèrent ledit fort avec dix ou douze canons. Les deux

---

(1) *Mémoires du Duc de La Force, Maréchal de France*, t. III, p. 202-206 et 451.

généraux, le prince Thomas et le comte Piccolomini, s'y étoient rendus tous deux avec leurs deux armées, et ayant passage libre pour aller à la ville de Saint-Omer, ils s'y en venoient tous les jours pour faire trophée de leurs avantages. »

Les maréchaux de La Force et de Châtillon avaient vite compris qu'il était impossible de secourir le fort. Il eût fallu pour cela contourner le marais avec les deux armées. L'entreprise était « périlleuse, car il y avait cinq lieues de tour à faire » et le pays était « couvert de bois, traversé de grandes ravines ». Le tour eût nécessité cinq ou six jours « et l'on n'avoit pas de pain pour deux ». Et, pendant l'absence des troupes du Roi, « les ennemis, qui avoient le champ libre par dedans la ville, où ils pouvoient faire passer leurs armées », n'eussent pas manqué d'attaquer le camp : dégarnir ce camp, c'était « laisser en proie toute l'artillerie, les munitions et tout le bagage des armées » ; c'était « les faire périr comme si on avoit perdu une bataille ».

Louis XIII et Richelieu « témoignèrent un grand mécontentement du mauvais succès de ce siège et du désavantage qu'il apportoit aux affaires ». La Force et Châtillon proposèrent alors d'attaquer Hesdin. Louis XIII leur commanda de prendre la ville de Renty. Les maréchaux s'en emparèrent et, le 6 août, M. de Noyers écrivit à La Force : « Je ne vous dirai point la joie que Son Éminence a eu d'apprendre cette bonne nouvelle de la prise de Renty (1). »

Mais ni le Roi ni le ministre ne pouvaient se consoler de l'échec essuyé devant Saint-Omer. Le 5 août 1638, Louis XIII mandait La Force et Châtillon pour « conférer de ce que ses armées pourroient entreprendre pendant cette campagne ». Dès le 11, il leur adressait ce contre-ordre : « Mes Cousins, jugeant votre présence entièrement nécessaire en mon armée que vous commandez, pour la maintenir, je vous dépêche ce courrier exprès pour vous dire, qu'encore que je vous aie fait mander et fait écrire, par le sieur de Noyers, de ma part, que vous eussiez à me venir trouver, maintenant mon intention est que vous ne bougiez de

---

(1) *Mémoires du Duc de La Force, Maréchal de France*, t. III, p. 206-214 et 452-453.

mon armée, si vous y êtes encore, et que, si vous en êtes partis, vous y retourniez incontinent pour soutenir chacun en sa charge et en son devoir, me trouvant obligé à vous donner cet ordre, tant à cause de la licence extrême à laquelle j'apprends tous les jours que les gens de guerre, officiers et soldats, s'abandonnent de plus en plus en quittant leurs troupes, que pour la subsistance et conservation de l'armée (1). » Cette dispersion des gens de guerre, soit par indiscipline, soit par facilité des congés accordés, devenait la grande préoccupation. Une semaine auparavant le Roi s'en était plaint aux deux maréchaux : « Je ne saurois vous exprimer le déplaisir que j'ai d'apprendre tous les jours que ceux qui veulent revenir de mes armées en obtiennent la permission, et encore de ce que vous souffrez que les maréchaux de camp, au préjudice de mes ordonnances, se mêlent de donner des congés, ce qui fait que l'on voit des troupes de huit à dix hommes, tantôt de pied, tantôt de cheval, qui s'en retournent en toute liberté, en sorte que ce sera la ruine entière de mes armées, s'il n'y est remédié (2). » Le 24 août, de retour à Saint-Germain, il mandait à Richelieu : « Je suis bien marri des longueurs de MM. de Châtillon et de La Force. Si vous ne fussiez demeuré, je crois qu'ils auroient dissipé leur armée sans rien faire (3). »

Le cardinal était plus marri encore de la conduite du maréchal de Brézé qui, à la tête d'une troisième armée, devait agir conjointement avec les maréchaux de Châtillon et de La Force. Brézé ne songeait qu'à regagner sa maison de Milly, près de Saumur. Il obtint un congé sous couleur d'aller aux eaux pour sa santé. « Le cardinal, constatent les *Mémoires* de Montglat, fut fort fâché... il cacha au Roi cette mauvaise humeur. Il enrageoit néanmoins de voir l'extravagance de son beau-frère. Mais ce maréchal était pressé du désir de retourner en sa maison de Milly en Anjou, pour y manger des melons, dont la saison se passoit (4) », ou était peut-être irrité d'avoir à commander avec d'autres maré-

---

(1) Archives de la Guerre, vol. 48, p. 227.
(2) *Ibidem*, p. 114.
(3) Affaires étrangères, *Lettres de Louis XIII à Richelieu*.
(4) *Mémoires du Marquis de Montglat*, t. I, p. 203.

chaux, car il « n'étoit pas bête de compagnie ». Le 11 août 1638, M. de Chavigny, chargé de remettre à Brézé la permission du Roi, emportait aussi une semonce du cardinal hautaine et sévère : « Mon Frère, disait Richelieu, une lettre m'apprend votre peu de santé, votre peu de bien et la résolution que vous avez prise. Le premier défaut dépend de votre constitution naturelle et des excès que la passion de la chasse vous a fait faire en votre jeunesse ; le second doit être attribué au mauvais ménage de votre maison ou aux dépenses que vos prédécesseurs ont faites servant les Rois. Pour ce qui est de votre résolution, votre seule humeur en est cause. Comme je ne puis être responsable du premier de vos maux, puisque j'en ai ma part moi-même et qu'il n'y a que Dieu qui donne la santé, vous ne devriez pas, ce me semble, me reprocher le second, vu les grands biens que je vous ai faits ou que vous avez reçus, par mon moyen, de la grâce du Roi, et le mauvais état auquel étoient vos affaires, lorsque vous êtes entré en mon alliance avec les beaux titres dont vous me parlez, mais si peu de bien qu'entre ce dont vous jouissez et ce que vous aviez lors, il y a différence de beaucoup à rien... En quittant ces quartiers, vous aurez voulu quitter mon amitié. Je consens, quoique mal volontiers, à la rupture que vous faites avec moi, et sans me repentir des biens que vous ne reconnoissez pas, — et dont vous jouissez. Bien que je ne veuille plus avoir de commerce avec vos inégalités et vos boutades, je vous assure que je serai toujours, mon Frère, votre très affectionné frère et serviteur (2). » L'époque n'était nullement à la bonne humeur, pas plus parmi les gens de cour que dans la famille royale.

Richelieu dut quitter à son tour son quartier d'Abbeville. Le 18 août, il arrivait à Picquigny et il mandait à Louis XIII : « Je suis parti en intention de dîner au Pontdormy (3), mais sans effet, parce que le feu s'est mis au château, qui en a brûlé une partie, et nous en a chassés et contraints de venir manger un morceau à la poste

---

(1) Père Griffet, *Histoire du Règne de Louis XIII*, t. III, p. 129
(2) Avenel, *Lettres du Cardinal Richelieu*, t. VI, p. 83-85.
(3) Pont-de-Rémy, petit village entre Abbeville et Picquigny.

de Flixecourt (1). L'armée de MM. de La Force et de Châtillon ne partira que jeudi, nous ayant mandé que le rasement de Renty requéroit qu'ils demeurassent jusqu'à ce jour-là (2). » Louis XIII avait déjà regagné Saint-Germain. Dès le 19, il écrivait au cardinal : « J'arrivai ici sur les deux heures après-midi, où je trouvai la Reine en bonne santé et non si prête d'accoucher qu'on nous le mandoit. Je voudrois bien n'être arrivé ici si tôt et être encore en Picardie. Je m'en vas demain à Versailles pour deux ou trois jours. J'ai trouvé le sexe féminin avec aussi peu de sens et aussi impertinent en leurs questions qu'ils ont accoutumé (3). » Et Richelieu de répondre d'une plume sereine le 21 : « Je suis extrêmement fâché du mécontentement que le Roi a reçu en arrivant à Saint-Germain. Ce qui me console est que je suis assuré qu'il n'aura point continué, ne doutant point que le sexe féminin ne soit capable d'avoir fait des réflexions qui l'aient porté au point auquel Sa Majesté le doit désirer par raison (4). »

Ce jour-là Richelieu se trouvait à Amiens. Il écrivait à Bullion et à Bouthillier, les deux surintendants des finances, pour défendre les habitants des villes du nord mis à rançon par le fisc en dépit de leurs souffrances : « Ceux d'Abbeville ont consenti pour leurs fortifications un redoublement de droit sur leurs vins, à la charge qu'ils en seroient fermiers. Cependant devant que leur ferme ait été échue, on les en a privés et a-t-on établi à perpétuité le droit qu'ils n'avoient consenti que pour un temps. Ceux de Saint-Quentin se plaignent avec raison d'un autre doublement de droit sur leurs vins qu'on y a mis, nonobstant les grandes charges qu'ils ont et la somme de cinquante mille livres qu'ils ont fournie pour leurs fortifications, à la charge d'être déchargés du droit qu'on leur impose... Ceux d'Amiens sont en mêmes termes, et j'ai bien peur que toutes les

(1) Six lieues au nord-ouest d'Amiens.
(2) Avenel, *Lettres du Cardinal Richelieu*, t. VI, p. 90-91.
(3) Archives des Affaires étrangères, *Lettres de Louis XIII à Richelieu*.
(4) Avenel, *Lettres du Cardinal de Richelieu*, t. VI, p. 95-96. Les mots *sexe féminin* étant écrits en abrégé : *sexe f.*, M. Avenel se demande s'il ne s'agit pas de Mme de Hautefort ou même de la Reine. C'est à partir de 1638 que la jeune fille, ayant reçu de la Reine la survivance de la charge de dame d'atour qui appartenait à sa grand-mère Mme de La Flotte, fut appelée Mme de Hautefort.

villes de la rivière de Somme se trouveront de même. » Et le ministre en arrivait à cette conclusion : « Il n'y a rien si nécessaire, pour que le Roi puisse avoir les cœurs de ses sujets, que l'observation de sa parole, à laquelle n'oubliant rien de ce qui dépendra de moi, j'userai de plus grande civilité qu'ils ne font pas, en ce que je les avertirai des changements qu'il est nécessaire de faire à leurs résolutions, au lieu que jamais ils ne nous disent mot des traités et partis qu'ils font tous les jours au préjudice des promesses de Sa Majesté (1). »

Cependant M. du Hallier, qui remplaçait le maréchal de Brézé, avait investi Le Catelet, et Richelieu avait prescrit à Châtillon et à La Force de « s'avancer diligemment pour prendre un poste entre cette ville et Cambrai ». Depuis le 11 août 1638, les deux armées s'étaient fondues en une seule. Louis XIII avait écrit aux deux maréchaux : « Ayant reconnu que la plupart des fâcheuses rencontres qui sont arrivés pendant cette campagne, en mes armées, ont été causées parce qu'elles n'ont pas agi avec l'union nécessaire, chacun ayant désiré donner avantage au corps qu'il a commandé, j'ai résolu, pour éviter à l'avenir ces inconvénients, de joindre ensemble les deux armées que vous commandiez séparément pour en former un seul corps que chacun de vous commandera à son tour selon le rang de son ancienneté (2). » Le cardinal constatait dès le 22 août : « Plus on va en avant, plus reconnaît-on qu'il ne faut qu'un chef en une armée et point de conseils publics (3). »

Le 25 août, Richelieu est à Chaulnes et il apprend que M. du Hallier « a ouvert la tranchée ». Il annonce au Roi le 31 : « Le siège du Catelet continue et M. du Hallier estime qu'il aura la place le 8 septembre. L'armée de MM. de La Force et de Châtillon est logée à Crévecœur et à Vaucelles, de façon que M. du Hallier est entièrement couvert et n'a rien à craindre (4). » Mais le 11 septembre, la place n'a pas encore capitulé et, de Saint-

---

(1) Avenel, *Lettres du Cardinal de Richelieu*, t. VI, p. 99-109.
(2) *Archives de la Guerre*, vol. 48, p. 232 bis.
(3) Avenel, *Lettres du Cardinal de Richelieu*, t. VI, p. 102.
(4) *Ibidem*, p. 128.

Germain, le Roi mande au cardinal : « La prise du Catelet me semble bien longue, on voit par là ce que c'est que mettre de bons hommes dans les places (1). » A quoi Richelieu répond le 12 : « Le capitaine espagnol dit ouvertement qu'il juge bien qu'il faut se rendre, mais qu'il est tellement assuré d'être pendu, s'il le fait, que cela le retient (2). » Le 14 septembre enfin, les mines ont joué, la place est emportée d'assaut.

Il y avait alors dix jours que le maréchal de Châtillon, mandé au Louvre par le Roi, s'était arrêté à Saint-Quentin où Son Éminence lui avait donné ce conseil : « Je suis d'avis que vous alliez droit chez vous sans voir Sa Majesté, car elle n'est pas contente de vous ; il faut prendre du loisir pour accommoder vos affaires (3). » Et bientôt une lettre de Louis XIII avait changé en un ordre formel le conseil de Richelieu.

La Force, en dépit de son âge, que le cardinal jugeait « un mal irrémédiable », garda le commandement de l'armée. Il eut ordre de faire vivre ses troupes « dans le pays ennemi, tout le reste de la campagne (4) ». « De pouvoir entreprendre autre chose, expliquent ses *Mémoires,* il n'y avoit pas moyen, d'autant que la saison étoit fort avancée et qu'il y avoit de grandes maladies dans l'armée ; d'ailleurs, il est certain que le prince Thomas et le comte Piccolomini étaient toujours à trois ou quatre lieues de lui avec leurs armées, le côtoyant toujours. Néanmoins, il s'avance vers la rivière de Selle, qui va de Cateau-Cambrésis à Valenciennes. » Mais bientôt la pluie et le froid, le manque de fourrage et de pain, le contraignent à se rapprocher de la frontière. Posté quinze jours durant à Hanape, il quitte ce village, dispose son armée aux environs de Guise, distante de deux lieues, et reçoit dans la petite ville une lettre du Roi, qui le blâme : « La nouvelle que m'a apportée le capitaine Desjourac de votre délogement du camp de Hanape sans mon ordre m'a tellement surpris que je ne puis témoi-

---

(1) Affaires étrangères, *Lettres de Louis XIII à Richelieu.*
(2) Avenel, *Lettres du Cardinal de Richelieu,* t. VI, p. 159.
(3) *Mémoires du Duc de La Force, Maréchal de France,* t. III, p. 220.
(4) *Ibidem,* p. 220-221.

gner le mécontentement que j'en ai, lequel est d'autant plus grand que, par votre éloignement de la frontière, vous laissez les places de Cateau en Cambrésis et Landrecies en péril, et qu'en entrant dans le Royaume vous portez dans le sein de mes sujets tous les maux et la ruine que traîne après soi une armée mal disciplinée (1). » La Force répond au Roi qu'on ne lui a jamais commandé de rester à Hanape : « il a été hors de sa puissance d'y retenir les troupes », qui abandonnaient leurs quartiers pour « venir chercher du couvert en France (2) ». Un mois plus tard, les troupes des deux partis rentraient dans leurs quartiers d'hiver. Les généraux français pouvaient se féliciter de deux beaux succès, ils avaient repris Renty et ce Catelet, dont les Espagnols s'étaient emparés en 1636 et entendaient se servir, disent les *Mémoires* du cardinal, comme « d'une porte en leurs invasions contre la France ». Plus au nord, il est vrai, le prince d'Orange, notre allié, avait été moins heureux ; dès le 27 août 1638, le cardinal infant, accourant avec seize mille hommes, l'avait forcé à lever le siège de la ville de Gueldre, et depuis, la faiblesse du Hollandais avait rendu toute nouvelle entreprise impossible avant l'hiver.

La campagne d'Alsace.

Quelques jours avant la levée de ce siège, Richelieu, alors dans Amiens, écrivait sur le dessus d'une lettre adressée à Chavigny : « Depuis ce paquet fermé, la bonne nouvelle apportée par M. Truchsess est arrivée (3). » Certes, depuis le début de l'année, le duc Bernard, dont Truchsess était le chambellan, avait obtenu de beaux succès. Il avait, à la fin de janvier, quitté ses quartiers d'hiver pour attaquer les quatre villes forestières, Sekinghen, Valshut, Lauffenbourg et Rheinfelden. Il s'était emparé aisément des trois premières. Battu, le 28 février, par Jean de Werth, tandis qu'il assiégeait la quatrième, il avait pris sa revanche le 3 mars,

(1) *Archives de la Guerre*, vo. 48, p. 422.
(2) *Mémoires du Duc de La Force, Maréchal de France*, t. III, p. 459-460.
(3) Avenel, *Lettres du Cardinal de Richelieu*, t. VI, p. 98.

faisant Jean de Werth prisonnier et obtenant la capitulation de la ville le 23. Trois semaines plus tôt, le duc de Rohan, qui, au lieu de se retirer à Venise, conformément à l'ordre du Roi, était venu combattre dans l'armée du duc Bernard, son ami, avait reçu une blessure mortelle et succombé. Maître de Neubourg, le prince avait marché sur Brisach, et repoussé Gœtz et le duc Savelli, qui, à la tête des Impériaux, l'avaient attaqué six fois dans ses retranchements. Voilà les nouvelles que Truchsess venait apporter au cardinal le 21 août 1638. Lorsque M. de Lützow, gentilhomme de la chambre du prince allemand, arriva à la Cour et présenta quatre-vingts drapeaux ou étendards pris à l'ennemi, Louis XIII dit à Truchsess : « Le duc Bernard seul me fait de pareils cadeaux. » Puis le Roi écrivit au duc : « Je trouve d'autant plus de gloire pour vous et de sujet de satisfaction en cette victoire, qu'elle est entièrement due à votre prudence et courage ; avec cela, je reconnois, par la résolution que ledit sieur Truchsess m'a fait savoir que vous avez prise de poursuivre ce qui restoit des ennemis et de vous assurer des places dont ces avantages vous ouvrent la conquête, que, comme vous savez vaincre, vous ne perdez auss aucune occasion de profiter de la victoire (1). » Il s'agissait de s'emparer de Brisach le plus tôt possible. La lettre faisait espérer l'envoi immédiat de deux cent mille écus sur les sommes qui avaient été promises et un bon renfort de « gens de pied », que dépêcherait le duc de Longueville.

Ce dernier savait depuis deux mois qu'il devait tout abandonner, même le siège de Salins, si le duc Bernard avait besoin de son assistance. Louis XIII lui avait écrit le 12 juin : « Travaillez conjointement avec lui au siège de Brisach et à sa prise, qui est le plus considérable effet que mes armes puissent remporter sur celles des ennemis de toute cette campagne (2). » Mais la place de Brisach tenait toujours.

(1) Vicomte de Noailles, *Bernard de Saxe-Weimar*, p. 334.
(2) *Ibidem*, p. 325.

La mort du duc de Savoie.

Au moment où le duc Bernard faisait à Louis XIII des « cadeaux » si appréciés, il y avait cinq mois que l'armée d'Italie avait changé de chef. Le maréchal de Créqui, visitant les travaux de la défense de Bremo que les Espagnols assiégeaient, avait été tué. « Le cardinal, qui reconnaissoit la valeur et le prix de ce grand capitaine », ressentit vivement cette perte ; il « conseilla au Roi d'envoyer promptement en Italie quelque personne de grande considération pour y soutenir le poids des affaires, n'y jugeant personne plus propre que le cardinal de La Valette, à cause de son adresse qui sauroit entretenir l'esprit de Madame, et de sa qualité qui seroit respectée des Italiens (1) ».

Il importait, en effet, d' « entretenir l'esprit » de Christine de France, duchesse de Savoie, veuve de Victor-Amédée et Régente, soumise plus que jamais à l'influence du Père Monod. « Ce religieux éloignoit cette princesse de vouloir continuer ou renouveler le traité de la ligue avec le Roi, afin qu'elle pût prendre le parti de la neutralité, si l'occasion s'en offroit ; il la faisoit procéder avec grande froideur envers les Français, fortifier les places qu'elle avoit près de la France, y mettre des gouverneurs de faction espagnole, essayoit de se défaire de tous les Français qui étaient auprès d'elle ; lui faisoit de grandes instances de convier la Reine mère de venir en Piémont et commençoit à nouer une intelligence entre elle et le marquis de Leganès (2). » Aussi Richelieu avait-il mandé à Particelli d'Hémery le 17 octobre 1637 : « Le Père Monod est un esprit si dangereux que le nourrir dans une cour est y nourrir un serpent (3). » Quelques mois plus tard, vers la mi-février 1638, le cardinal écrivait au même Particelli d'Hémery qu'il allait dépêcher à Turin le baron de Palluau, chargé de signifier à Madame que l'éloignement du Père Monod était la condition du renouvellement de l'alliance.

---

(1) *Mémoires du Cardinal de Richelieu*, éd. Petitot, t. X, p. 372.
(2) *Ibidem*, p. 350-351.
(3) Gabriel de Mun, *Richelieu et la Maison de Savoie*, p. 244.

Et le 1ᵉʳ mars 1638, Madame, qui venait d'exiler le Père à Coni, mandait au cardinal : « Pour vous plaire, j'ai consenti à me priver du plus ancien serviteur que j'ai entre tous mes sujets et qui a témoigné autant de passion pour la France et pour votre service particulier que s'il eût été naturel Français (1). »

Le 26 mars 1638, Bremo capitula. Madame, effrayée, écrivit au Père Monod de reprendre la conversation avec Leganès ; mais, voyant arriver à Turin, au début d'avril, le comte de Guiche, l'un des lieutenants du cardinal de La Valette, elle se hâta de donner contre-ordre au religieux.

La Valette ne parut en Piémont que le 6 mai. Il apprit à Pignerol une grave nouvelle. Un complot s'était tramé pour livrer Casal aux Espagnols. L'auteur du complot était Monteil, gouverneur du château de Casal. L'instigatrice était Marie de Mantoue, veuve du duc de Rethélois. Cette princesse, dévouée à l'Espagne, venait de perdre son beau-père, Charles de Gonzague, duc de Nevers et de Mantoue et, comme son fils était en bas âge, elle se trouvait régente du Duché. La Valette, après avoir fait arrêter Monteil, fut brillamment reçu à Turin et Particelli d'Hémery ne cacha point à la princesse de Mantoue qu'il n'ignorait rien de sa conduite à l'égard de la France.

Cependant Christine, consentant à renouveler la ligue offensive avec la France, demandait qu'il fût spécifié dans le traité que la ligue était formée « contre les ennemis du Roi et non contre l'Espagne ». C'était sans doute « l'effet des bons documents (2) » du Père Monod qui étaient restés entre ses mains. Mais elle apprit, le 20 mai, que le Montferrat était envahi par les Espagnols, qui réclamaient, au nom de la princesse de Mantoue, « la restitution des places tenues par les Français (3) ».

(1) Gabriel de Mun, *Richelieu et la Maison de Savoie*, p. 266-267.
(2) *Ibidem*, p. 299.
(3) Rappelons tout de suite, pour expliquer certaines incertitudes sur la politique de Christine de France, duchesse de Savoie, qu'il existe un pamphlet très venimeux, qui paraît avoir été écrit d'abord en italien, et qui reproche à cette princesse un grand désordre de mœurs et certaines intrigues avec l'Espagne, de connivence avec Marie de Médicis. Le tout aurait été connu dans l'entourage de Louis XIII par les rapports d'un agent français qui était chargé de la poste en Savoie et décachetait les lettres. Il y aurait aussi à revenir sur le rôle du Père Monod en ce temps

Après beaucoup d'agitation et de protestations, la duchesse de Savoie, devant les ravages que les troupes espagnoles accomplissaient dans le Montferrat, fit publier un manifeste où elle déclarait la guerre à l'Espagne ; elle accepta même qu'il fût spécifié dans le traité que la ligue était formée contre le Roi Catholique. Le traité fut signé le 3 juin à Turin. Il prorogeait jusqu'en 1640 celui de Rivoli. La France recueillait, en somme, de la mort de Victor-Amédée un avantage précieux : l'armée savoyarde continuait d'être à la charge de la Savoie, mais son commandement revenait au chef des troupes du Roi.

Le 5 juillet, Verceil, que le cardinal de La Valette ne put délivrer à temps, capitula faute de poudre. Échec dont Voiture essayait de consoler ce prince de l'Église par une lettre de complaisance digne de l'ami des précieuses (1) ; mais Louis XIII ne se payait pas de cette monnaie ; il écrivait à Richelieu, le 13 juillet : « Je fus hier si surpris de la nouvelle de la capitulation de Verceil, — après les bonnes espérances qu'on nous avait données qu'elle était hors de péril, — que je ne sus vous écrire ; je vous assure que cette nouvelle m'a extrêmement touché, parce que je vois que c'est un éloignement de la paix, que vous et moi désirons avec tant de passion (2). » Non moins déçu que le Roi, le ministre mandait à La Valette le 19 juillet : « On vous envoie trois régiments, Roussillon, Caylus et Mirepoix, outre le reste des troupes de votre armée qui vous sont maintenant arrivées, afin de vous fortifier et de vous donner lieu de réparer le mauvais événement de Verceil par quelque autre action (3). » Mais au début de septembre, La Valette ne put empêcher don Francisco de Mello d'entrer dans le Montferrat et d'enlever le château de Pomare, « la plus méchante bicoque de toute l'Italie ».

Le nouveau duc de Savoie, le jeune François-Hyacinthe, mou-

où la Savoie était toujours si hésitante entre les deux adversaires, France et Espagne. L'original du manuscrit en langue française, *Les amours de Christine, duchesse de Savoie*, fait partie des Archives de M. Gabriel Hanotaux (*Règne de Louis XIII*).

(1) Vicomte de Noailles, *Le Cardinal de La Valette*, p. 484.
(2) Comte de Beauchamp, *Louis XIII d'après sa correspondance avec le Cardinal de Richelieu*, p. 345.
(3) Avenel, *Lettres du Cardinal de Richelieu*, t. VI, p. 66-67.

rut le 4 octobre. Son frère cadet, Charles-Emmanuel, qui lui succédait, n'avait pas encore cinq ans : Victor-Amédée, selon les partisans du cardinal de Savoie et du prince Thomas, ses frères, n'avait pu prendre de dispositions pour la régence qu'en ce qui concernait son fils aîné. Pour confier la régence à la sœur du roi de France, il fallait consulter les États et même, — puisque la Savoie était fief impérial, — solliciter l'avis du suzerain, qui était l'Empereur.

Richelieu songea tout de suite à « ramener le cardinal de Savoie à l'affection de la France ». Il prescrit, le 29 octobre, au maréchal d'Estrées, ambassadeur du Roi près le Saint-Siège, de lui faire parler par le cardinal Bagni et par Mazarin; à présent que le cardinal de Savoie n'est plus séparé de la Couronne que par un enfant en bas âge, qui peut disparaître, il a grand intérêt « à se remettre bien avec le Roi, pour être assuré de son assistance et protection » et, le cas échéant, « posséder ses États en pleine paix... Il faudroit, à cette fin... qu'il se mariât en France, ce qu'on pourroit faire avec Mlle de Bourbon, Monsieur le Prince lui donnant quelque belle et grande terre proche de Paris, qui lui pourroit servir de divertissement. Le Roi, pour le bien traiter, lui donneroit une pension égale à celle de ses princes du sang, auxquels il donne cinquante mille écus à l'un et quarante mille à l'autre. On pourrait encore lui donner quelque gouvernement de province comme le Maine et la Touraine, qui sont les plus beaux lieux du Royaume (1) ».

Ces rêves furent vite dissipés. Le 5 novembre, le cardinal de La Valette écrit à Richelieu : « Le cardinal de Savoie est auprès de Gênes; il est parti de Rome, vêtu en chevalier de Malte. » Et le 10 : « Madame a eu avis cette nuit que le cardinal de Savoie était allé à Alexandrie se joindre aux Espagnols. » Il annonce enfin, le 17, que le même cardinal de Savoie médite l'enlèvement de Madame et de ses enfants. Madame, à son tour, avise Richelieu de cette conjuration, dans laquelle est entrée le gouverneur de Turin. C'est alors « qu'elle consentit que le cardinal factieux » fût arrêté,

---

1) Avenel, *Lettres du Cardinal de Richelieu*, t. VI, p. 224.

« s'il mettoit le pied dans ses États » : « Madame, lui écrivit le ministre de Louis XIII, c'est à ce coup que vous devez vous réveiller de la léthargie en laquelle Votre Altesse trouvera bon que je lui dise qu'elle a été jusqu'à présent, puisque, si vous ne le faites promptement, votre mal sera enfin irrémédiable. C'est une extraordinaire providence de Dieu d'avoir permis que vos propres ennemis vous forcent à ce dont votre bonté vous a détournée jusques ici (1). » Et Richelieu la pressait de « pourvoir à toutes les places importantes » et de « s'assurer » de la personne du Père Monod.

Mais qu'elle fût pressée par le cardinal de La Valette ou par le comte d'Estrades, qui était arrivé à Turin le 14 décembre, Christine s'en tenait toujours à la même réponse : « Que penseroit-on de moi, si on me croyoit capable d'abandonner tous mes serviteurs à la vengeance du cardinal de Richelieu, quand il lui plairoit de l'exiger, et où trouverois-je des gens qui voulussent s'attacher à mon service? »

Richelieu entendait mettre la main sur le Jésuite de gré ou de force. Pour lui échapper, le Père se réfugia dans la ville d'Ivrée; mais comme il projetait d'en sortir un matin avant le jour, afin d'aller conférer à Villanova avec le cardinal de Savoie, le cardinal de La Valette eut vent de ce dessein. Des embuscades furent dressées sur les chemins. Le religieux tomba dans l'une d'elles. On l'eût enseveli dans la citadelle de Pignerol, si la Duchesse n'eût exigé qu'il lui fût rendu. Christine ne l'obtint qu'à la condition de l'enfermer dans sa citadelle de Montmélian (2).

Fontarabie.

« La douleur de Fontarabie me tue. » Voilà ce que Richelieu écrivait à Louis XIII, trois mois plus tôt, le 17 septembre 1638, et voici ce qu'il mandait à Chavigny le 18 : « Je vous envoie la relation de ce qui s'est passé au lèvement du siège de Fontarabie, laquelle il est impossible de lire sans horreur. Sa Majesté en entendra, s'il lui plait, la lecture tout au long (3). » Ce même

(1) Avenel, *Lettres du Cardinal de Richelieu*, p. 250 et 252-255.
(2) Père Griffet, *Histoire du Règne de Louis XIII*, t. III, p. 138-139.
(3) Avenel, *Lettres du Cardinal de Richelieu*, t. VI, p. 182-184.

18 septembre, à neuf heures du matin, le Roi répondait de Chantilly au cardinal : « Je savois les nouvelles de Fontarabie dès avant-hier; cela m'a fait prendre la résolution de venir en ce lieu, pour n'être à Saint-Germain, quand ce méchant bruit se répandroit. Je crois que vous savez que nous avons perdu tout le canon et tout le bagage de l'armée; bref on ne peut appeler ce malheur que la même chose qui arriva aux Espagnols l'année passée à Leucate. Le bon Dieu fait tout pour le mieux, il se faut remettre à sa volonté. Le déplaisir que j'ai de cette affaire m'a failli faire retomber malade, m'étant hier trouvé plus mal qu'à l'ordinaire (1). » Pour comprendre ce « déplaisir », il suffit de considérer quels espoirs le cardinal fondait sur la prise de la ville qu'assiégeait le prince de Condé. Le 27 août, il avait écrit à Chavigny : « Le retardement des nouvelles de Fontarabie me peine un peu, et cependant je n'en saurois attendre que de bonnes (2). » Et, le 31, il avait donné ces assurances au Roi : « Si Fontarabie se prend, comme je n'en doute pas, pour peu qu'on finisse bien cette campagne, on seroit en état d'avoir la paix, et par après, de jouir d'un grand repos pour jamais (3). »

Comment douter, en effet? Fontarabie, sur son promontoire, à quatre lieues au nord-est de Saint-Sébastien, à deux lieues au nord-est du port du Passage, surveille la Bidassoa, dont les flots la séparent de la France. A la pointe du promontoire, le Figuier ouvre sa rade sur la mer. Le 2 juillet, Monsieur le Prince avait saisi le Figuier et le Passage. Le cinquième jour de l'investissement de Fontarabie, ses troupes se trouvaient à cinquante pas du fossé. Il est vrai qu'on ne pouvait empêcher les chaloupes ennemies de ravitailler nuitamment la ville. Du quartier général, le marquis de La Force avait écrit le 6 juillet au prince de Condé, à ce moment au Figuier : « Il est entré onze pinasses dans Fontarabie et en sont sorties deux ou trois heures après. On ne peut mettre du côté de deçà d'autres corps de garde que devant le logis

---

(1) Comte de Beauchamp, *Louis XIII, d'après sa correspondance avec le cardinal de Richelieu*, p. 347.
(2) Avenel, *Lettres du Cardinal de Richelieu*, t. II, p. 117.
(3) *Ibidem*, p. 128.

de Votre Altesse, où il y avoit cent mousquetaires qui leur ont tiré, et disent qu'ils en ont fait retourner quatre en arrière (1). »
Le 15 août, le prince de Condé fit évacuer le Passage, afin de concentrer toutes ses troupes dans les lignes, parce qu'on était averti que l'*amirante* de Castille approchait, avec une armée de secours. Mais, dès le 1er août, la flotte française, sous les ordres de M. de Sourdis, archevêque de Bordeaux, avait paru en vue du Figuier. Elle comptait cinquante-deux navires de guerre et portait six mille soldats. Richelieu avait mandé à Chavigny le 31 : « J'ai tant à vous écrire, que je ne sais par où commencer. Je commencerai cependant par la victoire ou bataille navale, ensuite de laquelle M. de Bordeaux demande de l'argent pour tâcher de prendre et fortifier, en Espagne, un poste aussi important que Saint-Sébastien. Je crois qu'il lui faut envoyer au moins, en diligence, soixante mille francs... La victoire qu'il a eue mérite bien qu'on le secoure et qu'on lui donne moyen de tâcher d'en tirer un nouvel avantage (2). »

Le lendemain du jour où Richelieu expédiait cette lettre, la brèche était suffisante pour que l'on donnât l'assaut. Mais, depuis quelque temps, le duc de La Valette, l'un des lieutenants de Condé, se souvenant peut-être que son père le duc d'Épernon avait naguère bâtonné Sourdis, refusait d'assister au Conseil. Cinq jours durant il ne bougea point. Ses troupes furent relevées par celles de l'archevêque de Bordeaux. Cependant l'armée espagnole de secours, « logée sur une haute éminence », ne cessait « d'escarmoucher contre les nôtres »; chaque fois, elle était repoussée.

Le 7 septembre, à midi, une attaque générale se déclenche. Les Espagnols, dit une relation, « font mine de donner à la main gauche du retranchement : le marquis de La Force les repousse facilement; il voit un gros qui donne à l'autre coin de la main droite, il y accourt soudain... Les ennemis font encore un plus grand effort sur la gauche; il y accourt aussi et y trouve une si grande épouvante que tout lâche pied, et ne fut jamais en sa puissance de les pouvoir faire résoudre ni arrêter » les fuyards.

(1) Archives de Chantilly.
(2) Avenel, *Lettres du Cardinal de Richelieu*, t. VI, p. 129.

« Cela ébranla aussi le corps de cavalerie et d'infanterie qui les devoit soutenir, de sorte qu'il ne put jamais rallier qu'environ dix chevaux, et, cela, presque tous de gentilshommes qu'il avoit ordinairement près de lui. Le marquis de La Force fit plusieurs charges aux ennemis, il y eut deux chevaux tués sous lui... S'il eût eu encore cinquante chevaux avec lui, il auroit repoussé les ennemis (1). » C'est en vain que les régiments d'Enghien et de Condé avaient d'abord dégagé son quartier, le duc de La Valette avait refusé de se joindre à eux. Monsieur le Prince n'avait pas été plus heureux que le marquis de La Force, quand il avait tenté de rallier toute la cavalerie, qui faisait demi-tour. Il fut même renversé. Comble de disgrâce, cinq cents hommes de la garnison sortirent par cette brèche que le duc de La Valette « déclaroit impraticable » et prirent de flanc le marquis de Gesvres qui, avec quatorze compagnies, tenait tête aux assaillants.

Le soir, toute l'armée était en fuite, Monsieur le Prince montait dans une barque et gagnait Bayonne. Il reçut bientôt les condoléances de Richelieu : « Sa Majesté, disait Son Éminence, ne mesure pas les intentions par les événements (2). » Le cardinal écrivit, le 25 septembre, au marquis de La Force : « Si chacun eût agi avec le même soin et affection que vous avez fait en cette occasion, assurément nous n'y serions pas tombés (3). » Dans le réquisitoire qu'il rédigea vers le même temps contre le duc de La Valette, se trouve cette phrase menaçante : « Si le désir de nuire aux affaires publiques a été le motif de sa faute, il mérite de mourir en public pour l'expiation d'icelle. » M. de La Valette doit être mandé pour venir rendre compte au Roi, « et Sa Majesté pourroit lui donner la première clôture du Bois de Vincennes pour lieu de demeure, pendant qu'on éclairciroit son cas en présence de Sa Majesté séant en un conseil de guerre (4) ».

Peu s'en fallut que la personne du duc de La Valette ne fût saisie. Le 3 octobre, le duc mandait à son frère le cardinal : « Je m'en

---

(1) *Mémoires du Duc de La Force, Maréchal de France*, t. III, p. 227-228.
(2) Avenel, *Lettres du Cardinal de Richelieu*, t. VI, p. 185.
(3) *Mémoires du Duc de La Force, Maréchal de France*, t. III, p. 459.
(4) Avenel, *Lettres du Cardinal de Richelieu*, t. VI, p. 207-208.

vais faire un voyage par ordre que j'en ai reçu pour rendre compte de mes actions, que je suis assuré d'être « bonnes, et si fort homme d'honneur, que de ce côté-là je n'ai rien à craindre (1). »
Le cardinal de La Valette envoya cette lettre de son frère au cardinal ministre, qui répondit le 16 : « Vous ne pouvez à mon avis faire autre chose qu'écrire au Roi que le mauvais succès de Fontarabie vous comble d'une double douleur : que vous le suppliez très humblement de protéger M. de La Valette, s'il se trouve innocent, les intérêts publics devant toujours marcher les premiers (2). » Cette lettre était fort inquiétante; celle que Chavigny adressa le même jour au même cardinal de La Valette, dont il était l'ami intime, ne l'était pas moins : « Je ne puis imaginer que M. de La Valette vienne à la Cour, étant assez défiant de son naturel, et ce ne sera pas à mon avis la plus mauvaise résolution qu'il puisse prendre (3). »

Il est probable que le cardinal de La Valette trouva moyen d'avertir son frère, car, le 23 octobre, celui-ci s'embarquait à Castillon sur un navire écossais et, par la Gironde, faisait voile vers l'océan : « On dit qu'il est allé en Angleterre, mandait Richelieu au cardinal de La Valette le 4 novembre 1638, d'autres en Hollande, d'autres qu'il prétend gagner Venise (4). »

(1) Avenel, *Lettres du Cardinal de Richelieu*, t. VI, p. 216, note.
(2) *Ibidem*, p. 215, note.
(3) *Ibidem*, p. 231.
(4) *Ibidem*, p. 231. — Le duc de La Valette s'enfuit en Angleterre. Nous avons un compte rendu d'une sorte de lit de justice où le Roi avait convoqué le Parlement pour juger la conduite du duc et pair, accusé de deux crimes : trahison et désobéissance à son chef. Le président de Bellièvre exposa au Roi que les accusations n'étaient pas fondées et qu'il n'y avait pas lieu à condamnation. On envisagea, pour la faute d'avoir quitté le Royaume, le bannissement pendant neuf ans et la confiscation des biens. La Valette fut, au mois de mai, condamné à mort par contumace. La copie de la relation du temps se trouve dans les archives de M. Gabriel Hanotaux *(Règne de Louis XIII)*. Nous n'insistons pas sur les détails du procès. En sûreté de l'autre côté du détroit, le condamné pouvait se rire de ses juges. Il devait rentrer en France après la mort de Louis XIII, un jugement du 16 juillet 1643 ayant cassé le jugement de 1639.

La naissance d'un Dauphin.

On a vu qu'au mois d'août 1638, Louis XIII était dans l'attente au château de Saint-Germain. Le 27, il écrivait à Chavigny : « Je suis étonné que les couches de la Reine se diffèrent de jour à autre passé le terme du 23ᵉ et demi, que M. Bouvard disoit être le premier. Il m'a dit que le 28ᵉ étoit le dernier. Nous verrons si les médecins sont bons prophètes naturels (1). » En dépit des pronostics médicaux, le Dauphin si désiré ne s'était pas encore présenté le 31, et Richelieu mandait à Chavigny : « Je commence à craindre que le délai de l'accouchement de la Reine ne nous donne une fille, toutefois j'espère mieux (2). » Le surlendemain 2 septembre, quatre lignes de Louis XIII ne firent que confirmer ses craintes : « La Reine se porte si bien, que je ne crois pas qu'elle accouche de quatre jours, elle est deux jours dans le dixième mois (3). »

L'événement eut lieu le 5 septembre 1638, à onze heures et demie du matin, alors que Richelieu était à Saint-Quentin. Chavigny donnait ces détails au cardinal : « Le Roi avait si peur ce matin que Monseigneur apprit la nouvelle de l'accouchement de la Reine et de la naissance de Monseigneur le Dauphin avant que le frère de La Chesnaye (gentilhomme ordinaire du Roi) arrivât auprès de Son Éminence, que je n'ai eu que le temps de lui écrire trois mots à la hâte, dans le cabinet de Sa Majesté... Le travail de la Reine a été le plus heureux du monde : elle n'a été malade que six heures ; après lesquelles, elle est accouchée d'un des plus beaux princes que l'on sauroit voir. Le Roi a toujours été présent et ses deux accès de fièvre ne lui ont en rien diminué ses forces. Monseigneur verra, par la lettre que Sa Majesté lui écrit, la joie qu'elle a d'être père ; elle est en effet extraordinaire. Sa Majesté a été aujourd'hui quatre ou cinq fois dans la chambre de Monseigneur le Dauphin, pour le voir téter et remuer... Monsieur est demeuré tout étourdi, lorsque Mᵐᵉ Péronne lui a fait

---

(1) Avenel, *Lettres du Cardinal de Richelieu*, t. VI, p. 117.
(2) *Ibidem*, p. 133.
(3) Archives des Affaires étrangères, *Lettres de Louis XIII à Richelieu*.

voir par raison physique que la Reine étoit accouchée d'un fils. Il lui faut pardonner s'il est un peu mélancolique. Les six mille écus que le Roi lui a accordés à la prière de Monseigneur le consoleront un peu ; et, plus que toute chose au monde, l'assurance que je lui ai donnée, de la part de Son Éminence, que rien ne l'empêcheroit de le servir toujours (1). » Louis XIII manda, le lendemain 6 septembre, à Richelieu : « La Reine n'a plus de fièvre et mon fils se porte comme on le peut désirer (2). »

« Je suis ravi, répondait le cardinal, que Monsieur le Dauphin a les cheveux noirs et que d'aucuns remarquent qu'il ressemble à Votre Majesté. » Et il faisait une prédiction qui devait se trouver juste : « En vérité, je crois que, Dieu vous l'ayant donné, il l'a donné au monde pour grandes choses (3). » Le cardinal était pénétré d'une joie si profonde, que la Reine, depuis tant d'années son ennemie, était célébrée dans l'officieuse *Gazette*, où l'on peut lire telle louange certainement inspirée par Son Éminence : « Cette Reine à laquelle il ne manquoit plus rien que d'être mère », et le 2 octobre : « Le Roi arriva le mercredi à Saint-Germain, où le cardinal duc se rendit, de nos armées, le même jour et quasi à la même heure que Sa Majesté, laquelle il trouva dans la chambre de Monseigneur le Dauphin, où la Reine étoit aussi. Il seroit malaisé d'exprimer de quels transports de joie Son Éminence fut touchée, voyant entre le père et la mère cet admirable enfant, l'objet de ses souhaits et le dernier terme de son contentement (4). »

« Brisach est à nous! »

« Si M. de Longueville pouvoit défaire Savelli, ce seroit pour nous remettre un peu des malheurs qui nous sont arrivés cette année et mettre nos soldats, en la même, sur une bonne curée (5). » Le Roi chasseur, qui écrivit ces lignes à Richelieu le 10 novembre 1638, eut la satisfaction d'apprendre bientôt que le duc de Lon-

---

(1) Avenel, *Lettres du Cardinal de Richelieu*, t. VI, p. 149, note.
(2) Archives des Affaires étrangères, *Lettres de Louis XIII à Richelieu*.
(3) Avenel, *Lettres du Cardinal de Richelieu*, t. VI, p. 157.
(4) *Ibidem*, t. VI, p. 149-150.
(5) Bibliothèque Victor Cousin.

gueville venait de battre le comte Savelli à Blamont, et bientôt qu'il avait repris Lunéville au duc Charles de Lorraine (1).

Et, soudain, prenant la plume, il félicite Bernard de Saxe-Weimar : « Je ne vous puis mieux exprimer ma joie de la prise de Brisach qu'en vous assurant qu'elle est aussi grande que ce succès est glorieux et important et qu'il me fait espérer d'heureuses suites pour le bien des affaires publiques et pour disposer toutes choses à une sûre et honorable paix. » Et Richelieu de son côté : « La croyance que j'ai que Votre Altesse ne doute point de la joie extrême que je ressens de la prise de Brisach m'empêche de la lui représenter par ces lignes (2). »

Comme le remarque fort justement M. Fagniez, « cette conquête, s'ajoutant à celle des villes forestières et du Brisgau, nous assurait la possession de l'Alsace, fermait aux Espagnols la communication entre le Milanais et les Pays-Bas, protégeait la Bourgogne et la Lorraine, ouvrait à nos armées la vallée du Danube (3). » On comprend que Théophraste Renaudot ait terminé ainsi l'article de sa *Gazette* : « Et dites si Dieu aime la France et si ce n'est pas là bien finir une campagne avec l'année! » Charles de Lorraine se lamentait : « Enfin Brisach est pris, honte immortelle pour l'Empire!... Si à Vienne ils ne réparent cet affront, par quelque grand dessein et bien exécuté, il ne faut plus être soldat, mais moine, et laisser l'Empire à qui le prendra (4). »

Mais Corneille avait raison :

> Jamais nous ne goûtons de parfaite allégresse,
> Nos plus heureux succès sont mêlés de tristesse.

La mort du Père Joseph.

Le 15 décembre 1638, à Rueil, le cardinal s'était montré particulièrement satisfait. Revenu de Saint-Germain, il avait constaté que le Père Joseph, qui, plusieurs mois auparavant, avait été

---

(1) Avenel, *Lettres du Cardinal de Richelieu*, t. VI, p. 244.
(2) Vicomte de Noailles, *Bernard de Saxe-Weimar*, p. 383-384.
(3) G. Fagniez *Le Père Joseph et Richelieu*, t. II, p. 408.
(4) Avenel, *Lettres du Cardinal de Richelieu*, t. VI, p. 210.

frappé d'apoplexie à Compiègne et que, pour ce motif, il logeait dans sa maison de Rueil, se trouvait « bien disposé ». Son Éminence s'apprêtait à se rendre à la comédie qui allait être donnée sur le théâtre du château et elle disait en riant au Capucin, qui venait de reconduire le cardinal Bicci, nonce extraordinaire : « Demeurez à la comédie, il ne s'y traite sinon choses sérieuses. — Je m'en vas, répondit le Père Joseph, faire la comédie avec mon bréviaire. »

Dans sa chambre il lit l'office fort dévotement; un peu plus tard, il fait une collation des plus frugales tandis qu'on lui donne lecture de l' « histoire de la guerre des chrétiens contre les Turcs ». Il écoute avec enthousiasme le récit des « exploits de Godefroy de Bouillon pour la conquête de la Terre sainte, car, lui aussi, poète virgilien de la *Turciade,* il a célébré les croisés :

> *Meque tuum vatem, placuit tibi, Christe, fatebor,*
> *Vilibus horrentem pannis, inopemque, vagumque,*
> *Stare polo et celebrem heroum lustrare catervam,*
> *Ut vox nostra canat, quae dextris fortibus edent* (1).

> Et moi, votre poète, ô Christ, vous plaît-il pas
> Que, rougissant de mes haillons, misère errante,
> Je montre dans le ciel cette troupe éclatante
> Et chante les exploits accomplis par ses bras ?

La collation achevée, le Père Joseph se lève pour écrire une lettre circulaire à toute la congrégation des Calvairiennes. Mais soudain une attaque d'apoplexie le terrasse et lui enlève l'usage de la parole. Tandis qu'on le transporte dans son lit, le cardinal, aussitôt averti, sort du théâtre. Le samedi 18 décembre, il vit mourir, dans les sentiments de la plus ardente piété, celui qui avait vécu « pauvre auprès de l'abondance, humble dans les honneurs, chaste auprès des délices, obéissant en tout, sobre auprès des festins, religieux dans le monde et Capucin à la Cour ».

« Je perds aujourd'hui, dit Louis XIII avec émotion, le plus fidèle de tous mes serviteurs, et M. le Cardinal son confident et son appui (2). » On raconte qu'entre le 15 et le 18 décembre,

---

(1) *La Turciade*, III, 179, 182.
(2) *Vie manuscrite du Père Joseph*, ch. XVI et XVII.

Richelieu, pour tirer le Père Joseph de son assoupissement, lui criait dans les oreilles : « Courage, mon Père, Brisach est à nous ! » Il faut observer que si Brisach tomba le 17 décembre, la nouvelle de sa chute ne parvint à la cour de France que vers le 24. L'anecdote peut, toutefois, n'être point fausse, puisque, le 8 novembre, Louis XIII avait mandé au cardinal : « Je suis très aise de la nouvelle que vous m'avez mandée ; je crois à cette heure la prise de Brisach comme infaillible (1). »

L'*Éminence grise* mourait au moment où Richelieu s'efforçait de muer sa bure en pourpre : car le Père Joseph était, depuis deux ans, « nommé » au cardinalat. Richelieu lui destinait le siège de Reims, dont le titulaire, un archevêque laïc, le prince Henri de Lorraine, fils du duc de Guise, voulait se démettre pour épouser Anne de Gonzague. Mais le Pape n'avait pas accepté la « nomination » du Père Joseph, que la Couronne avait faite en passant par-dessus la règle qu'il s'était prescrite d'exclure les religieux des dignités de l'Église. Richelieu avait observé que le Saint-Père ne s'était pas inquiété de cette règle, quand il avait nommé son propre frère Alphonse de Richelieu, le cardinal de Lyon, qui était Chartreux. La promotion fut ainsi retardée. Richelieu espérait avoir, pour la France, deux chapeaux, dont l'un serait donné à Mazarin. Dans les derniers mois de 1637, Chavigny avait expliqué au maréchal d'Estrées, ambassadeur du Roi, que « la nomination du sieur Mazarin n'étoit que pour la seconde place et que l'intention de Sa Majesté étoit toujours que celle qu'elle avoit faite du Père Joseph la précédât ». Le 15 décembre 1638, Richelieu parut avoir changé d'avis ; il dépêchait à Rome un courrier extraordinaire pour avertir le Pape qu'il retirait la nomination du Capucin. En fait, il redoutait que « le cardinal Barberin, qui n'ignorait pas l'état de santé du Père Joseph », ne le fît malicieusement cardinal pour faire perdre cette place à la France ». Ce fut Mazarin qui obtint, le 18 décembre, le chapeau rouge réservé à l'*Éminence grise* (2).

Le Père Griffet observe judicieusement : « Le cardinal fit

(1) Bibliothèque Victor Cousin.
(2) Père Griffet, *Histoire du Règne de Louis XIII*, t. III, p. 146-150.

voir, dans toute la suite de son ministère, que, si les conseils de ce confident lui furent souvent utiles, ils ne lui étaient pas nécessaires et qu'après s'en être servi pendant sa vie, il pouvait s'en passer après sa mort (1). »

(1) Père Griffet, *Histoire du règne de Louis XIII*, t. III, p. 154. — Au moment où le Père Joseph disparaît de l'histoire de Richelieu, il n'est pas inutile de citer *in extenso* une lettre qu'il écrivit à Bouthillier, son collègue dans le travail des Affaires étrangères. Elle montre les rapports qu'avaient entre eux les serviteurs du cardinal et les services que le Capucin rendait au Roi et au ministre, en particulier dans la délicate affaire de Gaston de France : « A M. B. Monsieur, je vous remercie très humblement de vos deux lettres, qui sont parfaitement bien, comme l'est toujours tout ce qui vient de vous. Au moins j'accompagnerai en esprit et envierai les plaisirs de votre solitude, entre lesquels je n'aurois rien de si cher que votre présence. Je vous supplie de ne nous en priver longtemps. M. des Roches part ce matin pour Gand. M. d'Elbène, frère de M. de Villarceaux, lui a écrit, depuis peu de jours, que le sieur de Puylaurens lui a fait savoir de l'armée des Espagnols, où il est, qu'ils seront bientôt de retour à Bruxelles, avec dessein de s'entendre à ce que la réponse de ces Messieurs lui dira, duquel nous n'avons point encore de nouvelles. Je me recommande à vos bonnes grâces et suis plus que personne du monde, Monsieur, votre très humble et très affectionné serviteur. F. J. C. De Fontainebleau, ce 3 juin. »

(Pièce autographe. Archives de M. Gabriel Hanotaux, *Règne de Louis XIII*.)

CHAPITRE DEUXIÈME

QUE DEVIENT LA REINE MÈRE?

« Je vous prie me mander, si la Reine ma mère m'envoyoit quelqu'un sur les couches de la Reine, ce que j'ai à faire (1). » Le 24 août 1638, le Roi avait sollicité ainsi l'avis du cardinal et le cardinal avait répondu de Péronne, cinq jours plus tard : « Si elle envoie un gentilhomme sur le sujet de la naissance de Monsieur le Dauphin, je crois que Votre Majesté le doit recevoir, la remercier de cet envoi; et s'il parle à Votre Majesté d'autre chose, lui répondre selon la connaissance qu'elle a de ce qui s'est passé et sa prudence accoutumée, qui est plus grande que celle de tous ses serviteurs (2). » Richelieu ne manqua pas, d'ailleurs, d'envoyer à Chavigny, par le même courrier, les instructions les plus précises : « Le Roi doit recevoir le compliment, se gouvernant cependant fort froidement avec ledit gentilhomme, qui ne doit être, à mon avis, gardé qu'un jour, tant parce que l'état général des affaires le requiert ainsi, qu'afin qu'il voie qu'on n'aura pas le temps d'envoyer chercher sa réponse de deçà. » Le cardinal prévoyait le cas où le gentilhomme parlerait du retour de la Reine mère et voici les paroles qu'il conseillait à Chavigny d'insinuer au Roi : « Les dernières pratiques que la Reine ma mère a encore depuis peu voulu faire vers Sedan, où elle n'a pas trouvé son compte, par la bonne disposition de ceux à qui elle s'est adressée, montrent bien la bonne volonté qu'elle a pour moi (1). »

Richelieu sut par Chavigny que « le Roi avoit entièrement

---

(1) Archives des Affaires étrangères, *Lettres de Louis XIII à Richelieu.*
(2) Avenel, *Lettres du Cardinal de Richelieu*, t. VI, p. 118.
(3) *Ibidem*, p. 123.

approuvé ce qu'il lui mandoit touchant l'envoi du gentilhomme de la part de la Reine sa mère, et, si Sa Majesté avoit suivi son mouvement, elle ne l'auroit point voulu voir (1). » Le ministre ne changea point d'avis : « Je crois, dit-il à Chavigny, que le Roi a meilleure raison que moi au fait de la Reine. Cependant pour ôter tout lieu aux méchants d'imputer à quelque rigueur ce que Sa Majesté feroit avec prudence et justice, bien qu'elle ait entièrement raison, je pense que ce sera chose sans péril de voir ce gentilhomme une seule fois comme je vous l'ai mandé (2). »

Marie de Médicis, en cette fin d'août, venait de quitter les Pays-Bas espagnols pour les Provinces-Unies. Elle comptait gagner l'Angleterre et se réfugier à la cour de son gendre Charles Ier, espérant sans doute que l'on ne lui reprocherait plus d'accepter l'hospitalité d'un prince en guerre avec le Roi.

Richelieu, qui voyait s'évanouir ainsi l'un des griefs qu'il alléguait pour justifier la conduite de Louis XIII envers la Reine mère, se montrait inquiet et irrité de ce dessein : « Cette pratique, disait-il à Chavigny, a été apparemment faite par les femmes... Ces animaux que le Roi sait sont étranges ; on croit quelquefois qu'ils ne sont pas capables d'un grand mal, parce qu'ils ne le sont d'aucun bien ; mais, je proteste en ma conscience qu'il n'y a rien qui soit si capable de perdre un État que de mauvais esprits couverts de la faiblesse de leur sexe. » Ce qui exaspérait le cardinal, c'était l'accueil triomphal reçu par Marie de Médicis, qui se trouvait considérée, dans les Provinces-Unies, non comme une reine errante, mais comme la veuve d'un grand roi, protecteur de MM. les États et la mère d'un prince allié : « Je vous avoue, continuait-t-il, que j'ai peine à digérer que le prince d'Orange ait favorisé le passage de la Reine sans en donner avis au Roi ni savoir si Sa Majesté l'agréeroit ; l'état où sont les affaires requéroit bien, ce me semble, qu'il en usât autrement (3). »

Le cardinal eut plus de peine encore à « digérer » la lettre fort naïve que lui adressèrent, le 13 septembre, MM. les États

(1) Bibliothèque Victor Cousin.
(2) Avenel, *Lettres du Cardinal de Richelieu*, t. VI, p. 132.
(3) *Ibidem*, p. 122.

pour l'inviter à ménager la réconciliation de la mère et du fils : « Nous avons véritablement reconnu en la Reine, déclaraient-ils, un si sensible amour pour le Roi son fils, tant de bonne volonté pour ceux qu'il honore de sa confiance et de peu de souvenir de ce qui s'est passé en son endroit... Votre Éminence aura l'honneur et la gloire d'avoir contribué plus que personne à une solide et cordiale réunion entre les personnes de la famille royale (1). »

A cette lettre s'ajoutèrent celles du prince et de la princesse d'Orange : « La lettre de MM. les États est assez impertinente, mandait le cardinal à Chavigny : ces bonnes gens parlent de ce qu'ils ne savent pas. Il ne leur faut point faire de réponse, mais écrire à M. d'Estampes (envoyé de la France à La Haye)... Il faut dire franchement que Sa Majesté ne doit pas désirer la demeure de la Reine sa mère dans le pays de MM. les États, étant certain que, tandis que la France et les États seront conjoints contre l'Espagne, ni l'un ni l'autre n'ont pas besoin d'un tel hôte ». Si la Reine veut retourner à Florence, « son lieu natal, où le Grand-Duc la recevra avec contentement, Sa Majesté lui donnera volontiers de quoi y soutenir sa dépense honorablement. Sa Majesté aime sa personne, mais l'expérience lui a fait connoître qu'elle en doit appréhender les humeurs et particulièrement celles des mauvais esprits qui sont auprès d'elle (2) ».

Marie de Médicis à Londres.

A la fin d'octobre, la Reine, que la Hollande se refusait à entretenir, partit pour l'Angleterre. Ballottée sept jours durant par la tempête, elle aborda enfin à Harwich, dans le comté d'Essex, à trente lieues de Londres. C'est là que Charles Ier vint au-devant d'elle. Il la conduisit à Londres, où « il lui ordonna, racontent les *Mémoires,* mille livres par jour pour la défrayer en la maison de Saint-James, qui est au bout du parc de la sienne, fort spacieuse et environnée de beaux jardins (3) ». Henriette-Marie,

---

(1) Avenel, *Lettres du Cardinal de Richelieu,* t. VII, p. 793.
(2) *Ibidem,* t. VI, p. 187-188.
(3) *Mémoires du Cardinal de Richelieu,* éd. Petitot, t. X, p. 485.

qui était grosse du duc de Gloucester, son troisième fils, avait réservé cinquante chambres à la suite de la Reine. Tremblante de joie, elle voulut ouvrir elle-même la portière du carrosse qui lui ramenait une mère qu'elle n'avait pas vue depuis près de vingt ans. Charles Ier chargea son ambassadeur à Paris de dire à Louis XIII « qu'il donneroit un entretènement convenable à la mère de Leurs deux Majestés » : « Le Roi ne répondit autre chose, ajoutent dédaigneusement les *Mémoires,* sinon qu'il avoit déjà appris par ses ministres son arrivée et sa réception, qu'elle étoit accompagnée d'étranges conseillers, de Fabroni, Le Coigneux et Monsigot, qui étoient, principalement les deux derniers, de méchants esprits qui ne pouvoient vivre en paix et causeroient bientôt des brouilleries en la cour d'Angleterre, où il n'y en avoit point encore, et troubleroient l'État (1). »

Cet État, Richelieu, fort mécontent de Charles Ier, s'apprêtait à le troubler de son mieux. Durant l'automne 1637, le comte d'Estrades avait été envoyé à Londres, pour obtenir que le roi d'Angleterre ne secourût point les ports de Flandres qui pourraient être attaqués par le Roi Très Chrétien et par le prince d'Orange. Charles Ier avait répondu qu'il était disposé à complaire au Roi son beau-frère, « pourvu que ce que Sa Majesté lui demanderoit ne fût pas préjudiciable à son honneur, à son intérêt et à son Royaume, comme il arriveroit s'il permettoit que le Roi ou les États attaquassent les places maritimes des côtes de Flandres. Il tiendroit sa flotte aux Dunes, en état d'agir avec quinze mille hommes prêts à faire passer en Flandres en cas de besoin (2) ».

Le cardinal avait aussitôt mandé à l'ambassadeur : « Le Roi a été fort satisfait de votre conduite dans les deux conversations que vous avez eues avec le roi et la reine d'Angleterre. Il étoit à propos et avantageux pour le service du Roi de découvrir leurs sentiments. Ils nous eussent fort embarrassés, s'ils avoient eu l'adresse de les déguiser. Je profiterai de l'avis que vous me donnez pour l'Écosse et ferai partir dans peu de jours l'abbé Chambers, mon aumônier, qui est écossais de nation, pour aller

(1) *Mémoires du Cardinal de Richelieu,* éd. Petitot, t. X, p. 486.
(2) Avenel, *Lettres du Cardinal de Richelieu,* t. V, p. 895, note.

à Édimbourg attendre les deux personnes que vous me nommez, pour lier quelque négociation avec eux. L'année ne passera pas que le roi et la reine d'Angleterre ne se repentent d'avoir refusé les offres que vous leur avez faites de la part du Roi... On connoîtra bientôt qu'on ne me doit pas mépriser (1). » Les deux personnages que l'abbé Chambres ou Deschambres, — Chambers de son véritable nom, — devait rencontrer à Édimbourg, étaient un ministre appelé Mobil et un seigneur nommé Gordon : « J'ai eu avec eux, écrivait le comte d'Estrades au cardinal, deux conversations de plus de trois heures. Le ministre, qui est un esprit plein de feu et violent, m'a dit qu'il étoit à Londres depuis trois semaines sans avoir pu avoir audience du Roi, quoiqu'il y soit venu pour lui donner des avis très importants et lui découvrir des cabales qui se font contre sa personne et son service... Il est sur le point de s'en retourner et il est assuré que l'Écosse s'accommodera avec les mécontents d'Angleterre. Gordon, qui est député de la Noblesse, ne m'en a pas dit moins (2). »

Le voyage de l'abbé Chambers éveilla bien vite les soupçons du gouvernement de Charles Ier. Dès le 1er juillet 1638, le ministre Windbank écrivit au comte de Leycester, ambassadeur du roi d'Angleterre à Paris : « Notre affaire d'Écosse va fort mal, mais vous ferez bien de la dissimuler par delà et de vous informer soigneusement comment la faction est fomentée tant par delà que par deçà; car, de ce dernier, vous en pouvez plus savoir de delà que nous ici. » Mais Leycester se reconnaissait incapable de débrouiller l'intrigue de Son Éminence : « Je suis, répondit-il, aussi ignorant de l'affaire d'Écosse que si je demeurois en Tartarie. Si elle est fomentée de la France, ce sera par des voies si secrètes, qu'on ne le découvrira que par les effets; et selon toute apparence, un des instruments dont on se servira le plus tôt est un nommé Chambers, écossais, aumônier du cardinal de Richelieu, neveu de M. Conneo, avec lequel il entretient une grande correspondance. » L'inquiétude ne diminuait pas à la cour d'Angleterre; le 30 septembre, Windbank mandait à

(1) Avenel, *Lettres du Cardinal de Richelieu*, t. V, p. 895-896.
(2) *Ibidem*, p. 896, note.

Leycester : « Vous ferez un grand service au Roi d'empêcher, tant que vous pourrez, qu'on porte des munitions de France en Écosse, car il ne tiendra pas au cardinal qu'on n'y en envoie, principalement s'il se voit les coudées plus franches. » Le 4 octobre, Cooke, un autre membre du gouvernement anglais, instruisait le même ambassadeur des propos que tenaient à Londres des personnes fort sensées, qui paraissaient les avoir puisés aux meilleures sources : « Le cardinal de Richelieu a avoué ouvertement qu'il ne savoit pas pourquoi la France n'assisteroit pas aussi bien les Écossais, comme le Roi a assisté les ennemis de la France à Saint-Omer. » Leycester répondit le 8 : « J'ai fait et ferai toute diligence pour découvrir si on a porté des munitions d'ici en Écosse, mais je ne crois pas qu'on l'ait fait, non qu'ils manquent de volonté pour cela, mais parce qu'ils le peuvent mieux faire, et à meilleur marché, de Hollande... Toutefois on dit qu'on a arrêté deux navires à Douvres, venant de France et allant en Écosse chargés de munitions. » Au mois de mars 1639, chacun était persuadé à Londres que l'abbé Chambers « venoit fomenter la guerre d'Écosse ». C'était M. de Bellièvre, ambassadeur de France, qui donnait cette nouvelle à Chavigny, et bien qu'il ne semble pas avoir été informé de la mission secrète confiée à l'aumônier par le cardinal, il ajoutait : « Non seulement le peuple, mais aussi des personnes de qualité ont pris telle jalousie de nous que tout leur donne du soupçon (1). »

Ainsi Richelieu ménageait de loin ces « troubles d'Angleterre » qui devaient empêcher Sa Majesté Britannique d'intervenir contre la France dans les affaires du continent.

La requête de la Reine mère.

Tandis que ce travail s'accomplissait en Angleterre, Marie de Médicis n'était préoccupée que d'une chose. Obstinée, elle ne désespérait pas d'obtenir son prochain retour en France, bien que le sieur Knut, envoyé de Hollande qui avait intercédé pour elle auprès du cardinal peu de temps auparavant, se fût heurté à un

(1) Avenel, *Lettres du Cardinal de Richelieu*, t. VIII, p. 185-186.

refus. Elle ignorait certainement les instructions que Louis XIII avait données à M. de Bellièvre, son ambassadeur à Londres, et qui étaient dictées par Richelieu : « Quant à la façon dont vous vous conduirez avec la Reine ma mère, il est à propos, lorsqu'elle sera arrivée, que vous la voyiez chez elle et lui fassiez entendre que vous êtes trop assuré du respect que je lui porte, pour douter que je ne trouve bon que vous lui rendiez ce devoir; et après cela, vous ne retournerez plus chez elle et n'admettrez chez vous aucun de ceux qui ont part à ses affaires, comme Le Coigneux, Monsigot ou autres de ses domestiques (1). »

Marie de Médicis remarqua bien vite que Bellièvre, se conformant aux ordres de Richelieu, ne se rendait jamais chez Henriette-Marie aux heures où elle s'y rendait elle-même.

Un jour, le comte de Holland, de connivence avec elle, retint l'ambassadeur dans la galerie de Sa Majesté Britannique, sous prétexte de lui parler d'une affaire importante. Et, tout à coup, Bellièvre vit paraître Marie de Médicis, accompagnée de son gendre et de sa fille. Le roi et la reine d'Angleterre ne lui permirent pas de se retirer : ce furent eux qui s'éloignèrent, le laissant en tête à tête avec la veuve de Henri IV.

La Reine mère le conjurait en vain de « faire entendre à M. le Cardinal l'extrême passion qu'elle avoit de retourner en France ». Voyant l'inutilité de ses instances : « Il n'importe, dit-elle, écoutez-moi. Les peines et les afflictions que j'ai souffertes depuis ma retraite dans les Pays-Bas m'ont inspiré des sentiments fort différents de ceux que j'avois en sortant de Compiègne. Je vous prie de faire savoir de ma part à M. le Cardinal que je le conjure de me tirer de l'étrange misère où je me trouve et de la dure nécessité de demander du pain à mon gendre. Je voudrois retourner auprès du Roi. Non que je pense à me mêler d'aucune chose qui regarde le gouvernement de son État. Je ne cherche plus qu'à passer en repos le peu de temps que j'ai à vivre, et à me préparer doucement à la mort. Si M. le Cardinal ne peut obtenir du Roi la permission de retourner à la

---

(1) Avenel, *Lettres du Cardinal de Richelieu*, t. VI, p. 211.

Cour, qu'il demande du moins celle de demeurer dans quelque ville du Royaume et d'y jouir de mes revenus. J'offre de chasser de ma maison tous ceux qui seront odieux ou suspects au Roi, et de faire aveuglément tout ce qu'il voudra. Ses ordres et les bons conseils de M. le Cardinal seront l'unique règle de ma conduite. Voilà tout ce que je vous prie de faire savoir à celui-ci. Je crains que ceux à qui je me suis ci-devant adressée n'aient manqué ou de hardiesse ou de bonne volonté pour exécuter la commission dont ils étoient chargés. — Madame, répondit Bellièvre, Votre Majesté n'aura pas sujet de faire la même plainte de moi. C'est avec un extrême déplaisir que je lui proteste que je ne la puis servir dans cette occasion. — Tel est le style ordinaire des ambassadeurs, repartit Marie de Médicis. Ils se défendent de recevoir certaines commissions, et cependant ils écrivent tout ce qu'on dit. J'en ai vu plusieurs exemples pendant ma Régence ». Et comme elle se rapprochait du roi et de la reine d'Angleterre, Bellièvre la suivit et ne changea pas de style devant les Majestés Britanniques : — « Vous vous souvenez sans doute, Madame, dit-il à Henriette-Marie, que vous m'avez souvent ordonné d'écrire de votre part en faveur de la Reine mère et que j'ai toujours prié Votre Majesté de bien vouloir m'en dispenser, à cause des ordres précis que j'ai de ne me mêler point d'une affaire dont le Roi mon maître se réserve entièrement la connaissance. — Cela est vrai, convint la reine d'Angleterre; mais puisque le Roi mon frère ne veut recevoir aucune entremise sur ce qui regarde la Reine ma mère, le Roi mon époux et moi avons cru que la seule voie qui reste à la Reine ma mère, c'est de s'expliquer immédiatement aux ministres du Roi mon frère dans les cours où elle se trouve (1). »

Marie de Médicis ne se trompait pas, quand elle disait connaître le style des ambassadeurs. Bellièvre ne manqua point d'écrire à Richelieu tout ce qu'elle lui avait dit. Sa lettre est du 23 décembre 1638. Le 20 janvier 1639, le cardinal, avant de répondre à l'ambassadeur, soumit à Louis XIII un mémoire

(1) Voir Levassor, *Histoire de Louis XIII*, t. V, p. 570-571.

où il avait accumulé tous les arguments qui devaient porter le Roi à ne pas accorder ce que la Reine mère lui demandait : « Sa Majesté, peut-on lire dans le mémoire, a, de son propre mouvement, dit à son Conseil qu'elle n'estimoit pas qu'il y eût lieu de se fier aux paroles de la Reine, vu les profondes dissimulations dont elle avoit usé en son endroit en diverses occasions ; que son esprit étoit de cette nature qu'il étoit impossible de le contenter en quelque lieu qu'il pût être, qu'elle n'avoit su souffrir son bonheur en France. » Le cardinal n'oubliait aucun grief et il résumait de la manière la plus impressionnante tout ce que le Roi était censé avoir déclaré : « Étant connue de l'humeur qu'elle est, s'il la recevoit en son Royaume, elle relèveroit l'espérance de tous les mécontents, ce qui étoit d'autant plus à considérer que la plupart de ceux qui le sont étoient, de son temps, attachés à elle. Les Espagnols, qui l'ont méprisée dans leur pays, quand ils l'y ont trouvée, ne manqueroient pas lors de la rechercher et de l'animer contre le repos de cet État, quand ils l'y verroient rétablie. Ils n'avoient jamais rien tant désiré, depuis qu'ils l'avoient eue et connue en Flandre, que de la faire rentrer dans le Royaume, pour en tirer de l'avantage qu'ils voient bien n'en pouvoir recevoir étant dehors. Elle avoit voulu encore, depuis sept ou huit mois, former, comme elle avoit fait, un nouveau parti à Sedan avec Monsieur le Comte et le duc de Bouillon pour les faire entrer à main armée en France avec Piccolomini... Toutes ces considérations faisoient croire au cardinal qu'il falloit demeurer à la proposition qu'il lui avoit toujours faite d'aller à Florence, où il lui donneroit un entretien proportionné à sa dignité. Par telle offre qu'il étoit prêt d'exécuter et qu'il désiroit qu'elle acceptât, sa conscience et son honneur étoient à couvert devant Dieu et devant le monde, et (il) ne s'exposoit point à de nouvelles brouilleries, lesquelles il ne prévoyoit point pouvoir éviter ni dans le Royaume ni dans la Cour ni dans son cabinet, si la Reine mère revenoit en France en quelque lieu que ce pût être (1). »

(1) Avenel, *Lettres du Cardinal de Richelieu*, t. VI, p, 274-275.

Louis XIII se laissa convaincre par ces arguments. Le Roi, stylé par son ministre, écrivit fort courtoisement : « Il y a beaucoup d'autres considérations que ledit ambassadeur aura vues par la copie de l'écrit qui a été donné au sieur Knut. Toutes lesquelles n'empêchent pas le Roi de lui commander de dire à ladite dame Reine que c'est avec un extrême déplaisir que le bien de son Royaume ne lui permet pas de l'y recevoir, vu les connaissances qu'il a de son humeur; que, néanmoins, pour témoigner son affection et son respect envers elle, il persistoit dans la proposition qu'il lui avoit toujours faite d'aller à Florence, etc. » Ici la lettre rejoignait les dernières lignes du mémoire et ajoutait cette recommandation : « Ledit sieur ambassadeur n'ira pas chercher la Reine mère pour lui donner cette réponse, mais il attendra qu'elle la lui demande pour la lui faire; et lui dira qu'encore qu'il ne se fût point chargé de rendre compte au Roi de ce qu'elle lui avoit dit, néanmoins il n'a pas laissé de le faire. Et ensuite il lui expliquera les sentiments du Roi ainsi qu'il est dit ci-dessus (1). »

Lorsque Marie de Médicis connut la réponse de son fils, elle publia un manifeste pour se justifier, et Henriette-Marie écrivit au Roi et au cardinal, tandis que Charles Ier envoyait lord Jermyn avec mission d'obtenir le retour de la Reine mère. Louis XIII résolut d'écouter l'ambassadeur de son beau-frère. Quant à Richelieu, prévoyant que lord Jermyn ne manquerait pas d'observer qu'il était à la fois juge et partie, il dit au Roi « qu'il ne lui convenoit point d'opiner » : « Il ajouta, raconte le Père Griffet, que Sa Majesté avait dans son Conseil des ministres habiles et désintéressés, qui n'avaient jamais eu aucun sujet de se plaindre de la Reine et que Sa Majesté ne pouvait mieux faire que de les consulter sur la réponse qu'il ferait à mylord Jermyn (2). » Lequel de ces ministres intègres, de ces conseillers vertueux aurait l'audace d'avoir un avis qui pût déplaire au cardinal?

La proposition du cardinal rehaussa encore Son Éminence dans l'estime du maître et elle fut agréée par le Roi, qui commanda au chancelier Séguier, à MM. de Bullion, Bouthillier, de Chavigny,

(1) Avenel, *Lettres du Cardinal de Richelieu*, t. VI, p. 273, note.
(2) Père Griffet, *Histoire du Règne de Louis XIII*, t. III, p. 164.

et de Noyers d'opiner par écrit sur les questions que posait le retour de la Reine. L'avis unanime fut, bien entendu, conforme à celui du cardinal.

« C'est l'absence de la Reine mère, disait Séguier, qui a donné moyen de porter l'autorité royale au point où elle est aujourd'hui. Seroit-il de la prudence d'accorder le retour de la Reine?... Les propositions de ce retour viennent de la part de nos ennemis. »

La réponse de Bullion n'était pas moins péremptoire : « Le retour de la Reine mère en ce Royaume ne peut être utile à la personne du Roi, de Monsieur le Dauphin et à l'État, mais très dommageable et au préjudice de tous les trois. »

Bouthillier a daté sa réponse du 14 mars 1639. Il estime que le « séjour de la Reine, mère de Sa Majesté, seroit du tout préjudiciable en ce Royaume, duquel elle est sortie de son propre mouvement, au déçu du Roi, et s'est retirée en pays que l'on pouvoit dire lors ennemi... Si le retour étoit jugé à propos, il croiroit que la demeure devroit être au milieu du Royaume, comme en haut Poitou, en Anjou, au Maine ou en Bourbonnais ».

L'avis de Bouthillier, qui peut être considéré comme émanant du cardinal, est le moins rigoureux de tous : l'ambassadeur de France à Londres proposera à la Reine mère « d'aller à Florence, auquel cas il lui offrira de la part du Roi, par chacun an, une somme égale à ce qu'elle pourroit tirer de revenu en France, tant pour la raison de ses deniers dotaux que pour son domaine, et même quelques sommes considérables pour le passé, afin d'acquitter les dettes que l'on dit qu'elle a faites en pays étrangers. Au cas qu'elle ne voulût accepter ce parti, ce qu'on tient assurément qu'elle ne fera jamais, j'estimerois lui devoir être proposé d'aller en lieu neutre ».

Bouthillier conseille la Hollande et surtout Avignon, « où le Roi lui pourroit faire offrir une somme pour l'avenir par chacun an, et une somme pour le passé, une fois payée, mais l'une et l'autre moindres que si elle alloit à Florence ». Au cas où la Reine, toujours écartée de France, « voudroit absolument demeurer en Angleterre,... il est à propos que le Roi lui donne de quoi y vivre selon sa qualité ».

Chavigny répond le 20 mars, il pense comme les autres ministres sur la plupart des questions, mais, sur la question de l'entretènement, il est en contradiction avec Bouthillier, son père : « Mon opinion est qu'on ne doit jamais, à l'instance des Anglais, ni laisser à la Reine mère la jouissance du bien qu'elle possédoit lorsqu'elle étoit en France ni lui donner de quoi s'entretenir à Londres selon sa qualité. »

La réponse de M. de Noyers, qui porte la date du 19 mars, développe à peu près les mêmes raisons que les autres. Son auteur opine lui aussi au séjour de Florence et il conclut ainsi : « Toutes ces raisons et mille autres, que je tais pour n'être ennuyeux, bien examinées et balancées dans mon esprit, je suis d'avis que le retour de la Reine mère en France est entièrement contraire au bien de l'État; que, pour couper chemin aux desseins que les ennemis du dedans et du dehors pourroient former sur icelui, il ne doit être mis en négociation; que le roi d'Angleterre sera remercié des offices qu'il a voulu rendre à la Reine mère, et cependant prié de ne s'entremettre à l'avenir des affaires domestiques de Sa Majesté, étant bien raisonnable que chacun règle les affaires de sa maison ainsi qu'il le juge à propos, non au goût d'autrui (1). »

Restait à répondre à lord Jermyn, Louis XIII lui écrit : « Monsieur Jermyn, je loue ma sœur du bon naturel qu'elle témoigne pour la Reine ma mère. Je n'ai jamais manqué de bon naturel envers la Reine ma mère, mais elle a tenté tant de diverses choses contre mon État, et a pris tant de liaisons avec ceux qui en sont ennemis déclarés, que je ne saurois prendre aucune résolution que de n'en prendre point en ce qui la touche, jusques à ce que l'établissement d'une bonne paix me donne lieu de moins soupçonner ses intentions que je ne dois faire maintenant. »

Ainsi le retour de la Reine se trouvait remis à une date que nul n'était en mesure de prévoir et, pour ce qui était de la demande d'argent, le Roi pouvait opposer que des sommes données à la Reine profiteraient aux ennemis de son État (2).

---

(1) Aubery, *Histoire du Cardinal Duc de Richelieu*, t. III, p. 395-402.
(2) Avenel, *Lettres du Cardinal de Richelieu*, t. VI, p. 311-312.

Le 6 avril, en une lettre qu'emporta lord Jemyn, Louis XIII dit à sa sœur tout son « déplaisir de ne pouvoir faire les choses qu'elle désiroit » : « Ayant fait savoir au sieur Jermyn mes intentions, je me remets à lui pour vous en dire le particulier. » Le lendemain le cardinal écrivit à la reine Henriette-Marie : « J'ai reçu, avec tout le respect que je dois, le commandement qu'il a plu à Votre Majesté me faire. Je m'estimerois infiniment heureux, si j'avois pu, en cette occasion, lui faire voir des marques de l'obéissance que je lui veux rendre toute ma vie (1). » Et cela suffisait. L'étiquette était observée.

La duchesse de Chevreuse et la cour de Charles Ier.

N'oublions pas qu'il y avait alors en Angleterre une grande dame qui brûlait, comme sa maîtresse, du désir de rentrer en France. C'était la duchesse de Chevreuse. Depuis un an, elle avait quitté la cour d'Espagne. Malgré le prestige dont elle jouissait auprès du comte-duc, malgré la faveur, — et peut-être l'amour, — de Philippe IV, dont elle refusait les pensions, elle n'avait pu obtenir les honneurs à quoi elle prétendait. Elle s'était donc rendue à la cour de Charles Ier. Henriette-Marie conjurait le cardinal de ne pas retenir le bien de la duchesse : « C'est, disait-elle, la justice et son mérite qui le demandent. S'étant comportée en Espagne et en ce pays comme elle a fait, elle mérite bien cela de vous et de moi. Je ne vous en parlerai davantage, me fiant à ce que vous m'avez dit, qui est de m'obliger, quand vous en auriez les occasions (2). »

Mais quelle était cette « bonne conduite »? Louis XIII écrivait, le 22 février 1638, à Richelieu : « Je vois aussi que Mme de Chevreuse fait merveilles en ce pays sur votre sujet; je crains bien qu'en Angleterre elle nous fasse bien du mal; ce à quoi il faut essayer de remédier comme on pourra (3). » Mme de Chevreuse n'en écrivit pas moins à la Reine. Tout en félicitant Anne d'Au-

---

(1) Avenel, *Lettres du Cardinal de Richelieu*, t. VII, p. 214.
(2) Victor Cousin, *La Duchesse de Chevreuse*, p. 445-446.
(3) Archives des Affaires étrangères, *Lettres de Louis XIII à Richelieu.*

triche de sa grossesse, elle la suppliait d'intercéder pour elle auprès du Roi et du cardinal : « Je ne serois pas digne de pardon, si j'avois manqué de rendre compte à Votre Majesté du voyage que mon malheur m'a obligée d'entreprendre. Mais la nécessité m'ayant contrainte d'entrer en Espagne, où le respect de Votre Majesté m'a fait recevoir et traiter mieux que je ne méritois, celui que je vous porte m'a fait taire jusques à ce que je fusse en un royaume qui, étant en bonne intelligence avec la France, ne me donne pas sujet d'appréhender que vous ne trouviez pas bon d'en recevoir des lettres. Il m'a fallu priver de la consolation de soulager mes maux en les disant à Votre Majesté, jusqu'à cette heure que je puis me plaindre à elle de ma mauvaise fortune, espérant que sa protection me garantira de la colère du Roi et des mauvaises grâces de M. le Cardinal. Je n'ose le dire moi-même à Sa Majesté et ne le fais pas à M. le Cardinal, m'assurant que votre générosité le fera et rendra agréable ce qui pourroit être importun de ma part (1). »

Ce fut Richelieu qui dicta la réponse de la Reine : « Ayant su que vous étiez en Angleterre, je prends cette occasion de vous écrire pour vous dire que, puisque vous aviez dessein d'y aller, je suis très aise que vous y soyez arrivée, et vous donner avis de ma grossesse, qui est véritable, et dont je ne doute point que vous n'ayez une extrême joie, pour le bien et l'avantage que ce m'est. Je suis bien fâchée qu'en Espagne vous n'ayez pas été *posada en palacio*. Si mes souhaits avoient eu lieu, vous pouvez croire qu'on auroit ajouté ce bon traitement aux autres que vous avez reçus. Je plains plus que je ne vous puis dire la peine que vous avez eue en un si long voyage, et n'ai pu m'empêcher de rire de certaines aventures que j'ai su qui vous sont arrivées. Vous avez pris l'alarme trop chaude. Je vous puis assurer maintenant qu'on n'a point eu d'intention de vous faire mal... Il faut songer à réparer ce qui est fait. L'état auquel je suis me donne les pensées que doit avoir une personne qui espère d'être bientôt mère d'un Dauphin, et partant je vous prie, et pour l'amour de

---

(1) Victor Cousin, *La Duchesse de Chevreuse*, p. 145-146.

vous et pour l'amour de moi, de ne rien faire au pays où vous êtes qui puisse donner de deçà un juste mécontentement de vous. Et je vous avoue qu'en désirant passionnément la paix, je serois au désespoir si l'Angleterre, pendant le temps que vous y serez ou après que vous en serez sortie, faisoit quelque chose contre la France (1). »

Cette lettre où le cardinal jouait le rôle de la mère d'un Dauphin et, par la plume d'Anne d'Autriche, donnait de si bons conseils à Mme de Chevreuse, ne fut point envoyée. Le cardinal écrivit lui-même à la duchesse : « Si vous êtes innocente, votre sûreté dépend de vous-même. »

Le cardinal avait d'autres préoccupations en poursuivant avec la duchesse ce jeu des propos interrompus. Le duc Charles de Lorraine était toujours en guerre avec le Roi, mais le Roi et son ministre n'eussent pas été fâchés de s'accommoder avec lui. Or, le cardinal n'ignorait pas l'influence que Mme de Chevreuse avait conservée sur l'esprit du prince. Elle finit par recevoir une abolition. Le cardinal se gardait d'y rappeler que la duchesse de Chevreuse avait négocié avec le duc de Lorraine. Il ne lui refusa plus d'habiter le château de Dampierre et, pour lui donner le moyen de s'en revenir, il lui fit remettre une somme de dix-huit mille livres, en échange de laquelle l'abbé du Dorat et le sieur de Boispille signèrent en son nom une sorte de reçu qui contenait l'aveu implicite de sa culpabilité. Mais un entretien qu'elle eut à Londres avec le marquis de Ville envoyé du duc de Lorraine, un billet du Duc lui-même persuadèrent à Mme de Chevreuse que le cardinal ne pardonnait jamais et qu'il l'attirait dans un piège et « qu'étant en France on la feroit bien parler avec ses lettres ».

Le 9 août elle demanda de nouvelles assurances à Richelieu. Celui-ci ne cacha point sa mauvaise humeur : « Le Roi a trouvé fort étrange, répondit-il, qu'ayant reçu votre abolition il y a plus de trois mois, telle qu'on la désiroit pour vous en ce temps et dont il vous a plu me remercier vous-même, vous ayez fait difficulté de vous en servir comme vous disiez le vouloir faire. » C'est en vain

---

(1) Avenel, *Lettres du Cardinal de Richelieu*, t. VI, p. 17-18.

que le cardinal assurait, dans une lettre datée du 30 août, qu' « il ne seroit plus parlé de négociations faites avec M. de Lorraine »; Mme de Chevreuse lui écrivit de Londres le 16 septembre : « Il faut que je vous confesse que les appréhensions où l'on m'a mises ont été telles, que mon esprit n'a pas été capable de les surmonter tout d'un coup en m'en retournant présentement en France, où je vous proteste que je n'ai jamais eu ni n'ai encore autre dessein que de m'y voir dans l'honneur de votre bienveillance (1). »

En dépit de ces belles protestations, Mme de Chevreuse voyait à Londres tous les ennemis du cardinal et notamment le duc de La Valette, que, sur sa prière, Charles Ier avait accueilli à la Cour. Rien ne pouvait donner confiance à ces ennemis du cardinal et le cardinal ne pouvait avoir nulle confiance en eux. Il n'ignorait pas qu'en quittant la France « le fils aîné du duc d'Épernon avoit fait publier par les siens qu'il vouloit porter ce respect au Roi de ne pas paraître devant lui durant son indignation et enfin qu'il vouloit aussi pourvoir à sa sûreté et se mettre à l'abri de l'orage (2) ». Il est à peine besoin de dire qu'en Angleterre le réfugié était au premier rang des critiques acharnés contre le cardinal et que le sort de la *Chevrette* en fut singulièrement compromis.

(1) Victor Cousin, *La Duchesse de Chevreuse*, p. 455-456.
(2) *Mémoires du Cardinal Richelieu*, éd. Petitot, t. X, p. 498.

CHAPITRE TROISIÈME

LE SIÈGE D'HESDIN

En ce printemps de l'année 1639, les armées du Roi se remettaient en campagne. Le cardinal s'intéressait vivement à la fortune d'un de ses parents, Charles de La Porte, marquis de La Meilleraye, grand maître de l'artillerie, que le Roi venait de placer à la tête de l'armée d'Artois. Le cardinal avait écrit au grand maître le 17 mai 1639 : « Nous ne voyons de loin autre chose à faire qu'à vous donner la carte blanche; le Roi vous laisse libre d'attaquer telle place que bon vous semblera, et nous ne pouvons juger d'ici qu'aucune autre puisse être attaquée que Saint-Omer, Arras et Hesdin ou Bapaume. Nous tenons la première plus que difficile maintenant, à cause que vous ne sauriez plus la surprendre. La dernière, qui est Bapaume, me semble de même nature à cause des eaux. Hesdin est très bien muni de gens et par conséquent meurtrier et le dessein que les ennemis désirent le plus pour garantir le dedans de leur pays. Il semble ne vous rester qu'Arras à attaquer, si ce n'est que vous aimiez mieux, du même côté d'Arras, entrer dans le pays des ennemis... Tant y a qu'il faut ou attaquer une place ou prendre un poste si avantageux qu'on ruine le pays pendant cette campagne (1). »

Ce fut Hesdin que le grand maître résolut d'assiéger. Le 4 juin, Louis XIII se trouvait sous les murs de la place et il écrivait à Richelieu : « Je ne saurois vous témoigner la satisfaction que j'ai de M. de La Meilleraye, lequel sert avec telle affection et capacité, qu'on n'en sauroit dire assez de bien et de tous ceux qui servent

---

(1) Avenel, *Lettres du Cardinal de Richelieu*, t. VI, p. 355-356.

sous lui. Je m'en vas tracer quelques lignes et trois redoutes... Nos gens boivent de l'eau du fossé (1). » Un fossé large de cent vingt à cent cinquante pieds, profond de vingt-cinq et rempli jusqu'au bord (2). Tandis que le Roi témoignait cette belle ardeur, l'armée de Lorraine, commandée par le marquis de Feuquières, attaquait Thionville pour attirer sur soi Piccolomini, et ainsi l'éloigner d'Hesdin. Feuquières comptait enlever rapidement la place et s'avancer à la rencontre du général ennemi, avec un grand espoir de le battre. Dans une lettre datée de Pontoise et adressée à Chavigny le 26 mai, le cardinal avait résumé ainsi la situation : « Nous sommes partis pour Abbeville; Hesdin est assiégé, j'espère que nous en aurons bonne issue. M. de La Meilleraye y a reçu une mousquetade, mais si favorablement, qu'ayant percé son baudrier, la balle est demeurée dans son collet de buffle. M. de Feuquières est dans le Luxembourg et je crois qu'au premier jour nous aurons des nouvelles qu'il aura commencé ce que vous savez (3). »

Piccolomini sera-t-il retenu par Thionville?

« Voilà notre maîtresse, elle est belle, mais elle sera un peu difficile à réduire. » C'est ce que, vers le début du mois de juin 1639, Feuquières disait à Antoine Arnauld, qui servait dans son armée. Appuyé à la fenêtre d'une maison, où il avait établi son quartier, dans un village fort proche de la Moselle, en amont de Thionville, Feuquières montrait, à une portée de canon, la place sur la rive gauche de la rivière, environnée de prairies. Et comme Arnauld lui répliquait : « Vous n'en aurez que plus de gloire », il rappelait « le grand empressement que l'on avoit eu à le faire partir », alors qu'il n'avait « que la moitié de ses troupes et manquoit de beaucoup de choses nécessaires » : « Mais, au moins, ajoutait le loyal soldat, ils seront contents de notre obéissance et

---

(1) Comte de Bauchamp, *Louis XIII d'après sa correspondance avec le Cardinal de Richelieu*, p. 358.
(2) *Le siège d'Hesdin par Messire Antoine de Ville.*
(3) Avenel, *Lettres du Cardinal de Richelieu*, t. VI, p. 373.

ne se plaindront pas que la place que j'attaque ne soit pas propre à faire l'effet qu'ils souhaitent (1). »

De cette fenêtre, Arnauld regardait le pont de bateaux jeté sur la Moselle par Feuquières auprès du village, le ruisseau qui coulait entre le quartier et la ville et qui, ayant des bords « assez relevés » et ne se trouvant guéable qu'en un ou deux endroits, servait de défense au quartier général et au parc d'artillerie. Plus loin, au quartier de M. de Saint-Pol, maréchal de camp, le terrain commençait à s'élever, puis devenait une véritable montagne au quartier de Bussy-Rabutin. Et Arnauld observait que « cette montagne, couverte de bois sur la hauteur et de vignes sur son penchant vers la ville, s'étendoit à l'entour de la place et venoit finir au quartier du régiment de Navarre, laissant une petite prairie entre le pied de la montagne et la rivière ». Derrière Navarre, dans un gros village, au milieu de prairies, on distinguait la cavalerie.

En voyant les lignes de circonvallation qui enserraient tous ces quartiers, Arnauld songeait : « Si les ennemis nous donnent encore deux ou trois jours, elles seront en état de défense et ils penseront deux fois à les attaquer (2).

Mais le 6 juin, Feuquières apprend, par une lettre de sa femme demeurée à Verdun, que les ennemis viennent à lui. La nouvelle est d'autant plus surprenante qu'un Allemand, le colonel Streff, qui a reçu l'ordre d'envoyer des partis de son régiment pour prendre langue des ennemis », n'a soufflé mot de leur marche. Le soir de ce jour, Feuquières tient conseil avec les officiers généraux et, le lendemain, avertit tous les quartiers et se rend, dès la pointe du jour, à celui de Navarre ; il commande qu'on achève promptement un pont de chevalets que, sur son ordre, on a commencé au-dessous de la place pour avoir la communication libre avec le quartier des carabins, qui est seul, sur l'autre rive de la Moselle. Vers les sept heures du soir, raconte Antoine Arnauld, « Chambord, capitaine de cavalerie, le vint avertir qu'il paraissoit quelques Cravates à la tête de notre grand-garde, au delà des bois. On

(1) *Mémoires de l'Abbé Arnauld*, 1re partie, p. 141-142.
(2) *Ibidem*, p. 145-146.

envoya aussitôt ordre à toute la cavalerie de monter à cheval et de se mettre en bataille dans ce pré, qui étoit à la tête du régiment de Navarre et nous poussâmes au galop jusqu'à la garde avancée, que nous trouvâmes escarmouchant déjà avec des Cravates. En moins de rien nous vîmes paroître plusieurs escadrons, en sorte que, ne doutant plus que ce ne fût au moins l'avant-garde des ennemis, M. de Feuquières retourna pour mettre l'armée en bataille, espérant bien que notre cavalerie, qu'il trouva toute au meilleur ordre du monde, soutenue du régiment de Navarre, lui en donneroit le loisir (1). »

Trois jours plus tard, Richelieu, parvenu à Abbeville depuis le 2 juin, mandait à La Meilleraye : « Je vous dépêche ce courrier pour vous donner avis d'une déroute qui est arrivée à M. de Feuquières par le défaut de sa cavalerie, qui a tourné le dos au lieu de combattre; l'infanterie a fait des merveilles, mais un coup de canon qui, emportant le bras de M. de Feuquières, l'a porté par terre, a fait perdre cœur à ceux qui étoient demeurés avec lui; la cavalerie s'est toute sauvée. Nous ne savons encore ce qu'il y a d'infanterie perdue. On dit que Navarre a fait des merveilles. Vous ferez passer cet accident dans l'armée le plus doucement que vous pourrez. Médavy est dans Metz, qui ramasse l'infanterie qui se retire. Deux régiments qui n'étoient point au combat ont été jetés dans Verdun... Vous voyez par là ce que vaut la perte d'un chef en une entreprise. Conservez-vous, je vous prie, et hâtez votre siège le plus que vous pourrez (2). » Le 13 juin, le cardinal avait la joie d'écrire à La Meilleraye que M. de Feuquières n'était pas mort, mais prisonnier à Thionville avec un bras rompu d'un coup de mousquet : « Il a fait merveilles de sa personne (3) », ajoutait Richelieu. Et Son Éminence comptait sur une prompte revanche (4).

(1) *Mémoires de l'Abbé Arnauld*, 1ʳᵉ partie, p. 147-152.
(2) Avenel, *Lettres du Cardinal de Richelieu*, t. VI, p. 380.
(3) *Ibidem*, t. VII, p. 390.
(4) Feuquières devait mourir de ses blessures à Thionville, le 13 mars 1640. « Richelieu, qui ne laissait rien impuni, lisons-nous dans l'ouvrage du Père Griffet, fit faire des informations secrètes sur la conduite des officiers et des soldats qui avaient pris la fuite au combat de Thionville... Le marquis de Feuquières, ayant été interrogé à Thionville par ordre du Roi, ne voulut accuser personne il répondit constamment

Les précautions prises contre Piccolomini.

La Meilleraye se hâtait lentement, mais sûrement, pour ne pas encourir une seconde fois le reproche que Richelieu lui avait adressé dès les premiers jours du siège : « Je vous compare aux chiens des bonnes meutes, qui, ayant le nez excellent et le pied gras, font des merveilles au découplé, mais avec tant d'efforts, que, devant que le cerf soit pris, ils sont contraints à se rendre (1). » Le cardinal avait si à cœur le succès de l'entreprise, qu'il ne manquait pas de s'entretenir avec Messire Antoine de Ville, l'un des plus fameux spécialistes dans l'art de la fortification. Antoine de Ville était fort content de la terreur causée aux habitants d'Hesdin par les bombes : « Ces bombes, disait-il, ont quinze pouces de diamètre, hautes d'un pied et demi, car on ne les fait plus rondes, mais longues comme une pièce de colonne. Ce seroit la plus furieuse invention de toutes celles dont on se sert à la guerre, si elle étoit aussi nuisible qu'elle est épouvantable. Ceux de dedans, pour s'en garantir, mettent une sentinelle qui, les voyant venir, crie : *gare la bèle* (2) ! Chacun prend garde où elle doit tomber et a loisir de se retirer. Son plus grand effet est de percer les toits et les planchers par la violence de sa chute, et par l'effort de la poudre, elle se crève et enlève tout ce qu'il y a au-dessus. Les éclats vont en haut. » Antoine de Ville vante la discipline qui régnait dans le camp : « Les marchands et vivandiers, observait-il, sont rangés dans une grande rue ou plutôt allée d'arbres plantés à la ligne depuis le quartier de M. le Grand Maître, jusqu'à celui de la marine. Dans les boutiques, on trouve toutes sortes de marchandises et d'artisans et, chez les vivandiers, des viandes et vins les plus exquis. L'abondance de toutes choses est si grande, qu'il semble plutôt qu'on soit dans une ville que dans un camp, et l'ordre y est tel, que chacun y est plus assuré que dans Paris (3). »

qu'ayant toujours combattu à la tête des troupes, il ne pouvait pas rendre compte de ce qui s'était passé derrière lui. » (T. III, p. 196.)
(1) Avenel, *Lettres du Cardinal de Richelieu*, t. VIII, p. 354.
(2) Javelot utilisé au moyen âge.
(3) *Le Siège d'Hesdin*, par Messire Antoine de Ville.

Richelieu n'oublia point de mettre les assiégeants en garde contre une attaque éventuelle de Piccolomini joignant ses forces à celles du cardinal infant pour venir au secours des assiégés. Le 19 juin il concluait ainsi un mémoire qu'il adressait à son cousin : « Les ennemis ont battu M. de Feuquières, parce qu'ils l'ont surpris, parce que les forces étoient en quartiers séparés, parce qu'il n'étoit point retranché et parce que la cavalerie n'a rien fait qui vaille. On ne surprendra point Monsieur le Grand Maître : l'armée n'est point séparée, elle est bien retranchée et composée de la meilleure infanterie et cavalerie qui soit en France. Et, partant, au lieu que les ennemis ont été battant à Thionville, j'ose répondre que, s'ils viennent à Hesdin, ils seront battus. Il faut envoyer force partis à la guerre et loin, afin d'être avertis à coup près de la marche des ennemis (1). »

Cinq-Mars. — Le Roi s'ennuie.

Jusque sous les murs d'Hesdin, Richelieu était toujours en alerte au sujet des entourages, des sentiments et des épanchements de Louis XIII. Depuis qu'il avait rompu avec Mme de Hautefort (2), depuis qu'il avait laissé Mlle de La Fayette prendre le voile, le Roi s'ennuyait; il avait besoin d'une de ces relations sentimentales qui occupaient son ennui. Auprès de lui, justement, une charge se trouvait vacante par la démission du marquis de La Force, celle de maître de la garde-robe, dont Louis XIII disait que c'était l'une de celles « qui approchoient le plus de sa personne ». Richelieu songea au jeune Cinq-Mars.

Cinq-Mars avait un esprit agréable et beaucoup de bonne grâce. Richelieu pensait qu'un favori de dix-neuf ans serait docile à son influence. Le 19 août 1638, Louis XIII avait mandé à Richelieu : « J'ai trouvé le sexe féminin avec aussi peu de sens et aussi impertinent en leurs questions qu'ils ont accoutumé ». Il s'agissait de la charge de gouvernante du futur Dauphin et de l'insistance

---

(1) Avenel, *Lettres du Cardinal de Richelieu*, t. VI, p. 395.
(2) Appelée désormais Madame, parce qu'elle venait d'obtenir de la Reine la survivance de la charge de dame d'atour, qu'occupait, sa grand'mère Mme de La Flotte.

de Mme de Hautefort, qui mécontentait le Roi. Celui-ci était las de toutes ces intrigues fomentées autour de lui. Il écrivait au cardinal que c'était la brouille décisive avec Mme de Hautefort, qui songeait à épouser le marquis de Gesvres, dont elle était aimée (1) : « Il m'ennuie bien que la Reine ne soit accouchée pour m'en retourner en Picardie, si vous le jugez à propos ou ailleurs. Pourvu que je sois hors d'avec toutes ces femmes, il ne m'importe où (2). »

Au siège d'Hesdin à présent, en cette fin de juin 1639, le maître de la garde-robe remplissait sa charge auprès du Roi et gagnait peu à peu sa faveur.

La Capitulation d'Hesdin.

Le 27 juin 1639, malgré le retard causé par la difficulté des lieux, la pluie, la grêle et la tempête, qui depuis quelques jours empêchaient les soldats de quitter leurs huttes, deux mines étaient en état de jouer. On y mit le feu sur les six heures du soir ; l'explosion ouvrit deux grandes brèches dans les murs de la place, mais les ponts qui menaient à ces brèches se rompirent ; on y retourna le 28, pour faire un logement, c'est-à-dire effectuer un retranchement qui permît de s'y maintenir : « Jamais, nous dit Antoine de Ville, attaque n'a été plus opiniâtre ni mieux soutenue. Il fut résolu de faire le lendemain deux attaques par les deux passages du fossé. » Ces passages avaient été pratiqués au moyen de fascines et de sacs de terre. Des ponts de bois et de joncs donnaient accès « aux autres lieux ruinés, à la courtine et aux flancs, aussi rompus et aussi aisés à monter que ceux où la mine avait joué ». Tout le monde « se retira pour faire un plus grand effort le lendemain (3) ».

Il n'en fut pas besoin. Le 29 juin 1639, au lever du soleil, par delà le fossé, où des cadavres flottaient, on vit paraître sur la

(1) Le mariage n'eut pas lieu. Le marquis de Gesvres fut tué au siège de Thionville. Mme de Hautefort épousa, en 1646, Charles de Schomberg, duc d'Halluin, et maréchal de France.
(2) Archives des Affaires étrangères, *Lettres de Louis XIII à Richelieu*.
(3) *Le Siège d'Hesdin*, par Messire Antoine de Ville.

brèche encombrée de morts un tambour espagnol battant la chamade. Le feu ayant cessé, le tambour dit que la place demandait à parlementer et M. de La Meilleraye se rendit aux tranchées. Il accorda les quatre heures de répit que le comte de Hanapes, gouverneur d'Hesdin, jugeait nécessaires pour régler les articles de la capitulation. Louis XIII les examina et les modifia quelque peu. La nuit était venue lorsqu'il écrivit au cardinal : « J'ai retenu votre gentilhomme jusqu'à temps que la capitulation fût signée, laquelle ne l'a été qu'entre sept et huit heures du soir, ce qui est cause que je ne l'ai pas envoyé dès ce soir. La garnison doit sortir demain à huit heures du matin, mais je ne crois pas qu'elle puisse sortir plus tôt que trois heures après midi, à cause de leur bagage, pour lequel nous devons fournir deux cents charrettes. Vous devez être très content de M. d'Auxerre (Gilles de Souvré, évêque d'Auxerre), lequel a fait de très beaux travaux; et très mal satisfait de M. de Ville, lequel a très mal pris sa circonvallation et l'a mise en sorte qu'il falloit vingt mille hommes pour la garder, et encore est-elle tellement vue par derrière qu'en plusieurs endroits elle ne peut se défendre; et a fait faire deux milles toises d'ouvrage plus qu'il ne falloit. Je ne saurois vous témoigner la satisfaction que j'ai de M. de La Meilleraye; je vous puis assurer que toute l'armée l'a de même (1). »

Le 30 juin, vers dix heures du matin, la garnison sortit tambour battant, enseignes déployées, mèche allumée par les deux bouts et balle en bouche. Louis XIII regardait défiler l'infanterie, à la suite de laquelle le comte de Hanapes, gouverneur de la ville, s'avançait en carrosse. Soudain le carrosse s'arrête : le gouverneur, qui a plus de quatre-vingts ans, qui est blessé d'un éclat de bombe et que la goutte tourmente, en descend pour monter dans une chaise à porteurs. Précédé de deux capitaines, qui marchent la pique à la main, il vient faire la révérence au Roi : « Sire, dit-il, j'ai été fait gouverneur d'Hesdin par un grand Roi et un grand Roi m'en fait sortir. Je tiens à grand honneur, puisque j'avois à perdre la place, de la remettre entre les mains

(1) Comte de Beauchamp, *Louis XIII d'après sa correspondance avec le Cardinal de Richelieu*, p. 359-360.

de Votre Majesté. — Vous l'avez si bien défendue, répond Louis XIII, que le Roi votre maître n'en pourra être que très satisfait. » Cependant M. de Puységur, l'un des témoins de cette scène, songeait : « Ce qu'il dit est très véritable et on peut assurer que c'est celui de tous qui se soit le mieux défendu (1). » Puis le comte de Hanapes regagna son carrosse et il parvint, après huit mortelles lieues, à Lillers, où le cardinal infant, qui n'était pas de l'avis de Puységur, se hâta de le faire arrêter.

Maréchal de France sur la brèche.

Tandis que la garnison du Roi Catholique s'éloignait de la ville et que les troupes du Roi Très Chrétien l'y remplaçaient, celui-ci regagnait son quartier pour dîner. Puységur le suit jusque dans sa chambre. Attendant que La Meilleraye et le reste de la Cour aient dîné, il demeure seul avec son maître et un lieutenant des gardes. Dans la pièce, les tapissiers sont en train de détendre les murs : « Puységur, dit Louis XIII en désignant une garde-robe attenant à sa chambre, regardez qui est là dedans. — Il n'y a, répond Puységur, que M. de Cinq-Mars, qui est couché sur un lit et qui dort. — Il ne dort pas, répond le Roi ; il en fait semblant, afin d'écouter ce que nous disons. »

Louis XIII alors entraîne Puységur dans sa ruelle et lui « ordonne de lui dire la vérité de ce qu'il lui va demander ». Puységur promet d'obéir et le Roi interroge : « Quel homme est-ce que le grand maître ? — Sire, c'est un homme qui sert Votre Majesté avec beaucoup d'affection et qui se peine fort ; il est très vigilant et très soigneux d'apprendre ce qu'il ne sait pas, s'enquérant des uns et des autres des choses qu'il faut faire ; quand il est dans un conseil, il reçoit fort bien les opinions d'un chacun, et puis après il en fait un résultat dans sa tête et, prenant ce qu'il trouve de meilleur, il donne son avis fort justement. — Il vaut bien nos barbons », remarque Louis XIII, songeant aux maréchaux de La Force et de Châtillon, qui, malgré l'inégalité

(1) *Mémoires de Jacques de Chastenet, seigneur de Puységur*, t. I, p. 225.

de leur âge (quatre-vingts et cinquante et un ans) lui paraissent également mûrs. — « Sire, s'il continue d'avoir de l'emploi, assurément qu'il en saura autant que les autres. — J'ai résolu, déclare le Roi, d'entrer dans la ville par la brèche, sur le haut de laquelle je le veux faire maréchal de France ; il n'en sait rien, et que personne n'en parle. — Votre Majesté aura peine à passer le pont pour monter à la brèche, d'autant qu'il y a bien des pierres dessus, et vous vous sentez de la goutte. — Je m'appuierai sur toi et sur d'autres et j'y passerai bien. »

Quelques instants plus tard, Louis XIII descendait de cheval devant le fossé. S'appuyant de sa main sur l'épaule de Puységur « et de la droite sur celle de M. de Lambert », maréchal de camp, il passait le pont et montait par la brèche. Le grand maître l'attendait en haut des décombres. Il le prit sous les aisselles et l'aida à gravir. Tiré par La Meilleraye, soutenu par Puységur et Lambert, le Roi parvint au sommet. Se retournant aussitôt, il saisit la canne que Puységur tenait à la main : « La Meilleraye, dit-il au grand maître, je vous fais maréchal de France ; voilà le bâton que je vous en donne ; les services que vous m'avez rendus m'obligent à cela ; vous continuerez à me bien servir. »

Le grand maître baise les pieds du Roi et tandis qu'il s'abîme en remerciements, Louis XIII l'interrompt : — « Trêve de compliments, je n'en ai fait pas un de meilleur cœur que vous (1). » Paroles qui montrèrent au duc d'Orléans, aux ducs de Mercœur et de Beaufort et aux seigneurs de la suite du Roi que, si le prestige de Son Éminence n'avait pas diminué, la faveur de Cinq-Mars, — présent à cette scène, — ne cessait de grandir : car, si le nouveau maréchal était le cousin germain du cardinal, il avait épousé la sœur du maître de la garde-robe.

Richelieu était toujours dans son quartier d'Abbeville. Il félicita La Meilleraye avec beaucoup de mesure : « Je suis très aise de la fin de vos travaux au siège d'Hesdin et de ce qu'il a plu au Roi témoigner l'agrément de vos services par la charge qu'il vous a donnée (2). » Mais c'est d'un style autrement triomphant

---

(1) *Mémoires de Jacques de Chastenet, seigneur de Puységur*, t. I, p. 225-227.
(2) Avenel, *Lettres du Cardinal de Richelieu*, t. VI, p. 407.

qu'il écrivait, le même jour, la lettre par laquelle Louis XIII annonçait la bonne nouvelle au maréchal de Châtillon : « Cette place est la meilleure et la plus régulièrement fortifiée qui se puisse voir. Elle a six bastions, chacun de cinquante toises de face et de vingt-trois de flanc, le fossé de trente toises de large et profond extraordinairement, y ayant plus de vingt-deux pieds d'eau vive; les contrescarpes doubles, fossoyées et palissadées partout et la courtine de chaque bastion couverte d'une demi-lune parfaite. La situation en est si avantageuse qu'encore qu'elle soit dans un fond, il n'y a néanmoins aucun commandement qui la puisse incommoder et qu'elle ne se peut attaquer que par le lieu où elle l'a été; le reste étant dans un marais inaccessible en tout temps. Cela vous fera assez juger de la bonté de la place, qui couvre la plupart de ma frontière de Picardie et me donne une grande étendue de pays dans l'Artois. La garnison était si forte, qu'il en est sorti, lorsqu'elle a été rendue, jusques à deux mille hommes de cavalerie et infanterie. Et parce qu'ayant voulu voir moi-même cette place, où je suis entré par la brèche, j'ai trouvé le succès de ce siège, qui n'a duré que six semaines, très glorieux et avantageux pour mes armes et pour les affaires publiques, même en la conjoncture présente, le cardinal infant, d'Espagne, étant depuis plusieurs jours à dix lieues de la place, préparé à tenter de la secourir avec toutes les forces que le roi d'Espagne a dans les Pays-Bas et une bonne partie de l'armée impériale commandée par le général Piccolomini, qui étoit allé les joindre à grandes journées depuis avoir été par vous obligé de lever le siège de devant Mouzon, j'ai bien voulu vous le faire savoir, afin que vous le communiquiez à mes serviteurs qui sont près de vous (1). »

Vers les Flandres.

Et quelles devaient être les suites de ce beau succès? Le 16 juillet 1639, le cardinal écrivait de Saint-Quentin au grand maître : « Le Roi approuve la proposition que fait Monsieur le

(1) Aubery, *Mémoires pour l'Histoire du Cardinal Duc de Richelieu*, t. III, p. 320.

Grand Maître d'aller chercher un poste vers la Flandre où l'armée qu'il commande puisse vivre commodément. On croit qu'on peut prendre sûrement Rumingheim et Anvin sur la rivière du Aa (qui arrose Saint-Omer et se jette dans la mer près de Gravelines), et faire, en un de ces lieux ou en quelque gros bourg situé entre les deux sur la rivière du Aa, un bon campement par le moyen duquel, ayant des ponts sur la rivière du Aa, il pourra également faire des courses dans la Flandre et dans l'Artois. A cela, on ne juge aucun péril, ayant Aydres et Calais à son derrière pour les vivres et la rivière du Aa pour sa sûreté... Le moins qu'on puisse faire en ce dessein est de manger et faire manger aux ennemis le meilleur de leur pays (1). »

Conformément à ces instructions, La Meilleraye s'empare de Rumingheim. Il marche, quelques jours plus tard, contre le marquis de Fuentes, posté auprès du fort de Saint-Nicolas : l'ennemi perd deux mille hommes, laisse trois cents prisonniers et cinq pièces de canon entre les mains des troupes du Roi, et le cardinal écrit au vainqueur : « Je ne saurois vous témoigner la joie que j'ai du bon succès de votre combat, que le Roi lui-même a qualifié de bataille avec raison, puisque les deux généraux y étoient, qu'il y avoit infanterie et cavalerie et canon (2). » Nouveau succès le 23 août : après avoir refait son armée à Anvin, La Meilleraye taille en pièces, dans un marais proche de Saint-Venant, les douze cents hommes du comte Ludovic, général des Croates, puis rentre dans son camp, d'où il ne sortira plus que pour quelques coups de main.

C'est de Mouzon que Richelieu l'avait félicité. Le maréchal de Châtillon se trouvait alors en Luxembourg, « afin de contraindre les ennemis de diviser de plus en plus leurs forces (3) ». Il venait de s'emparer de la ville d'Ivoy, qu'il démantelait, et à propos de laquelle le cardinal avait écrit à La Meilleraye le 9 août : « Le rasement de notre conquête luxembourgeoise sera achevé après-demain; Ivoy aura été et ne sera plus. »

(1) Avenel, *Lettres du Cardinal de Richelieu*, t. VI, p. 434-435.
(2) *Ibidem*, p. 464.
(3) *Ibidem*, p. 456.
(4) *Ibidem*, p. 465.

CHAPITRE QUATRIÈME

LE SORT DE BRISSACH. LA MORT DU DUC
BERNARD DE SAXE-WEIMAR.

Trois semaines avant ces bonnes nouvelles, le cardinal en avait appris une mauvaise : la mort du duc Bernard de Saxe-Weimar, qui, après s'être emparé en Franche-Comté de quelques petites places, venait d'être enlevé en trois jours par la peste à Neufbourg, entre Brisach et Bâle. Son Éminence avait mandé au grand maître le 27 juillet : « Le Roi et toute la Cour en prennent le deuil. J'espère que ses troupes demeureront fermes dans le service du Roi. Je ne saurois vous dire le regret que j'ai en mon particulier de la perte de ce capitaine (1). »

Ce regret était certainement atténué par l'étrange attitude récemment adoptée par le duc de Saxe-Weimar, qui refusait de remettre Brisach au Roi. Le prince alléguait que le Roi s'était engagé à lui laisser le landgraviat d'Alsace avec les mêmes droits que la maison d'Autriche ; mais le Roi n'avait jamais « entendu lui en laisser que le titre et la jouissance avec les droits domaniaux, justices et revenus, tels que les possédoit cette maison (2). » Il n'avait jamais été question que le prince possédât en Alsace des places fortes avec le droit d'y mettre des garnisons. En vain le comte de Guébriant était venu trouver Bernard de la part du Roi vers le 25 juin 1639 et lui avait offert que « la place de Brisach lui demeurât entre les mains à condition qu'il donneroit, (lui Bernard), sa déclaration par écrit qu'il tiendroit ladite place et forteresse sous l'autorité

---

(1) Avenel, *Lettres du Cardinal de Richelieu*, t. VI, p. 450.
(2) *Ibidem*, p, 426.

du Roi, sans qu'elle pût jamais sortir de ses mains ni être admis aucunes forces en elle que par ordre et avec le consentement de Sa Majesté (1). » En vain Guébriant avait observé : « Eh bien, Monsieur, le Roi ne se contente-t-il pas de bien peu et ne le pouvez-vous pas contenter à peu de frais? — Comment, Monsieur, à peu de frais! avait répliqué le prince, me peut-on demander pis?... Quoi, Monsieur, me veut-on faire esclave? Moi qui n'ai jamais mis l'épée à la main que pour maintenir ma liberté, le Roi m'a donné et délaissé l'Alsace par notre traité. Depuis ce temps-là, je l'ai servi fidèlement, j'ai repoussé les ennemis de son État, j'ai répandu mon sang, j'ai perdu mon armée; après quoi, l'on s'est moqué de moi et m'a-t-on fait dire que je n'étois plus considérable. Si, ensuite de cela, ma bonne fortune et mon industrie m'ont donné quelque chose, pourquoi me le veut-on ôter? » Ce premier entretien s'était terminé cependant sur une protestation de fidélité : « Je veux en tout témoigner au Roi que je suis son très humble serviteur et ne me séparerai jamais de la France.... Lorsqu'elle me chassera d'auprès d'elle par une porte, je m'en rapprocherai par l'autre. » Mais un troisième entretien avait abouti à un refus de remettre sous l'autorité du Roi les villes d'Alsace : « Je ne souffrirai jamais, avait déclaré le prince, que l'on me puisse justement reprocher que j'aie été le premier à démembrer l'Empire. » A quoi Guébriant avait répliqué : — « Démembrer l'Empire! et qui vous en prie? L'Alsace et Brisach sont pays patrimoniaux de la maison d'Autriche et cela n'implique pas qu'un de la maison de Saxe ou de Bavière ne puisse être Empereur avec tous les droits de l'Empire sans prétendre rien sur l'Alsace, non plus que sur le Tyrol ou sur l'Autriche (2). »

Des instructions, rédigées dans le cabinet de Chavigny vers le 12 juillet et destinées à M. d'Avaux, ambassadeur de France en Allemagne, montrent combien les prétentions du prince inquiétaient Richelieu : « Sa Majesté, disait les instructions, voyant que M. le Duc Bernard persiste dans ses dégoûts et dans ses plaintes et qu'il ne veut point acquiescer aux conditions qu'elle lui a fait

---

(1) Röse, *Herzog Bernhard der Grosse von Sachsen Weimar*, t. II, p. 540.
(2) *Ibidem*, t. II, p. 541-545.

proposer touchant lesdites places, qu'il compte pour rien les grandes assistances d'argent qu'il a reçues d'elle et les corps de gens de guerre françois qui ont contribué à tous les succès qu'il a eus autant et plus que les Allemands, qu'encore que son armée ne subsiste que par la solde de Sa Majesté et qu'il la commande sous son autorité, il prétend que les places qu'il prend lui appartiennent comme si c'étoit un souverain qui fît des conquêtes avec ses troupes, Sa Majesté ne peut qu'elle n'en soit mal satisfaite, voulant croire néanmoins qu'il se rendra capable de la raison et se conformera, après y avoir pensé, à ses justes intentions... Jusques à présent, l'on impute son mauvais procédé à la dureté de son naturel, qui est fort attaché à ses intérêts particuliers; mais deux choses empêchent de croire qu'il le pût porter à changer de parti : l'une, sa réputation, qui lui est chère, et l'autre les grandes sommes de deniers qu'il a tirées du Roi, lesquelles l'Empire et l'Espagne ne lui sauroient donner (1). »

Et Bernard était mort! Ses lieutenants par bonheur, et notamment le baron d'Erlach, un Suisse, ne restèrent pas insensibles aux grâces que leur consentirent le Roi et le cardinal. On leur envoya pour négociateurs MM. d'Oysonville, de Guébriant et de Choisy. Douze mille livres de rente par tête à MM. de Nassau, d'Oëhm et de Schönbeck, six à huit mille livres à chacun des autres colonels, six mille écus de pension annuelle durant la guerre et pareille somme en terres à la paix pour le baron d'Erlach (2), telle était la manne *généreuse* que Louis XIII et Richelieu étaient prêts à déverser sur les entourages du duc de Weimar. Ces Messieurs, dès le mois d'octobre, n'eurent garde de refuser cette belle pluie d'or. Erlach promit donc jamais remettre la ville de Brisach « entre les mains de qui que ce fût, que par ordre et commandement exprès de Sa Majesté (3). » Quant aux officiers et soldats du prince défunt, ils s'engagèrent à « marcher en tous lieux, soit en Allemagne, France, Lorraine ou Pays-Bas, ainsi qu'il leur seroit commandé par Son Altesse de Longueville, général de Sadite Majesté ».

(1) Avenel, *Lettres du Cardinal de Richelieu*, t. VI, p. 424 et 427.
(2) Vicomte de Noailles, *Bernard de Saxe-Weimar*, p. 465.
(3) *Ibidem*, p. 493-494.

Au mois d'août 1639, le cardinal avait rappelé le duc de Longueville de l'armée d'Italie. Précaution des plus sages, car, le 9 octobre, Bellièvre, toujours à Londres, assurait tenir de la reine Henriette-Marie que le roi Charles serait heureux de voir le Palatin « à la tête de l'armée qu'avoit commandée le feu duc de Weimar (1). » Bientôt Charles Ier lui-même renouvela cette demande dans un entretien avec Bellièvre. Mais Richelieu ne se souciait nullement de voir ce Palatin, fils du roi de Bohême, perdre les conquêtes que le duc de Weimar avait faites pour la France. Il rédigea ces instructions pour Bellièvre : « L'ambassadeur peut dire au roi de la Grande-Bretagne que, s'il veut entrer dès cette heure en ligne offensive et défensive avec le Roi et ses alliés contre l'Espagne et entretenir au prince Palatin six mille hommes de pied en Allemagne, ledit prince Palatin ne sera pas oublié, ni l'obligation de le faire remettre dans ses États (2). »

Le prince Palatin n'attendit pas la fin de la négociation. Fort de l'approbation de son oncle le prince d'Orange, muni de vingt-cinq mille livres de son oncle Charles Ier, il vint secrètement en France, afin de s'entendre avec les lieutenants du duc Bernard.

Mais Bullion, averti de son voyage, avait dépêché à ses trousses des gens qui le connaissaient de vue. Il écrivit à Chavigny le 18 octobre : « Je ferai l'impossible pour le faire arrêter le plus doucement que je pourrai (3). » Charles-Louis, déguisé en laquais, fut arrêté à Moulins, d'où il comptait gagner l'Alsace, et l'ambassadeur de France à Londres fut chargé « d'assurer le roi d'Angleterre qu'on traiteroit le Palatin avec toute la civilité qui se devoit à une personne de sa naissance, jusques à ce que Sa Majesté eût découvert le dessein qu'il avoit, passant inconnu dans ses États, contre ce qu'on avoit accoutumé de pratiquer envers les grands princes (4) ». Charles-Louis fut conduit au Bois de Vincennes et Chavigny essaya vainement de persuader à Leycester, ambassadeur d'Angleterre à Paris, que « Vincennes étoit plutôt

---

(1) Avenel, *Lettres du Cardinal de Richelieu*, t. VI, p. 584 note.
(2) *Ibidem*, p. 584.
(3) *Ibidem*, p. 584, note.
(4) *Ibidem*, p. 603.

une résidence royale qu'une prison (1) ». Le Palatin devait y rester jusqu'en mars 1640. Le cardinal lui permit alors de résider à Paris, prisonnier sur parole. Ce ne fut qu'au mois de septembre suivant, que, pressé par le Danemark, la Suède et l'Angleterre, il lui rendit la liberté.

Le duc de Longueville, que toute l'armée weimarienne avait acclamé, résolut de prendre ses quartiers d'hiver dans le Palatinat. Vers la fin de l'automne, Neustadt, Oppenheim, Bingen, Kreutznach, Baccarat, étaient tombées entre ses mains et, le 27 décembre 1639, son lieutenant, le futur maréchal de Guébriant, organisait le passage du Rhin. Des barques attendaient à Baccarat et Oberwesel. Durant huit nuits et huit jours, elles transportèrent sur la rive droite du fleuve fantassins et cavaliers, ceux-ci tenant en bride les chevaux, qui suivaient à la nage. Le 9 janvier 1640, l'armée du duc de Longueville était rassemblée autour de Limbourg, quartier général, et toute l'Allemagne, ainsi que le raconte M. de Roques-Servière, sergent de bataille, constatait qu'il n'y avait « rien d'impossible aux armes du Roi (2) ».

Ce passage du Rhin répondait à la plainte formulée peu de temps auparavant par Banner. Voyant que Bernard de Saxe-Weimar ne faisait aucune diversion, le général suédois avait dit, non sans humeur : « Prétend-on que je résisterai seul aux Impériaux et aux Bavarois (3)? » Le duc de Longueville espérait lui donner la main et menacer les États héréditaires de la maison d'Autriche.

Lorsque Banner avait passé l'Elbe le 1er février 1639, il commandait une armée de dix-huit mille hommes munie de quatre-vingts pièces de canon, mais il n'avait ni vivres pour la nourrir ni plus de six mille écus pour la payer (4). Des repas composés de racines et de viande de cheval ne diminuaient pourtant pas la confiance que les troupes avaient en leur chef. Banner refit bientôt ses soldats sur les grasses terres des ducs de Brunswick et de

---

(1) Vicomte de Noailles, *Bernard de Saxe-Weimar*, p. 475.
(2) Vicomte de Noailles, *Le Maréchal de Guébriant*, p. 139.
(3) Levassor, *Histoire de Louis XIII*, t. VI, p. 660.
(4) Père Griffet, *Histoire du Règne de Louis XIII*, t. III, p. 211-212.

Lunebourg, qui avaient cessé d'être les alliés de la Suède. Hall, Zwiken et Kemnitz capitulèrent entre ses mains. Marrazini, général de l'Empereur, le contraignit, il est vrai, de lever le siège de Freiberg, mais il ne réussit pas à reprendre Kemnitz. Attaqués par les Impériaux le 14 avril, les Suédois ne perdirent que trois cents des leurs, tuèrent deux mille ennemis et firent cinq mille prisonniers. Les villes saxonnes résistèrent peu.

Le 21 mai, Banner arriva sous les murs de Prague. Loin de céder aux conseils du général Torstenson et au désir de ses soldats avides du butin d'une si grande ville, craignant à la fois l'échec et le succès, — car ses Allemands, une fois repus, risquaient de se débander, — il consentit à canonner le point faible des murailles. Mais il ne voulut pas donner l'assaut avant d'avoir examiné l'état de la brèche et les dispositions prises par Gallas et le comte Schliek pour le repousser. Il monta dans la tour d'un moulin, vit ce qu'il avait prévu, quinze mille hommes rangés en bataille et se retira en Thuringe avec son armée. Il essaya de négocier une paix séparée entre l'Empereur et la Suède, mais Stockholm, — pressé d'ailleurs par la diplomatie du cardinal, — lui refusa les pleins pouvoirs.

CHAPITRE CINQUIÈME

LES AFFAIRES DE SAVOIE. LE CARDINAL ET LA DUCHESSE.

Le 14 janvier 1639, la duchesse de Savoie avait répondu à la lettre que Richelieu lui avait adressée le 1ᵉʳ décembre 1638 : « Je ne fus jamais dans une si profonde léthargie que je ne connusse toujours clairement ce que je dois à votre mérite et à la passion que j'ai de rencontrer les occasions de vous plaire. Je sais que des personnes qui ne sont pas trop bien intentionnées, et particulièrement M. d'Hémery, ont travaillé à obscurcir la candeur de mes actions, voulant même trouver des taches au soleil. Mais il vous plaira considérer ce que j'ai fait non seulement du temps du duc Charles-Emmanuel, mon beau-père, et de feu Monseigneur, mais depuis ma Régence. Vous connoîtrez parfaitement que je ne pouvois pas agir davantage pour suivre vos conseils et m'employer au service du Roi Monseigneur mon frère (1). »

Richelieu n'avait garde de se laisser prendre à cette eau bénite de cour. L'Empereur, suzerain du duc de Savoie, n'avait-il pas cassé le testament de Victor-Amédée, enlevé à la Duchesse la régence et la tutelle des jeunes princes? Le roi d'Espagne n'avait-il pas permis au prince Thomas de quitter la Flandre pour faire exécuter le décret impérial, de concert avec le marquis de Leganès, gouverneur de Milan (2)? Le cardinal écrivit, le 17 mars, au cardinal de La Valette : « Je ne doute point que le prince Thomas ne fasse tout ce qu'il lui sera possible pour rendre son voyage utile aux Espagnols et essayer de porter Madame, par la crainte, de venir à ses fins... mais je la tiens trop habile, pour se laisser sur-

---
(1) Vicomte de Noailles, *Le Cardinal de La Valette*, p. 461-467.
(2) Père Griffet, *Histoire du Règne de Louis XIII*, t. III, p. 272.

prendre... et vous trop clairvoyant pour ne prévoir et ne prévenir pas par votre prudence l'effet de leurs mauvais desseins. Aussi n'appréhendé-je rien de ce côté-là, pendant que vous y serez, pourvu que Madame demeure en la bonne disposition où je vois, par vos dépêches, qu'elle est maintenant, et qu'elle veuille s'assurer des principales places de son État, particulièrement de Nice, de Montmélian, comme elle a fait de Turin; vous l'en presserez, s'il vous plaît, pour son propre intérêt, qui est ce qui me le fait souhaiter (1). »

Le cardinal pressait, d'ailleurs, les mesures pour ne pas être dupé; on trouve cette recommandation à la fin de sa lettre : « S'il arrivoit faute de la personne de Madame, il n'y auroit autre chose à faire que ce que vous me mandez, savoir : de se saisir de la personne du Duc et de Turin (2). » Et, le même jour, une lettre au même La Valette partait, signée du Roi et commandant de faire arrêter et enfermer à Pignerol le prince Thomas, aussitôt que celui-ci aurait mis le pied dans les États de sa belle-sœur (3). Et le 17 mars encore, Louis XIII, par la plume de son ministre, mandait à Christine : « Je ne vous puis celer que si ledit prince Thomas, attaché comme il est aux Espagnols, étoit dans vos États avec votre consentement, je n'aurois plus la confiance que j'ai en vous et vous ne recevriez plus par conséquent les mêmes témoignages de mon affection (3). »

Le prince Thomas et le cardinal de Savoie avaient alors avec l'Espagne un traité qui démembrait les États de la Duchesse : il était convenu que les villes qui ouvriraient spontanément leurs portes demeureraient entre les mains des deux princes et que le roi d'Espagne garderait toutes celles que l'on prendrait de force (4).

(1) Avenel, *Lettres du Cardinal de Richelieu*, t. VI, p. 294, et 296-297.
(2) *Ibidem*.
(3) *Ibidem*, p. 298.
(4) Des négociations se nouaient alors entre Richelieu et Olivarès par l'intermédiaire de M. de Pujols, agent du cardinal à Madrid, pour arriver à une trêve, puis à la paix générale. Il était question de la restitution réciproque des places que le Roi Très Chrétien et le Roi Catholique s'étaient prises l'un à l'autre en Flandre, aux Pays-Bas, au Luxembourg, en Allemagne et en Italie. Mais ni Richelieu ni Louis XIII n'étaient disposés a conclure un marché de dupes, comme le prouve

Cependant le prince Thomas entrait en Piémont avec ses troupes, et le marquis de Leganès marchait sur le Montferrat à la tête des siennes. Le 26 mars, le cardinal de La Valette essayait de contraindre les Espagnols à lever le siège de Cencio, petit château assez peu éloigné d'Asti, lorsque la duchesse de Savoie lui manda que le prince Thomas, maître de Chivasso, n'était plus qu'à six heures de Turin : « Tout ce que je puis faire, ajoutait-elle, en cette rencontre qui me surprend extrêmement pour le danger évident que nous courons, c'est de vous dépêcher à toute bride ce courrier pour vous prier instamment de quitter tout pour nous venir secourir le plus vite qu'humainement sera possible et de mettre ensemble tout ce qui se pourra de troupes pour nous affranchir de l'effort de l'ennemi, qui est puissant, comme je vous l'écrivis hier (1). » Christine, épouvantée, avait envoyé son fils aîné en Savoie. Elle jugeait la Savoie plus sûre que ce Piémont aux places croulantes et mal munies, dont les gouverneurs ouvraient leurs portes les uns après les autres, tels ceux de Quiers, Moncalieri, Yvrée, Verrue.

De Rueil, le cardinal écrivait au cardinal de La Valette : « La négligence de ceux à qui Madame commet ses places est pitoyable et insupportable tout ensemble. Je vous avoue que ce qui s'est passé à Chivasso me fait plaindre cette pauvre princesse plus que je ne saurois vous le représenter; cependant il faut apporter tous les remèdes possibles à ses maux et empêcher qu'elle ne se puisse perdre elle-même (2). » La pauvre princesse ne laissait pas que de se plaindre... à Richelieu :

---

cette lettre que le Roi écrivit au cardinal le 18 mars 1639 : « J'ai reçu les deux dépêches de Pujols, qui contiennent les mêmes choses que vous me dîtes la dernière fois que vous vîntes à Saint-Germain. Je trouve votre réponse très bien et surtout l'article que j'ai marqué d'une croix, qui est *d'ajuster, en faisant la trêve, comme la paix se devra faire entre les deux Couronnes*. Autrement la France recevroit un trop grand préjudice, rendant les places qu'il a plu à Dieu nous donner, si ensuite de la trêve, la paix ne se faisoit, car il faudroit reprendre encore une fois ce que nous tenons maintenant. Je vous prie que cet article soit bien expliqué dans la réponse que vous ferez à Pujols. » (Affaires étrangères, Lettres de Louis XIII au cardinal de Richelieu.) Cet article, tiré d'une lettre de Chavigny à Pujols, est cité par A. Leman, *Richelieu et Olivarès*, p. 90.

(1) Vicomte de Noailles, *Le Cardinal de La Valette*, p. 484, note.
(2) Avenel, *Lettres du cardinal de Richelieu*, t. VI, p. 318.

« C'est assez que vous sachiez, écrivit-elle le 11 avril 1639, que j'ai perdu six provinces, sept places de considération et deux qui sont des principales, qui, les chemins étant coupés, ne se peuvent guère moins dire que perdues. Cependant j'ai prévu tous mes malheurs et vous ai conjuré d'envoyer des troupes pour y remédier ou bien nous donner une suspension générale. Mais, au premier, je vois que vos ordres n'ont pas été suivis, et l'autre, ne l'ayant pas jugé pour le service du Roi, je me suis sacrifiée pour ses volontés. Mais je ne m'en repens pas et l'estime à gloire, pourvu que cela vous donne occasion de la conserver en me conservant les États et la liberté, car j'ai déjà perdu une bonne partie de l'un et l'on me menace fort de l'autre et ce n'est pas sans quelque fondement (1). »

Cette perte du Piémont, Richelieu l'avait envisagée et il avait donné pour instruction à Particelli d'Hémery, qu'il dépêchait à Turin : « Remontrer à Madame que le seul expédient qui lui reste pour s'empêcher d'une ruine totale est de faire entendre aux Espagnols et à ses frères qu'elle n'a plus d'autres moyens de se sauver et ses États que de remettre son fils et ses places entièrement entre les mains du Roi. » La duchesse obligerait ainsi les princes à « rendre celles que les Espagnols avoient prises », et elle ne courrait aucun risque, le Roi étant résolu de lui rendre lesdites places « toutes et quantes fois que les Espagnols rendroient » celles dont ils s'étoient emparés. Tout traité de neutralité ou de suspension d'armes, conclu entre Madame et les princes, serait considéré comme une rupture. Mais « si Madame vouloit traiter avec le prince cardinal et le prince Thomas pour les tirer du parti d'Espagne et les unir au sien et à celui de la France... le sieur d'Hémery offriroit de la part de Sa Majesté toutes les choses qui pourroient contribuer à la fin de cette négociation, comme mariage pour le prince cardinal, emploi aux charges pour le prince Thomas, rétablissement de pensions pour les uns et pour les autres (2) ».

Il s'agissait bien de négocier. Dès le 13, Christine apprenait

---

(1) Vicomte de Noailles, *Le Cardinal de La Valette*, p. 488.
(2) Avenel, *Lettres du Cardinal de Richelieu*, t. VI, p. 315-316.

que le prince Thomas et le marquis de Leganès marchaient sur Turin, où le cardinal de La Valette n'avait que trois mille cinq cents Français sous les armes. Le 17 le prince Thomas est devant les murs de la capitale. Installé au Valentin, la maison de campagne que, durant l'occupation française de 1550, René de Birague, président au Parlement de Turin, fit commencer sur la rive gauche du Pô, et qui est devenue l'une des résidences de Madame ; il écrit à sa belle-sœur avec une ironie des plus courtoises qu'il « ne se seroit pas approché de Turin en si bonne compagnie sans lui aller baiser les mains, si la ville n'eût été remplie des ennemis de leur maison ».

La ville, par malheur, renferme une population autrement nombreuse que la garnison et pleine de sympathie pour les assiégeants. La Régente, qui tremble d'exaspérer ses sujets, refuse de sévir malgré les instances du cardinal de La Valette. Cependant une pluie de bombes arrose Turin jour et nuit, plus effrayante qu'efficace. Le soir du dimanche de Pâques (24 avril 1639) les assiégés remarquèrent un grand feu qui s'éleva « par deux fois au dernier étage du Valentin ». Pour répondre à ce signal, des feux multiples s'allumèrent à travers tout le camp ennemi. L'armée espagnole se hâta de décamper. Le 25 à l'aube, il ne restait plus un corps ennemi devant Turin (1).

La nouvelle était connue à Rueil dès le 3 mai : « Nous avons appris avec contentement la délivrance de Turin, mandait Richelieu à Chavigny, mais avec beaucoup de déplaisir la perte de Montcalvo, Pondesture et Villeneuve d'Ast, si elle est vraie, comme le bruit le porte. Le Roi n'a jamais cru Turin si certainement assiégé qu'il n'ait craint que ce fût seulement une tentative pour voir ce que le peuple voudroit faire, avec dessein d'aller ailleurs au cas qu'il ne s'émût pas. Le mauvais ordre qui a été donné aux places que les Espagnols emportent avec facilité, ou par impuissance ou par négligence, fait craindre au Roi une pareille suite pour les autres et conséquemment la perte de tous les États de M. le Duc de Savoie. »

---

(1) Vicomte de Noailles, *Le Cardinal de La Valette*, p. 490-493.

Le jour même où le cardinal écrivait ces lignes, Christine l'appelait à son secours : « Mon Cousin, ma personne est échappée d'un grand péril, mais les États de Son Altesse Royale Monsieur mon fils y sont plus exposés que jamais... Si vous ne m'assistez puissamment, il n'y a plus de Piémont pour le duc de Savoie, lequel n'est pas raisonnable qu'il se perde en vous servant. » Mais jusqu'à présent Madame avait refusé de « mettre diverses places entre les mains du Roi » : « Il faut par nécessité, déclarait Richelieu, quelque chose qui nous porte dans le cœur du pays et qui nous fasse un chemin à Casal, comme Carmagnole et Villeneuve d'Ast, s'il n'étoit point pris et Montcalvo, au défaut duquel Trino peut suppléer, en chassant les ennemis de Chivasso, comme il sera aisé. C'est à Madame à voir si elle veut se perdre ou se sauver... Si elle faisoit difficulté de livrer Coni, Revel et Cahours, le Roi n'envoiera pas assurément l'armée de M. de Longueville (1). » Trois jours plus tard, il expliquait à Chavigny : « Quoique je vous mande sans chiffre que l'armée de M. de Longueville ne passera point que Madame n'ait contenté le Roi sur le sujet des places, on ne laisse pas de la diligenter et on ne retardera en aucune façon son passage (2). »

Ce fut seulement le 10 juin que Chavigny put écrire de Turin au cardinal : « Enfin Madame s'est résolue à mettre entre les mains du Roi Carmagnole, Savillan, Quérasque et Revel... Les troupes françaises sont dans les trois premières places et la garnison de la quatrième part aujourd'hui. » Richelieu ne fut certainement pas insensible à cette phrase qui figure dans la dépêche de Chavigny : « La lettre que Votre Éminence a écrite à Madame a extrêmement contribué à lui faire prendre la résolution de s'accommoder aux conseils du Roi. » Voici ce qu'y avait lu Christine : « Votre Altesse trouvera bon, s'il lui plaît, que je lui die que le mauvais état de ses affaires ne lui permet pas d'être irrésolue en une occasion où les moments sont inestimables et où la nécessité et la raison s'accordent tellement

(1) Avenel, *Lettres du Cardinal de Richelieu*, t. VI, p. 337-339.
(2) *Ibidem*, p. 345.

ensemble que la première oblige tout à fait à ce que la seconde conseille. Si vous méprisez le conseil qu'elle vous donne, vous en connaîtrez l'utilité, lorsqu'il ne pourra plus avoir d'effet; et si, en le suivant, Votre Altesse ne s'en trouve bien, je consens qu'elle me décrie dans le monde et me fasse passer pour tout autre que je ne suis (1). »

Et l'argent offert par le cardinal n'avait pas été moins éloquent que la lettre; le 26 mai, il avait donné pour instruction à MM. de Chavigny et d'Hémery : « Puisque vous avez promis un million de livres, le Roi l'agrée; mais de donner les huit cent mille livres par-dessus, c'est jeter le tout dans le Pô. Cependant si Madame veut déposer toutes les places entre les mains du Roi, l'on vous permet de vous étendre plus que le million... Mais ma pensée est qu'il ne faut rien offrir de plus jusqu'à ce que vous voyiez Madame résolue au dépôt des places que l'on doit désirer, et je crois qu'elle fera plus par la peur d'être tout à fait abandonnée que par l'espérance de plus ou moins d'argent (2). »

Au début du mois de juin 1639, les Espagnols étaient maîtres de Montcalvo, Pondesture et Trino. Le cardinal de La Valette sortit de Turin pour reprendre Chivasso. Investie le 17, elle vit le marquis de Leganès et le prince Thomas s'approcher du camp du cardinal avec neuf mille hommes et quatre mille cinq cents chevaux pour la secourir; mais ils échouèrent dans leur dessein après un combat acharné, Chivasso capitula le 28. Les ennemis, qui semblaient résignés à laisser le cardinal de La Valette et le duc de Longueville reprendre toutes les villes dont ils s'étaient emparés, ne songèrent plus qu'à profiter des intelligences qu'ils avaient dans la ville de Turin, dont la population leur était d'autant plus favorable que le petit corps de garde qui en défendait la citadelle était moins nombreux.

(1) Avenel, *Lettres du Cardinal de Richelieu*, t. VI, p. 370, note.
(2) *Ibidem*, p. 367-368.

L'affaire de Turin.

« Le Roi juge l'affaire de Turin si importante, qu'aussitôt qu'il a cru qu'elle pouvoit tirer de longueur, il s'est résolu de s'avancer jusques à Pignerol. Il mène avec lui douze cents chevaux et toutes ses gardes, françaises et suisses, en sorte que, ramassant ce qui se prépare vers l'Auvergne et le Lyonnais, nous passerons, s'il plaît à Dieu, avec dix mille hommes de pied. »

Richelieu écrivait cette lettre au cardinal de La Valette le 14 août 1639, une quinzaine de jours après que le prince Thomas avait glissé par petits groupes dans Turin, grâce à la négligence ou à la complicité des gens qui gardaient les portes, sept cents soldats espagnols. Le 27 juillet, les habitants avaient ouvert toutes leurs portes au reste de l'armée du prince : « Je prie Dieu, continuait le cardinal, que vous puissiez chasser sitôt les Espagnols de la ville de Turin que nous ayons à nous occuper à autre chose... Le Roi et ses serviteurs ne peuvent croire que Madame se soit opiniâtrée à vouloir demeurer dans la citadelle de Turin, où sa personne ne peut qu'être à très grand embarras. La méfiance qu'elle a jusques ici témoignée de Sa Majesté fait qu'il ne passera point par la Savoie ; c'est à elle de voir si elle veut voir le Roi à Grenoble ou à Pignerol. Je crois qu'il lui sera plus commode à Grenoble, ne jugeant qu'elle puisse maintenant choisir une autre demeure que la Savoie avec Monsieur son fils, si ce n'est qu'elle voulût achever de perdre ses affaires, comme elle a bien commencé. »

Il est probable que la Duchesse eût peu goûté l'un des moyens que préconisait Richelieu pour chasser les Espagnols de Turin.

« J'estime, disait Son Éminence, qu'à toute extrémité les ennemis ne vous sauroient empêcher de mettre le feu aux plus proches maisons de la citadelle, ce qui, par un bon vent que vous sauriez bien choisir, le peut porter bien avant dans la ville et vous faciliter, par ce moyen, celui de chasser pied à pied les ennemis (1). »

Cependant Richelieu faisait conjurer Christine par Chavigny de confier au Roi la garde de Nice et de Villefranche : « Lier les bras,

---

(1) Avenel, *Lettres du Cardinal de Richelieu*, t. VI, p. 468-470.

comme elle fait, à ceux à qui elle demande secours, disait-il, n'est pas le moyen d'en recevoir (1). » Il apprit bientôt qu'une suspension d'armes venait d'être conclue, pour quelques semaines, entre le cardinal de La Valette et les généraux d'Espagne.

Le premier moment de surprise passé, le cardinal écrivit à La Valette que « la continuer plus longtemps étoit le meilleur expédient qu'on pût prendre ». « J'ai cette pensée pour trois raisons, expliquait-il : la première parce qu'il sera plus difficile que jamais de vous envoyer autant d'hommes que vous en aurez besoin ; la seconde, parce que nous ne sommes pas seulement combattus des ennemis, mais du Piémont et, qui pis est, de l'esprit de Madame et de ses confidents ; la troisième, parce qu'une longue trêve est le seul expédient qui peut, non seulement nous donner moyen d'accommodement avec le prince Thomas, mais, en outre, temps de nous ajuster si bien que nous puissions tirer le fruit de sa réunion... En un mot, la trêve étant utile aux ennemis comme elle est, et l'ayant toujours désirée ardemment comme ils ont fait, votre adresse saura bien ménager les affaires, en sorte qu'on ne connaisse pas qu'elle est désirée de deçà, ce qui n'est, en effet, que depuis qu'on a vu qu'étant maître de la citadelle de Turin, on n'a pu emporter la ville (2). »

La trêve devait durer du 14 août au 24 octobre. Les généraux des armées adverses en étaient aux extrêmes courtoisies. Le marquis de Leganès disait, le 16 août, au cardinal de La Valette « qu'il n'y avoit point personne au monde de si grand mérite que Richelieu, qu'il vouloit unir avec lui le comte d'Olivarès, que celui-ci le désiroit et qu'il avoit mis dans sa chambre la peinture du cardinal (3). » Le prince Thomas paraissait mieux disposé encore : « il désirait un accommodement particulier » et disait à La Valette « que, si le Roi avoit agréable de marier le duc de Savoie avec sa fille, et son fils avec Mlle de Longueville, il se déclareroit pour le Roi (4). » Richelieu estimait que « la

---

(1) Avenel, *Lettres du Cardinal de Richelieu*, p. 476.
(2) *Ibidem*, t. VI, p. 490.
(3) *Ibidem*, note.
(4) *Ibidem*, p. 491, note.

seule chose à quoi il fallût prendre garde étoit que le prince Thomas ne se voulût défaire des François et des Espagnols pour se rendre maître de l'État au préjudice de Madame et de son fils ; à quoi on ne voyoit autre remède que celui de la citadelle (1) » de Turin maintenue en la puissance du Roi.

Il était de toute nécessité que Madame consentît à « sauver la Savoie, Veillane, Suse, Nice et Villefranche (2) », ce que Richelieu appelait pittoresquement « les débris du naufrage » de Son Altesse.

Madame n'avait qu'un moyen pour y parvenir : mettre des garnisons françaises dans Veillane et Suse et se transporter en personne à Nice, « ce qu'elle pouvoit en venant passer de Pignerol par auprès d'Embrun, pour entrer dans la Provence ». Elle « se rendroit au château de Nice selon les assurances qu'elle avoit de la fidélité du gouverneur (3). » Ce gouverneur était le commandeur de Sales, frère du saint évêque de Genève. Il déclara que, « sans que Madame prît la peine d'aller là, il garderoit la place à Monsieur son fils ». « Cette réponse semble bien ambiguë, écrivit le cardinal au sieur Mondini, qu'il avait dépêché auprès de Madame. Si Madame a quelques assurances particulières dudit commandeur que nous ne sachions point, qui lui ôtent tout doute de sa fidélité, il vaut mieux qu'elle vienne droit à Chambéry pour assurer Montmélian (4). »

La duchesse de Savoie ne se rendit pas à Nice, qui était moins sûre que M. de Sales. Le gouverneur sut déjouer une conspiration de six capitaines de la garnison qui prétendaient l'empêcher de recevoir un renfort de trois cents Savoyards que lui envoyait la princesse. La fermeté de M. de Sales eût été peu de chose sans la flotte du comte d'Harcourt, dont les navires couvraient la mer. Lorsque les trois cents Savoyards furent arrivés, le comte d'Harcourt s'en alla chasser quelques galères espagnoles du côté de San-Remo. Le cardinal de Savoie profita de cette absence momentanée pour s'approcher de Nice. Les habi-

---

(1) Avenel, *Lettres du Cardinal de Richelieu*, p. 511.
(2) *Ibidem*, t. VI, p. 505.
(3) *Ibidem*, p. 506.
(4) *Ibidem*, note.

tants de Villefranche se donnèrent à lui ; les soldats de Nice en firent autant et, le commandeur de Sales étant mort peu après fort à propos, on accusa le cardinal de Savoie de l'avoir empoisonné.

« Je ne saurois, écrivit Richelieu à Christine, le 15 septembre 1639, vous représenter jusqu'à quel point j'ai le cœur percé de la perte que vous avez faite de Nice ; cela me fait vous supplier de plus en plus de faire ce qu'il faut pour empêcher que le dernier malheur que vous devez craindre ne vous arrive, lorsque vous y penserez le moins... Quand Votre Altesse aura une créature fidèle dans Montmélian avec une garnison qui dépende absolument d'elle, elle sera maîtresse de la Savoie et donnera moyen au Roi de maintenir Monsieur le Duc de Savoie en ses États (1). » Le cardinal était à Lyon, il s'apprêtait à suivre Louis XIII, qui allait s'avancer jusqu'à Grenoble pour voir sa sœur et lui épargner une bonne partie du chemin.

Ce fut à Lyon qu'il apprit que le cardinal de La Valette était en proie aux accès d'une fièvre tierce. Il fit partir pour le château de Rivoli, où se trouvait le malade, le sieur Guillemin, l'un des meilleurs médecins de Lyon. La Valette, qui avait un abcès dans le poumon, expira le 28 septembre. Il n'avait que quarante-sept ans. Richelieu, au désespoir d'avoir perdu un ami aussi dévoué, écrivait au duc d'Épernon : « Je ne puis vous exprimer le déplaisir que la mort de Monsieur le Cardinal de La Valette et l'affliction que vous en ressentez me causent. Dans une perte qui m'est commune à vous, n'attendez de moi aucune consolation. Je ne suis pas moi-même capable d'en recevoir. La manière dont j'ai toujours vécu avec lui, l'affection qu'il me portoit et l'estime singulière que j'avois pour sa personne vous persuaderont aisément de la vérité de mes paroles. S'il étoit possible de racheter de son propre sang ceux que nous aimons, je donnerois beaucoup du mien pour recouvrer l'ami que j'ai perdu (2). »

Le comte d'Harcourt se trouvait alors sur son vaisseau, à Saint-Georges, dans le golfe de Toulon. Dès le 27 septembre,

---

(1) Avenel, *Lettres du Cardinal de Richelieu*, t, VI, p. 527-528.
(2) Vicomte de Noailles, *Le Cardinal de La Valette*, p. 552.

Richelieu lui avait donné le commandement de l'armée : « Je sais bien, ajoutait-il, que vous n'aurez pas tout l'équipage que vous saurez désirer pour un tel emploi, mais, sans avoir égard à cela, vous viendrez, s'il vous plaît, en poste recevoir les ordres de Sa Majesté (1). »

L'entrevue de Grenoble.

C'est de Grenoble que Richelieu avait écrit au comte d'Harcourt. Le 23 septembre il était venu voir au palais épiscopal Madame, que le Roi venait d'y installer : « Le cardinal s'entretint avec elle pendant trois quarts d'heure, lisons-nous dans l'*Histoire* du Père Griffet, et l'on prétend qu'il lui reprocha sa conduite passée, qui lui avait fait perdre l'estime et l'affection de ses sujets (2). » Le religieux n'était pas mal informé, car voici le plan que Richelieu, qui se défiait des discours improvisés, s'était tracé à lui-même : « Le cardinal doit d'abord s'excuser à Madame de lui donner aucun avis et, comme elle l'en pressera, il lui peut dire ingénument qu'on lui a représenté son esprit si écarté du droit chemin, si séparé de la France, si contraire à elle-même que, croyant quasi impossible de l'aider, il s'est résolu de se contenter de la plaindre, et écouter ce que son esprit lui suggère pour son salut, avec dessein de lui dire franchement ce qu'il estimera pour le bien de son service. Il faut demeurer toute la première entrevue dans cette froideur. Et, à une seconde, étant pressé de parler, il lui dira son avis, si elle n'entre d'elle-même dans ce qu'on lui voudroit dire. Si Madame n'amène pas Monsieur son fils, on peut s'en prévaloir pour justifier qu'elle est contraire à elle-même. » Apprenant que Christine était venue sans le jeune duc de Savoie, le cardinal avait ajouté en marge : « Le Roi est intéressé à la conservation de Monsieur son fils, et elle le craint. Les princes sont intéressés à sa perte et elle le laisse en lieu où ils peuvent espérer de le perdre. »

Le plan se terminait ainsi : « On lui peut représenter que le

---

(1) Vicomte de Noailles, *Le cardinal de La Valette*, p. 540.
(2) *Histoire du Règne de Louis XIII*, t. III, p. 221.

Roi est venu de deux cents lieues pour lui témoigner son bon naturel ; que c'est à elle de tirer un notable profit de son voyage, parce que, si elle ne le fait, ses ennemis reprendront double cœur contre elle, et ses sujets redoubleront le mépris qu'ils ont pour elle ; ce qui produira en un instant de si mauvais effets qu'ils seront incapables de remèdes. » Le cardinal avait noté sur un autre feuillet quelques formules énergiques dont il ne manqua pas sans doute d'user au cours de son entretien avec la Duchesse : « Les conseillers de Madame ne sont excellents qu'à craindre ce qui ne leur arrivera pas et à ne prévoir aucun des maux qui les accablent. A les ouïr, ce sont des lièvres et ils se trouvent en effet poltrons comme des lièvres. Ils savent se méfier de leurs amis et s'armer contre eux et ne rien appréhender de leurs ennemis. Ils se consolent en la perte de leur maîtresse, pourvu qu'ils pensent avoir de fausses raisons pour se discouper devant le monde, bien que, devant Dieu, et devant les hommes, ils en soient la vraie et la seule cause (1). »

Richelieu avait également tracé un plan pour Louis XIII. Il avait conseillé au Roi de dire à la Duchesse : « Il est vrai, ma Sœur, que je ne puis que je ne me plaigne, en passant, à vous-même de la méfiance que vous avez témoignée de moi en plusieurs choses, comme si j'eusse été capable d'usurper vos États. Le déplaisir que j'ai reçu d'une telle pensée m'arrache cette plainte, qui sera courte, car je ne vous en dirai pas davantage. Mon dessein est de vous sauver, si je puis, sinon de me laver les mains de vos affaires (2). »

Le marquis d'Aglié et le comte Philippe d'Aglié, son neveu, étaient des conseillers écoutés de Madame. Trois heures d'entretien avec eux ne permirent pas au cardinal d'arriver à ses fins. La princesse demeurait dans son obstination. « L'un des deux, songeait Richelieu, lui aigrit plutôt l'esprit que de l'adoucir (3). » Quelque temps après, il eut le regret de noter dans un mémoire : « Sa Majesté fut contrainte de se contenter de ce qu'elle put arra-

(1) Avenel, *Lettres du Cardinal de Richelieu*, t. VI, p. 534-536.
(2) *Ibidem*, p. 537.
(3) *Ibidem*, p. 551.

cher de l'opiniâtreté de ce mauvais esprit, bien qu'il n'y eût rien qui pût assurer sa personne et le reste de ses États. Madame promit de composer la garnison de Montmélian de Savoyards et de François entretenus de longtemps à son service. Elle s'obligea d'en mettre autant des uns que des autres dans le haut et le bas fort de cette place; elle promit de déposer entre les mains du Roi le château de Charbonnières en Savoie et celui de Bienne et de Fossan en Piémont avec la ville d'Albe. Elle promit de faire si bien garder l'entrée du val d'Aoste que les ennemis ne sauroient se servir de ce passage; et cependant que, s'il arrivoit qu'ils entrassent en Savoie et qu'ils fissent soulever et révolter cette province sans y entrer à main armée, elle feroit entrer plus grand nombre de François dans Montmélian. Elle promit enfin d'assurer sa personne et celle de son fils par une bonne garnison qu'elle tiendroit dans Chambéry (1). »

Ce que Christine ne disait pas, ce que ses conseillers ne cessaient de lui répéter, c'est qu'il ne fallait pas donner au Roi et au cardinal le moyen de réduire la Savoie et le Piémont au même état que la Lorraine.

Le Roi, ayant obtenu ce qu'il pouvait, ne songea plus qu'à s'en retourner : « Son départ, nous dit Richelieu, fut accompagné de beaucoup de larmes de la part de Madame, mais Sa Majesté, sachant qu'elle pleuroit quand bon lui sembloit, et qu'un moment après elle rioit et se moquoit de ceux qu'elle avoit abusés par les larmes, son affliction simulée ne produisit pas l'effet qu' e prétendoit ». Le cardinal prit congé de Madame. Il lui laissa un mémoire dont la conclusion était : « Regardant l'avenir, Madame trouvera qu'un seul coup de l'orage qui est élevé contre elle, la peut précipiter au fond du précipice sur le bord duquel elle est maintenant; et que, si elle se perd en n'oubliant rien de ce qu'elle doit pour s'en garantir, l'honneur et la réputation du Roi l'obligent à la recevoir et à la traiter dignement en ses États; si elle tombe en l'extrémité de ce malheur par le mépris de ses conseils, le même honneur de ce prince ne lui permettra pas de lui

---

(1) Avenel, *Lettres du Cardinal de Richelieu*, t. VI, p. 554-555.

donner autre retraite que celle d'un cloître, pour y pleurer ses péchés le reste de sa vie avec fruit et se repentir inutilement de sa mauvaise conduite (1). »

Les adieux du cardinal au comte d'Aglié, principal confident de Christine, furent plus aigres encore. La litière de la Duchesse venait à peine de s'éloigner de l'évêché, que Richelieu, emmenant le comte dans une chambre, lui dit, l'œil chargé de menaces : « Enfin, vous voilà satisfait, vous avez engagé Madame de Savoie à se séparer du Roi son frère, à qui vous avez fait essuyer le plus cruel affront qu'il puisse jamais recevoir. Le monde sera persuadé que Sa Majesté n'est venue ici que pour enlever à son neveu des places qu'elle ne vouloit avoir que pour les lui conserver. Voilà le fruit de vos conseils. » Le comte ayant répondu « qu'il n'avoit aucun pouvoir sur l'esprit de Madame », « Hé, plût à Dieu, s'écria le cardinal, que tout le monde en fût persuadé, Madame auroit mieux conservé sa réputation et ses affaires seroient en meilleur état ». Sur quoi le confident de Christine, voyant que le cardinal lui tournait le dos, se hâta de monter à cheval et de se réfugier à Montmélian (2).

Le cardinal de Savoie et le prince Thomas.

Irrité de l'obstination, bien compréhensible, de la Duchesse, le cardinal tenta de s'accommoder avec le cardinal de Savoie et le prince Thomas (3). « La raison veut, estimait-il, que Madame et le prince Thomas s'accordent sous l'autorité du Roi secrètement. » Le Roi doit « déclarer par écrit aux princes que, si le Duc son neveu vient à mourir, il les reconnoît comme légitimes successeurs aux États de Piémont et de Savoie, et leur promettre en ce cas sa protection »; il doit « stipuler le mariage du petit prince de Carignan (fils du prince Thomas) avec une princesse de France et donner pension : au père de cinquante mille écus,

---

(1) Avenel, *Lettres du Cardinal de Richelieu*, p. 555 et 558-559.
(2) Levassor, *Histoire de Louis XIII*, t. V, p. 735. — Père Griffet, *Histoire du Règne de Louis XIII*, t. III, p. 224.
(3) Avenel, *Lettres du Cardinal de Richelieu*, t. VI, p. 588-589.

de cinquante mille francs au fils ». Il doit « promettre de rendre les places qu'il tient en Piémont, soit à son neveu le jeune Duc, soit aux princes, au cas qu'il vienne à mourir, les Espagnols faisant le même ». Il faut que, « dès cette heure, le Roi offre de rendre les places qu'il tient sous la caution d'une ligue de tous les princes d'Italie, les Espagnols faisant le même; auquel cas Madame demeurera régente et les princes assistants, quoique séparés de demeure ». Sa Majesté sera « caution de Madame et desdits princes les uns envers les autres, ayant pour sûreté de la foi du prince Thomas le prince son fils nourri et marié en France. Les princes, de leur part, promettront n'avancer point les affaires des Espagnols... au contraire faire ce qu'ils pourront pour en retarder les progrès; particulièrement » la prise de « Casal, qui, ôtant toute crainte aux Espagnols pour le Milanais, ne leur laisseroit plus d'autre pensée que la conquête du Piémont (1). »

Richelieu comptait imposer cet accord à Madame et il avait entamé une négociation avec le cardinal de Savoie, par l'intermédiaire du comte Masserati, confident et maître d'hôtel de ce prince. Dans l'engagement qu'il avait préparé et qui fut signé par le Roi, on pouvait lire cet article : « Pour remédier à la crainte que notre sœur peut avoir pour sa personne et pour celle du Duc son fils, notre neveu, nous estimons qu'elle ne doit point sortir de Savoie pendant la guerre et que nos cousins ses beaux-frères pourront, sans venir en Savoie, demeurer dans la ville de Turin où ils agiront, en ce qui concerne les affaires du gouvernement, en qualité d'assistants, avec ceux qui seront députés de notredite sœur, et avec les députés de nos armées et autres qui pourront avoir commission de nous en ce qui sera des affaires de guerre (2). »

Christine se fût récriée devant de telles conditions qui l'obligeaient à rester jusqu'à la paix loin de sa capitale, où ses beaux-frères auraient droit de séjour. Aussi Richelieu fit-il au comte d'Harcourt cette recommandation : « Il ne faut pas que Madame puisse découvrir le fond de ce traité, étant si malheureuse pour elle-même qu'elle le romproit assurément, il la faudra repaître

---

(1) Avenel, *Lettres du Cardinal de Richelieu*, t. VI, p. 588-589.
(2) *Ibidem*, p. 591.

de la continuation des négociations générales sans lui rien dire du fond (1). » Richelieu ne croyait guère au succès de l'accommodement qu'il avait préparé avec les princes de Savoie. Sur son ordre, Chavigny donna ces instructions au comte d'Harcourt : « Le Roi désire que vous agissiez en la même sorte que si Masserati et Baronis n'étoient point venus ici faire des propositions (2) ». La lettre de Chavigny était du 22 octobre 1639; le 24 la trêve expirait.

La défaite du prince Thomas.

A la fin du mois suivant, un trompette, venu à propos d'un échange de prisonniers, disait au comte d'Harcourt, ainsi que son chef le lui avait commandé : « Si j'étois roi de France, je ferois couper la tête au comte d'Harcourt pour avoir hasardé une bataille contre une armée beaucoup plus forte que la sienne. » — « Et moi, répondit le prince, si j'étois roi d'Espagne, je ferois couper la tête au marquis de Leganès pour s'être laissé battre par une armée beaucoup plus faible que la sienne. » Qu'avait donc hasardé, depuis ces trois semaines, le nouveau commandant de l'armée d'Italie? Se rendre maître de Chieri (trois lieues au sud-est de Turin), jeter douze cents hommes dans Casal (douze lieues au nord-est), introduire un renfort dans Carmagnole (six lieues au midi), le tout avait été prestement exécuté.

Mais comment échapper à la disette, les Espagnols, beaucoup plus nombreux, occupant tous les passages par où pouvaient arriver les vivres? Bientôt il n'était resté au comte d'Harcourt d'autre ressource que d'abandonner Chieri. Il lui avait fallu, avec sa petite amée de cinq mille hommes et de mille chevaux, décamper sans donner l'éveil à l'armée d'Espagne, qui, sous les ordres du marquis de Leganès, comptait cinq mille cavaliers et dix mille fantassins. Le cardinal de Savoie pouvait accourir de Coni (quinze lieues au sud de Chieri), malgré les quelques troupes que le comte d'Harcourt avait envoyées de ce côté pour se couvrir; le prince Thomas pouvait sortir de Turin.

(1) Avenel, *Lettres du Cardinal de Richelieu*, t. VI, p. 591.
(2) *Ibidem*, p. 593.

Averti par les habitants de Chieri, le prince Thomas ne manqua point l'occasion. Tandis que l'avant-garde du comte d'Harcourt se disposait à jeter un pont sur un ruisseau, l'arrière-garde, commandée par le comte de La Mothe-Houdancourt, était chargée par trois mille cavaliers espagnols et cinq cents dragons. En même temps le prince Thomas, à la tête de mille chevaux et de quatre mille hommes de pied, attaquait l'avant-garde. Mais il y rencontra le comte d'Harcourt combattant et tenant son monde en personne. Défait presque aussitôt, il se sauva grâce à la nuit qui déroba sa fuite. Cependant le vainqueur faisait établir le pont, qu'il franchit rapidement. Son arrière-garde le rejoignit avant le lever du soleil, que le marquis de Leganès attendait pour fondre sur elle avec toutes ses troupes. La joie de Richelieu éclate dans ces lignes du *Testament politique :* « Cette action, qui se passa le 20 novembre 1639, fut d'autant plus glorieuse que les ennemis avoient vingt mille hommes contre huit, que notre armée ne pouvoit passer sans défiler en leur présence et qu'étant attaquée des deux côtés, elle fut victorieuse de toutes parts. Les ennemis y perdirent deux mille hommes, sans que les morts et les blessés du côté des François excédassent le nombre de trois cents (1). »

(1) Père Griffet, *Histoire du Règne de Louis XIII*, t. III, p. 226-229.

TABLE DES MATIÈRES

PRÉLIMINAIRE

Pages.
Les desseins de Richelieu............................... 1

LIVRE PREMIER

LES PRODROMES DE LA GUERRE CONTRE LA MAISON D'AUTRICHE

Chapitre premier. — *La tragi-comédie de Lorraine*................ 9
La Reine et Monsieur. — Noces de Cardinal. — Le siège de La Mothe. — Monsieur vient à résipiscence.

Chapitre deuxième. — *La grande affaire de la Maison d'Autriche*.... 70

LIVRE DEUXIÈME

LE ROYAUME EN GRAND PÉRIL

Chapitre premier. — *D'abord, sourires de la fortune*................ 105
Chapitre deuxième. — *L'année de Corbie*.......................... 147
Mademoiselle de La Fayette. — La campagne est commencée. — Les Impériaux à moins de quarante lieues de Paris. — L'ennemi passe la Somme. — Les Espagnols s'emparent de Corbie. — Le Roi et le Cardinal marchent sur Corbie. — Corbie délivrée. — Hors du Royaume. — L'armée navale contre les Iles de Lérins. — L'invasion du Pays basque et du Pays de Labourd.

LIVRE TROISIÈME

MEILLEUR ÉTAT DES AFFAIRES

Chapitre premier. — *Monsieur et Monsieur le Comte*................ 191
Le Conseil du 11 janvier 1637. — Le Roi s'approche de Blois. — L'envoyé du comte de Soissons. — L'Hôtel de Venise. — Le traité de Monsieur le Comte avec l'Espagne. — L'accommodement.

TABLE DES MATIÈRES

Pages

CHAPITRE DEUXIÈME. — *La Reine Anne d'Autriche*.................... 214
    Le portemanteau ordinaire. — Au Val-de-Grâce. — La confession d'Anne d'Autriche. — Les contradictions de la Reine et du portemanteau. — La Duchesse de Chevreuse.

CHAPITRE TROISIÈME. — *Le cœur du Roi. Le départ de Mlle de La Fayette et la disgrâce du Père Caussin*................................. 235
    Le dessein de Louis XIII. — Une grave nouvelle. — Les deux complices. — Le confesseur et le Roi. — Le cardinal et le confesseur.

CHAPITRE QUATRIÈME. — *Richelieu et le Père Monod*................. 255

CHAPITRE CINQUIÈME. — *A la conquête des îles*..................... 261
    Sous les murs d'Oristan. — D'abord l'île Sainte-Marguerite. — Le fort Sainte-Marguerite. — La Trêve. — A Saint-Germain et à Rueil. — Un traité secret.

CHAPITRE SIXIÈME. — *Sur les autres fronts*........................ 270
    Landrecies, La Capelle, Maubeuge. — En Allemagne. — En Luxembourg. — En Franche-Comté. — En Valteline. — Sur le Rhin. — En Languedoc. — En Guyenne. — Le vœu de Louis XIII.

LIVRE QUATRIÈME

LES CINQ DERNIÈRES ANNÉES

CHAPITRE PREMIER. — *La campagne dans le Nord en 1638. — Succès et revers*.. 317
    Traité de Hambourg. — Saint-Omer et Le Catelet. — La campagne d'Alsace. — La mort du duc de Savoie. — Fontarabie. — La naissance du Dauphin. — « Brisach est à nous ! » — La mort du Père Joseph.

CHAPITRE DEUXIÈME. — *Que devient la Reine Mère ?*................ 345
    Marie de Médicis à Londres. — La requête de la Reine Mère. — La duchesse de Chevreuse et la cour de Charles Ier.

CHAPITRE TROISIÈME. — *Le siège d'Hesdin*......................... 361
    Piccolomini sera-t-il retenu par Thionville. — Les précautions prises contre Piccolomini. — Cinq-Mars. — Le Roi s'ennuie. — La capitulation d'Hesdin. — Maréchal de France sur la brèche. — Vers les Flandres.

CHAPITRE QUATRIÈME. — *Le sort de Brisach. La mort du duc Bernard de Saxe-Weimar*... 373

CHAPITRE CINQUIÈME. — *Les affaires de Savoie. Le Cardinal et la Duchesse*.. 379
    L'affaire de Turin. — L'entrevue de Grenoble. — Le cardinal de Savoie et le prince Thomas. — La défaite du prince Thomas.

Imprimé en France
TYPOGRAPHIE FIRMIN-DIDOT ET Cie. — MESNIL (EURE). — 9470
Autorisation n° 20821
Dépôt légal : 2e trimestre 1944.

EN VENTE CHEZ LE MÊME ÉDITEUR

En souscription :

OUVRAGES ENTIÈREMENT PUBLIÉS
livrables dès réception de la souscription

GABRIEL HANOTAUX
DE L'ACADÉMIE FRANÇAISE

HISTOIRE DE LA NATION ÉGYPTIENNE
DES ORIGINES PRÉHISTORIQUES JUSQU'A NOS JOURS (1926)

OUVRAGE PUBLIÉ SOUS LES AUSPICES ET LE HAUT PATRONAGE
DE SA MAJESTÉ FOUAD Ier, ROI D'ÉGYPTE

Volumes in-8° (24 × 29) illustrés de dessins en noir, cartes, etc.
et de 84 HORS-TEXTE EN COULEURS

7 volumes brochés

GABRIEL HANOTAUX   **ALFRED MARTINEAU**
de l'Académie Française   Professeur au Collège de France
    Ancien gouverneur des Colonies

HISTOIRE DES COLONIES FRANÇAISES
ET DE L'EXPANSION DE LA FRANCE
DANS LE MONDE

Volumes in-8° (24 × 29) illustrés de dessins en noir, cartes, etc.
et de 48 HORS-TEXTE EN COULEURS

6 volumes brochés

GABRIEL HANOTAUX
DE L'ACADÉMIE FRANÇAISE

MON TEMPS

Deux volumes de souvenirs sur les premières
années de la Troisième République
Illustrations de Paul BAUDIER

Tome I. — **De l'Empire à la République.** 1 vol. in-8°.
Tome II. — **La Troisième République — Gambetta et Jules Ferry.**
1 vol. in-8°

www.ingramcontent.com/pod-product-compliance
Lightning Source LLC
Chambersburg PA
CBHW071945220426
43662CB00009B/1004